D1755884

Douglas K. Smith · Robert C. Alexander
Das Milliardenspiel

Douglas K. Smith
Robert C. Alexander

Das Milliardenspiel

Xerox's Kampf um den ersten PC

Ein ECON-Faction-Buch

Deutsch von Barbara Hillgen

ECON Verlag
Düsseldorf · Wien · New York

Titel der amerikanischen Originalausgabe:
Fumbling the Future. How Xerox invented, then ignored, the first
Personal Computer
Original Verlag: William Morrow and Company, Inc., New York
Übersetzt von Barbara Hillgen unter fachlicher Mitarbeit von
Klaus Behler
Copyright © 1988 by Robert C. Alexander und Douglas K. Smith

CIP-Titelaufnahme der Deutschen Bibliothek

Smith, Douglas K.:
Das Milliardenspiel: Xerox's Kampf um den ersten PC; ein
ECON-Faction-Buch / Douglas K. Smith; Robert C. Alexander.
Dt. von Barbara Hillgen. – Düsseldorf; Wien; New York:
ECON Verl., 1989
Einheitssacht.: Fumbling the future ‹dt.›
ISBN 3-430-18547-5
NE: Alexander, Robert C.:

Copyright © 1989 der deutschen Ausgabe by ECON Executive,
ECON Verlag GmbH, Düsseldorf, Wien und New York.
Alle Rechte der Verbreitung, auch durch Film, Funk und Fernsehen,
fotomechanische Wiedergabe, Tonträger jeder Art, auszugsweisen
Nachdruck oder Einspeicherung und Rückgewinnung in Datenverarbeitungsanlagen aller Art, sind vorbehalten.
Lektorat: Bettina Eltner
Gesetzt aus der Times, Linotype
Satz: Fotosatz Froitzheim, Bonn
Papier: Papierfabrik Schleipen GmbH, Bad Dürkheim
Druck und Bindearbeiten: F. Pustet, Regensburg
Printed in Germany
ISBN 3-430-18547-5

In Erinnerung an Cameron M. Smith,
der Bücher liebte,
und Paul L. Alexander,
der Radios liebte.

Inhalt

Der Werbefilm — 11

Marketing:
Die Informationsarchitektur — 21

Forschung:
Die Entwicklung des Alto — 55

Finanzen:
Die Ablehnung des Alto — 123

Marketing:
Die Wiedereinsetzung des Kopierers — 193

Forschung:
Die Ernte der Isolation — 243

Epilog — 276

Anmerkungen — 278

Personen- und Sachregister — 283

Danksagung

Wir danken Harvey Ginsberg, unserem Verleger, für das uns entgegengebrachte Vertrauen und für viele wertvolle Ratschläge. Außerdem danken wir Joy Harris, unserem Literaturagenten, und Margot Alexander, John Alexander, David Falk, Alexa Greenstadts Vater Alan, Todd Kushnir und seinen Eltern, Alan und Carole, Margie O'Driscoll, Laura Handman, Julien Phillips, Mark Singer, Alena Smith, Eben Smith, Jane Simkin Smith, Stanley Stempler, Bob Tavetian, Chuck Thacker, Laird Townsend und John Whitney.

Der Werbefilm

Drei ganz einfache Fragen zum Thema »Fernsehwerbung für Personalcomputer«:

1. Welche Werbespots für PCs liefen im amerikanischen Fernsehen am längsten, und wie heißt das Unternehmen, das den Auftrag dafür gab?
2. Für welches Unternehmen warb der kreativste Fernsehspot?
3. Welches Unternehmen hat den allerersten Werbespot für PCs im Fernsehen gebracht?

Frage 1 ist leicht zu beantworten. IBMs Charlie-Chaplin-Filme wurden über sechs Jahre lang geschaltet. Sie waren unterhaltsam, hatten große Wirkung und waren kaum zu übersehen. Etwas schwieriger dürfte es schon sein, sich heute noch an Apple als den Auftraggeber des kreativsten Werbefilms zu erinnern. Dieser Film wurde nur einmal im amerikanischen Fernsehen gezeigt, und zwar 1984 während der zweiten Hälfte des Super Bowl, des Endspiels um die US-Meisterschaft im American Football. Trotzdem halten einige diesen Film heute noch für den eindrucksvollsten, den es je im Bereich der Unternehmenswerbung gegeben hat. Und nun zur letzten Frage. Das ist keine Frage, mit der wir Sie hereinlegen wollen. Es war nicht IBM, es war auch nicht Apple. Nein – es war Xerox.

Xerox ist im allgemeinen kein Name, den PC-Benutzer – von den Fernsehzuschauern ganz zu schweigen – mit dem Riesenmarkt der Personalcomputer in Verbindung bringen würden. Obwohl Xerox vor Jahren schon den ersten Personalcomputer der Welt entwickelt hat, obwohl dieses System 1979 im Werbefernsehen vorgestellt wurde, denkt jeder, der heute den Namen Xerox hört, sofort an Kopierer. Wäre es dem Unternehmen allerdings gelungen, den im Fernsehen vorgestellten Computer zu vermarkten, hätte Xerox für sehr viel mehr stehen können – für sehr viel mehr.

Im Gegensatz zu Xerox ist der Name IBM von Anfang an ein Synonym für Computer gewesen. Die eindrucksvolle Werbekampagne dieser Firma hat sicherlich auch einen Großteil dazu beigetragen: Charlie Chaplin als Werbeträger für Computer – eine geniale Idee. Der kleine Mann mit dem steifen, runden Hut, dem dunklen Schnurrbart, den ausgebeulten Hosen und dem komischen Gang, von einem Schauspieler täuschend echt nachgestellt, bahnt sich seinen Weg durch die Welt der Computer. Er macht die freudige Entdekkung, daß Computer auch ganz nützlich sein und ganz normalen Leuten Spaß machen können. IBM hat für diese Werbekampagne massiv Geld investiert. Das Unternehmen wollte damit sowohl das Interesse für Personalcomputer fördern als auch den IBM-Computer als *das* Produkt auf dem Computermarkt im Bewußtsein der Käufer verankern.

Im Vergleich zu diesem IBM-Sperrfeuer in der Werbung wirkte der erinnerungswürdige Apple-Spot eher wie eine Proklamation. Weniger als zehn Jahre nachdem der Apple-Computer aus der Garagenwerkstatt zweier Jugendlicher Anfang Zwanzig hervorgegangen war, hatte sich diese Firma schon unter den 500 führenden Unternehmen der Zeitschrift *Fortune* positioniert. Sie schien wohl am ehesten prädestiniert, die Vorherrschaft von IBM im Bereich der Personalcomputer in Frage zu stellen. Die kecke, junge kalifornische Firma wählte das Jahr 1984 und den Super Bowl, um in die Fernsehwerbung einzusteigen – mit einem Videoclip, in dem die Herrlichkeit bilderstürmerischer Individualität gefeiert und die unheilvolle Bedrohung durch Unternehmen verdammt wurde, deren Macht den menschlichen Geist eher unterdrückt als befreit. Nur mit Bildern ohne Worte zog Apple damit die Kampflinie zwischen sich und IBM.

Es hätte noch einen dritten Mitbewerber geben können. 1973, mehr als drei Jahre bevor Steve Wozniak von Apple eine Platine zusammenlötete, die sich nur vom Namen her als Computer qualifizierte, betätigten die Forschungsmitarbeiter im Palo Alto Research Center von Xerox (kurz PARC genannt) den Schalter am Alto, dem ersten Computer, der speziell für den Einsatz durch einen einzelnen, als »persönlicher Computer«, entwickelt und gebaut wurde. Lange bevor Wozniak, angespornt durch seinen Freund und Partner Steve Jobs, seinen zweiten Computer baute – den berühmten Apple II, dem man nachsagt, daß er Heim und Arbeitsplatz der Amerikaner für alle Zeit verändert habe – und sogar noch bevor IBM mit seiner Intensivstrategie zum Eintritt in den PC-Markt begann, um ihn letztlich zu beherrschen, verwendeten Xerox-Mitarbeiter bereits Personalcomputer, die in vieler Hinsicht jedem vor 1984 angebotenen System überlegen waren.

Die Wissenschaftler im PARC-Forschungszentrum von Xerox entwickelten jedoch nicht nur einen Computer. Sie entwarfen, bauten und verwendeten ein komplettes System aus Hard- und Software, das die Art der Datenverarbeitung selbst grundsätzlich veränderte. Gleichzeitig entstand bei PARC eine eindrucksvolle Palette digitaler »Erstentwicklungen«. Neben dem Alto bauten die PARC-Erfinder den ersten speziell grafikorientierten Monitor, die erste per Hand zu steuernde Maus, die selbst von einem Kind bedient werden kann, das erste Textverarbeitungssystem für »Nichtexperten«, das erste Datenübertragungsnetz, die erste objektorientierte Programmiersprache und den ersten Laser-Printer.

Diesen vollkommen neuen Ansatz in der Datenverarbeitung nannten sie »personal distributed computing«, was wörtlich übersetzt »persönliche, verteilte Datenverarbeitung« bedeutet. Ihre Entwürfe und ihre Denkweise waren eine Herausforderung für die allgemein akzeptierte Einstellung zum Verhältnis von Mensch und digitalen Prozessoren. Die Benutzer der damals üblichen großen Computer spotteten über die Vorstellung, daß jeder einzelne einen Computer besitzen könne. Trotzdem baute das Xerox-Team den Alto. Traditionelle Computeranwendungen hatten ihren Schwerpunkt in der Verarbeitung von Zahlen und Daten. Das Xerox-Team konzentrierte sich auf Worte, Design und Kommunikation. Bis Mitte der siebziger Jahre hatte PARC ein System an Geräten und Programmen entwickelt, das man als »personal« bezeichnen konnte, weil es individueller Kontrolle unterlag, und als »distributed«, weil es über Netzwerke mit anderen Informationssystemen verbunden werden konnte. Das Gesamtsystem – bestehend aus Menschen, Maschinen und Programmen – förderte die menschliche Produktivität durch Verarbeitungsinstrumente in einer Art und Weise, wie sie vergleichbar vorher nur beim Einsatz von Stift, Papier, Druckpresse und Telefon erreicht worden war.

Aber Xerox hat weder aus seiner Vision noch aus der Realisierung des »personal distributed computing« den wirtschaftlichen Erfolg gemacht und die Anerkennung erzielt, die Apple und IBM erreicht haben. Und es liegt nicht daran, daß Xerox einfach nicht fähig wäre, von seiner innovativen Technologie finanziell zu profitieren. Das Geschäft des Unternehmens mit dem Laserdrucker blüht, und in die letzte Generation der Xerox-Kopierer sind Techniken eingeflossen, die bei PARC entwickelt wurden. Doch die viel größere Chance, das unbekannte Geschäft mit den Personalcomputern zu bestimmen und Marktführer zu werden, ist länger als ein Jahrzehnt von dem Unternehmen nicht wahrgenommen worden und hat die Firma letztlich weit mehr frustriert als inspiriert.

Der Alto konfrontierte Xerox mit dem Unbekannten. Als Xerox das PARC-Forschungszentrum im Jahr 1970 gründete, gab es keinen Markt für Personalcomputer. Es gab keine CD-Player, keine Walkmen, keine tragbaren Telefone, keine Digitaluhren, keine Videokameras, keine Videorecorder, keine Kleinkopierer. Noch nicht einmal die heute überall gegenwärtigen Taschenrechner waren auf dem Markt. Außerdem war die Computertechnik seit ihrer Erfindung in den späten vierziger Jahren bis zum Ende der siebziger Jahre für die meisten Menschen unerschwinglich, unerreichbar und ohne Nutzen geblieben. Computer gehörten nur Unternehmen und Universitäten, nicht einzelnen Personen; die Beherrschung der Datenverarbeitung erforderte die Kenntnis von einer Vielzahl von Regeln, die so formal und geheimnisvoll waren wie die strengste diplomatische Etikette. Und alle Anstrengungen, sich diese Regeln anzueignen, brachten als Resultat nur eine geringe Anzahl von Anwendungsmöglichkeiten. Denn Computer verarbeiteten damals Zahlen in einer Art und Weise und mit einer Geschwindigkeit, die nur für Wissenschaftler, Ingenieure und Leute aus dem Rechnungswesen oder der Buchhaltung interessant waren. Was Wunder, daß die Datenverarbeitung in populären Filmen und Romanen als rätselhaft dargestellt wurde, genauso wie diejenigen, die etwas von ihr verstanden.

Doch das sollte sich in den folgenden Jahren alles ändern. Als IBM 1981 seinen Personalcomputer einführte, betonte das Unternehmen in seiner Marketingstrategie folgerichtig die »Erziehung des Verbrauchers«. Wenn sich der Charlie-Chaplin-Tramp einen PC leisten konnte, dann mußte die Maschine erschwinglich sein. Wenn er ihn bedienen konnte, dann mußte die Technik leicht verständlich sein. Und wenn man den Computer verwenden konnte, um sich beruflich und, ja auch in gefühlsmäßiger Hinsicht zu verbessern, dann mußte er auch nützlich sein.

Die Kampagne war ein bemerkenswerter Erfolg. Bis 1987 hatten die Amerikaner über 25 Millionen Personalcomputer gekauft. In jedem sechsten Haushalt stand ein solches Gerät, und wenn in einem Büro keiner stand, dann fiel das mehr auf, als wenn er dort stand.

Für die Kinder war die Technik bald Routine. Der Name von IBM wurde so mit dem Personalcomputer identifiziert, daß die IBM-PC-Ab-

leger, genannt »Klone«, sich einen großen Marktanteil für ihre Hersteller in den Vereinigten Staaten und Asien erobern konnten – einen so großen, daß IBM schließlich seine Werbestrategie änderte. Der Charlie-Chaplin-Typ begann, die Einzigartigkeit der IBM-Produkte zu bewerben, statt nur die Wunder der Personalcomputer im allgemeinen zu demonstrieren.
IBMs erste Promotionaktionen waren aus verschiedenen Gründen sinnvoll. Zum einen mußte man nicht erst die Idee verkaufen, daß IBM einen guten Computer bauen könne. Zweitens war IBM als einziger Hersteller von PCs in den frühen achtziger Jahren bereit und in der Lage, intensiv über das Fernsehen zu werben. Darüber hinaus sahen und hörten die Fernsehzuschauer nicht viel von der Konkurrenz. Das Ergebnis: IBM erzog die Verbraucher dazu – wobei man sich ja auf die schiere Allgegenwärtigkeit der IBM-Produkte verlassen konnte –, seine Personalcomputer sowie sicheren und klugen Kauf in unmittelbarer Beziehung zueinander zu sehen. Letzten Endes hatte diese Methode auch Erfolg, weil bis zum Jahr 1981 genügend PC-Hardware und -Software auf dem Markt waren, um die Behauptungen des kleinen IBM-Tramps, er hätte eine tolle Entdeckung gemacht, auch vom Markt her zu stützen.
Kaum fünf Jahre vorher war das noch nicht der Fall gewesen. Die ersten PCs erschienen Mitte der siebziger Jahre und kamen nur sehr begrenzt beim Verbraucher an. Sie wurden von kleinen Elektronikfirmen und einzelnen Hobbyelektronikern über Clubs, Direct-Mailing und Mundpropaganda an andere Computerfreaks verkauft. Als typisches Beispiel steht dafür der Apple I. Wozniak hatte hier lediglich ein nacktes Platinensystem so zusammengebaut, daß der Käufer es an eine Stromquelle (nicht inklusive) hängen, zur Eingabe eine Bandkassette (nicht inklusive) und für den Output einen Fernseher (nicht inklusive) anschließen konnte. Dann erst hatte er die Möglichkeit, Programme (nicht inklusive) zu schreiben, die zur begrenzten eingebauten Speicherkapazität des Apple I paßten. Millionen Amerikaner zogen es aber vor, ihre Zeit auf andere Art und Weise zu verbringen.
Innerhalb einiger Jahre waren jedoch erstaunliche Fortschritte bei den integrierten Schaltkreisen erzielt worden. Hobbyelektronikern und anderen standen nun wichtige Rohmaterialien beim Bau größerer, besserer und nützlicherer EDV-Instrumente zur Verfügung. Speicher, Schnelligkeit und Leistungsfähigkeit der Personalcomputer nahmen zu. Diskettenstationen, Keyboards, Maus, Monitor und Drucker kamen hinzu. Und, was am meisten zählte, die Programmiererwelt begann,

Routinen zu schreiben, um die Geräte auch für andere, nicht nur für Bastler, interessant zu machen.
Am Anfang konzentrierten sich viele Programmierer auf Spiele. Aber bereits 1979 wurden die Datenbankverwaltung, die Textverarbeitung und die Tabellenkalkulation entwickelt. Mit dem Aufkommen dieser Anwendungsmöglichkeiten wurde plötzlich vielen Menschen klar, daß die kleinen Computer ihnen dabei helfen könnten, Informationen produktiver einzusetzen, besser zu schreiben und klarer zu denken. Nach ersten Verkäufen von Personalcomputern im Jahr 1975 gingen die Umsätze 1981 bereits in die Milliarden.
Nur wenige neue Errungenschaften sind so urplötzlich und mit einer so durchschlagenden Kraft auf der Szene erschienen. Doch um nach dem ersten »Erfolgsschock« als Unternehmen weiterwachsen zu können, muß man nicht nur gute, verbrauchergerechte Produkte anbieten, sondern auch die richtige Überzeugung und Dynamik besitzen, um von ihnen zu profitieren. Apple verfügte über eine solche magische Kombination. Auf dieses Unternehmen traf die klassische amerikanische Erfolgsstory zu, die Stars waren zwei, die gerade die High-School beendet hatten. Wenig Geld hatten sie, keine Berufsausbildung, große Träume. Wozniak baute und verbesserte die Produkte; Jobs brachte die heiße Überzeugung und Dynamik hinein. Als Jobs' Energie über seine physischen Möglichkeiten hinauszugehen begann, rekrutierte er erfahrene Manager für Herstellung, Marketing und Finanzen, die Apple durch die Phase des schnellen Wachstums hindurchsteuerten.
1984, in dem Jahr, in dem wir laut George Orwell eine Tyrannei durch Computer in den Händen böser Menschen erleben sollten, standen Apple-Computer wie die Branche der Personalcomputer insgesamt für das genaue Gegenteil. Apple markierte diesen Zeitpunkt mit seinem Super-Bowl-Fernsehfilm: Einige völlig identisch aussehende Kohorten grau gekleideter Sklaven marschieren im Stechschritt auf eine große Halle zu. In dieser Halle empfangen sie Instruktionen von einem überlebensgroßen Bild, das auf einen Bildschirm im Vordergrund des Auditoriums projiziert ist. Mitten in diese leblose, unpersönliche Szene platzt eine kräftig gebaute Frau in heller Kleidung, die einen Vorschlaghammer schwingt und ständig im Kreis herumwirbelt. Die hirnlosen Massen fürchten sich. Die Spannung in der großen Halle wächst mit jeder Drehung des Vorschlaghammers, bis die Frau schließlich am Ende des Films ihre Waffe direkt gegen den großen Bildschirm schleudert.
Die Bilder dieses Films vermittelten sehr anschaulich Apples Haltung

gegenüber der eigenen Rolle als Unternehmen, gegenüber Computern und gegenüber IBM. In subtiler Weise sagte auch die Zeit, zu der der Film ausgestrahlt wurde, sehr viel über Apple als Unternehmen aus. Die Fernsehminuten für diesen Film gehörten zu den teuersten der Welt. In früheren Jahren mochte Apple für etwas gestanden haben, das sich gegen das Establishment richtet, aber im Jahr 1984 war seine wirtschaftliche Macht genauso konventionell und erdrückend geworden wie die der Bier-, Automobil- und Finanzdienstleistungsunternehmen, die gleichfalls als Sponsoren des jährlichen Football-Pokals auftraten. Der Werbefilm »Super Bowl« markierte Apples Erscheinen auf dem Markt. Es war das zweite Unternehmen der Weltgeschichte, das in weniger als zehn Jahren aufgrund einer neuen Technologie Umsätze in Milliardenhöhe erreicht hatte.

Das erste war Xerox gewesen. Weniger als zehn Jahre nach der Einführung seines revolutionären Bürokopierers im Jahr 1959 überschritt Xerox die Milliarden-Dollar-Grenze und beanspruchte neben IBM die Position als eines der führenden amerikanischen Unternehmen für Bürogeräte. 1970 dann schien ein Konkurrenzkampf zwischen den beiden Wirtschaftsriesen unvermeidlich, weil beide sich in die Technologie des anderen stürzten – IBM in den Bereich der Kopierer, Xerox in den der Computer. Zu der damaligen Zeit standen Geschäftscomputer in den »Hinterräumen« der Unternehmen und erledigten Aufgaben für Rechnungswesen und Statistik. Niemand erwartete, daß sie dort stehenbleiben würden. Xerox griff IBM daher nicht nur in diesem Bereich der »Hinterraumcomputer« an, sondern richtete gleichzeitig auch sein Forschungszentrum in Palo Alto ein, um Systeme zu entwickeln, die Manager, Sekretärinnen, Verkäufer und Produktionsleiter in dem unterstützen sollten, was unter dem Begriff »Büro der Zukunft« bekannt geworden ist.

Die bemerkenswerte Gruppe von Wissenschaftlern und Ingenieuren, die als Mitarbeiter zu PARC kamen, reagierte auf diese Herausforderung mit dem PC-System des Alto. Der Xerox-Werbefilm von 1979 demonstrierte die Funktionen des Alto in der Büromwelt. Wir sehen darin »Bill«, einen kahl werdenden Manager im mittleren Alter mit einem stets freundlichen Lächeln auf den Lippen. Er kommt gerade zur Arbeit, nimmt sich zunächst eine Tasse Kaffee und strebt dann, indem er nach rechts und links »guten Morgen« wünscht, auf sein Büro zu. Als Bill an seinem Schreibtisch ankommt, knipst er seinen Alto-Computer an und begrüßt ihn mit einem »Guten Morgen, Fred«. »Fred«, der Computer, reagiert sofort entsprechend mit »Guten Morgen, Bill«.

17

Bill fragt:»Was ist heute morgen an Post gekommen?« und sieht dann eine Liste durch, aus der hervorgeht, wann und von wem er Nachrichten bekommen hat, seitdem er am Vortag das Büro verlassen hat.»Das hier schaut interessant aus«, meint Bill.»Sehen wir's uns einmal an.« Er wählt die gewünschte Nachricht mit seiner Maus an, und der ungekürzte Text füllt sogleich einen Teil von Freds Monitor aus. Nachdem er den Text gelesen hat, sagt Bill zu Fred:»Ich brauche hiervon ein paar Kopien.« Bill drückt auf einen Knopf, über den ein nicht im Bild befindlicher Laserdrucker gesteuert wird, und ein paar Sekunden später sieht man eine Sekretärin Bill die Kopien bringen, die er beim Drucker angefordert hat. Er dankt der Sekretärin und wendet sich dann wieder dem Computer zu:»Danke, übrigens, Fred. Weißt du, Fred, ich glaube, jeder auf der Routineliste sollte dies eigentlich bekommen.« Bill drückt noch auf einige Knöpfe und schickt elektronisch erzeugte Kopien dieser Nachricht ein paar Zimmer weiter, um die Ecke und ins ganze Land hinaus.

Der Spot beschreibt anschaulich viele Teile des Xerox-Systems, den grafikorientierten Alto-Bildschirm, die Maus, das Textverarbeitungsprogramm, den Laserdrucker und, am eindrucksvollsten, die Kommunikationsmöglichkeiten der Anlage. Es ist eine wirksame Werbung – nichts außer dem Namen Xerox würde einen Fernsehzuschauer überraschen, wenn er sie heute sehen würde.

Aber im Jahr 1979 entschloß sich Xerox, obwohl der Spot wiederholt gezeigt worden war, das Alto-System nicht zu vermarkten. Zu diesem Zeitpunkt erinnerte das Unternehmen kaum noch an die dynamische Firma von vor zehn Jahren, die sowohl für IBM wie für das»Büro der Zukunft« eine Herausforderung dargestellt hatte. Xerox's Niedergang war von externen Faktoren wie heftigem Wettbewerb, feindseliger Haltung von Behörden und wirtschaftlicher Rezession gekennzeichnet. Überhöhtes Selbstvertrauen hatte sich in Vertrauensverlust verkehrt. Noch mehr Zündstoff lieferten betriebsinterne Kräfte. Einige Abteilungen des Unternehmens, insbesondere die Abteilung für Forschung, Finanzen und Marketing, hatten, jede für sich, eine andere Vision von der»richtigen« Xerox-Zukunft verfolgt. Das böse Ende: Xerox, die Firma, die die erste Version eines Personalcomputers der Zukunft erfunden hatte, kämpfte nun um die Rückgewinnung der Wettbewerbsvorteile, die sie als Anbieter von Kopierern in der Vergangenheit besessen hatte.

Grundsätzlich würden weder Wirtschaftswissenschaftler noch Geschäftsleute die hinter den drei verschiedenen Werbefilmen für Personalcomputer stehenden Firmenstorys für besonders bemerkenswert halten. Selbstverständlich, IBM wartete ab, bis die Personalcomputer das Anfangsstadium überwunden hatten. Erst dann erschien das Unternehmen auf dem Markt und sicherte ihn sich weitgehend. Es ist eine nur allzu bekannte Strategie, daß sich Firmen mit etablierter Wirtschaftsmacht die Innovationen und Produkttests, die von anderen durchgeführt wurden, gern zunutze machen. Selbstverständlich florierte der so raketenhaft aufgestiegene Neuling Apple. Unternehmer, die es vom Tellerwäscher zum Millionär bringen, erfreuen sich in kapitalistischen Volkswirtschaften höchster Beliebtheit. Selbstverständlich kam Xerox ins Stolpern.

Aber warum? Warum ist es für Großunternehmen so schwierig, frühere Erfolge auf einem neuen, noch gänzlich unbekannten Gebiet zu wiederholen? Wie konnte Xerox eine weitere außergewöhnliche Erfindung hervorbringen, nur um dann das meiste der sich bietenden wirtschaftlichen Chancen zu vertun? So muß es nicht sein. Eine mögliche Antwort auf die Frage, warum dies bei Xerox geschah und warum es auch heute leider noch so vielen anderen Unternehmen passiert, gibt der Dialog zwischen »Bill« und »Fred« am Ende des Alto-Werbespots. Da heißt es:

Bill (müde): »Noch etwas?«
Fred: Ein entzückender Strauß Gänseblümchen erscheint auf dem Bildschirm.
Bill (überrascht): »Blumen? Warum Blumen?«
Fred: »Sie haben heute Geburtstag.«
Bill (ärgerlich): »Geburtstag. Hab' ich ganz vergessen.«
Fred: »Das ist in Ordnung. Schließlich sind wir nur Menschen.«

Marketing:
Die Informationsarchitektur

Kapitel 1

Als Joe Wilson 1968 Peter McColough zu seinem Nachfolger im Amt des Chief Executive Officer (CEO) der Xerox Corporation ernannte, wußten beide, daß McColough das Erbe Wilsons niemals durch Untätigkeit vergeuden würde. McColough behauptete, daß die größte Herausforderung für ihn darin bestünde, »unsere Dynamik als Unternehmen aufrechtzuerhalten, auch wenn sie sich jetzt auf einer höheren Ebene abspielen würde«.[1] Dynamik. Das war ein Begriff mit bisher einmaliger Bedeutung für die erste Firma der Weltgeschichte, die mit einer neuen Technologie innerhalb von weniger als zehn Jahren eine Milliarde Dollar Umsatz erzielt hatte. Es war seit Mitte der sechziger Jahre auch ein Schlagwort bei Xerox. McColoughs Mentor Wilson hatte den Begriff gewählt, um seiner nachdrücklich vertretenen Meinung, daß sein anfänglicher Traum, eine große Firma aufzubauen, mit dem Triumph der Xerographie weder erfüllt noch vergessen sei, Ausdruck zu verleihen. Joe Wilson wollte mehr. Genauso wie McColough. Es war ihnen beiden bewußt, daß Xerox trotz seiner damaligen gloriosen Position im wesentlichen eben nur ein Ein-Produkt-Unternehmen war. Um ihren Mitarbeitern den Arbeitsplatz und ihren Aktionären die Dividende zu erhalten, waren die beiden Bosse entschlossen, mehr zu tun, als nur das blühende Kopierergeschäft von Xerox aufrechtzuerhalten. Sowohl Wilson, der Xerox als Chairman erhalten blieb, als auch McColough strebten eine Diversifikation des Unternehmens außerhalb des Kopiergeschäfts an, um damit einen Ausgleich für den Tag der Wettbewerbsabrechnung zu schaffen, der letztlich für alle Monopolunternehmen kommt und mit Sicherheit auch für Xerox kommen würde.

Wilson und McColough sorgten sich dabei nicht so sehr um die Konkurrenz für ihre Kopierer – die war zu überblicken und konnte kleingehalten werden –, sondern vielmehr um die technologischen Herausforderungen, die nicht voraussehbar waren. Da Xerox selbst aufgrund seiner Stärke in der Xerographie mehr oder weniger aus dem Nichts aufgetaucht war und plötzlich den Markt der Kopierer völlig unter Kontrolle hatte, befürchteten sie, daß sich in Zukunft eine ähnlich revolutionäre und bis dato unbekannte Technologie abzeichnen könnte. Sie würde dann vielleicht die Xerographie demselben Schicksal überantworten, wie dies Xerox mit dem Durchschlagpapier getan hatte. »Dynamik« schloß auch mit ein, sich über das Kopieren hinaus auf neue Produkte und Märkte zu konzentrieren. Dabei wurden drei Bereiche ins Auge gefaßt: Computer, Bildungswesen und Medizin. Der Bereich Computer wurde als der entschieden wichtigste angesehen, insbesondere von Joe Wilson. Er war der Meinung, es sei das Schicksal der Xerox Corporation, ein Kommunikationsunternehmen von Weltklasse zu werden, und er war außerdem davon überzeugt, daß das ohne Computer nicht zu machen sei.

Der Kopierboom hatte kaum begonnen, als Wilson McColough gegenüber äußerte: »Schauen Sie, wir kommunizieren nur auf dem Gebiet der grafischen Information. Der Dinge, die aufgeschrieben werden, die man dann kopieren und von einer Stelle zur anderen schicken kann, damit beide sich die Information teilen können. Aber wenn ich mir so die Zukunft anschaue, dann wird nicht alle Information im Grafikbereich liegen. Der Computer ist im Kommen. Der Computer handhabt Informationen in völlig anderer Weise, in digitaler Form. Wenn wir auch noch in zehn oder zwanzig Jahren groß sein wollen, dann müssen wir in der Lage sein, Informationen nicht nur grafisch, sondern auch digital zu verarbeiten.«[2]

Zu dem Zeitpunkt, als McColough Chief Executive bei Xerox wurde, verstand er nicht allzuviel von Computern. Andererseits hatte er auch keine Ahnung von Xerographie, als er vierzehn Jahre früher zur Haloid Company kam, wie Xerox bis 1960 hieß. Im Jahr 1968 konnten weder er noch Wilson, noch übrigens irgend jemand sonst das Aufkommen des Personalcomputers vorhersehen und schon gar nicht die Umsätze in Höhe von rund hundert Milliarden Dollar, die das PC-Geschäft in den ersten zehn Jahren bereits erzielen würde. Ende der sechziger Jahre waren Computer noch viel zu groß und zu teuer, als daß sie ein einzelner hätte bezahlen und handhaben können. Außerdem waren die Programme noch viel zu speziell. Nicht einmal den Autoren von Sciencefiction-Romanen war es bisher eingefallen, den Begriff »Personalcomputer« zu prägen.

Doch McColough brauchte keinen besonderen Einblick in die Zukunft der Datenverarbeitung, um mit Wilson darin einig zu sein, daß Xerox einfach digitale Orientierung in der Technik finden und entwickeln müßte. Er wußte, daß sich IBM darauf einstellte, ins Kopierergeschäft einzusteigen, und als Reaktion darauf mußte Xerox es mit Computern versuchen. Zudem entwickelte sich die Computerbranche geradezu explosionsartig, was auf dieselbe Unbegrenztheit hinauszulaufen schien, die Wilson dem Markt für Kopierer zuschrieb. »Unser Geschäft hat unbegrenzte Möglichkeiten«, hörte man ihn oft sagen, »weil wir für alle Industriezweige, für alle freien Berufe und jede Art von Unternehmen da sind.« Als letzte Überlegung kam hinzu, daß die Digitaltechnik sich genauso schnell ändern könnte wie die Umsätze und der Gewinn bei Xerox. Für Peter McColough signalisierte Veränderung neue Chancen, und solche Chancen riefen nach Aktion, nicht nach Reflexion.

Das Markenzeichen der Karriere McColoughs war Entschlossenheit. 1947, nach Abschluß seines Jurastudiums auf Nova Scotia, wo er geboren war, unternahm er den ersten von vielen wagemutigen Schritten in seinem Leben. Die Jahre seines Jurastudiums hatten ihn zu der Überzeugung gebracht, daß er, wenn er die Wahl hätte, lieber Klient als Anwalt wäre. »Ich ging mittags hin, um mir meine Zulassung als Anwalt in Kanada zu holen, und kehrte sofort zu meinem Job als Bauaufseher zurück, wo ich genug Geld zu verdienen hoffte, um die Graduate School of Business Administration in Harvard zu besuchen.«[3]

Nach dem Abschluß seines Betriebswirtschaftsstudiums in Harvard ging McColough 1949 zur Lehigh Navigation Coal Sales Company in Philadelphia. Er arbeitete dort im Verkauf und zeigte für diese Tätigkeit vollen Einsatz. Übrigens lernte er hier auch seine spätere Frau kennen. Seine Begeisterung und sein harter Arbeitseinsatz zahlten sich aus: Im Alter von 31 Jahren wurde er zum Vice President der Verkaufsabteilung befördert. Aber McColough wollte mehr vom Leben als nur eine vielversprechende Karriere in der Kohleindustrie.

Er verfaßte einen Lebenslauf und ließ ihn einem Headhunter zukommen. Der wiederum schickte ihn zu einem Gespräch mit der Haloid Company in Rochester, einer kleinen Firma für Fotopapier und Fotozubehör. Fünf Jahre in den komfortablen, gut ausgestatteten Büroräumen der Lehigh Navigation hatten McColough nicht auf die Szenerie vorbereitet, die er in Rochester vorfand. Jeder nur irgendwie verfügbare Dollar wurde bei Haloid in die Forschung und Entwicklung für einen Prozeß gesteckt, den die Firma Xerographie nannte. Die Manager saßen zusammen in Räumen ohne Teppich, arbeiteten an abgenutzten Schreibtischen und beantworteten ihre Telefongespräche alle selbst. Bei seinem Treffen mit John Hartnett, dem Verkaufsleiter von Haloid, bemerkte McColough sofort ein Lunchpaket, das auf einem Orangenkasten lag, den Hartnett als Buchregal umfunktioniert hatte. Das Geschäft bei Haloid mußte schlecht laufen, sehr schlecht. Hartnett besichtigte mit ihm das Werk und zeigte ihm den Kopierer Modell A, das erste Versuchsprodukt der Firma auf der Grundlage der Xerographie. Für McColough sah es reichlich mickrig aus. Während er versuchte, Hartnetts komplizierten Erklärungen zu folgen, wie dieses Gerät funktionieren sollte, hat er vielleicht gehofft, gleichzeitig eine gute Erklärung dafür zu bekommen, warum der Verkaufsleiter dieser Firma es nötig hatte, sein Mittagessen mitzubringen.

Aber wenn auch das, was McColough an jenem Morgen sah, ihn wenig beeindruckt haben mag, das, was er im weiteren Tagesverlauf zu sehen bekam, sollte sein Leben verändern. Er begegnete Joe Wilson, dem President von Haloid, und er war elektrisiert.»Er war wegen einer Erkältung daheim geblieben«, erinnert sich McColough.»Er skizzierte mir seine Vorstellungen, die er von der Firma hatte, und am späten Nachmittag war ich vollkommen von seinen Ideen überzeugt. Auch ich glaubte jetzt fest an den revolutionären Kopierprozeß bei Haloid. Es war alles erst nur ein Versprechen, noch keine reale Leistung, aber die Chancen, die sich da boten, überzeugten mich. Ich hätte sofort ein Angebot angenommen, aber das ließ noch ein paar Tage auf sich warten.«[4]

Die erste Aufgabe McColoughs bestand darin, das Service-Center der Firma in Chicago zu leiten, eine Aufgabe, die bald auf alle anderen Service-Center im Land ausgedehnt wurde. Bei seinen Reisen von einem Center zum anderen fühlte sich McColough immer wieder an den ersten Morgen in John Hartnetts Büro erinnert: Alle Service-Center hatten eines gemeinsam: Sie waren einfach nur glorifizierte Lagerräume. Typisches Beispiel war Boston. Ein vorsichtiger Aufstieg über drei ächzende Treppen in einem uralten Haus belohnte den potentiellen Kunden mit dem Anblick eines kleinen Speichers, der vollgestellt war mit Kartons, die lichtempfindliches Papier, Fotozubehör und all das andere Material enthielten, das Haloid damals an den Handel lieferte.

Wilsons Vision von der Xerographie wurde durch solche Lagerräume wahrlich keine Flügel verliehen. McColough versuchte nun aus dem Forschungs- und Entwicklungsbereich Geld für eine vollständige Überholung der Verkaufs- und Servicebereiche bei Haloid lockerzumachen. Als erstes mußten die Service-Center renoviert werden.»Unsere Geräte«, so erklärte er Wilson und anderen bei Haloid,»sind zu groß und zu kompliziert, als daß wir sie ins Büro eines Kunden schlep-

pen könnten. Wir müssen deshalb dem Kunden die Geräte in eigenen Räumen vorführen. Das heißt: Wir brauchen moderne Vorführräume. Je länger wir warten, desto mehr werden wir verlieren.«[5]
Außerdem, so argumentierte er, müsse Haloid eine große Verkaufsmannschaft für den Direktverkauf in den gesamten Vereinigten Staaten anwerben und ausbilden. Nur so könne das Unternehmen von seiner Erfindung der Xerographie wirklich profitieren. Ende der fünfziger Jahre verkauften noch die meisten der mit Büroartikeln handelnden Firmen ihre Geräte über unabhängige Händler. Da die Händler auf Kommissionsbasis honoriert wurden, mußten sie verschiedene Hersteller vertreten, um einen Gewinn für sich zu erzielen. Die Trockenkopierer von Haloid würden jedoch sehr viel schwerer zu verkaufen und zu warten sein als alle anderen damals am Markt befindlichen Geräte. Deshalb, so McColoughs Argumentation, würde der Handel kaum die notwendige Zeit und Arbeit aufbringen, die erforderlich wären, um Verkauf und Service für Haloid-Kunden optimal zu gestalten.
»Um die Geräte zu verkaufen«, so McColough, »brauchen wir Verkäufer und Vorführpersonal, die für diesen Job ausgebildet werden. Wir brauchen Leute für die Wartung, die die Geräte jederzeit in Schuß halten können. Wir brauchen Vertriebszentren, bei denen man neue Teile und alles andere bekommen kann, was für die Geräte an Ausstattung und Ersatz nötig ist. Anders gesagt, wir brauchen eine neue und größere Kette an Zweigstellen – Stellen, die auf die Xerographie eingerichtet sind, und nicht nur darauf, Fotomaterial zu verkaufen.«[6]
Wilson akzeptierte die Argumente von McColough und beauftragte ihn, die neue Verkaufs- und Servicemannschaft aufzubauen, eine Aufgabe, die McColough so gut löste, daß man anschließend von einem Meisterstück in Sachen Unternehmensorganisation sprach. Der Wechsel des jungen Spitzenmanagers zu der kleinen Firma in Rochester begann sich auszuzahlen, zumindest im Hinblick auf den Ausbau seiner Karriere und seines Aufgabenbereichs. Im Jahr 1957 wurde McColough Marketingmanager. Zwei Jahre später General Manager im Verkauf. Im gleichen Jahr, 1959, nahte sich der dreizehn Jahre lange Kampf um die Entwicklung der Xerographie für Haloid dem Ende: Er führte zum ersten Prototyp des lang erwarteten Bürokopierers, der mit normalem Papier arbeiten konnte. Der Übergang vom Prototyp, der unter Laborbedingungen funktioniert hat, zur Massenfertigung von verläßlichen Geräten für den Kunden ist jedoch ein großer und teurer Schritt. Eine Faustregel, nach der sich die meisten Hersteller richten, besagt, daß für jeden Dollar, den man in die Forschung für eine neue Technologie

steckt, zehn Dollar auf die Entwicklung des Produkts entfallen. Und für jeweils zehn Dollar, die man für die Produktentwicklung ausgibt, müssen wiederum hundert Dollar in die für die Einführung des Produkts erforderliche Herstellung und ins Marketing investiert werden. Haloid hatte bereits Millionen Dollar in Forschung und Entwicklung gesteckt. Die Diskussionen im Aufsichtsrat der Firma gingen dahin, eine kapitalkräftige Firma zu suchen, die die zukünftigen finanziellen Lasten übernehmen würde. Wilson setzte sich widerstrebend mit einer Reihe von Unternehmen, darunter auch IBM, in Verbindung. IBM beauftragte die Unternehmensberatungsfirma Arthur D. Little mit einer Studie über den Markt für Kopierer. Arthur D. Little sollte IBM sagen, wie sie auf die Bitte Haloids um Unterstützung reagieren sollten. Wilson andererseits bat McColough, eine Haloid-Arbeitsgruppe zu bilden, um ihn bei eventuellen Angeboten zu beraten.

Nach den vergangenen fünf Jahren, die zu den aufregendsten seines Lebens zählten, wollte McColough natürlich auf keinen Fall die erfolgversprechende Technik der Xerographie mit irgend jemandem, schon gar nicht mit IBM, teilen. Und er stand nicht allein. »Die Jüngeren in unserer Gruppe wollten alle nicht verkaufen. Im Grunde hatten wir das Gefühl, daß wir das Gerät IBM einfach nicht lassen könnten, weil das das Ende unserer Karriere bedeutet hätte.«[7]

Übrigens hatten McColough und die anderen sich diesen trüben Aussichten niemals zu stellen. Auf der Basis intensiver Finanz- und Marktanalysen kam Arthur D. Little zu dem Schluß, daß von dem neuen Haloid-Kopierer im Höchstfall 5000 Geräte zu verkaufen seien. Weder IBM noch sonst eines der kontaktierten Unternehmen war an Haloids Angebot interessiert. Statt dessen überzeugte Wilson den Aufsichtsrat, seinen Einsatz für die Xerographie zu verstärken und mehr Aktien auszugeben, um das nötige Kapital für die erforderlichen Fertigungsanlagen zu beschaffen. Ein Jahr später führte das Unternehmen, das sich jetzt Haloid-Xerox Company nannte, den Kopierer 914 ein. McColough war geradezu in Ekstase. »Wir verkauften unseren ersten 914er am 1. März 1960. Ungefähr sechs Monate später, als wir die Kundenakzeptanz erlebt hatten, wußten wir, daß wir einen echten Renner besaßen.«[8]

McColoughs flächendeckende Verkaufsmannschaft, die von einigen als für ein so kleines Unternehmen ausgesprochen extravagant angesehen wurde, wurde vor Ort ausgebildet und war bereit zum Einsatz, als die ersten Fernsehspots für den 914er anliefen. Im Jahr 1959, dem letzten Jahr vor Einführung des 914er, machte Haloid-Xerox einen Umsatz von

32 Millionen Dollar. Im folgenden Jahr, in dem die Kunden die Kopierer zum erstenmal im Fernsehen oder auch persönlich zu sehen bekamen, erhöhte sich der Umsatz sprunghaft um sechzehn Prozent. Das aber war nichts im Vergleich zu dem, was noch kommen sollte. 1961, das erste Jahr, in dem der 914er durchgängig verkauft wurde, betrug der Umsatz von Xerox 61 Millionen Dollar. 1962 waren es schon 104 Millionen Dollar. 1963 176 Millionen Dollar. 1964 280 Millionen Dollar. 1965 393 Millionen, 1966 534 Millionen und 1967 701 Millionen Dollar. Und 1968, im neunten Jahr des 914er, erreichten die Umsätze bei Xerox 1,125 Milliarden. Im gleichen Zeitraum stieg der jährliche Gewinn von 2,5 Millionen auf 138 Millionen Dollar.

Keiner der leitenden Mitarbeiter bei Xerox, auch nicht Wilson, hatte solche Zahlen erwartet. Jeder hatte die Einsatzmöglichkeiten von Kopierern unterschätzt. Ein Chronist der Kopierwut,[9] die das ganze Land in den sechziger Jahren ergriff, zählte Listen für Hochzeitsgeschenke, Empfangsbescheinigungen für Untersuchungsgefangene, Krankenhauslaborberichte, »heiße Tips« von Immobilienmaklern und Copyrightverletzungen als nur einige wenige der vielen tollen Möglichkeiten auf, für die die Leute die Xerox-Technologie benutzten. Im Jahr 1965 schätzte Xerox, daß pro Jahr rund 9,5 Milliarden Kopien angefertigt würden. Ein Jahr später berichtigte man diese Zahl bereits auf 14 Milliarden. Aufgrund der Einzigartigkeit des Produkts und der Kapazität der Verkaufs- und Servicemannschaft von McColough machte Xerox praktisch ganz allein das Geschäft.

Im Jahr 1966 ernannte Wilson McColough zum President. Damit mußte McColough zum erstenmal in seiner Karriere sein Augenmerk über den Verkauf hinaus auf das allgemeine Betriebsmanagement richten. Dabei entdeckte er einen nicht erwarteten Nachteil im Zusammenhang mit den steigenden Verkaufszahlen von Xerox: Einige Teile der Firma waren völlig außer Kontrolle geraten. In gerade nur sieben Jahren hatte Xerox 190 000 Kopierer hergestellt und installiert. Die Zahl der Beschäftigten war von 900 auf 24 000 gestiegen. Einige Manager stellten jeden Monat zwischen fünfzig und hundert Leute neu ein und hatten pro Tag mindestens dreißig Einstellungsgespräche, nur um die für das Wachstum des Unternehmens erforderlichen Stellen zu besetzen. Seit Einführung des Kopierers 914 hatte Xerox 24 neue Gebäude im Einzugsbereich von Rochester gebaut, und weitere drei waren im Bau in dem Jahr, als McColough President des Unternehmens wurde.

Die Prosperität von Xerox in den Griff zu bekommen war eine beneidenswerte Aufgabe, aber nichtsdestoweniger ein Problem. »Die Firma

vergrößerte sich so unheimlich schnell«, meinte McColough,»daß wir dafür über keine Systeme und Kontrollen verfügten. Tatsächlich mußte ich mich gerade damals sorgen, weil wir eventuell unsere Rechnungen und auch unsere Verkäufer nicht mehr bezahlen konnten. Nicht deswegen, weil wir kein Geld gehabt hätten, sondern weil unsere Geschäftsunterlagen einfach chaotisch waren. Das ganze System löste sich auf. Wir konnten nicht einmal die Rechnungen für unsere Kunden ausstellen.«[10]
McColough war klar, daß er Hilfe brauchte, und Wilson stimmte ihm bei. Aber wenn er sich so auf der Managementetage in Rochester umsah, dann fielen McColough nur wenige ein, die er für die Aufgabe als geeignet ansehen konnte. Viele der langjährigen leitenden Mitarbeiter waren in den Gewohnheiten eines kleinen Unternehmens befangen. Die Managementherausforderung der fünfziger Jahre – das heißt, Haloid während der Entwicklung und des Marketings der Xerographie solvent zu erhalten – hatte nur bedingt etwas mit den finanziellen und administrativen Hürden zu tun, die Xerox jetzt zu nehmen hatte. Seine Kollegen erwarteten, daß ihr Aufgabenbereich mit dem zunehmenden Reichtum des Unternehmens erweitert würde, aber McColough befürchtete, daß diese Erwartungen in keiner Relation zu den vorhandenen Fähigkeiten standen.

Er machte sich daher selbstverständlich unbeliebt, als er sich entschloß, Leute von draußen mit hineinzunehmen. 1962 hatte Xerox den Einbruch in die Ränge der 500 führenden Unternehmen der Zeitschrift *Fortune* geschafft. Vier Jahre später befand sich das Unternehmen schon unter den ersten 200. McColough überredete Wilson, sich bei anderen *Fortune*-500-Unternehmen nach Leuten umzusehen, die die bei Xerox erforderliche Managementkontrolle übernehmen könnten. Schließlich warben sie annähernd ein Dutzend Topleute von Firmen wie Ford, IBM und General Motors an.

Bis 1968 hatte das neue Managementteam eine Reihe von Systemen und Kontrollen eingeführt, um den raketengleichen Aufstieg von Xerox vor einer riesigen Bauchlandung zu bewahren. Wilson und McColough wandten sich daraufhin etwas beruhigter der Aufgabe der Diversifikation zu. Durch Akquisition und interne Entwicklung hatten sie auf zwei der drei angestrebten Wachstumsgebiete außerhalb des Kopierergeschäfts Fortschritte erzielt: In der Medizin und in der Ausbildung. Der wichtigste der drei Bereiche jedoch, Computer, blieb schwer faßbar. Im Jahr 1965 hatte Xerox ohne Erfolg Kontakt mit der Digital Equipment Corporation aufgenommen. Anschließend war es zu wenig konkreten

Gesprächen mit Scientific Data Systems gekommen, wobei man bei Xerox nicht interessiert genug war, um weitere Schritte zu unternehmen. McColough war jedoch entschlossen, ein Computerunternehmen aufzukaufen. Man fragte bei Control Data an, dann bei Burroughs. Beide zeigten sich nicht interessiert.

Eine gewisse Irritation in der Xerox-Spitze nahm zu, als ein Investment-Banker McColough nahelegte, den Ankauf von Commercial Investment Trust in Erwägung zu ziehen, einem großen Unternehmen der Finanzdienstleistungsindustrie. Niemand bei Xerox war jemals auf die Idee gekommen, Finanzdienstleistungen als eine Möglichkeit zu sehen, sich ein großes Unternehmen der Kommunikationsbranche aufzubauen. Trotzdem ergriff McColough – in einem sehr charakteristischen Schachzug – die Gelegenheit beim Schopf. Er ließ sich davon überzeugen, daß die erheblichen Ressourcen von CIT eine günstige Kapitalhilfe für den Einstieg von Xerox ins Computergeschäft sein könnten. Das war für ihn Grund genug, sich positiv zu entscheiden. McColough führte die Verhandlungen sehr geschickt – um dann allerdings zu erleben, daß kurz vor Abschluß der Verhandlungen das ganze im Sand verlief.

Beim Jahreswechsel 1969 war Xerox immer noch nicht im Computergeschäft. Der etwas verzagte McColough begann, Stimmen zu hören. »Von allen Ecken und Enden bekam ich Druck«, erinnert er sich. »›Verdammter McColough‹, hieß es überall, ›Sie müssen einfach Ihre Computerfirma kaufen.‹ Die einzige Chance, die noch übrigblieb, war Scientific Data Systems. Dabei machte mich am meisten nervös, daß ich keine anderen Möglichkeiten erkennen konnte, und ich wußte, wir mußten in den Digitalbereich hinein.«[11]

McColough ergriff die Initiative. Er rief Max Palevsky, den Chef von Scientific Data Systems, an und vereinbarte ein Treffen mit ihm und seinen Partnern. Palevskys Firma war, ähnlich wie andere von Xerox angesprochene Computerunternehmen, im Verhältnis zu IBM nur klein, aber profitabel – 1968 machte SDS bei Umsätzen von hundert Millionen Dollar einen Gewinn in Höhe von zehn Millionen Dollar. Bei diesem Treffen erklärte McColough, daß er SDS haben wolle und bereit sei, Palevsky und anderen SDS-Mitarbeitern Xerox-Aktien im Wert von 900 Millionen Dollar dafür zu überlassen. »Die Verhandlungen gingen in weniger als zwei Wochen über die Bühne.«[12]

Bei Xerox, SDS und auf der Wallstreet zeigte man sich von diesem unverschämten Preis schockiert. Mit SDS kaufte Xerox zwar die Ertragsmöglichkeiten eines gutgehenden Geschäftsbetriebes, aber nicht zur Spekulation geeignete Kapitalwerte wie Grundstücke, Kunst oder

Gold. Der Kaufpreis war 92mal größer als der Gewinn von SDS im Jahr 1968. Zudem war dies auch noch das bisher beste Geschäftsergebnis gewesen. Wenn die SDS-Umsätze gleich blieben, dann würde Xerox damit gerade eine jährliche Verzinsung seiner Investition von einem kärglichen Prozent erzielen. Sparkonten brachten im Vergleich dazu bereits vier Prozent. Diese Akquisition hatte also nur Sinn, wenn der neue Computerbereich bei Xerox sein Ergebnis vervielfältigen könnte. Die Chancen sahen für die nahe Zukunft nicht gerade gut aus. McColough handelte trotzdem zielstrebig und selbstbewußt. Er war felsenfest davon überzeugt, daß Xerox das Wachstum von SDS fördern könnte. Der Computerhersteller aus El Segundo in Kalifornien verkaufte seine Erzeugnisse im wesentlichen an Kunden im technischen und wissenschaftlichen Bereich. McColough war entschlossen, das zu ändern und sich die etablierte Marketingpräsenz von Xerox in den Geschäftsunternehmen des ganzen Landes zunutze zu machen. Seiner Meinung nach müßte SDS sehr gewinnträchtige Einbrüche in den von IBM dominierten EDV-Markt erreichen können.

Außerdem standen Xerox die finanziellen Mittel zur Verfügung, um ein großes Forschungsprojekt in Angriff zu nehmen und von den schnellen Änderungen im Bereich der Digitaltechnik zu profitieren. Die Forschung könnte sicher die Geschäftschance liefern, die letztlich den hohen Kaufpreis für SDS rechtfertigen würde. Haloid hatte riesige Summen auf die Forschung und Entwicklung der Xerographie verwendet, als andere, weniger risikofreudige Firmen davor zurückgeschreckt waren. Und wenn die Haloid-Zöglinge wie Peter McColough etwas dabei gelernt hatten, dann das, daß Investitionen in die Forschung und der Mut und das Engagement dabeizubleiben sich in eigener Weise auszahlen.

Was die Zweifler und Kritiker betraf – McColough kannte das. Diejenigen, die die Klugheit der Entscheidung für den Ankauf von SDS bezweifelten, waren nur ein Echo dessen, was er vor bereits langer Zeit gehört hatte, als er die Juristerei und Kanada zugunsten einer Geschäftskarriere in den Vereinigten Staaten aufgegeben hatte, als er seine angenehme Stellung bei dem Kohleunternehmen kündigte, um sich Wilsons Feldzug anzuschließen, als er sich für eine erstklassige Verkaufs- und Serviceorganisation einsetzte, Jahre bevor der Kopierer 914 marktfähig war, und als er sich Fachleute für das Management von außerhalb des Unternehmens holte. Die Zweifler und Kritiker konnten nicht sehen, was McColough sah. Seine Aufgabe war, das große Kommunikationsunternehmen aufzubauen, von dem Joe Wilson immer geträumt hatte. Der Preis für SDS stand für viel mehr als für den Wert dieses Computerunternehmens – er stand für McColoughs grenzenloses Selbstvertrauen, sein Vertrauen ins Unternehmen und vor allem für sein Vertrauen in die Zukunft.

Kapitel 2

Nach der Bekanntgabe des Aufkaufs von Scientific Data Systems empfahl Jack Goldman, Forschungsleiter von Xerox, Peter McColough, ein neues Forschungszentrum für Digitaltechnik einzurichten. SDS verfügte über nichts dergleichen. Xerox mußte also ganz von vorn anfangen. Für Goldman spielten Kosten dabei keine Rolle. Er meinte, die Kombination aus Forschungsinitiative und SDS wäre entscheidend für eine zweite Produktrevolution, eine, die, wie er hoffte, noch größer sein würde als die der Xerographie.

Goldman wies McColough außerdem auf die Gefahr hin, die Computer für das Kopierergeschäft mit sich bringen könnten, wenn Xerox nicht langfristig auch im Digitalbereich Forschungen betriebe. Computersysteme könnten Informationen verarbeiten, speichern und *drucken*. Selbst wenn die damals verfügbaren Drucker schlechte Bildqualitäten aufwiesen – Goldman wußte, daß im Computerdruck Verbesserungen unvermeidlich sein würden. Wenn man erst einmal beim Computer genauso wie beim Kopierer nur auf den Knopf zu drücken brauchte, um so viele gute Kopien zu bekommen, wie man benötigte, würden die Umsätze bei Xerox mit Sicherheit zurückgehen. Statt diese Gefahr zu ignorieren, sollte Xerox eine führende Rolle übernehmen und ein Gerät entwickeln, das zur Hälfte auf der Technik der Xerographie und zur anderen Hälfte auf der Digitaltechnik basierte. Dazu waren Forschungsarbeiten erforderlich.

Jack Goldman stimmte den Zukunftsträumen von Peter McColough völlig zu. Der Physiker, der auch gern Poker spielte, war der Meinung, daß Innovationen von zwei Spielern beeinflußt würden, von der Wissenschaft und vom Kommerz. Dabei ginge der Pott an das Unternehmen, das seine Karten am besten ausspielte. Wenige Monate vor der SDS-Transaktion hatte er McColoughs Angebot, von der Ford Motor Company zu Xerox zu wechseln, akzeptiert, weil er nach seiner langen Karriere dort überzeugt war, daß das an Finanzen orientierte Management von Ford mehr oder weniger seine Karten beiseite gelegt hatte, während McColough und Xerox noch immer eifrig aufs Spiel bedacht wären.

Einzig negativ konnte sich auf die Wirtschaftschance von Xerox die relativ hohe Anzahl an früheren Finanzexperten von Ford auswirken, die McColough eingestellt hatte, um den Kopiererboom in den Griff zu bekommen. Nach Meinung von Goldman war Ford durch solche zahlenfixierten Leute ruiniert worden. Nach dem Zweiten Weltkrieg hatte Henry Ford II. eine Gruppe von Finanzleuten, die sich im wesentlichen an Statistiken orientierten, aufgefordert, ihm bei der Umbildung seines Unternehmens zu helfen. Die Gruppe hatte Erfolg, doch sie ging zu weit. 1968, als Goldman das Unternehmen verließ, waren die Entscheidungsträger bei Ford so wenig risikofreundlich und an Zahlen gebunden, daß sinnvolle Veränderungen unmöglich erschienen.

McColough und Xerox dagegen schienen bereit, ihren Einsatz zu wagen, ohne gleich alle fünf Asse auf der Hand zu haben. Und zwar aus gutem Grund – in den späten sechziger Jahren war Xerox geradezu das Symbol für ungewöhnliches Wirtschaftswachstum, das auf einer mutigen Innovation beruhte. Die meisten von uns setzen »Innovation« mit Invention, Erfindung, gleich und verwenden diese Begriffe unterschiedslos zur Bezeichnung von Neuem und von Änderung. Aber genauso wie »Dynamik« eine ganz besondere Bedeutung für Peter McColough hatte, so bedeutete »Innovation« für Jack Goldman mehr als nur Erfindung oder Entdeckung von etwas Neuem.

Über Erfindungen schrieb er einmal: »Die bekannte Darstellung der Cartoonisten von dem Erfinderfunken als einem Blitz oder dem Aufleuchten einer Birne in der Nähe des Erfinders liegt nicht so weit von der Wahrheit entfernt. Erfindungen können wie ein Genieblitz sein oder sich aufgrund mühsamer Arbeit für die technische Lösung eines festgestellten oder wahrgenommenen Bedürfnisses ergeben – manchmal wahrgenommen nur vom Erfinder selbst.«[13] Wie auch immer, Erfindungen basieren auf dem engagierten Bemühen, eine brillante Erkenntnis wenigstens einmal in die Praxis umzusetzen. Dazu gehörten der erste Flug der Brüder Wright, das Telefon und Bell, die Xerographie und Chester Carlson.

Carlson war der klassische Typ des Erfinders. Er wuchs als Einzelkind in Washington, Mexiko und Kalifornien auf und war mit seinen kranken Eltern ständig unterwegs auf der Suche nach einem Ort mit gesundem Klima. Die Arbeitssituation war entsprechend. Seine ersten Schuljahre verliefen chaotisch, und er war oft sehr allein. Seine Mutter starb, als er siebzehn war, sein Vater sieben Jahre später. Er kämpfte sich durchs College und machte dann einen Abschluß in Physik am Cal Tech. Aber als er 1930 diesen Abschluß endlich hatte, konnte er als

Physiker keine Arbeit finden. Schließlich landete er in der Patentabteilung eines kleinen Elektronikunternehmens in New York City. Er sammelte Patentanmeldungen. Das erforderte die Anfertigung von Kopien von Zeichnungen und Spezifikationen, eine Aufgabe, die Carlson mühselig und langweilig fand. Die Frustration bei dieser Arbeit wurde für ihn zum Katalysator. Aufgrund jenes nur dem Genie bekannten Mysteriums entschloß sich Carlson, eine einfachere Methode des Kopierens zu erfinden.

Er studierte alles, was er zum Thema Fotografie finden konnte, die chemische Zusammensetzung und Behandlung von Papier, die physikalischen Eigenschaften von Licht und alle bekannten Druck- und Kopierverfahren. Nach Monaten des Forschens entdeckte er etwas ausgesprochen Tolles – eine Eigenschaft, die man als fotoelektrische Leitfähigkeit bezeichnet, die Art, in der Licht die elektrische Leitfähigkeit von Materialien beeinflußt. Wenn es ihm gelänge, mit Licht ein Bild zu erzeugen, und wenn er dann die elektrische Leitfähigkeit zur Fixierung dieses Bildes auf Papier verwenden könnte, dann, so glaubte Carlson, könnte er ein effektiveres Kopierverfahren entwickeln.

Dieser Gedanke spornte Carlson an, das weiterzuverfolgen, was er als »Elektrofotografie« bezeichnete. In den nächsten drei Jahren, in denen er tagsüber in seiner Patentabteilung arbeitete und abends Jura studierte, hatte er zielstrebig im Sinn, seinen »fotoelektrischen Prozeß« zum Funktionieren zu bringen. Am 22. Oktober 1938 gelang ihm schließlich die Wiedergabe eines zwar verschwommenen, aber leserlichen Abdrucks – »10-22-38 Astoria« auf einem Blatt Wachspapier. »10-22-38« war das Datum, und »Astoria« war der Name des Appartementhauses, in dem Carlson sein behelfsmäßiges Labor unterhielt. 47 Jahre später, im Jahr 1985, wurde dieser erste Druck zusammen mit dem Xerox-Kopierer 914, den Carlson letztlich hervorbrachte, in der ständigen Ausstellung des Smithsonian-Museums untergebracht.

Carlsons Entdeckung war höchst bemerkenswert. Doch für Jack Goldman bedeuteten Geschichten wie die von Carlson nur den ersten Schritt der viel größeren Herausforderung, solche originellen Einfälle von Erfindern wirtschaftlich zu nutzen. Erst das war es, was Goldman »Innovation« nannte, die Umwandlung einer Erfindung *in ein Geschäft*. Dazu gehört mehr als die Entwicklung eines guten Produkts. Einkauf, Herstellung, Vertrieb, Preis, Kosten, Verpackung, Verbraucherinformation, Finanzen, Versicherung, Garantie, Service – diese und andere Faktoren können innovative Lösungen erfordern, bevor ein neues Geschäft möglich wird. Es ist schon schwierig genug, wenn das Produkt, das man einführen will, einen zusätzlichen und leicht zu verstehenden Vorteil gegenüber der Konkurrenz darstellt. Doch wenn die Erfindung so grundlegend neu ist wie die Elektrofotografie von Carlson oder, später dann, der Personalcomputer, dann muß das erforderliche Engagement, dann müssen Fähigkeiten, Organisation und Führung wirklich außergewöhnlich sein.

Erfinder allein erreichen selten wirtschaftlichen Erfolg. Chester Carlson zum Beispiel verbrachte Jahre mit dem Versuch, ein Unternehmen als Sponsor für seine Elektrofotografie zu finden. Er hatte keinen Erfolg. Erst nach vielen ablehnenden Bescheiden von Firmen wie General Electric, RCA, IBM und Remington Rand, erst nachdem er völlig mittellos geworden und seine Frau sich von ihm hatte scheiden lassen, konnte Carlson schließlich eine private Stiftung in Ohio, das Batelle Memorial Institute, dazu bringen, die Forschungen an seiner Erfindung weiterzuführen.

Der Weg zur Innovation begann für die Elektrofotografie im Jahr 1945, als Joe Wilson und John Dessauer, President und Chefingenieur der kleinen Haloid Company, zu Batelle kamen, um sich über das Verfahren von Carlson zu informieren. Wilson war auf der Suche nach Expansionsmöglichkeiten. Zu Anfang des Jahres hatte Dessauer ihm einen kurzen Bericht über die Elektrofotografie vorgelegt, der in der Zeitschrift *Radio-Electronic Engineering* erschienen war. Nach ein paar Nachforschungen entschlossen sich die beiden Männer, nach Ohio zu fahren, um sich die Sache einmal selbst anzuschauen. Das, was sie zu sehen bekamen, war viel Handarbeit und ein ziemliches Durcheinander, aber Wilson war sehr eingenommen und meinte gegenüber Dessauer: »Natürlich ist es noch ein sehr weiter Weg, bis das Produkt marktfähig ist. Aber wenn das der Fall sein wird, dann müssen wir dabeisein.«[14]

Wilsons Begeisterung hatte für Hunderte von engagierten Mitarbeitern bei Haloid viele Jahre lang harte Arbeit zur Folge. Die Ingenieure hatten buchstäblich Tausende von Problemen zu lösen, um Carlsons Erfindung in ein Produkt umzuwandeln. Und das nichttechnische Personal, die Fabrikleiter, die Verkäufer, die Finanzleute, die Anwälte und viele andere mußten in ihrer Weise genauso kreativ und hartnäckig sein.

Der erste und letztlich wohl weitreichendste Schritt war, daß man sich entschloß, den Namen des Verfahrens zu ändern. »Elektrofotografie« klang zu technisch und enthielt keinen Hinweis auf den Eigentümer. Ein Professor für Sprachen schlug »Xerographie« vor, abgeleitet von dem Griechischen *xerós* für »trocken« und *gráphein* für »schreiben«.

Das gefiel Wilson sehr viel mehr als etwa »Kleen Kopy«, »Dry Duplicator« oder »Magic Printer«. Man entschied sich also für »Xerographie«. Sehr viel später änderte dann Haloid seinen eigenen Namen in Xerox um, um das Unternehmen noch stärker mit dem neuen Verfahren in Zusammenhang zu bringen. Beide Maßnahmen waren offensichtlich gut. Heutzutage kann die Xerographie als etablierte Technik bezeichnet werden. Im Englischen wird der Begriff »Xerox« sowohl als Substantiv wie als Verb regelmäßig benutzt.

Wilsons Mannschaft leitete eine Reihe von kreativen Geschäftsideen in die Wege. Man baute landesweit Peter McColoughs Verkaufsteam für den Direktverkauf aus und hielt sich nicht mehr an die traditionelle Vertriebsmethode. Man errichtete um die Xerographie eine regelrechte Schutzmauer aus Patenten und Lizenzen. Man investierte in Grund und Boden in der Nähe von Rochester, lange bevor man ihn überhaupt brauchte, nur um Kapital zu sparen. Xerox wurde eines der ersten Unternehmen, das die Fernsehwerbung einsetzte, obwohl es keine verbraucherorientierten Produkte wie Autos oder Seife zu verkaufen hatte. Die beste seiner Innovationen drehte sich jedoch um den Preis und den Charakter dessen, was es zu verkaufen hatte.

Haloid/Xerox entschloß sich, Kopien an den Mann zu bringen, nicht Kopierer. Zu dem Zeitpunkt, als der Kopierer 914 auf den Markt kam, lag der Preis für Konkurrenzgeräte zwischen 300 und 400 Dollar. Der neue Xerox-Kopierer war jedoch ein sehr viel komplexeres Gerät aus teuren Einzelteilen. Um Gewinn zu machen, hätte es eines um das Hundertfache höheren Preises bedurft. Nun war zwar das Management bei Haloid/Xerox unbedingt von der Überlegenheit des Produktes überzeugt, aber es bestanden Zweifel, ob die Kunden saubere, leicht lesbare Kopien so wichtig finden würden, um den enormen Preisunterschied zu akzeptieren.

Man löste daher die Preisfrage klug und raffiniert, indem die Maschinen nicht verkauft, sondern vermietet wurden und der Mietpreis abhängig gemacht wurde von dem Grad der Verwendung. Die Kunden konnten den Kopierer 914 für 95 Dollar im Monat testen, wobei die ersten 2000 Kopien frei waren und alle folgenden gerade vier Cent kosteten. Die Kunden investierten also nicht in die Geräte, und sie hatten das Recht, sie nach zwei Wochen zurückzugeben. Das taten jedoch nur wenige.

Xerox erntete mit diesem Verkaufssystem viele finanzielle Lorbeeren. Da die Kopien so leicht herzustellen, so sauber in Handhabung und Lektüre und so nützlich im Bereich der Kommunikation waren, erlebte der Umsatz von Kopien geradezu eine Explosion. Im ersten Jahr erzeugte der normale 914er genug Kopien und damit Umsatz, um alle im Zusammenhang mit Fertigung, Verkauf, Verwaltung und Allgemeinkosten entstandenen Aufwendungen auszugleichen. Selbstverständlich war Xerox am Ende des Jahres immer noch Besitzer des 914er, eben aufgrund der Entscheidung, ihn zu leasen, statt zu verkaufen. Die im nächsten Jahr erzielten Einkünfte, die wesentlich höher ausfielen, nachdem die Kunden Appetit auf Kopien bekommen hatten, stellten daher im wesentlichen Gewinn dar. Dasselbe galt für das nächste Jahr. Und das nächste. Und das nächste, und so fort.

Es liegt in der Natur der Sache, daß Wilsons Unternehmen auch eine Reihe von Fehlern machte. Der lehrreichste war dabei vielleicht der Kopierer Modell A, Haloids erster Versuch, ein auf der Xerographie basierendes Produkt zu vermarkten. Das Modell A war eine Kombination aus drei Geräten, die von einer Person »zusammengehalten« wurden. Der Operator mußte dabei eine flache Schwermetallplatte, auf der das Kopierbild entstand, von einer Maschine zur nächsten transportieren, und das für jede einzelne Kopie. Insgesamt waren 39 manuelle Handgriffe erforderlich, was drei Minuten in Anspruch nahm – jedoch *nur* dann, wenn alles entsprechend einem Handbuch ablief. Denn solch komplizierte Anleitungen können bekanntlich auch große Verwirrung stiften.

Wilson wußte, daß das Modell A eine Rohfassung war. Aber nachdem man einige Jahre in völliger Isolierung gearbeitet hatte und alle Vorschläge und Kritiken zur Xerographie nur von Haloid und Batelle gekommen waren, wollte er endlich den Markt testen, um herauszufinden, ob die Leute in den Büros am Trockenkopierverfahren interessiert genug wären, um dafür Geld auszugeben. Er mußte nicht lange auf ein Ergebnis warten. Ausnahmslos berichteten die ersten Testanwender, daß das Modell A zu schwierig und zu komplex sei und daß die erzeugten Kopien zu oft einfach unleserlich oder in anderer Weise mangelhaft seien.

Diese Nachricht erschütterte das Vertrauen vieler leitender Männer bei Haloid, unter anderem auch das von Dessauer. Wilson nahm den Mißerfolg hin, beharrte gegenüber seinen Kollegen jedoch darauf, daß der eigentliche Fehler erst darin bestehen würde, das, was sie inzwischen an Erfahrungen gemacht hätten, zu ignorieren. Der Kunde hatte nicht die Xerographie abgelehnt, sondern einzig und allein den ärmlichen Versuch, sie einzusetzen. Nach Meinung von Wilson könnte das Fiasko mit dem Modell A Haloids Bemühungen dahin gehend steuern, einen besseren, geschäftlich akzeptableren Bürokopierer zu entwickeln und zu produzieren.

Doch selbst Wilson war überrascht, als sich herausstellte, daß das Modell A auch ein Glücksfall war. Inmitten seiner Anstrengungen, die Moral der Haloid-Mitarbeiter hochzuhalten, rief ein Batelle-Mitarbeiter an und berichtete ihm, daß irgend jemand eine völlig unerwartete und ziemlich erfolgversprechende Anwendungsmöglichkeit für die unglückliche Maschine entdeckt habe. Das Modell A könne Druckvorlagen für den Offsetdruck bei hohen Auflagen liefern, und zwar zu einem Bruchteil der Zeit und Kosten, die bei üblichen Verfahren erforderlich seien. Außerdem seien Offsetdrucker, denen die Komplexität des Geräts nichts ausmache, angesichts der Verfahren des Modells A keineswegs erschrocken. Nachdem Haloid dann diese Anwendungsmöglichkeit bekanntgemacht und vorgeführt hatte, begannen die Aufträge für die Geräte hereinzuströmen.

Die unerwartete Einsatzmöglichkeit für das Modell A war ein Glücksfall. Aber es ist immer so – kein Unternehmen, gleich, wie kreativ und innovativ es sein mag, erzielt einen größeren geschäftlichen Durchbruch ohne etwas Glück. Joe Wilsons Firma brauchte *vierzehn Jahre*, bis sie nach dem Tag, an dem Wilson und Dessauer sich Carlsons Verfahren der Elektrofotografie zum erstenmal angeschaut hatten, den ersten Xerox-Kopierer 914 herausbrachten. Die Leute von Haloid/Xerox hatten dabei sehr viel Glück, daß sich in diesen vielen Jahren die restliche Welt damit zufriedengab, mit der vorhandenen Kopiertechnik und dem Angebot an Kopierern, wie es damals bestand, auszukommen.

Es passiert durchaus nicht immer in dieser Art und Weise. Häufig erkennen mehrere Menschen oder Unternehmen eine technologische Chance ungefähr zur gleichen Zeit und arbeiten dann gegeneinander, um das Produkt als erste herauszubringen. Henry Ford war beispielsweise nur einer von Dutzenden an mechanischen Problemen orientierter Erfinder, die hofften, mit »pferdelosen« Wagen ein Geschäft machen zu können. In jüngerer Zeit haben verschiedene Riesenunternehmen der Elektronikbranche gleichzeitig erkannt, daß in der Entwicklung und Vermarktung technisch ausgereifter Videorecorder und Abspielgeräte für den Hausgebrauch eine Chance läge. Für den Personalcomputerbereich gilt ähnliches.

Natürlich hätte Haloid ein jedes solcher hypothetischen Rennen nach einer neuen Kopiertechnik gewinnen können. Der Punkt ist jedoch – sie mußten sich darum überhaupt keine Sorgen machen. Zum Teil lag dies daran, daß Haloid über die ausschließlichen Rechte zur Nutzung von Carlsons Patenten verfügte. Aber gleichzeitig traf auch zu, daß niemand sonst besonders daran interessiert war. Im Geschäftsleben wie in der Wissenschaft waren viele über die Entwicklungsarbeit von Haloid informiert. An manche trat man sogar heran, um sie als Mitarbeiter zu gewinnen. Doch im Gegensatz zu Joe Wilson versprach sich niemand genug vom Kopieren, um den erforderlichen Aufwand zu wagen und eine vernünftige Wettbewerbsalternative zur Xerographie zu entwikkeln.

Trotzdem – vierzehn Jahre sind eine lange Zeit, um Körper, Seele und Unternehmen bei der Verfolgung eines gemeinsamen Ziels zusammenzuhalten. Und es ist noch unendlich viel schwieriger, wenn das Ziel, wie im Fall der Xerographie und der Firma Haloid, mit den bisher vorhandenen Produkten des Unternehmens nichts zu tun hat. Im Gegensatz dazu fängt der klassische Unternehmer ganz neu an. Henry Ford beispielsweise konnte seine Vision der in Massen produzierten Automobile verfolgen, ohne zuerst seine Mitmanager und Mitarbeiter – die bereits für andere profitable Produkte arbeiteten – davon überzeugen zu müssen, daß es sich lohne, ihr Glück an seine Ambitionen zu ketten.

In dieser Hinsicht stand Joe Wilson vor einer größeren Herausforderung. Er mußte nicht nur ein technisches Verfahren in eine geschäftliche Chance umsetzen, er mußte auch das Unternehmen, das das erreichen sollte, ändern. Haloid war seit fünfzig Jahren im Fotogeschäft tätig. Die Haloid-Mitarbeiter hatten einen guten Job und eine Zukunft auf einem Gebiet, das sie kannten und verstanden. Für sie war die Xerographie ein genauso neues Konzept wie für die übrige Welt.

Ganz bewußt hat Wilson das Schicksal von Haloid für seinen Traum vom Bürokopierer aufs Spiel gesetzt. Unter seiner Leitung gab Haloid 75 Millionen Dollar für die Entwicklung des Kopierers 914 aus, das heißt mehr, als die Gewinne des Unternehmens in den fünfziger Jahren zusammengenommen ausmachten. Viele Mitarbeiter – angefangen beim Vorstand bis hinunter zur Putzfrau – hatten ihre Zweifel, daß diese Investition Wilsons klug sei. Um daher ihren guten Willen und konstruktive Mitarbeit in seinem Feldzug aufrechtzuerhalten, mußte Wilson permanent und überzeugend demonstrieren, daß er wußte, was er wollte und wie er es bekommen könnte, und daß er, obwohl er bereit war, die Vergangenheit für die Zukunft aufs Spiel zu setzen, immer noch am Fotogeschäft und den Menschen, die dafür arbeiteten, interessiert war.

Anders gesagt: Wilson hatte bei Haloid eine Umwandlung auf der Basis der Xerographie zu bewerkstelligen. Um dabei Erfolg zu haben, mußten sein Engagement hundertprozentig, seine geschäftlichen Entscheidungen fehlerlos und sein Glaube absolut sein. Wie ein früherer Mitarbeiter aus dieser Zeit bemerkte: »Die Xerographie ging während ihrer Entwicklungszeit durch viele Stadien, in denen ein vernünftiger Managementausschuß allen Grund gehabt hätte, das Projekt aufzugeben. Um weiterzumachen, mußte da immer etwas sein, was über Logik hinausging.«[15]

Nach Einschätzung von Jack Goldman war dieses Element einer absoluten Überzeugung das, was den Unterschied zwischen Haloid und Ford ausmachte. Nichts, was außerhalb der Logik lag, konnte bei Ford die Tyrannei des Rechnungswesens überstehen. Während der dreizehn Jahre, die Goldman bei Ford arbeitete, hatte er ein erstklassiges, im ganzen Land anerkanntes Forschungszentrum aufgebaut, das eine ganze Reihe höchst interessanter Erfindungen hervorgebracht hatte. Aber Goldmans Ambition, das restliche Ford-Unternehmen zu inspirieren, blieb unerfüllt. Die Finanzexperten übergingen wiederholt die Möglichkeit, seine Laborerfindungen in Innovationen umzuwandeln. Diese Ablehnung machte ihn gegenüber Finanzleuten unzugänglich. Er warf ihnen vor, gegenüber qualitativen Überlegungen, die nicht allein durch Zahlen erklärlich sind, unzugänglich zu sein.

Als ein Headhunter Goldman 1968 mitteilte, daß John Dessauer vorhabe, als Leiter der Forschungsabteilung bei Xerox zurückzutreten, setzte sich Goldman sofort ins Flugzeug, um sich in Rochester mit Peter McColough zu treffen. Eineinhalb Jahre zuvor hatte derselbe Personalberater Goldman vorgeschlagen, einen Job unter Dessauer anzunehmen, aber daran war er nicht interessiert gewesen. Er wollte zum Topmanagement gehören, um, ganz anders als bei Ford, über das Schicksal der Forschungsaktivitäten mitbestimmen zu können.

Bei diesem Treffen erzählte McColough Goldman all das, was dieser zu hören gehofft hatte. Xerox würde ein Unternehmen der Weltklasse werden, indem es den Erfolg, den es mit der Xerographie gehabt hatte, in anderen Bereichen wiederholen würde. Auf jeden Fall, so meinte McColough, würde sich ihre Strategie darauf konzentrieren, eine so weltbewegende Innovation zu schaffen, daß man damit fest etablierte Branchenführer herausfordern könne. Als Nachfolger von Dessauer würde Goldman zum Aufsichtsrat gehören und ein wichtiger Entscheidungsträger in McColoughs Team sein.

McColoughs Angebot klang fast wie eine Kampfansage. »Peter sagte mir«, erzählt Goldman, »»Es ist dein Kopf, der unter dem Fallbeil liegt, nicht meiner. Wenn ich nicht die Ergebnisse bekomme, die ich erwarte, dann wird dein Kopf in der Schlinge stecken, und ich werde dein Henker sein.‹«[16] Das war die Art knallharter Rede, die der eiserne, optimistische Goldman schätzte. Der Xerox-Job bedeutete Geld, Position, Macht – alle drei wichtige Dinge für den in Brooklyn geborenen Sohn von Einwanderern. Und am wichtigsten war: Peter McColough schien ein Mann der Tat zu sein und wie Goldman selbst entschlossen, in der Welt etwas in Bewegung zu bringen.

Goldman sagte ja zu McColough und rief kurz darauf John Dessauer an, um eine Besichtigung des Forschungslabors von Xerox in Webster, New York, etwas außerhalb von Rochester, zu vereinbaren. Xerox's neu ernannter Forschungsleiter konnte es nicht erwarten, die Wissenschaftler und Ingenieure kennenzulernen, die die Pionierarbeit in der Xerographie geleistet hatten. Und er war insbesondere gespannt zu sehen, wie das Webster-Labor, das zu den zehn am besten ausgestatteten Forschungszentren in Unternehmen gehörte, das neueste wissenschaftliche Instrument einsetzte – den Computer.

Der erste elektronische, digital arbeitende Computer war von einer Arbeitsgruppe an der Universität von Pennsylvania gebaut worden, einer Universität, die von der Armee finanziert wurde. Mit einer Länge von hundert Fuß, einer Höhe von zehn und einer Tiefe von fünf Fuß (zirka $30 \times 3 \times 1{,}5$ Meter) war diese Maschine genausowenig elegant wie ihr Name – Electronic Numerical Integrator und Calculator (ENIAC), was soviel wie »elektronisch-numerischer Integrator und Rechner« bedeutet. Wenn auch noch nicht zuverlässig arbeitend, löste der ENIAC doch in akzeptabler Weise ein Dilemma, unter dem Wissenschafter und Ingenieure jahrhundertelang gelitten hatten: Zeitaufwand und Mühsal von komplexen oder sich wiederholenden arithmetischen Berechnungen.

Vor 1945 ging man bei den meisten Versuchen, dieses Rätsel zu lösen, von analoger, nicht von digitaler Technik aus. Analog arbeitende Geräte funktionieren, indem sie den Output als eine ungebrochene, progressive Widerspiegelung des Inputs messen. So ist die Geschwindigkeit eines Autos zum Beispiel ständig und völlig analog zu der Kraft, mit der man auf das Gas- und Bremspedal tritt. Der berühmteste Analogrechner war einer der ganz ersten, nämlich der 1632 erfundene Rechenschieber. Indem Zahl auf Länge bezogen wurde, machte sich der Rechenschieber die Logarithmengesetze zunutze, um das Problem der Multiplikation und Division zu erleichtern. In späteren Analogerfindungen verwendete man Gewicht, Volumen und Volt zusätzlich zur Länge, um Antworten auf Rechenprobleme zu finden.

Aber da gab es zwei systemimmanente Beschränkungen, die analoge Rechengeräte scheitern ließen. Erstens waren die meisten Analogrechner so ausgelegt, daß sie nur spezifische mathematische Aufgaben lösen konnten und bei anderen Arten von Problemen entweder ganz oder teilweise versagten. Zum Beispiel war ein Rechenschieber für jemanden, der die Endsumme aus einer Lebensmittelrechnung mit Dutzenden verschiedener Positionen haben wollte, eher ein Hindernis als eine Hilfe. Zweitens waren Analogrechner unpräzise. Output, der Input mißt, mag in der Theorie perfekt funktionieren, aber in der Praxis muß die Eichung des Geräts von einem endlichen Limit ausgehen, um lesbar zu sein. Auch hier illustriert ein Rechenschieber die Schwierigkeiten. Wenn die für eine bestimmte Multiplikation erforderlichen Logarithmen irgendwo zwischen den Markierungen auf dem Schieber liegen, dann muß derjenige, der das Problem lösen will, die Antwort abschätzen.

Im EDV-Bereich war die Digitaltechnik dem analogen Verfahren überlegen. Die digitale Stromquelle ist ein uhrähnlicher Generator, der bei jedem Schlag elektrische Impulse abgibt. Statt also Zahlen in Beziehung zu Länge, Gewicht et cetera zu setzen, werden bei der digitalen Methode Werte so verarbeitet, wie das auch ein Mensch macht: Immer einer nach dem anderen. Ticktack. Ticktack. Ticktack. Hohe Spannung, niedrige Spannung. Hohe Spannung, niedrige Spannung. Hohe Spannung, niedrige Spannung. Eins. Zwei. Drei. Vier. Fünf. Sechs. Das macht Digitalrechner präzise. Die Flexibilität für Problemlösungen folgte, als einer der ENIAC-Schöpfer entdeckte, daß er die Art der zu berechnenden Aufgabe ändern könnte, wenn er das Anweisungsprogramm für den Computer (Software) umschrieb, statt die Maschine selbst ganz neu zu entwerfen und zu bauen (Hardware).

Wie der ENIAC waren die ersten kommerziell verfügbaren Computer so groß wie ein ganzer Raum, knifflig und teuer. Aber ihr guter Ruf als leistungsfähige Rechner verbreitete sich rapide schnell. Bei Ford erlebte Jack Goldman, wie Computer die Arbeitsgewohnheiten und die Produktivität der Wissenschaftler und Ingenieure des Automobilherstellers entscheidend verbesserten. Er erinnert sich, daß viele Leute sich unsicher fühlten und sich sogar fürchteten, als die neue EDV-Technologie zum erstenmal vorgestellt wurde. Als er Ford jedoch verließ, so Goldman, bestand seine größte Aufgabe darin, Anträge auf noch mehr und bessere Computer geradezu abzuwehren.

Goldman hatte jedoch nicht erwartet, daß der Einsatz von Computern bei der »High-Tech-Firma« Xerox weniger geschätzt sein würde als bei Ford. Doch so war es.

»Während meines ersten Besuchs in Webster«, meinte er, »fragte ich den Mann, der für Dessauer das Labor leitete: ›Was für ein Computersystem haben Sie hier?‹ Er antwortete: ›Ich weiß es nicht genau. Ich nehme an, wir können gelegentlich den UNIVAC in der Finanzabteilung benutzen.‹ Es war klar, daß sie ziemlich wenig Ahnung von der Welt der Digitaltechnik hatten. Das war ein Schock für mich!«

Die EDV-Lücke in Webster war die erste Überraschung für Goldman bei Xerox; die Nachricht von der SDS-Akquisition die zweite. Er wußte zwar, daß McColough entschlossen war, im Digitalbereich etwas für Xerox zu tun. Schließlich hatte er nach seiner Erfahrung im Webster-Labor diese Entschlossenheit sogar selbst unterstützt. Aber er hatte nicht erwartet, daß sein neuer Boß so schnell und so verschwiegen handeln würde. Nur wenige Monate zuvor hatte McColough ihm gesagt, er würde zum führenden Managementteam des Unternehmens gehören. Jetzt informierte Xerox über den größten Firmenaufkauf seiner Geschichte in einem Bereich, in dem das Unternehmen praktisch keine Erfahrung besaß, und Goldman war von den Ratgebern, die diesen Schritt taten, ausgeschlossen.

»Hier war ich«, rief er aus, »der leitende Cheftechniker des Unternehmens, und niemand sagte mir, was vorging. Erst hinterher wurde ich informiert. Nicht, daß ich die technischen Möglichkeiten von SDS hätte beurteilen können. Aber mein Vorteil war, daß ich in dieser Branche alle Welt kannte. Es wäre nicht Brillanz meinerseits gewesen, wenn ich ihnen zu einer vernünftigen Entscheidung verholfen hätte, aber ich hätte Beziehungen herstellen können. Es wäre auch kein Problem für mich gewesen, von Experten jede Menge an Analysen über das Potential des Unternehmens zu beschaffen. Aber man hat mich nicht gefragt.«

Wie Peter McColough dazu kam, mehr als 900 Millionen Dollar an Xerox-Aktien für den Kauf einer Computerfirma auszugeben, ohne seinen leitenden wissenschaftlichen Mitarbeiter zu befragen, war tatsächlich eine gute Frage. Aber Goldman zog es vor, sich nicht lange damit aufzuhalten, weil er sich dachte, daß er als jemand, der gerade erst dazugekommen war, eben bei großen Entscheidungen noch nicht ganz dazugehörte. Statt dessen klammerte er sich an zwei optimistischere Implikationen dieser Akquisition.

Die Investition von mehr als dem Neunzigfachen des Gewinns in eine kleine, zweitrangige Firma in einer von einem Monopolunternehmen dominierten Branche wäre in einer Finanzanalyse à la Ford niemals zu rechtfertigen gewesen. Die früher bei Ford beschäftigten Finanz- und Verwaltungsexperten, die in den späten sechziger Jahren zu Xerox gekommen waren, konnten also nicht dieselbe Kontrolle über die Unternehmenspolitik in Rochester ausüben wie ihre Kollegen in Detroit. McColough war eindeutig der Boß bei Xerox, und die gigantische Summe für den Aufkauf von SDS bestärkte Goldmans Eindruck, daß McColough bei wichtigen Entscheidungen von mehr als nur von Zahlen ausging. Im Gegensatz zu Ford schien »Chuzpe«, Dreistigkeit, offensichtlich bei Xerox noch etwas zu bedeuten.

Darüber hinaus interpretierte Goldman die SDS-Entscheidung als ein eindeutiges Signal McColoughs Xerox gegenüber: Computer sollten einen ebenso wichtigen Teil der Zukunft des Unternehmens ausmachen wie die Kopierer in der Vergangenheit. Um das zu erreichen, würde man eine größere Innovation brauchen, die ihre Wurzeln nur in der Grundlagenforschung haben könnte. Genauso wie Wilson und Dessauer Haloid mit der Xerographie verändert hatten, könnten McColough und Goldman jetzt zusammen eine »digitale Transformation« bei Xerox bewirken. Statt also das Übergehen seiner Person bei der SDS-Entscheidung zu beklagen, ging Goldman zu McColough und empfahl ihm, in ein neues Forschungszentrum zu investieren. Er war keineswegs überrascht, als McColough ihm dafür grünes Licht gab.

Kapitel 3

Anfang 1970 waren im Terminkalender von Peter McColough ein halbes Dutzend größerer Probleme vermerkt. Neben der Genehmigung für den Forschungsvorschlag von Jack Goldman hatte McColough die SDS-Akquisition in Milliardenhöhe durch eine Verlegung der Zentrale des Unternehmens von New York nach Connecticut ergänzt. Er hatte den Anwälten des Unternehmens den Auftrag erteilt, eine Patentklage gegen den bei IBM erwarteten Kopierer einzureichen. Er hatte SDS angewiesen, seine grundlegende Geschäftsstrategie zu ändern. Und er hatte das Umsatzziel für das Unternehmen insgesamt in Höhe von zehn Milliarden Dollar bis 1980 festgesetzt. Das war eine enorme Herausforderung.

Viele Xerox-Mitarbeiter standen dem Engagement ihres obersten Bosses in Sachen »Änderungen« mit Mißtrauen gegenüber. Das Kopierergeschäft zu schützen, das leuchtete ihnen ein. Aber nicht die Diversifizierung in ein dem Kopierer fernstehendes Gebiet. »Wenn es um Diversifizierung geht«, so war die gängige Meinung, »dann sind wir in optimaler Weise diversifiziert. Wir machen mit jeder Branche des Landes Geschäfte. Wenn irgendeine dieser Branchen – oder auch zehn – von einer Rezession betroffen werden, dann haben wir immer noch alle übrigen, um Geschäfte zu machen. Kann man noch stärker diversifiziert sein?«[17]

McColough konterte auf dergleichen unverzüglich. Die Kopiererbranche möge schon vor Rezessionen sicher sein, doch Xerox würde nicht für alle Zeiten seine Monopolstellung aufrechterhalten können. Die vorliegenden Patentanmeldungen deuteten darauf hin, daß IBM in unmittelbarer Zukunft einen Kopierer auf den Markt bringen würde. Außerdem war in Rochester allgemein bekannt, daß Ingenieure bei Kodak, die am entgegengesetzten Ende von Rochester ansässig waren, ebenfalls ein Kopiergerät entwickelten. Auch wenn Xerox IBM und Kodak mit Rechtsmitteln behindern könnte, irgendwann würde der Patentschutz des Unternehmens doch auslaufen. Und dann würde die Konkurrenz den Marktanteil in Höhe von 95 Prozent, den Xerox jetzt

besaß, mit Sicherheit beschneiden. Deshalb, so McColoughs Kommentar zur Diversifizierung, müsse das Unternehmen sich darauf einstellen, jeden Rückgang im Kopierergeschäft durch Wachstum in einem anderen Geschäftszweig auszugleichen.
Doch wenn auch die logischen Argumente gegen eine Diversifizierung nicht sehr tief gingen, die emotionalen Einwände waren enorm. Xerox war ein Unternehmen, das sich im wesentlichen auf Kopierer festgelegt hatte. Zum Beispiel änderte das Unternehmen nach der Einführung des Kopierers 914 das traditionelle »cc« am Schluß eines jeden Briefes, einer Aktennotiz et cetera (»cc« stand für »*c*arbon *c*opies«/»Durchschläge«) in »xc« für »xerographic copies«. Als die Xerographie sich dann landauf, landab durchgesetzt hatte, ging man bei Xerox zum einzelnen »c« über. »xc« betrachtete man als redundant. »Xerox« stand bei der Firma buchstäblich für »copy«/»Kopie«. Das war mehr als nur eine Frage des Gebrauchs der englischen Sprache. Es zeigte sich darin das Wertesystem der Gesellschaft.
Die Aktivitäten von Xerox auf den Sektoren Ausbildung, Medizin und Computer wurden innerhalb des Unternehmens generell als »Nicht-Kopierer-Geschäft« bezeichnet. Diese Negativdefinition frustrierte die betroffenen Manager. McColough entging diese Unzufriedenheit nicht. »Sehen Sie«, so hieß es, »solange wir nicht in Rochester arbeiten, sind wir Mitarbeiter zweiter Klasse. Bei uns ist man nicht so großzügig mit dem Kapital für Expansionsbemühungen. Und wir haben auch nicht dieselben Aufstiegschancen.«[18] McColough hoffte, diese Sorgen durch die Verlegung der Konzernzentrale nach Stamford in Connecticut zu zerstreuen. Er wollte dem Bereich Kopierer ein Signal geben und darauf hinweisen, daß Xerox mehr sei als ein Ein-Produkt-Unternehmen.
Die symbolische Bedeutung der Verlegung der Zentrale stieß sich jedoch mit der tatsächlichen Gewinnsituation bei Xerox. 1969 betrugen die Einnahmen für Kopierer weltweit mehr als eine Milliarde Dollar. Im Gegensatz dazu hatte das größte Diversifizierungsprogramm vor SDS, die Education Group, der Sektor »Ausbildung«, noch nicht einmal einen Umsatz von hundert Millionen Dollar erreicht. Außerdem wuchs das Kopierergeschäft immer noch um zweistellige Prozentsätze, eine Tatsache, die es für die übrigen Unternehmensbereiche noch schwerer machte.
McColough ging davon aus, daß SDS dieses Ungleichgewicht korrigieren würde. »Unsere Finanzprojektionen für Scientific Data Systems«, schrieb er später an Aufsichtsratsmitglieder von Xerox, »gingen von einer Steigerung der Einnahmen von 101 Millionen Dollar im Jahr 1968

auf 330 bis 400 Millionen Dollar im Jahr 1973 aus, bei einer durchschnittlichen Steigerungsrate von 27 bis 32 Prozent. Das Nettoeinkommen sollte in ähnlichem Rahmen steigen.« McColough meinte nun, daß die angestrebte Leistung nur erreicht werden könnte, wenn SDS die enge Strategie, mit der diese Firma zu einem profitablen Unternehmen geworden war, ummodeln würde. Seine Meinung teilte er dem SDS-Management sehr schnell mit. »Diese Leute«, so ein Ingenieur, der während der ganzen Zeit bei SDS gearbeitet hatte, »wußten ganz genau, daß SDS nicht gekauft worden war, um ein Unternehmen der Computerwissenschaft zu bleiben, sondern um Xerox dabei behilflich zu sein, sich zu einem führenden ›Informationsunternehmen‹ zu entwickeln. Xerox wollte es IBM zeigen.«

1970 beherrschte IBM mit einem Marktanteil von über siebzig Prozent eindeutig die Computerindustrie. Allerdings war IBM nicht das erste Computerunternehmen gewesen. Diese Ehre hatte Remington Rand 1951 für sich verbuchen können, als das Unternehmen sich mit den ENIAC-Erfindern zusammentat und einen Computer herausbrachte, der den Namen UNIVAC erhielt. Als jedoch zwei Jahre später der erste Computer von IBM herauskam, übernahm IBM sehr rasch die Kontrolle über die Branche.

IBMs triumphaler Erfolg war kein Zufall. Das Unternehmen hatte bereits seit Jahrzehnten auf dem Markt eine Monopolstellung für automatisierte Buchhaltungssysteme. Im Wettbewerb um den Ersatz solcher elektromechanischer Systeme durch Computer verfügte IBM über mehrere Vorteile. Erstens besaß die Gesellschaft eine Verkaufsmannschaft für das ganze Land, die bereits geschäftlichen Kontakt zu den Kunden hatte, die sich für Computer interessierten. Zweitens verstand IBM im Gegensatz zu Remington Rand und anderen Neulingen bereits, Vorgänge in der Buchhaltung, in der Statistik et cetera zu automatisieren. Drittens vermietete IBM seine Geräte – genauso wie Xerox seine Kopierer –, statt sie zu verkaufen. Lange nachdem sich ein solches Gerät dann amortisiert hatte, kamen immer noch die Leasinggebühren herein. So konnte IBM die Computerentwicklung über zinsfreie Mittel, die von Kunden stammten, finanzieren und war nicht auf teures Geld von Banken oder von anderswoher angewiesen.

Hinzu kam, daß IBM die alleinige Kontrolle über Lochkartengeräte besaß. Der Computer hatte eine Bedrohung der IBM-Position dargestellt, weil er die elektromechanischen Rechner von IBM in Geschwindigkeit, Genauigkeit und Vielfalt der Anwendung bei weitem übertraf. Aber bei der neuen Digitaltechnik war man zunächst noch für die Eingabe von Daten und Instruktionen auf Lochkarten angewiesen. Deshalb konnte IBM die Preise für Lochkartengeräte hoch, die Preise für Computer niedrig ansetzen. Dabei verließ man sich auf die hohe Wirtschaftlichkeit der ersteren, um die Einführung der letzteren zu unterstützen.

Bei all diesen Wettbewerbsvorteilen verwandelte IBM ein Monopol ins nächste. Vielleicht war das unfair. Im Jahr 1969 erhob das amerikanische Justizministerium eine Antimonopolklage gegen IBM. Doch damals war es für die meisten Unternehmen, die direkt mit IBM zu konkurrieren versucht hatten, bereits zu spät. Nachdem sie es zehn Jahre probiert hatten, hatten beispielsweise weder RCA noch GE jemals einen Gewinn im Computergeschäft erwirtschaftet. Innerhalb von zwei Jahren nach der Klage des Justizministeriums zogen sich beide als Wettbewerber von IBM zurück.

Die EDV-Firmen, denen es gutging, vermieden die Konkurrenz mit IBM. Einige von ihnen, so etwa die Digital Equipment Corporation, leisteten Pionierarbeit an kleineren, weniger teuren Systemen, an sogenannten Minicomputern. Andere verkauften sogenannte »IBM-kompatible Peripherie« – das heißt Geräte und Zubehör, die sich an Großcomputer von IBM anschließen ließen, aber billiger oder schneller waren als entsprechende Geräte von IBM selbst. Wiederum andere Unternehmen wie Scientific Data Systems umgingen den von IBM dominierten kommerziellen EDV-Bereich und verkauften an Kunden in Wissenschaft und Technik.

Im Unterschied zu Buchhaltung und Rechnungswesen kannte man unter Wissenschaftlern und Ingenieuren keine historisch gewachsene Abhängigkeit von IBM, was die Situation von SDS gegenüber dem Computerriesen etwas verbesserte. Außerdem schrieben Wissenschaftler und Ingenieure ihre eigene Software. Das ersparte SDS den Aufwand an Programmierung, Ausbildung und Unterstützung, den der Service von Geschäftskunden erforderte.

Und schließlich erforderten Computeranwendungen im wissenschaftlichen Bereich nicht die umfassende Geräteausstattung, wie sie in EDV-Zentren der Unternehmen üblich war. Für SDS bedeuteten daher weniger Produkte auch niedrigere Kosten in Produktion, Lagerhaltung und Verkauf.

Diese Strategie der Marktnische von SDS funktionierte sehr gut. Aber ein Kundenkreis allein aus Wissenschaftlern und Technikern würde dem Ziel von McColough, Xerox in ein großartiges Unternehmen der Kommunikationsbranche zu verwandeln, nicht förderlich sein. Nach-

dem im Mai 1969 die Xerox-Aktionäre der SDS-Akquisition offiziell zugestimmt hatten, gab McColough SDS sofort die Direktive, den kommerziellen Sektor des Computermarkts in Angriff zu nehmen. »Ziel war«, so McColough, »zu versuchen, die Nummer 2 in der Branche zu werden.«[19]
Die fehlgeschlagenen Versuche von GE, RCA und anderen, mit IBM direkt zu konkurrieren, schreckten McColough nicht zurück. Im Unterschied zu diesen Firmen verfügte Xerox über die Einkommensbasis, die Vertriebsmannschaft und über genügend Kundenkontakte, um sich mit IBM messen zu können. Wenn außerdem das von Jack Goldman vorgeschlagene Forschungszentrum ein Erfolg würde, dann könnte Xerox die Chance haben, IBM aus seiner Monopolstellung zu verdrängen und neue Regeln auf dem Computermarkt zu diktieren.
In den späten sechziger Jahren gab es nur zwei Größenklassen bei Computern: große und riesengroße. Sie standen in sogenannten »back offices«, wo sie für diejenigen, die sie bedienen und verstehen konnten, zählten, sortierten und kalkulierten. Die Technologie hatte jedoch wenig mit der Kommunikationsumgebung zu tun, die Xerox am besten kannte: mit den »front offices« von Verkäufern, Produktionsleitern, Finanz- und Planungsleuten, Sekretärinnen und Managern. McColough rechnete jedoch damit, daß sich das Anwendungsgebiet von Computern erweitern würde, und er wünschte, daß Xerox dabei in der Forschung die führende Rolle übernähme.
Im März 1970[20] plante McColough eine Ansprache vor der New York Society of Security Analysts, um dort die hochgesteckten Ziele, die er Xerox und SDS gesetzt hatte, öffentlich vorzustellen. Joe Wilson hatte seinen Feldzug für die Kopierer vor derselben Versammlung begonnen. Vielleicht hoffte McColough, daß ein ähnlicher Anfang auch ein ähnliches Ergebnis bringen würde.
Es war daher keine Überraschung, daß er seine Rede mit einem Hinweis auf Wilson begann. »Einige von Ihnen«, sagte der 47jährige CEO von Xerox, »werden sich wahrscheinlich an die Präsentation vom Dezember 1961 erinnern, die mit der merkwürdigen Frage begann: Wie hoch hängt der Mond?«
McColough erinnerte seine Zuhörer daran, daß zu dem Zeitpunkt, als Wilson damals vor ihnen sprach, der Boom für die Bürokopierer von Xerox gerade begonnen hatte. Umsatz und Gewinn lagen 1961 noch erheblich unter hundert respektive bei zehn Millionen Dollar. Trotzdem hatte der optimistische Wilson seine Ansprache damals

mit der Frage beendet: »Sollten wir uns als Ziel Umsätze von einer Milliarde Dollar setzen? Warum nicht?«
Weiter erinnerte McColough mit Stolz daran, daß Wilson und Xerox dieses Ziel weit übertroffen hätten. Er sprach über die nach wie vor anhaltende Bedeutung der Xerographie, die Ausflüge des Unternehmens in den Ausbildungssektor und über internationale Aktivitäten – alles Dinge, die sein Auditorium nicht besonders interessierten. Es waren immerhin schon zehn Monate vergangen, seitdem McColough als erste größere Transaktion unter seiner Führung mehr als fünfzehn Prozent der Stammaktien für Scientific Data Systems getauscht hatte. Wallstreet war dazu geteilter Meinung, und die Analysten wollten vor allem erfahren, was Peter McColough jetzt vorhatte.
Er tat ihnen den Gefallen. Der Erfolg mit den Kopiergeräten, erklärte McColough, hatte es zwingend notwendig gemacht, ins Computergeschäft einzutreten, weil sowohl Kopiergeräte wie auch Computer letztlich derselben Nachfrage nach besseren, schnelleren und leistungsfähigeren Mitteln zur Entwicklung und Weitergabe von Informationen nachkämen. Jedoch hätte von den beiden Technologien – Kopier- und EDV-Technologie – letztere eindeutig die größere Chance. Bis zum Ende des Jahrzehnts, so merkte McColough an, würden die Umsätze in der Computerindustrie über vierzig Milliarden Dollar betragen.
SDS sollte Xerox's Eintrittskarte zu diesem »Festmahl« sein. Außerdem, so betonte McColough, sei der größte und am schnellsten wachsende Sektor der Computerindustrie der kommerzielle EDV-Sektor. Daher kündigte er an, daß SDS zwar weiter an Wissenschaft und Technik verkaufen würde, das primäre Ziel des neuen Computerbereichs bei Xerox jedoch die Etablierung einer starken Position im kommerziellen Bereich sein würde. Und überzeugt erklärte er, daß SDS bei seiner neuen Strategie durch die Marketingerfahrungen von Xerox sehr viel Unterstützung erfahren würde, genauso wie durch das Engagement des Unternehmens und die enormen Ressourcen – wobei von diesen die wertvollsten in der Forschung zu sehen seien.
»Bei Xerox«, so McColough weiter, »sind Forschung und Entwicklung von grundlegender Bedeutung gewesen, und so wird es bleiben. Unser Unternehmen verdankt der sofortigen Nutzung neuer Technologien bereits eine Menge.« Dann gab er bekannt, daß Xerox einen Teil seines jährlichen Forschungsbudgets in Höhe von hundert Millionen Dollar in ein Labor investieren würde. Dieses Labor untersuche, wie Digitaltechnik und Grundlagenwissenschaft dazu beitragen könn-

ten, die Rolle des Unternehmens im Bereich von Computer und Datenverarbeitung zu stärken.

»Wissen«, so McColough den Analysten gegenüber, »ist bereits als Industriezweig von eigenen Gnaden akzeptiert, eingehüllt von Aussichten auf endloses Wachstum und sich immer wieder neu ergebende Chancen. Wir sehen jedoch die ›Wissensexplosion‹ nur als sehr überlegenes Instrument und übersehen, daß sie vielleicht auch tyrannisch sein kann. Tatsache ist jedoch, daß wir bei dem Versuch, Information und Wissen zu sammeln, zu verarbeiten, uns anzueignen und zu verbreiten, immer verwirrter werden durch ständig besetzte Telefone, Computerausdrucke, Verfahrenshandbücher, überfüllte Flugzeuge, unnötige Korrespondenz, Besprechungen, Post, Aktennotizen und schon fast veraltete Akten mit der Aufschrift ›Unbedingt lesen‹.« McColough hätte vielleicht noch hinzufügen können, Kopien, Kopien und noch mehr Kopien verschiedener eben aufgezählter Dinge.

Für ihn bedeutete Information zum Teil Klatsch, zum Teil sogar krankhafter Auswuchs. Informationen können für Entscheidungsträger nur wirklich nützlich sein, wenn man Instrumente entwickelt, die sie aussortieren, organisieren und zum richtigen Zeitpunkt in relevanter Weise weitergeben können. Nach Meinung von McColough würde das Büro des Jahres 1980 sich grundsätzlich von dem des Jahres 1970 unterscheiden.

Vor diesem Hintergrund formulierte der Xerox-Boß für sein Unternehmen und die ganze Welt eine höchst ungewöhnliche Vision: »Die Hauptzielsetzung der Xerox Corporation geht dahin, in den Bereich der Information mehr Ordnung und Disziplin zu bringen. Wir wollen daher eine führende Position in dem etablieren, was wir die *Informationsarchitektur* nennen.

Was wir anstreben, ist ein Denken, das Information selbst als ein natürliches und unentwickeltes Umfeld sieht, das eingezäunt und für die Menschen, die in ihm leben und arbeiten, sehr viel wohnlicher gemacht werden kann.

Im Augenblick ist dieses Ziel von Xerox selbstverständlich noch nicht viel mehr als ein Konzept. Wir sind gerade erst dabei, uns zu engagieren; und es ist sicherlich keine einfache Aufgabe. Wir werden zweifellos auf Hindernisse stoßen, auf die wir vorher noch nie gestoßen sind, und wir werden auch Fehler machen. Doch selbst eine nur oberflächliche Prüfung unseres Unternehmens zeigt, daß wir bereits die meisten Rohmaterialien für die Architektur der Informationstechnologie besitzen: Computer, Kopierer, Vervielfältiger, Mikrofilm, Kommunikationseinrichtungen, Ausbildungstechniken, Anzeige- und Übertragungssysteme, grafische und optische Verfahren, intensive Forschung und Internationalität.

Bedenken Sie bitte nur einen Moment lang die Möglichkeiten, die eine Verbindung dieses Rohmaterials mit den Fähigkeiten von 55 000 Menschen rund um die Welt in sich birgt. Können wir daher vielleicht davon ausgehen, daß das nächste Jahrzehnt bei Xerox noch konstruktiver ausfallen wird als die vergangenen zehn Jahre?«

Indem er noch einmal an Joe Wilsons frühere Rede und seine Frage »Wie hoch hängt der Mond?« erinnerte, erklärte McColough abschließend: »Die Frage ist vielleicht schwierig, aber die Antwort ist die gleiche: Warum nicht?«

Forschung:
Die Entwicklung des Alto

Kapitel 4

Im Jahr 1970 war der Begriff »Informationsarchitektur« ein zwar elegantes und inspirierendes Schlagwort – aber was sollte es eigentlich bedeuten? Ein zu der damaligen Zeit leitender Ingenieur bei Xerox formulierte es so: »McColough sagte, daß Xerox die Frage in Angriff nehmen würde, wie Information zu organisieren sei und wie sie funktioniere. Dabei konnte er unmöglich wissen, was das im einzelnen im Hinblick auf Geschäft, Markt und Technik bedeutete. Vielleicht meinte er dies, vielleicht meinte er jenes. Aber McColough tat genau das, was er tun wollte – er bestimmte das Klima und den Schwerpunkt für Diskussionen und Initiative innerhalb des Unternehmens.«
Der Eröffnungszug ging an die Forschung. Einige Monate vor McColoughs Ansprache warb Jack Goldman einen langjährigen Bekannten namens George Pake an, der das geplante Xerox-Forschungszentrum aufbauen und leiten sollte. Goldman war weiterhin im Topmanagement für die von ihm initiierte Forschungseinrichtung zuständig, aber er hatte als erster wissenschaftlicher Mitarbeiter des Unternehmens zu viele Aufgaben, um das neue Zentrum selbst leiten zu können. So mußte er also jemand anderen finden, und seine erste Wahl fiel auf Pake.
Wie Goldman selbst war Pake Physiker mit einem nur begrenzten Verständnis für Computer. Das störte Goldman jedoch nicht. In den Jahren als Forschungsleiter bei Ford war er zu der Überzeugung gelangt, daß das Management eines Labors etwas anderes sei als das Forschen selbst. Die Dinge, auf die es in der Digitaltechnik ankam, konnte man lernen, das Wissen, um die vielversprechenden Projekte und wissenschaftlichen Mitarbeiter auszuwählen, konnte man nicht erwerben. Und er hatte ein enormes Vertrauen in Pakes Urteilsvermögen. »Ich hatte George seit meiner Jugend gekannt; wir hatten beide unseren ersten Job bei Westinghouse während des Krieges angetreten. Er ging dann wieder von Westinghouse weg, um seinen Doktor in Harvard zu machen, aber wir bewegten uns auf der gleichen Linie und blieben Freunde. Pake war auf dem Gebiet der magnetischen Kernresonanz ein enormes As, und ich schätzte und respektierte ihn sehr.«

Im Jahr 1969 wollte sich George Pake, nach einer langen und ehrenvollen Karriere an der Universität, gern verändern. Er war ein wenig aggressiver Mensch, und er haßte Konfrontationen. Trotzdem mußte er während mehrerer Jahre an vorderster Front bei den Studentenunruhen in den Sechzigern mitkämpfen, und er war es müde. Im Sommer trat er als Leiter eines College und Vizekanzler der Washington University in St. Louis zurück – in der Absicht, sich wieder der akademischen Forschung zuzuwenden. Doch zu seinem Erstaunen bot ihm Ford die Position an, die Goldman gerade frei gemacht hatte. Er lehnte ab.
Goldman andererseits hatte es sehr interessant gefunden, daß Pake daran dachte, vom Universitäts- ins Wirtschaftsleben zu wechseln. Als Pake bei Ford ablehnte, handelte er daher schnell und entschlossen. In einer gekonnten Geste, die den Professor beeindruckte, stürzte er in einen Firmenjet und flog für einen Nachmittag zu einem »harten Verkaufsgespräch« nach St. Louis. Er beschrieb Pake das außergewöhnliche Xerox-Erbe. Er sprach von dem immensen Wachstum, das er als ein Ergebnis von vorbildlicher Forschung und Innovation ansah, und er hoffte, Pake würde diese Tradition ihm bewahren helfen. Die vordringlichste Aufgabe, betonte Goldman, sei es nun, die Informationssysteme und die Technologie zu entwickeln, von denen Peter McColough erwartete, daß sie Xerox in die achtziger Jahre voranbringen würden. Pake sollte dafür ein Forschungszentrum für mehrere Millionen Dollar aufbauen. Aus dem Nichts. Und, so Goldman weiter in seiner Argumentation, mit Xerox als Geldgeber und Pake als Leiter würde sich das Forschungszentrum sicherlich eines Tages mit den legendären Bells-Laboratorien vergleichen können.
»Ich machte ihm sehr ernsthaft klar«, so erinnert sich Goldman, »daß dies nicht Ford sei und daß Xerox es ernst meine. Daß man sich auf ein neues Gebiet wagen wolle, das Xerox unbekannt, aber sehr wichtig für das Unternehmen sei, und daß er derjenige sei, der hier helfen könne.«
Pake erklärte sich einverstanden, McColough zu treffen; McColough hatte eine starke Ausstrahlungskraft auf den bisherigen Collegedirektor. »Ich liebte das Leben an der Universität. Ich mußte hart mit mir kämpfen, als ich die akademische Welt aufgab. Aber ich wußte auch, daß dies eine einmalige Chance wäre, eine neue Forschungsgruppe für ein aufgeklärtes Unternehmen zu starten. Peter McColough spielte bei dieser Entscheidung eine wesentliche Rolle. Xerox konnte auf eine solide Tradition im Forschungsbereich zurückblicken, und McColough schien dem sehr positiv gegenüberzustehen und vom Engagement in der Forschung überzeugt zu sein. Als ich McColough und Goldman sagte,

daß fünf bis zehn Jahre vergehen würden, bevor mit Ergebnissen zu rechnen sei, zuckte keiner von beiden auch nur mit der Wimper. McColough schien wirklich klar zu sein, daß sich Forschung nicht im Handumdrehen auszahlt.«

Was Pake als »aufgeklärt« bezeichnete, war tatsächlich eine atypische Haltung eines Unternehmens der Forschung gegenüber. Viele Gesellschaften verfügen über gar kein Forschungsbudget. Bei anderen Unternehmen ist das, was sich »Forschung und Entwicklung« nennt, meist nur letzteres. Laborarbeit wird umschrieben mit kurzfristigen Marketingzielen. Sie wird nicht von umfassenden strategischen Zielen bestimmt, wie sie von Goldman und McColough geschildert wurden. Goldman zufolge: »Neun von zehn Forschungslabors in der amerikanischen Industrie operieren von oben nach unten. Die Order kommt von ganz oben, und die Forschungsdirektoren sind in ihrer Rolle darauf beschränkt, den einzelnen Gruppen Aufgaben zuzuweisen und ihnen zu sagen, was sie zu tun haben.«

Sowohl Goldman wie Pake favorisierten jedoch die umgekehrte Methode. »Von unten nach oben«, sagt Goldman, »ist die einzige vernünftige Forschungsmethode, wenn man die wirklich guten Leute bekommen will. Die Grundregeln sollten so frei und einfach wie möglich sein. Man muß die allgemeinen Zielsetzungen vorgeben, aber dann muß man sie selbst herausfinden lassen, was zu tun ist.«

Pake stimmt dem zu. »Es bringt wahrscheinlich wenig Erfolg«, so merkt er an, »wenn man einem wissenschaftlichen Mitarbeiter das Labor zeigt, ihm im Detail eine noch nicht existente, aber wünschenswerte Technologie oder ein Verfahren beschreibt und dann den Befehl gibt: ›Nun erfinden Sie mal schön.‹«[21]

McColoughs geradezu von seiner Vision geprägtes Vokabular paßte perfekt zur Forschungsphilosophie von Goldman und Pake. Von Kopierern abgesehen hatte sich die Bürotechnik – das heißt Schreibmaschinen, Telefonanlagen, Additionsmaschinen, Diktiergeräte, Bleistifte, Füllhalter und Papier – seit Jahrzehnten nicht geändert. Da bisher weder Xerox noch irgendein anderes Unternehmen ein zusammenhängendes Produktsystem zum Management von Informationen im Büro anbot, gab es keine kurzfristigen Produkt- und Marketingziele, die Pakes Forschungszentrum hätten beeinflussen können. Die Lösung des Rätsels einer »Informationsarchitektur« *war* von den Ideen und Einfällen der Xerox-Forscher selbst abhängig.

Der einzige Einwand gegen den Plan kam von Scientific Data Systems. Für sie war der Einsatz von Mitteln für nichtexistente Produkte reine

Verschwendung, insbesondere angesichts der Vorgabe von McColough, daß SDS einen Durchbruch im kommerziellen EDV-Bereich erzielen sollte. Um gegenüber IBM Erfolg zu haben, würde SDS alle irgendwie verfügbaren Mittel brauchen. SDS betonte, daß solche Fortschritte im EDV-Bereich wie etwa der Transistor und die integrierten Schaltungen von Teileherstellern gemacht wurden, nicht von den Großcomputerfirmen. Wieder laut Goldman: »Die SDS-Leute sagten alle: ›Warum soll man für so etwas Geld ausgeben. Ihr solltet das Geld lieber uns geben. Wir können einen neuen Großcomputer entwickeln, ihn auf den Markt bringen und Gewinne machen.‹«

Die Einstellung von SDS war für Goldman eine Überraschung. Wie konnte ein Unternehmen, das Computer an Wissenschaft und Technik verkaufte, angesichts von Grundlagenforschung die Nase rümpfen? In seinem offiziellen Vorschlag für McColough stellte Goldman das neue Forschungszentrum mit drei getrennten Labors vor. Eines davon würde »die langfristigen Erfordernisse und Wünsche der SDS-Division berücksichtigen und sich auf Systeme von potentiellem Unternehmensinteresse konzentrieren, in dem der Computer das Schlüsselelement darstellt«. Der Bau eines neuen Großcomputers, auch nicht der eines größeren, schnelleren oder leistungsfähigeren, gehörte nicht zum Programm.

McColough war auf Goldmans Seite. Beschwingt durch die Unterstützung, die sie vom Topmanagement bekamen, machten sich Goldman und Pake auf die Suche nach einem Standort für ihr Labor. Goldman hatte zu einem früheren Zeitpunkt bereits die Möglichkeit negiert, es mit der Forschungseinrichtung in Webster zusammenzulegen. Seiner Meinung nach war der Laborleiter in Webster zu schwach, seine wissenschaftlichen Mitarbeiter zu engstirnig und die geographische Lage oben im Staat New York zu unattraktiv, um die Leute anzuziehen, die Pake brauchte. Goldman und Pake zogen dann auch El Segundo, Kalifornien, die Zentrale von SDS, in Erwägung. Doch auch hier fiel die Entscheidung negativ aus, weil trotz des Entschlusses von McColough die Computer-Division immer noch gegen die langfristigen Forschungsvorhaben opponierte.

Letzten Endes standen dann noch New Haven und Palo Alto zur Auswahl, wobei Goldman New Haven, Pake Palo Alto den Vorzug gab. Vor der Anwerbung von Pake hatte Goldman McColough New Haven vorgeschlagen. »Wenn das neue Forschungszentrum zu weit entfernt ist von der Xerox-Umgebung und dem Xerox-Denken«, hatte er geschrieben, »dann reduzieren sich die Chancen erheblich, daß auf die Bedürfnisse und Praktiken von Xerox eingegangen wird.«In derselben Notiz hatte er auch gesagt, daß »ein Gebiet, das in der Regel als ideales Forschungsumfeld gilt, nämlich Palo Alto, von mir nur deswegen nicht berücksichtigt wurde, weil in der Nähe keine größere Xerox-Niederlassung existiert.«

Pake jedoch brachte Palo Alto wieder auf die Tagesordnung. Er kannte den Ort sehr gut, nachdem er Ende der fünfziger Jahre an der Stanford-Universität gelehrt hatte. Er betonte, daß die Zahl an Halbleiterherstellern und anderen dem Computer nahestehenden Unternehmen, die damals im Santa Clara Valley um Palo Alto herum entstanden, mit ziemlicher Sicherheit wachsen würde. Damit stünden für die Xerox-Forschung verläßliche Lieferanten, erfahrene Wissenschaftler und ein intellektuell interessantes Umfeld zur Verfügung.

Goldman gab nach; es war Pakes Labor, wenn man es recht betrachtete, nicht seines. Im Juni 1970 öffneten die beiden Physiker die Tore des Xerox Alto Research Center, für das als Akronym von dem wettbewerbsbewußten Goldman »PARC« geprägt wurde, passend zum Namen des Eastman Kodak Park, einer anderen Forschungseinrichtung in Rochester.

Nachdem die Standortfrage geklärt war, konnte Pake die fachliche Seite in Angriff nehmen. Er reiste zu den wichtigsten Lehrstühlen für Computerwissenschaften in Amerika. »Ich sprach mit führenden Professoren, bat sie um ihre Meinung darüber, welches derzeit die wichtigsten Fragen in der Forschung seien und wer unter den Besten in diesem Bereich sich wohl zu PARC hingezogen fühlen könnte, um dort eine wichtige Rolle in der Forschung zu übernehmen.«[22] Er erfuhr, daß die am weitesten fortgeschrittenen Arbeiten am Computer von einer Stelle des Verteidigungsministeriums finanziert wurden, die sich Advanced Research Projects Administration (kurz ARPA – Verwaltung fortgeschrittener Forschungsprojekte) nannte.

Tatsächlich hatte die ARPA ein Computerforschungsprogramm an der Washington University unterstützt, das Pake dort als Collegedirektor gegen das Massachusetts Institute of Technology (M.I.T.) gewonnen hatte. Der Direktor jenes Projekts empfahl Pake, mit Bob Taylor zu sprechen, dem für die ARPA in den späten sechziger Jahren zuständigen Manager. Pake überlegte sich, daß Taylor sicherlich eine gute Quelle sein könnte, insbesondere für Namen potentieller Mitarbeiter. Was George Pake nicht ahnen konnte, war, daß Bob Taylor absolut entschlossen war, die Welt der Computer zu verändern.

Taylor wurde während der Weltwirtschaftskrise als einziges Kind eines

Methodistenpredigers in Texas geboren. »Damals«, so erinnert er sich, »glaubten die Menschen, sie wären zum Predigeramt berufen. Ich wuchs daher in der Annahme auf, daß alles, was man später einmal beruflich mache, diese Art von Engagement einschließen müsse.« Seine Suche nach einer würdigen Tätigkeit bescherte ihm zunächst eine abwechslungsreiche Karriere an der Universität – zwischendurch war er auch bei der Navy. Schließlich schloß er sein Studium mit dem »Master« für Psychologie ab. Taylor war immer noch auf der Suche, als er 1961 zur kürzlich gegründeten National Aeronautics and Space Administration (NASA) als Manager für digitale Forschung ging. In Washington lernte er einen Mann namens J. C. R. Licklider kennen und erfuhr von dessen Kampagne zur Förderung eines Konzepts in der Computerwissenschaft, das sich »Interaktivität« nannte. Taylor brauchte nur wenig Zeit, bis er begriff: »Genau das ist es!«

J. C. R. Licklider und die Interaktivität beherrschten Anfang der sechziger Jahre eine Bewegung, die Computer in »Real Time« (Echtzeit) arbeiten lassen wollten. Autos, Fahrräder, Mischmaschinen, Rasenmäher, Telefone, Schreibmaschinen – sie alle funktionierten in »Echtzeit«, das heißt reagierten unmittelbar auf den Menschen. Aber nicht der Computer – so schnell er auch war.

Computer arbeiteten nach einer Methode, die man als Stapelverarbeitung bezeichnete. Die Programmierer arbeiteten sowohl zeitlich wie räumlich getrennt von den Geräten. Nach der Kodierung der Befehle und Daten, die zu verarbeiten waren, ließ der Programmierer sie auf Lochstreifen, oder im typischen Fall auf besondere IBM-Karten, stanzen. Als nächstes ließ er den Streifen oder die Karte durch den Drucker laufen, den Ausdruck auf Stanzfehler Korrektur lesen und legte dann, wenn keine Fehler gefunden worden waren, die Eingabedaten dem offiziellen Operator vor, der als einziger autorisiert war, die teuren Geräte zu bedienen. Der Operator machte dann einen Zeitplan. Vielleicht wurde die Sache noch am selben Tag erledigt, vielleicht auch erst später. Wenn der vereinbarte Termin da war, dann wurden die Karten – vorausgesetzt, sie waren nicht in irgendeiner Weise beschädigt – durch den Computer gejagt, die Befehle und Daten wurden verarbeitet und die Ergebnisse ausgedruckt.

Änderungen in der Computerprogrammierung sind alltäglich. Aber bei der Stapelverarbeitung konnte man die nächsten Schritte erst überlegen, wenn der Ausdruck entschlüsselt war, eine Arbeit, die Stunden, manchmal Tage in Anspruch nahm. Um die Änderungen auszuprobieren, mußte der Programmierer die gesamte Kodierung wiederholen –

das Lochen – Drucken – Korrekturlesen – die Eingabe – die Terminierung – den Durchlauf – den Ausdruck – das Entschlüsseln. Lesen Sie es noch einmal: Kodierung – Lochen – Drucken – Korrekturlesen – Eingabe – Terminierung – Durchlauf – Druck – Entschlüsselung: schlimm. Dieses Verfahren hielt die Fachleute nicht bei guter Laune. 1960 beklagten sich daher einige Computerfachleute darüber; nicht, daß Sekretärinnen, Manager, Studenten, Verwandte von der Welt des Computers ausgeschlossen blieben, sondern daß sie – als ausgebildete Programmierer, Wissenschaftler und Ingenieure – nicht mit dem Computer im Dialog verkehren konnten, wann und wie sie es wollten.

J. C. R. Licklider, damals Professor für Psychologie am M. I. T., war ihr Hauptsprecher. In einem 1960 erschienenen Artikel »Symbiose zwischen Mensch und Computer« schrieb Licklider, daß die Hauptfunktion des Computers darin bestehen sollte, menschliches Denken zu verbessern. Doch stapelverarbeitende Maschinen funktionierten vor und nach, aber nicht während des Denkprozesses. Während der Mensch dachte, wartete der Computer; während der Computer arbeitete, warteten die Menschen; und während Menschen dann weiterdachten, wartete der Computer wieder.

Licklider schrieb mit trockenem Humor: »Es wird häufig gesagt, daß das Schreiben eines Computerprogramms den Menschen zwingt, klar zu denken, daß es den Denkprozeß diszipliniert. Aber viele Probleme, die man vorher durchdenken kann, sind eben schwer vorher zu durchdenken. Sie wären einfacher zu lösen, und sie wären schneller zu lösen mit Hilfe eines intuitiv gesteuerten Trial-and-error-Verfahrens, in dem der Computer kooperiert, auf Fehler im Denkablauf aufmerksam macht oder unerwartete Wendungen bei der Lösung enthüllt.

Eines der Hauptziele einer Symbiose zwischen Mensch und Computer«, schreibt Licklider weiter, »ist, den Rechner effektiv in die Formulierung des technischen Problems mit einzubeziehen. Das zweite Hauptziel steht damit in engem Zusammenhang. Es besteht darin, Computer effektiv in Denkprozesse mit einzubeziehen, die sich in ›Echtzeit‹ vollziehen, was so schnell geschieht, daß der Computer in konventioneller Weise nicht einsetzbar ist. Stellen Sie sich zum Beispiel vor, Sie hätten eine Schlacht mit Hilfe eines Computers nach dem heutigen Schema zu befehligen. Heute formulieren Sie also Ihr Problem. Morgen setzen Sie sich mit dem Programmierer zusammen. Nächste Woche hat der Computer Zeit, Ihr Programm in fünf Minuten aufzunehmen und in 47 Sekunden die Antwort auf Ihr Problem zu berechnen. Dann bekommen Sie einen sieben Meter langen Ausdruck von Zahlen, die, statt eine endgültige Lösung zu offerieren, nur eine Taktik vorschlagen, die erst einmal über Simulierung erprobt werden müßte. Die Schlacht wäre eindeutig schon geschlagen, bevor Sie die zweite Stufe ihrer Planung erreicht hätten. Mit einem Computer im Dialog in der gleichen Weise zusammen denken wie mit einem Kollegen, dessen Kompetenz Ihre eigene ergänzt, erfordert eine sehr viel engere Verbindung zwischen Mensch und Maschine, als dieses Beispiel zeigt und als es heute möglich ist.«[23]

Wenige Jahre nach der Veröffentlichung dieses Artikels befand sich Licklider in einer sehr starken Position. Die Regierung Kennedy war überzeugt davon, daß die normale Verwaltungsbürokratie für die Forschungen hinderlich sei, die man bräuchte, um die Russen in der Raumfahrt zu schlagen. Sie bildete daher einen neuen Ableger des Verteidigungsministeriums unter dem Namen Advanced Research Projects Administration (Verwaltung fortgeschrittener Forschungsprojekte). Die ARPA genoß eine nie dagewesene Freiheit bei der Auswahl und Finanzierung von Forschungen. Und der ARPA-Direktor stellte Licklider als Manager des Computerbereichs ein, genannt das Information Processing Techniques Office (IPTO – Büro Informationsverarbeitungstechniken).

Als Licklider dann in Washington arbeitete, unterstützte er unverzüglich die Entdeckung des Timesharings, von der sich viele Computerleute erhofften, daß es die Nachteile der Stapelverarbeitung aufheben würde. Das Ganze war sehr geistreich ausgetüftelt. Es stimmte – Computer waren viel zu teuer, um mit einem einzelnen Benutzer in »Echtzeit« zu verkehren. Aber Computer verarbeiteten andererseits Informationen sehr viel schneller als der Mensch. Die Programmierer waren nicht *ununterbrochen* auf den Zugriff auf den Computer angewiesen; sie brauchten nur Unterbrechungen, die sich in Sekunden und Minuten, nicht Stunden oder Tagen bemaßen. Wenn man beim Timesharing von Hard- und Software einen Computer dazu bringen könnte, sehr schnell zwischen verschiedenen Programmen *hin und her zu schalten,* dann würde es den langsameren menschlichen Partnern des Computers so vorkommen, als würden sie ganz allein mit dem Computer kommunizieren. Statt des Wartespielchens bei der Stapelverarbeitung könnte das Timesharing die Programmierer *on line* mit dem Computer verbinden. Bob Taylor war bei der NASA, als Licklider das Information Processing Techniques Office der ARPA übernahm. Er wurde zu einem Anhänger Lickliders und Fürsprecher der Interaktivität. Er besaß zwar nicht die technische Ausbildung, um selbst mitforschen zu können, aber er studierte den Vorgang des Timesharings sehr genau und bekam rasch ein sehr feines Gefühl für die Zukunft der Digitaltechnik. Als Licklider an die Universität zurückging, nahm Taylor sehr gern das Angebot an, stellvertretender Direktor des IPTO unter Lickliders Nachfolger, Ivan Sutherland, zu werden. 1965 verließ dann Sutherland das IPTO, und der 33jährige Sohn des Reverend Taylor übernahm bald danach die Leitung des größten Regierungsbudgets weltweit für moderne Computerforschung. Bob Taylor hatte seine Berufung gefunden.

Taylors ganz großes Ziel bestand darin, die konventionelle Vorstellung zu Grabe zu tragen, daß Computer nur Zahlen und Daten berechnen könnten. Wie er selbst sagte: »Ich bin niemals besonders am Computer als einer Rechenmaschine interessiert gewesen. Was mich wirklich interessiert, das ist der Computer als ein Mittel für den Menschen, seine Ideen extern darzustellen, sie zu beobachten und mitzuteilen.«

Für ihn war Kommunikation »kooperative Modellbildung«, der Prozeß des Austauschs von Gedanken, um so Unterschiede festzustellen, Kreativität zu verstärken und eine Einigung herbeizuführen. »Kooperative Modellbildung« funktioniert dann am besten, wenn der Mensch über Stift und Papier, Kreide und Tafel oder irgendein anderes Mittel verfügt, um das, was er gerade denkt, festhalten und mitteilen zu können. In den späten sechziger Jahren war Taylor davon überzeugt, daß zukünftige Computersysteme andere Methoden der Kommunikation überflügeln würden, weil sie eine Kombination aus dem grafischen Reichtum von Stift und Papier, den umfassenden Informationsmöglichkeiten einer Bibliothek und der unmittelbaren Erreichbarkeit des Telefons darstellen würden.

Doch zu dem Zeitpunkt, als Taylor die Leitung des Information Processing Techniques Office der ARPA übernahm, hatte das Telefon dem Computer gegenüber einen großen Vorteil – die Möglichkeit zur Kommunikation über weite Entfernungen hinweg. Im Unterschied dazu mußte man Informationen zwischen verschiedenen Computern in derselben Weise bewegen wie ein Buch – indem man sie trug. Die Hard- und Software, die für die elektronische Übertragung erforderlich sind, ganz gleich, ob im selben Gebäude oder von einem Ende des Landes zum anderen, existierten noch nicht.

Nachdem Taylor die Leitung des IPTO übernommen hatte, finanzierte er mehrere Computerkommunikationsprojekte und stellte schließlich einen Mann namens Larry Roberts ein, der die einzelnen Projekte koordinieren sollte. Roberts hatte zusammen mit anderen Computerwissenschaftlern in England und den Vereinigten Staaten eine Technologie entwickelt, die den Namen »Message Switching« trug. Mit ihr wollte man die Haupthindernisse der Kommunikation von Computern untereinander überwinden. Als Roberts sicher sein konnte, daß dieses Verfahren der richtige Weg war, beauftragte er ein Privatunternehmen, dieses erste landesweite Computerkommunikationsnetz zu bauen. Es wurde als ARPAnet bekannt und existiert noch heute.

Beim IPTO besaß Taylor die Freiheit, jede von ihm gewünschte Forschungsrichtung zu unterstützen. »Als ungefähre Regel galt, die Leute zu fördern, die eine gute Chance hatten, den Stand der Informationstechnologie in größerem Ausmaß zu verbessern.«[24] Eine unmittelbare Relevanz zu den Interessen des Verteidigungsministeriums war die Ausnahme, nicht die Regel. Trotzdem bat man Taylor in einem Fall, die Computersysteme des Militärs in Vietnam zu verbessern, eine Erfahrung, die, wie er sagt, zu seiner Kündigung bei der ARPA führte.

»Damals«, erinnert Taylor sich, »hatte jede Waffengattung ein anderes Computersystem, um den Nachschub in Vietnam zu verwalten. Die Regierung machte sich wegen des Chaos und der mangelnden Kontrolle beim Einkauf und Einsatz der Mittel Sorgen, und Präsident Johnson fragte beim Verteidigungsministerium an, ob man nicht irgend etwas tun könne, um dieses Problem zu lösen. Das Verteidigungsministerium reichte die Anfrage an die ARPA weiter, und der Leiter der ARPA wandte sich dann an mich.

Ich flog nach Saigon und bildete schließlich eine Arbeitsgruppe, um ein gemeinsames Lagerverwaltungssystem aufzubauen und einige Hardware-Einrichtungen vor Ort zu entwerfen, auf denen dieses System laufen sollte. Ich reiste ein paarmal nach Vietnam. Als wir fertig waren, hatte das Militär ein gutfunktionierendes System. Aber gleichzeitig lernte ich dabei das Vietnamproblem kennen, einen Bürgerkrieg, in dem wir überhaupt nichts zu suchen hatten. Ich war nicht mehr motiviert. 1969 waren im ARPAnet drei Knotenpunkte ausgebildet, und es lief alles gut. Ich hatte mir Larry Roberts geholt, der das Netz ausbauen und fertigstellen sollte, und ich wußte, daß ARPAnet bei Larry, der mein Nachfolger wurde, in guten Händen war. Mir war also klar, daß es Zeit für mich war zu gehen.«

Taylor ging an die Universität von Utah, wo ihn 1970 George Pake kontaktierte, um bei ihm Rat für das Forschungsvorhaben von Xerox einzuholen. Es wurde vereinbart, daß Taylor zu einem Gespräch nach Palo Alto kommen und Pake und einen von dessen Mitarbeitern, Bill Gunning, treffen sollte. Zu Beginn des Gesprächs erklärte Pake Taylor, daß PARC drei getrennte Laboratorien haben würde: das General

Science Laboratory (GSL – allgemeinwissenschaftliches Labor), das Systems Science Laboratory (SSL – Labor Systemwissenschaft) und das Computer Science Laboratory (CSL – Labor Computerwissenschaft). Neben der Leitung von PARC als Ganzem würde er die Arbeit im GSL dirigieren, das Forschungen in den grundlegenden Wissenschaften wie etwa in der Physik betreiben würde. Gunning wäre Leiter des SSL – mit dem Freibrief, sich mit »Systemen« im weitesten Sinn zu befassen: mathematisch, statistisch, im Hinblick auf Systembetrieb, Entwurf und Information. Das Ziel von SSL schien sich also mit dem geplanten Studienschwerpunkt des Computer Science Laboratory zu überlappen, das sich insbesondere mit Computersystemen zu beschäftigen hätte. Für CSL gab es bisher noch keinen Leiter.

»Ich fragte Pake, was die neue Computerarbeitsgruppe tun würde«, erinnert sich Taylor. »Er meinte, das neue Labor würde Forschungen zur Unterstützung der langfristigen Erfordernisse von SDS [Scientific Data Systems] betreiben. Als ich Pake gegenüber dies als unglückliche Lösung bezeichnete, fragte er: ›Warum?‹«

Pakes Frage klang in Taylors Ohren naiv, denn er betrachtete SDS verächtlich als »Klempnerei«, nicht als »ein Systemunternehmen irgendeiner Art«. Diese geringschätzige Beurteilung hatte er sich, schon Jahre bevor Xerox SDS aufkaufte, zugelegt. Während seiner Tätigkeit bei der ARPA hatte er ein Projekt mit dem Titel »Genie« finanziert, bei dem ein SDS-Computer mit Stapelverarbeitung in ein Timesharing-System verwandelt wurde. Damals hatten die Computerunternehmen noch nicht mit dem Verkauf von Timesharing-Systemen begonnen, und Taylor hatte von mehreren Kunden erfahren, daß sie am Kauf des »Project Genie system« interessiert wären. Deshalb vereinbarte er ein Treffen mit dem Boß von SDS, Max Palevsky, und schlug ihm vor, daß SDS ins Timesharing-Geschäft einsteigen solle. Palevsky war jedoch offensichtlich mit der vorhandenen Produktstrategie seines Unternehmens zufrieden, und sein Treffen mit Taylor endete in einem Desaster.

»Ich begann damit«, sagt Taylor, »daß ich mit Max über Dialogverarbeitung und Timesharing sprach. SDS hatte sich mit stapelverarbeitenden Computersystemen für wissenschaftliche und technische Anwendungen ganz gut gehalten, und Palevsky stellte sich im wesentlichen auf den Standpunkt, daß das Timesharing sich nicht verkaufen würde und er daran nicht interessiert sei. Ich fragte ihn, ob er sich das ›Project Genie‹ und dessen Ergebnisse angesehen hätte, aber es wurde im-

mer deutlicher, daß er am Timesharing nicht interessiert war. Die Diskussion erhitzte sich. Ich war wirklich wie erschlagen von der Sturheit dieses Burschen. Ich habe ihn deshalb fast aus dem Büro geschmissen.«
Taylor und andere überredeten SDS dann letztlich doch, das System, das unter dem Namen SDS 940 lief, anzubieten. Aber SDS investierte niemals genug ins Engineering, in die Software, die Herstellung und das Marketing, um es im Timesharing wirklich zu etwas zu bringen. Als das Unternehmen daher für das System 940 einen Nachfolger herausbrachte, war das ein totaler Mißerfolg. Wie Taylor es ausdrückte: »Vom Standpunkt desjenigen aus, der davon überzeugt war, Dialogverarbeitung sei *die* Sache für die Zukunft, hatte SDS einfach versagt.«
Im Versuch, Pake zu erklären, warum eine Unterstützung von SDS im Forschungsbereich ein Fehler wäre, meinte Taylor: »Ich glaubte nicht, daß irgendeiner der führenden Wissenschaftler, die ich kannte, an Problemen interessiert wäre, an denen SDS ein Interesse finden würde, und daß er deshalb von den Leuten, die ich kannte, keinen einzigen wirklich guten Computerwissenschaftler dafür gewinnen könnte, hierherzukommen und unter derartigen Rahmenbedingungen zu arbeiten.«
Pake fragte ihn, was CSL dann tun solle, wenn schon nicht SDS unterstützen. Die Antwort klang wie ein Rezept für McColoughs »Informationsarchitektur«, und sie kam von einem Mann, der wußte, wie und mit wem man es erreichen könnte: »Ich sagte ihm, daß Xerox meiner Meinung nach in einer glänzenden Position sei. Xerox war in den meisten Büros der Welt präsent, zumindest jedoch in allen großen Unternehmen. Das Unternehmen verwendete in seinen Produkten die analoge Technik, aber es bestand die Chance, die Digitaltechnik auf mehr Bürofunktionen anzuwenden als nur auf Kopiervorgänge. Und es bestand sogar auch die Chance, sie für Kopierer einzusetzen. Mir schien, daß Xerox sich mit der Zeit von einer Kopiererfirma zu einem Unternehmen für Büroinformationssysteme entwickeln könnte. Doch da Xerox bisher nicht über die entsprechende Technologie verfügte, schien es mir die eigentliche Aufgabe für PARC zu sein, diese zu entwickeln.«
Taylor verließ Palo Alto mit gemischten Gefühlen. Er bezweifelte, daß Pake die technische Herausforderung, vor der Xerox stand, richtig einschätzte, und er war sicher, daß PARC nie besonders gute Computerexperten finden würde. Doch wenn er an die Millionen Dollar dachte, die Xerox für seine langfristigen Forschungen im Digitalbereich eingeplant hatte, dann mußte sich Taylor einfach eine Reihe phantastischer Möglichkeiten ausrechnen – das heißt, wenn er erst einmal die Chance bekäme, das Computerlabor von PARC zu leiten. Aber Pake hatte ihn

nicht nach Palo Alto zu einem Einstellungsgespräch gebeten, sondern nur, um seinen Rat einzuholen, auch wenn das Gespräch teilweise wie ein Einstellungsgespräch wirkte. Taylor glaubte, daß seine Direktheit hinsichtlich SDS Pake gekränkt haben mußte. Irgendwie schien zwischen ihnen nicht die richtige Verbindung zu bestehen.

Taylors Eindruck war nur zum Teil richtig. Taylor versperrte mit seiner Besessenheit von der Idee einer Computerzukunft, die durch den Dialog gekennzeichnet sein würde, Pakes eigentlichem Interesse, nämlich erstklassige Ressourcen bei PARC zu versammeln, den Weg. Er bewertete Pakes mangelnde Kenntnisse über Computer als ein Hindernis, nicht als eine Chance. Entsprechend überrascht war Taylor daher, als ihm Pake einige Wochen später eine Position bei PARC anbot.

Kapitel 5

George Pake stellte Bob Taylor ein, weil er ihm helfen sollte, Mitarbeiter für das Computer Science Laboratory von PARC zu finden. »Da Taylor zuständig gewesen war für die Forschungsmittel für Informationsverarbeitung bei der ARPA«, erklärt Pake, »war er weit herumgekommen und kannte eine Menge guter Leute. Er kannte die EDV-Gemeinde wirklich sehr gut. Das war der entscheidende Punkt.«[25] Pakes Hoffnung, daß Xerox über Taylor einige der besten Computerexperten des Landes für sich gewinnen könnte, erfüllte sich. Unter den ersten der ARPA-Mitarbeiter, die von Bob Taylors Wechsel zu PARC erfuhren, war ein sehr interessanter Computerwissenschaftler, Alan Kay. Wie viele in diesem Bereich war Kay jung und trotzdem sehr erfahren; mit dreißig Jahren war er nur um einige Jahre älter als der erste elektronische Digitalcomputer. Als Kay in den fünfziger Jahren aufwuchs, gab es den Beruf des »Computerwissenschaftlers« noch gar nicht. Er mußte seinen eigenen Weg finden.

Kays Kindheit war von Büchern und Musik beherrscht. Er konnte schon als Dreijähriger lesen, und als Teenager spielte er professionellen Jazz. Für ihn war auch die traditionelle Schulbildung nur ein Witz – obwohl er als eines der ersten »Quizkinder« des Fernsehens beinahe in der achten Klasse sitzengeblieben wäre. Nach der Oberschule setzte Kay seine Jazzkarriere fort, flirtete ein bißchen mit dem College herum und ging dann zur Air Force, wo er lernte, Computer zu programmieren.

In Computern entdeckte Kay genau wie in Büchern und in der Musik ein wundervolles Medium, um sich selbst darzustellen. Nach Ableistung seiner Dienstpflicht ging er ans College zurück, studierte Mathematik und wurde 1966 in das Graduiertenprogramm für Computerwissenschaft, das kurz zuvor von der Universität von Utah gegründet worden war, aufgenommen. Er konzentrierte sich auf Dialoganwendungen und besuchte regelmäßig die Graduiertenkonferenzen der ARPA, die von Bob Taylor gesponsert wurden. 1969 hatte Kay in Utah seinen Master und seinen Doktor gemacht und war zum Assistenzprofessor für Computerwissenschaft an dieser Universität ernannt worden.

In seiner Doktorarbeit beschrieb Kay eine außergewöhnliche Computersprache und einen Rechner mit der Bezeichnung FLEX. FLEX räumte mit allen Hindernissen, die einer weiten Verbreitung des interaktiven Rechnens im Wege standen, auf: mit dem Preis, den erforderlichen Fachkenntnissen und der Funktionalität. Dieser Rechner würde, schrieb Kay, »ein interaktives Instrument sein, das Visualisierung und Realisierung provokativer Vorstellungen unterstützen könnte. Er muß einfach genug sein, so daß man nicht erst Systemprogrammierer werden muß (einer, der die geheimen Riten versteht), um ihn einsetzen zu können. Er muß billig genug sein, damit man ihn sich selbst anschaffen kann (wie etwa einen Flügel). Er muß mehr leisten, als nur Rechenfunktionen auszuführen; er muß in der Lage sein, die *Abstraktionen zu bilden, mit denen der Anwender zu tun hat.* FLEX ist eine Ideentesthilfe und, so steht zu hoffen, als solche auch ein Ideen*medium*.«[26]
Für heutige Ohren klingt FLEX wie der Name eines Personalcomputers. 1969 gingen seine Eigenschaften weit über die praktischen Grenzen der Digitaltechnik hinaus. In dieser Hinsicht ähnelten Kays Ambitionen dem Traum von Charles Babbage, jenem Engländer im 19. Jahrhundert, der ohne Erfolg versucht hatte, das zu bauen, was viele als den Vorläufer des modernen Rechners ansehen. Babbage hatte seine Ideen von einer französischen Erfindung, bei der Lochkarten zur Bestimmung von Einschuß- und Warpmustern in einer automatischen Webmaschine verwendet wurden. Überzeugt davon, daß ähnliche digitale Mittel auch »algebraische Muster weben« könnten, verbrachte Babbage einen Großteil seines Lebens damit, seine »analytische Maschine« zu vervollkommnen.
Babbage hatte eine Vielzahl von Ideen. Unter anderem rühmt man ihn der Erfindung des Schienenräumers und Geschwindigkeitsmessers, er fand heraus, wie man Baumringe zur Analyse von Wetterabläufen einsetzt, führte die heutige Methode des Operations Research ein und verbesserte die Effizienz der britischen Post. Einmal bot er sich sogar an, ein Gedicht von Lord Tennyson zu verbessern.
Die analytische Maschine bleibt jedoch seine berühmteste Idee. Babbage hoffte, damit Daten und Instruktionen in Karten einzustanzen, sie in einer »Erinnerungsbank« von Registern einzugeben, die er »Speicher« nannte, die Berechnungen in einer »Mühle« zu verarbeiten und die Antworten auf einer automatischen Schreibmaschine auszugeben. Eingabe, Speicher, Prozessor und Ausgabe – alle Computer des 20. Jahrhunderts, ob nun Personalcomputer oder andere, bestehen aus diesen Grundelementen.
Doch nach vierzig Jahren immer wieder unterbrochener und neu aufge-

nommener Arbeit an diesem System gab er auf; er konnte den Dampf nicht wirksam zur Unterstützung der mechanischen Rechenoperationen einsetzen. Als er 1871 starb, hielten ihn seine Zeitgenossen für einen geniehaften Versager. Alan Kay sah in ihm den unkonventionellen Denker, der in den absoluten Grenzbereichen der Phantasie zu Hause war. Und in Würdigung von Babbage nannte er seine Doktorarbeit über FLEX »Die reaktive Maschine«.

Bob Taylor bewunderte Kay in seiner Originalität und bat ihn, als Mitarbeiter zu PARC zu kommen. Kay fand die Sache phantastisch für Taylor, als er von den Forschungszielen von Xerox erfuhr. »Utah war nicht die richtige Kampfarena für Taylor«, sagt Kay. »Er braucht die Situation, in der man große Erfolge haben und große Fehler machen kann.« Trotzdem war Kay nicht bereit, sich PARC zu verpflichten. Er hatte gerade für ein Jahr eine Gastdozentur am Artificial Intelligence Laboratory (Labor für künstliche Intelligenz) von Stanford angetreten und überlegte sich Verschiedenes, um seine Arbeiten an der »reaktiven Maschine« fortzusetzen. Er erklärte sich jedoch einverstanden, als Berater für Xerox tätig zu werden.

Außer auf Kay fixierte Taylor sich auch auf viele andere Sterne am ARPA-Firmament. Er brachte Xerox dazu, verschiedene seiner Kollegen von der Universität von Utah einzustellen, er nahm mit Wissenschaftlern von Carnegie-Mellon, vom M. I. T. und anderen öffentlichen und privaten Instituten Kontakt auf. Vor allem jedoch hatte er sich als Ziel gesetzt, Butler Lampson zu bekommen.

Gerade 27 Jahre alt, gehörte Lampson zu den ganz wenigen Großen in der Computerwissenschaft in den Vereinigten Staaten. Als Sohn eines Diplomaten war er in der Türkei und Deutschland aufgewachsen, um anschließend in den Vereinigten Staaten seinen Abschluß an einer High-School zu machen. In Harvard wurde dann der Computer zu seinem Schicksal.

»Ich habe in Harvard Physik studiert«, sagt Lampson. »Gegen Ende meines Studiums habe ich des öfteren Programme für einen Physikprofessor geschrieben, der die Funkenkammerfotografie auf einem PDP-1 analysieren wollte. Als ich dann nach Berkeley ging, um weiter Physik zu studieren, lief dort ein sehr interessantes Computerforschungsprojekt, über das man sich jedoch ausschwieg. Ich hörte davon über einen Freund bei einem Computertreffen, das in San Francisco stattfand. Er fragte mich, wie das Projekt denn liefe. Als ich ihm sagte, daß ich nie davon gehört hätte, gab er mir einen Tip, an wen ich mich wenden könne, um etwas darüber zu erfahren.«[27]

Über diesen Tip geriet Lampson an das »Project Genie«, das von der ARPA unterstützte Timesharing-Projekt, das später dann der Anlaß für die Konfrontation zwischen Bob Taylor und Max Palevsky von SDS war. Lampson schloß sich der Arbeitsgruppe an, wechselte von der Physik zur Elektrotechnik und begann damit etwas, was Taylor zwanzig Jahre später als »den besten Bahnrekord für Innovation in der Computerwissenschaft« bezeichnete, den jemals jemand erreicht hat.

Diejenigen, die Butler Lampson gekannt, mit ihm gearbeitet und von ihm gelernt haben, beschreiben ihn so, als wäre er selbst Gegenstand modernster Technologie. Er hat »einen sehr hohen Datenumsatz« sagt der eine; für einen anderen »lebt er in einer Maschine, die zweimal so schnell arbeitet wie die übrige Welt«. Sein Denken funktioniert sehr viel schneller als das seiner in etwa vergleichbaren und keineswegs unintelligenten Kollegen. Dasselbe gilt für seine Stimme. Bewunderer von ihm erfanden einmal ihr eigenes informelles Maß für Redegeschwindigkeit und stellten die Hypothese auf, daß kein Mensch schneller sprechen könne als »1,0 Lampsons«.

Beim »Project Genie« entwickelte Lampson die Software für das Betriebssystem, das entscheidend dafür war, den Batch-Computer von SDS in eine Timesharing-Anlage zu verwandeln. Später tat er sich mit anderen Mitarbeitern des »Genie«-Projekts zusammen und gründete die Berkeley Computer Corporation (BCC) – in der Hoffnung, das zu erreichen, was SDS nur sehr widerwillig unternommen hatte: Herstellung und Verkauf von Timesharing-Systemen.

Taylor schätzte Lampson so sehr, daß er Xerox vorschlug, die Berkeley Computer Corporation aufzukaufen, um Lampson in den Forschungsstab von PARC hineinzubekommen. Ein wirtschaftliches Tief in den Jahren 1970 und 1971 machte diesen Schritt jedoch überflüssig. Die Computerindustrie wurde von dieser Rezession besonders hart getroffen, die meisten Computerhersteller hatten sich mit Kürzungen in von der Regierung und anderen Institutionen bereitgestellten Mitteln abzufinden. Xerox's Milliarden-Dollar-Tochter SDS machte in beiden Jahren einen Verlust von dreißig Millionen Dollar vor Abzug der Steuer. Und für Neulinge im Computermarkt wie die Berkeley Computer Corporation waren die Konsequenzen noch viel schrecklicher. Lampson und seine Geschäftspartner brauchten mehr Kapital, um ihren Timesharing-Computer auf den Markt zu bringen, stellten jedoch fest, daß die Quellen für derartiges Kapital völlig ausgetrocknet waren. Als Taylor sich meldete, war BCC in Schwierigkeiten. Die meisten leitenden wissenschaftlichen Mitarbeiter und Ingenieure wußten, daß sie sich bald nach einem neuen Job umzusehen hätten.

Lampson mußte sich allerdings weniger Sorgen darum machen, wieder eine neue Position zu finden, als vielmehr darum, das attraktivste Angebot auszuwählen. Taylor malte ihm seine Chancen bei Xerox in den herrlichsten Farben aus. »Bobs Ausgangspunkt«, erinnert sich Lampson, »war, daß Xerox über eine Menge Ressourcen verfügte und wußte, daß sein Hauptgeschäftszweig – Kopierer – langfristig keine Zukunft hatte. In zwanzig Jahren würden Büros vollgepfropft sein mit Elektronik, und Xerox mußte seinen eigenen Weg finden, wie man Elektronik im Büro einsetzen könnte. Peter McColough hatte dies mehr oder weniger mit seiner Rede über die ›Informationsarchitektur‹ zum Ausdruck gebracht. Die Tatsache, daß Xerox an dem Einsatz von Computern in allen möglichen Abteilungen eines Unternehmens, nicht nur im ›back office‹, interessiert war, korrespondierte auch mit meinem Interesse, Computer für den Menschen allgemein zu einem nützlicheren Instrument zu machen.«

Hinzu kam, daß Lampson die Gelegenheit begrüßte, für Taylor zu arbeiten. »Taylor ist kein Techniker«, sagt Lampson. »Trotzdem besitzt er einen außerordentlich guten Blick dafür, was an Computern wichtig ist und welche Richtungen zum Teil in zehn bis zwanzig Jahren die Szene bestimmen werden.« Ein PARC nach Taylors Geschmack würde Lampson in seinen eigenen umfassenden technischen Ambitionen unterstützen können. »Bob sagte uns im wesentlichen, daß Xerox sehr viel Geld zur Verfügung hätte, daß sie wüßten, sie stünden vor einem Problem, das sie auf jeden Fall lösen wollten, und daß sie meinten, sie hätten noch eine Menge Zeit, bevor dieses Problem wirklich akut würde. Das waren, soweit es die Verfügbarkeit und Stabilität der Mittel betrifft, sehr solide Aussichten.«

Lampson zögerte nur im Hinblick auf SDS. Die Computerfirma aus El Segundo hatte ihre Chance im Timesharing so verpfuscht, daß er daran zweifeln mußte, ob SDS Ideen aus einem von Taylor und ihm selbst beherrschten Computerlabor begrüßen, geschweige denn nutzen würde. Schlimmer noch, er befürchtete, daß SDS das Budget und die Zielsetzungen von PARC kontrollieren könnte.

Doch Taylor erzählte ihm genau das, was er hören wollte. »Xerox meinte, es wolle, daß wir SDS unterstützten, aber das war nur so ein allgemeines Gerede. Wir glaubten, das würde sich gleich am Anfang geben, weil SDS wenig mit dem Büro der Zukunft zu tun hatte.«

Nachdem Lampson Taylors Angebot angenommen hatte, konzentrierten sich die beiden Männer darauf, andere Mitarbeiter der Berkeley Computer Corporation mit ausreichendem Talent für PARCs Compu-

ter Science Laboratory auszuwählen. In die engere Wahl kam unter anderem auch Chuck Thacker, der genau wie Lampson gerade erst 27 Jahre alt wurde.
Thacker war als Sohn eines Elektroingenieurs in Los Angeles aufgewachsen, und er erinnert sich daran, »all die Dinge gemacht zu haben, die man Ende der fünfziger Jahre eben machte – Amateurfunk und so weiter –, um sich auf ein Leben im wissenschaftlichen und technischen Bereich vorzubereiten«. Er war außerdem, wie er selbst sagt, ein »Wildfang«. Nach der High-School versagte er beinahe am Cal Tech (Technische Hochschule von Kalifornien), dann an der UCLA (University California of Los Angeles). 1963, mit zwanzig, begann er noch einmal mit dem College in Berkeley. Doch bereits ein Jahr später heiratete er, fand ein Zuhause und begann, konsequent auf seinen Abschluß in Physik hinzuarbeiten, den er 1967 machte.
1968 kam er als junger Ingenieur zum »Project Genie«, wo er nur kurze Zeit bleiben wollte, um dann weiter Physik zu studieren. »Ich war an Computern eigentlich nicht interessiert, auch wenn ich das dafür Nötige im Bereich der Physik tat. Ich wollte an der Universität weitermachen auf dem Gebiet der Entwicklung von Teilchenbeschleunigern, denn das waren riesige, komplizierte Maschinen, die aufregende Dinge bewirkten. Aber während der Arbeit im Rahmen des ›Project Genie‹ entdeckte ich natürlich auch, daß Computer ebenfalls riesige, komplizierte Maschinen sind, die aufregende Dinge bewirken.«
Thacker entschloß sich, auf dem Gebiet der Elektronik, nicht der Physik zu promovieren. Doch, wie er berichtet: »Ich habe nie an den entsprechenden Seminaren teilgenommen. Als ich mich für Elektronik entschieden hatte, stellte ich fest, daß alle guten Leute in diesem Bereich, wie zum Beispiel Butler, gerade dabei waren, BCC zu gründen. So schloß ich mich ihnen eben an.«
Ende 1970 erlebte Thacker wie auch andere bei BCC die Ängste, die durch die finanziellen Schwierigkeiten der Firma ausgelöst wurden, und die Hoffnung, die die Nachricht von Lampsons Entschluß bedeutete, zu Taylor und damit zu PARC zu gehen. »Taylor und Lampson arbeiteten eine Liste der Leute aus, die sie von BCC bei PARC haben wollten«, sagt Thacker. »Das, was Taylor da aufbauen wollte, hörte sich wirklich aufregend an. Ich hatte mit diesen Leuten fast drei Jahre lang bei BCC zusammengearbeitet, und als Gruppe waren sie die tollsten Leute, mit denen ich je zusammenge-

wesen war. Ich war überrascht und sehr aufgeregt, als ich hörte, daß ich auch auf dieser Liste stand. Es kam mir vor, als würde ich mit akademischen Ehren überhäuft. Ich ergriff diese Chance sofort.«
Als im Januar 1971 ein halbes Dutzend wissenschaftlicher Mitarbeiter einschließlich Lampson und Thacker von Berkeley Computer zu PARC wechselten, änderte auch Alan Kay seine Haltung Xerox gegenüber. »Als Butler und die BCC-Leute zu CSL gingen«, erklärte Kay, »fing es wirklich an, interessant zu werden. Carnegie-Mellon hatte mich gebeten, Dynabook (eine spätere Version von FLEX) zu betreuen, aber im Frühjahr rief ich an und sagte, ich würde bleiben.«
Doch als Kay Taylor von seiner Entscheidung unterrichtete, hatte dieser eine Überraschung für ihn – statt Kay aufzufordern, sich den anderen im CSL anzuschließen, bat Taylor ihn, Mitarbeiter im Systems Science Laboratory zu werden.
Trotz des ursprünglichen Plans von Jack Goldman, nach dem dieses Labor (SSL) Systeme im allgemeinen untersuchen, während das Computer Science Laboratory sich speziell auf Digitalsysteme konzentrieren sollte, entwickelte sich das SSL in Wirklichkeit zu einem zweiten Computerforschungszentrum. Der SSL-Manager Bill Gunning hatte länger als zwanzig Jahre im Computerbereich gearbeitet, und wie Taylor stellte auch er Computerwissenschaftler und Ingenieure ein. Beispielsweise gehörte zu den ersten Mitarbeitern, die zu Gunning kamen, eine Gruppe von Computerfachleuten, die geschlossen beim nahe gelegenen Forschungszentrum C. Engelbart (wie Licklider einer der Pioniere der Interaktivität) gekündigt hatten.
Taylor begrüßte die Änderung in den Zielsetzungen von SSL; tatsächlich hatte er Goldmans Plan als irrelevant für das Xerox-Ziel vom »Büro der Zukunft« angesehen. Ihm mißfiel jedoch Gunnings Organisation. Mit Zustimmung von Pake hatte dieser nämlich SSL in einer Reihe unabhängiger Projektgruppen organisiert, die nach Meinung von Taylor nicht den Zusammenhalt und die kritische Masse besaßen, die für bedeutende Fortschritte in der Computerforschung entscheidend sein würden.
Taylor wollte SSL als eine Erweiterung von CSL. Nach seiner Vorstellung sollte CSL eine Infrastruktur in Computerhardware und -software entwickeln, während SSL Computeranwendungen finden und entwickeln sollte, die auf der CSL-Basis operierten. Taylor riet deshalb Kay, zu SSL zu gehen, weil er dachte, benutzerorientierte Forschung würde besonders der Originalität und den Fähigkeiten von Kay entsprechen. Außerdem, so erklärte er Kay, hoffe er, SSL durch Kays Gegenwart

und Einfluß so zu gestalten, daß das PARC-Management langfristig die Ressourcen der beiden Computerlabors entsprechend seinem eigenen Rahmenplan koordinieren würde.
Unter dem wissenschaftlichen Aspekt erschien Kay diese Taktik vernünftig. Außerdem entsprach sie irgendwie seinen spielerischen Neigungen. Er würde ein privilegiertes Mitglied von Taylors Computerclique sein, die PARC reorganisierte und sich dann um Xerox selbst kümmerte. Was für ein Spaß! Bill Gunning, der mit Freuden jemanden von Kays Kaliber in sein Labor mit aufnahm, sagt: »Damals dachte ich, Taylor versuchte, mir einen Gefallen zu tun. Erst später merkte ich, daß es durchaus nicht nur reine Liebe war.«
Taylor fand das alles aufregend. Mit Lampson, Thacker, Kay, der Gruppe von Engelbart und anderen hatte PARC innerhalb eines Jahres mehr hochqualifizierte Leute bekommen, als die meisten jungen Forschungsinstitute in drei Jahren finden konnten. Die Computerwelt wurde aufmerksam – in Palo Alto schien etwas Außergewöhnliches vorzugehen. Und Taylor wußte, daß ein solcher Eindruck einen noch besseren Zugang zu den wirklich guten Computerexperten versprach.
Außerdem war er überzeugt, daß das Team, das er bis jetzt gefunden hatte, die gegenwärtigen Grenzen der Interaktivität sprengen könnte – durch die Entwicklung und Realisierung von leistungsstärkeren Computersprachen, den Bau fortschrittlicher Systeme für Text und Grafik und durch die Entwicklung und Verbesserung von EDV-Kommunikationsnetzen. Taylor war bereit, mutig zu sein. Als CSL über Möglichkeiten für seine ersten größeren Forschungsarbeiten diskutierte, machte Taylor einen unorthodoxen Vorschlag: Warum sollte man nicht über das Timesharing hinaus zu einem ganzen, untereinander verbundenen Computernetz übergehen, bei dem der einzelne Rechner jeweils nur für einen Benutzer zur Verfügung stünde?
Doch im Frühjahr des Jahres 1971 erschien den anderen die Vorstellung von einem Computer für nur eine Person unsinnig. Höflich wiesen sie den Vorschlag zurück. »Wir verstanden nicht, worüber Taylor überhaupt sprach«, sagt Lampson. »Außerdem hatten wir uns bereits auf ein Timesharing-System eingestellt.«
Taylor nahm das nicht krumm. Als CSL sich an die Arbeit mit dem Timesharing-System machte, würde er, das wußte er, noch einmal eine Chance haben. Er fühlte sich beschwingt, wenn er an die Zukunft des Forschungszentrums dachte. Die Art von Chance, bahnbrechende Forschungen zu leiten, von der er bei ARPA immer ge-

träumt hatte, schien sich hier wirklich abzuzeichnen – wenn nur George Pake ihn gewähren ließe.
Das war ein störendes »Wenn«. Pake hatte Taylor eingestellt, um Mitarbeiter für CSL zu finden, nicht um das Labor zu leiten. Pake zufolge fehlte Taylor eine entscheidende Qualifikation als Forschungsleiter: »Bob selbst konnte keine Forschungserfolge nachweisen.« Daß Taylor bei der NASA und ARPA fast zehn Jahre damit verbracht hatte, modernste Forschung auf dem Gebiet der interaktiven Computer auszuwählen, zu fördern und zu bewerten, schien für den ehemaligen Collegeprofessor kein gleichwertiges Zeugnis zu sein. Als daher Taylor in Palo Alto ankam – in der Annahme, zum Leiter des CSL ernannt zu werden –, sah er sich enttäuscht.
Pake plante, Taylor »eine Forschungsgruppe für Computergrafik leiten zu lassen, bei der er sich die Ärmel hochkrempeln und wirklich etwas in der Forschung tun könnte. Das würde ihn im technischen Bereich als wirklich wissenschaftlich forschenden Mitarbeiter glaubwürdig machen.« Aber Taylor wollte eine leitende Position in der Forschung und nicht selbst forschen; Pakes Vorstellung, die sicherlich in der Physik angemessen gewesen wäre, bedeutete ein Mißverständnis des besonderen Beitrags, den Taylor für PARC leisten konnte.
Taylor dachte sich dann letztlich einen sehr eigenwilligen Plan aus, um die Kontrolle über CSL zu behalten. Er empfahl Pake, einen Manager für CSL einzustellen, der sozusagen als »Externer« fungieren würde, während Taylor selbst die Aufgabe der Koordinierung als »Interner« wahrnehmen würde. »Ich benutzte das Modell der Universität, um dies George zu beschreiben«, sagt Taylor. »Der Rektor ist zuständig für Verwaltung, Kapitalbeschaffung, PR und so weiter, während der Dekan eine Fakultät leitet.«
Pake stimmte dem Vorschlag zu, obwohl Taylor damit genau die Aufgaben übernehmen würde, von denen Pake gemeint hatte, er wäre dazu technisch nicht qualifiziert: nämlich das Management der Forschungsarbeit von CSL. Die Aussicht auf einen Manager – wenn auch nur dem Titel nach – mit ausreichender Erfahrung in der Forschung selbst war offensichtlich genug, um Pake zufriedenzustellen.
Als Taylor Lampson von diesem Plan berichtete, konnte der junge Computerwissenschaftler es einfach nicht glauben. »Die Wahrscheinlichkeit«, sagte Lampson, »jemanden zu finden, bei dem dieser ganze Plan nicht platzen würde, war äußerst gering.« Lampson erinnert sich, daß die anschließende Suche nach einem Leiter für das Forschungslabor schwierig war, denn zusätzlich zu der merkwürdigen Aufgabenbeschrei-

bung, die Taylor sich ausgedacht hatte, »war die Datenverarbeitung damals ein neues Gebiet, und nur wenige Leute hatten Erfahrungen bei der Leitung eines Forschungslabors. Wir suchten an den Universitäten und einigen anderen Forschungszentren. Es gab nicht gerade viele, unter denen man wählen konnte.«

Taylor empfahl schließlich, sich an einen seiner Bekannten, einen Jerry Elkind, zu wenden. Er hatte Dr. Elkind Anfang der sechziger Jahre während seiner Zeit bei der NASA kennengelernt und ihn später eingestellt, damit er ihm bei einer Reihe von ARPA-Projekten beratend zur Seite stünde. Das Verhältnis zwischen ihnen war gut gewesen, obwohl es auf der einen Seite einen Kapitalgeber (Taylor) und auf der anderen Seite einen Empfänger (Elkind) gab und nicht einen Vorgesetzten (Elkind) und einen Untergebenen (Taylor).

1971 hatte Elkind gerade bei Bolt, Beranek und Newman, der EDV-Beratungsfirma, die das ARPAnet aufbaute, aufgrund von Auseinandersetzungen im Management gekündigt. Taylor setzte sich mit ihm in Verbindung. »Ich sagte Jerry, daß die nächsten drei Jahre für CSL entscheidend sein würden. Wir mußten noch dreimal soviel Leute einstellen und an verschiedenen Fronten Fortschritte erzielen. Ich wollte meine Aufmerksamkeit auf die internen Dinge konzentrieren, ohne mich mit externen Aufgaben belasten zu müssen. Elkind und ich einigten uns privat, daß, da ich keine Karrierewünsche hatte – ich wollte nämlich nicht am Managemententwicklungsprogramm von Xerox teilnehmen und Elkind andererseits schon –, die Ausgangslage für ihn ideal sei. Wenn für ihn die nächste Chance für eine Beförderung käme, würde ein Großteil der Anfangsaufgaben bei CSL gelöst sein, er könnte die neue Aufgabe übernehmen, und ich würde wieder die Aufgabe der Leitung von CSL übernehmen.«

Er lud Elkind ein, die anderen Mitarbeiter kennenzulernen. Für Lampson, Thacker und andere war das eine merkwürdige Geschichte – schließlich sollten sie bei dieser Gelegenheit einen Mann treffen, den Taylor als ihren Boß vorgeschlagen hatte. Trotzdem wurde es laut Jim Mitchell, einem weiteren führenden Computerwissenschaftler, der von der Berkeley Computer Corporation zu CSL gekommen war, ein gutes Gespräch. »Jerry kam herein, zeigte sich interessiert an dem, was wir machten, und stellte gute Fragen. Der Grund, warum CSL funktionierte, war Taylor. Ich wäre nicht hingegangen und hätte für Elkind gearbeitet. Aber Bob kannte ihn von der ARPA und meinte, er wäre okay. Und alle anderen von uns meinten, man könne ihn ruhig einstellen.«

Elkinds langjährige Erfolge in akademischer und industrieller Forschung beeindruckten Pake. In einer ausgesprochen positiven Anspielung auf Elkind (und um damit gleichzeitig vielleicht Bob Taylor eins auszuwischen) schrieb Pake später: »Ein Forschungsleiter, der nicht selbst erfolgreich geforscht hat, wird höchstwahrscheinlich kein tieferes Verständnis für die Forschung entwickeln beziehungsweise die grundlegende Ethik der Wissenschaft nicht schätzen – und daher auch mit großer Wahrscheinlichkeit kein erfolgreicher Forschungsleiter sein.«[28]
Elkind erinnert sich, zuerst von Taylor über die neue Position bei CSL gehört zu haben: »Er rief mich an und sagte mir, daß Xerox dieses neue Labor gründen wolle und George Pake der oberste Boß sei. George war jemand, den Bob, wie er sagte, sehr bewunderte. Bob sagte außerdem, daß er nicht das Management von CSL übernehmen wolle, und meinte, daß ich daran vielleicht interessiert sein könnte.« Elkind gibt zu, daß er mit Taylor auch über das Arrangement eines »internen« und eines »externen« Managements gesprochen habe. Aber der Mann, der CSLs offizieller Manager wurde, sagt: »Das war kein Modell, das ich unterschreiben konnte. Und bedenken Sie, ich wurde von George Pake eingestellt.«
Mit der Anwerbung von Elkind war das Managementteam von PARC komplett. Pake sollte PARC als ganzes leiten sowie das General Science Laboratory im besonderen. Er unterstand damit Jack Goldman in der Zentrale. Bill Gunning, Manager des Systems Science Laboratory, und Jerry Elkind, Manager des Computer Science Laboratory, berichteten Pake. Taylor wurde zum stellvertretenden Leiter von CSL ernannt. Doch unabhängig vom Organisationsplan berichtete Taylor nur sich selbst.

Kapitel 6

In den achtzehn Monaten, die das Computer Science Laboratory von PARC brauchte, um sein Timesharing-System fertigzustellen, organisierte Bob Taylor das Forschungszentrum nach seinem eigenen, sorgfältig überlegten Plan. Bei der ARPA hatte er die verschiedenen Methoden studiert, nach denen Projektleiter Forschungsvorhaben beaufsichtigten. »Ich eignete mir dabei das an, was mir zusagte«, erklärt er, »und wandte mich gegen das, was mir nicht zusagte. Nach drei bis vier Jahren begann ich dann, mir ein Modell dessen zu entwickeln, was ich selbst in einem Forschungsumfeld haben wollte.« Insbesondere konzentrierte sich Taylor auf vier Aspekte, von denen das gute Funktionieren von CSL seiner Meinung nach abhängig wäre: auf die Einstellung von Mitarbeitern, auf die Struktur, auf die Kommunikation und auf die Entwicklung von Arbeitsinstrumenten.

Taylor ist überzeugt, daß alle Entschlüsse einer genauen Überlegung bedürfen, ganz egal, ob man sich nun entscheidet, wo, mit wem und woran man arbeitet, oder ob man sich für die Ehe und für Kinder entscheidet. Bei CSL bestand er darauf, Bewerber einem strengen Auswahlprozeß zu unterziehen, um die »Qualität ihres Nervensystems« zu testen. Sie mußten vor allen Labormitarbeitern über ein Thema sprechen und anschließend Fragen beantworten. Daraufhin wurden sie nochmals von jedem einzelnen Labormitarbeiter interviewt. Danach forderte Taylor CSL als Gruppe auf, über Stärken und Schwächen der Kandidaten zu diskutieren, bevor dann eventuell ein Angebot gemacht wurde.

Jim Mitchell sah dieses Verfahren als eine Chance, Möglichkeiten und Ambitionen des wissenschaftlichen Mitarbeiters kennenzulernen, der als Bewerber vor ihnen stand. »Ich sprach normalerweise darüber, worüber sie geforscht hatten, und konfrontierte sie dann mit einem Problem, an dem wir gerade arbeiteten. Außerdem fragte ich: ›Worüber würden Sie in fünf Jahren gerne Bescheid wissen?‹ Wir wollten Leute, die ein Problem sehen und sich dann geradezu getrieben fühlen, es zu lösen, selbst wenn es außerhalb ihres Spezialgebiets lag.«

Andere kümmerten sich um den Arbeitsstil der Bewerber. CSL war auf der Suche nach Mitarbeitern, die im Team arbeiten, nicht nach Wissenschaftlern, die sich vielleicht von der Gruppe isolieren würden. Ein geflügeltes Wort von Taylor lautete, daß nur ein koordiniertes System von Menschen ein koordiniertes System von Hardware und Software hervorbringen könne. Wie ein Labormitarbeiter sagt:»In systemorientierter Forschung braucht man bei den Mitarbeitern viel Leistung und Dynamik, aber es muß unter ihnen die Bereitschaft zur Zusammenarbeit dasein.«
Der Auswahlprozeß beeindruckte Bewerber. Patrick Baudelaire, ein Franzose, der 1973 zu CSL kam, erinnert sich:»Ich verbrachte einen ganzen Tag mit Interviews und mußte dann noch einen Vortrag halten. Das war schon eine sehr harte Sache, vor solchen Topleuten wie Lampson, Thacker und Mitchell sprechen zu müssen. Ich war etwas eingeschüchtert.«
Aber für diejenigen wie Baudelaire, denen man ein Angebot machte, hatte die anfängliche Feuerprobe auch einen besonderen Vorteil – die zukünftige Protektion der Wissenschaftler, die sie bei den Einstellungsgesprächen unterstützt hatten. Das lag in Taylors Absicht.»Hier bringen sie ihre Zustimmung zum Ausdruck, und das heißt, daß, wenn wir ein Angebot machen und der Bewerber kommt, er bei CSL bereits Leute vorfindet, die auf seinen Erfolg bauen, weil sie sich schon für ihn verwendet haben. Das ist sehr wichtig.«
»Wir haben Leute eingestellt, die Feuer besaßen«, sagte ein Labormitarbeiter, während ein anderer feststellte:»Die Leute hier haben alle schon Erfolg gehabt und sind es gewohnt, mit beiden Händen Blitze aufzufangen.«[29] Solche farbigen Berichte trafen zusammen mit der großzügigen Finanzausstattung durch Xerox, das PARC zu einem Mekka für begabte Computerforscher machen wollte. Wie Alan Kay sagte:»Taylor schätzt Talent, und er ist elitär. Er würde niemals jemanden einstellen, der nur gut ist. Wie er mir viele Male sagte: ›Man kann nie genug gute Leute finden, um auch nur einen Großen zu ersetzen.‹«
Kay, für den Zahlen nur eine Form von Metapher waren, rief aus:»Von den hundert besten Computerwissenschaftlern in diesem Land waren 67 bei PARC!« Er übertrieb.»Alan kümmert es nicht, ob das, was er sagt, den engen Forderungen technischer Richtigkeit entspricht«, merkte Butler Lampson später an.»Ganz gleich, wie positiv Sie diese Aussage auch sehen mögen, sie stimmt einfach nicht. Sie stimmt aus dem einfachen Grund schon nicht, daß wir noch nicht einmal 67 Wissenschaftler beschäftigten. Aber es wurde in unserem Bereich allgemein anerkannt,

daß PARC im allgemeinen und CSL im besonderen mit bedeutendem Abstand die beste Forschungseinrichtung für Computerwissenschaft in der Welt war.«

Wenn Taylor Neulinge bei CSL willkommen hieß, ermunterte er sie, sich die verschiedenen Aktivitäten im Labor sorgfältig anzusehen, bevor sie sich für eine bestimmte Aufgabe entschieden. Baudelaire zum Beispiel hatte viele Diskussionen mit Taylor, Lampson und anderen als Auftakt seiner Arbeit für die Computergrafik. Die richtigen Leute für die richtigen Projekte einzusetzen war entscheidend, denn nur die Projekte verliehen dem Labor eine Struktur.

Unternehmen lassen sich oft beschreiben durch die Form, die sich ergibt, wenn man zwischen den Gruppen von Mitarbeitern und den Vorgesetzten, denen sie unterstellt sind, einfach Linien zieht. Die häufigste Form, die auch charakteristisch für die anderen Labors von PARC war, ist die Pyramide – Gruppen von Mitarbeitern unterstehen bestimmten Vorgesetzten, die wiederum noch weniger Vorgesetzten weiter oben unterstehen, bis sich alle Linien in einer Person mit der höchsten Zuständigkeit treffen.

Das Computer Science Laboratory war anders. Chuck Thacker beschreibt es wie folgt: »CSL war eine ›flache‹ Organisation. Jeder Mitarbeiter im Laboratorium berichtete direkt Taylor. Die Forscher wurden dazu ermutigt, zwischen den einzelnen Projekten entsprechend ihren Fähigkeiten und den vom jeweiligen Projekt geforderten Bedürfnissen hin und her zu wechseln. Die flache Struktur und die damit ermöglichte Mobilität unterstützten die einzelnen Mitarbeiter dabei, sich mit allen einzelnen Aktivitäten vertraut zu machen. Außerdem wurde damit eine Art kontinuierlicher Überprüfung der Besten ermöglicht. Projekte, die aufregend waren und eine wirkliche Herausforderung darstellten, erhielten so nicht nur finanzielle und administrative Stützung; sie konnten auch von der Hilfe und Mitarbeit der anderen Forschungsmitarbeiter bei CSL ausgehen. Deshalb florierten hochqualifizierte Arbeiten, weniger interessante Arbeiten dagegen führten nur ein Schattendasein.«[30]

Die flache Organisationsform entsprach Taylors Ansichten von umfassender Systemforschung. Fortschritte in der interaktiven Datenverarbeitung waren abhängig von neuen Erkenntnissen im Entwurf der grundlegenden Hardware, bei Betriebssystemen, Programmiersprachen, Hardware- und Softwaresubsystemen für die Kommunikation, Ein- und Ausgabegeräten und Anwendungsprogrammen. Kooperation war entscheidend. Nach Taylors Ansicht hätte eine pyramidenähnliche Struktur zu organisatorischen Mißhelligkeiten geführt und die Forscher

dazu verleitet, sich mehr Sorgen um Titel und eigenen Status zu machen, als tatsächlich an Problemlösungen zu arbeiten.
Außerdem hatte sich Taylor damit die Möglichkeit geschaffen, die Kommunikation im gesamten Labor – zu dem letztlich zwischen vierzig und fünfzig Mitarbeiter zählten – zu managen, ein Job, für den er offensichtlich wie geboren war. Wie Lampson sagt: »Taylor ist sehr gut darin, eine ganze Reihe extrem intelligenter und von sich eingenommener Egozentriker zur Zusammenarbeit zu bringen und einigermaßen vernünftig miteinander auskommen zu lassen, ohne daß einer den anderen bekämpft. Ich will verdammt sein, wenn ich weiß, wie er das macht! Ich kann es nicht, aber er bringt es fertig. Deshalb war CSL immer in der Lage, ohne eine großartige Organisationsstruktur auszukommen.«
Taylor brachte es fertig, daß sich die Mitarbeiter gegenseitig mit Ideen und Vorschlägen befruchteten, und zwar zum Teil dadurch, in dem er Treffen organisierte, wie er es auch schon während seiner Zeit in Washington getan hatte. Bei der ARPA hatte er im Normalfall zwischen fünfzehn und zwanzig Forschungsprojekte im ganzen Land zu beobachten. Um hier unterstützend wirken zu können, führte Taylor eine jährliche Konferenz für Projektleiter ein. »Die technischen Leiter all dieser Projekte, für die ich die Mittel bereitzustellen hatte, trafen sich zu einer mehrtägigen Konferenz unter meinem Vorsitz. Bei diesen Treffen bat ich dann jeden Projektleiter, in ungefähr einer Stunde über seine Arbeit zu berichten, darüber, was er für deren wichtige Aussichten und Leistungen hielt, worin er die größten Probleme sah und was er als wesentliche Negativa betrachtete. Anschließend bat ich dann die übrigen Teilnehmer der Gruppe – und das waren immerhin die wichtigsten Leute aus ungefähr zwanzig verschiedenen Projekten und keine Dummköpfe –, das, was der Vorredner gerade gesagt hatte, zu kritisieren, zu bewerten und Vorschläge zu machen.
Jeder konnte dem Redner Fragen stellen, und wenn jemand unter den Zuhörern mit der Antwort nicht einverstanden war oder über die Antwort diskutieren wollte, dann wurde das klar gesagt, und es folgte dann eine Diskussion. Das waren immer sehr erhellende Gespräche und sehr zuträgliche Treffen. Und bei diesen Treffen entstanden auch Freundschaften, weil die Leute mehr über die Aufgaben und das Spezialgebiet eines anderen erfuhren und es respektieren lernten. Es kam auch zur Zusammenarbeit. Es gab da eine enorme Anzahl positiver Nebenwirkungen.«
Bei CSL richtete Taylor Pflichtversammlungen ein, die nach dem Modell dieser ARPA-Konferenzen funktionierten. Jede Woche gab ein an-

derer Labormitarbeiter einen Statusbericht über seine Arbeit. Um dabei das Informelle und die Offenheit zu fördern, richtete Taylor den Raum sehr unkonventionell und gemütlich ein und ließ den Redner, ähnlich einem Kartengeber in einem Spielkasino in Las Vegas, seine eigenen Regeln für die Gespräche bestimmen. Die Besprechungen, die als »Dealertreffen« bezeichnet wurden, förderten sowohl die Freundschaft als auch die Arbeit.

»Man muß erst einmal das ganz grundlegende Bedürfnis, etwas Derartiges zu tun, verstehen«, betont Taylor. »Wenn man etwas benutzen wird, was ein anderer aufbaut, dann verschafft man sich besser eine gewisse Vorstellung davon, wie das aussieht, denn beim erstenmal, beim zweiten- und auch beim drittenmal wird es nicht so gut klappen. Da jeder das System, das unser Ziel war, benutzen würde, war es unwahrscheinlich wichtig, daß man von den Leuten, die die kleineren und größeren Dinge entwickelten, erfuhr, wie diese kleineren oder größeren Dinge aussahen und wie sie zusammenpassen sollten. Und das führte dann gewöhnlich zu unglaublich vielen Fragen. ›Wie soll ich X machen, wenn du Y baust? Wie paßt das Y, das du baust, zu Z, das er baut?‹«

Wenn sich die Diskussionen zu sehr erhitzten, ganz gleich, ob bei den »Dealertreffen« oder in den Büros, die Taylor ständig beobachtete, dann ging er auf die Streithähne zu und bemühte sich, das, was er »Auseinandersetzungen der Klasse 1« nannte, in »Auseinandersetzungen der Klasse 2« zu verwandeln. Wie er erklärt: »Auseinandersetzungen der Klasse 1 sind die, bei denen keine Partei der anderen zu deren Zufriedenheit die andere Meinung erklären kann. Auseinandersetzungen der Klasse 2 sind die, bei der jede Partei der anderen ihren anderen Standpunkt zur Zufriedenheit der anderen erklären kann.«

Die meisten Labormitarbeiter lobten seine Leistungen als Schlichter. Kay sagt von Taylor: »Er war der egoistischste egofreie Mensch, denn er war jemand, den man nicht scheu nennen konnte, den man nicht zurückhaltend nennen konnte, aber er war jemand, der nicht ein einziges Mal versuchte, die technischen Punkte in einer Diskussion in eine Richtung zu lenken, die wir nicht wollten.« Im Gegenteil, Taylors Hauptsorge war die richtige Richtung – die Art, in der er am besten die Front der interaktiven und vernetzten Datenverarbeitung vorantreiben konnte. Seine Haltung schaffte für andere eine sichere Atmosphäre, in der sie ihre Befürchtungen und Egos beiseite lassen und sich objektiv auf das vor ihnen liegende Problem konzentrieren konnten; anders gesagt, eine »Auseinandersetzung der Klasse 2« zu erreichen, die dann häufig zu einem gemeinsamen technischen Verständnis, zu einem gemeinsamen Ansatz führte.

»Was meistens in diesem Prozeß passiert«, erklärt ein Forschungsmitarbeiter von CSL, »ist, daß man mit den anderen übereinstimmt, weil jeder mit den anderen gemeinsame Modelle hat, und im allgemeinen ist es so, daß einer etwas weiß, was der andere nicht weiß. Und wenn man zum Schluß kommt, dann wissen alle dasselbe, und es endet damit, daß alle zu demselben Schluß kommen.«

Taylor hatte eine geradezu magische Wirkung auf die Wissenschaftler – sie kooperierten und gediehen in einem Umfeld, von dem sie vermuteten, daß es ohne seine Führung nicht existieren würde, und doch hatten sie Schwierigkeiten zu sagen, wie Taylor es schaffte, das Unternehmen zusammenzuhalten. Mike Schroeder, der zu PARC kam, als Taylors System schon voll am Laufen war, bietet eine typische Erklärung für den Erfolg seines Bosses an: »Bob meint wirklich, seine wichtigste Aufgabe bestünde darin, den sozialen Anteil an der Forschung managen zu müssen – Kommunikation zu fördern, zu wissen, was die Leute tun, Differenzen zu schlichten, wenn sie auftreten, sicherzustellen, daß da niemand ist, der gegenüber X oder Y oder Z Ressentiments pflegt.

Ich glaube nicht, daß man das machen kann, wenn man einen genau definierten Platz in einer Organisation hat. Damit das funktioniert, braucht man einen wirklich guten Manager, einen, der etwas von diesen Dingen versteht. Ich verstehe nicht all das, was er tut. Es sind tausend kleine Dinge, es ist nicht nur eine große Sache. Und ich bin sicher, vieles von dem, was er tut, ist Absicht. Einiges, vermute ich, ist es nicht. Das ist intuitiv bei ihm. Ich glaube, man kann unter anderem anhand der Tatsache, daß man ihn bei diesen Aktionen eigentlich nie erwischen konnte, beurteilen, wie gut er war.«

In dieser subtil organisierten Gemeinschaft legte Taylor auf eines besonderen Wert: »Wir verwenden das, was wir bauen.« Die Entwicklung von Arbeitsinstrumenten ist nicht nur in der Computerwissenschaft üblich; auch die Physik, Chemie, Biologie und andere Wissenschaften brauchen innovative Instrumente, um die Gültigkeit neuer Hypothesen demonstrieren zu können. Doch Computerforschung und die im Laufe solcher Forschungen entwickelten Instrumente unterscheiden sich von denen der klassischen Naturwissenschaften in einer grundlegenden Hinsicht.

»Computerwissenschaftler«, sagt Thacker, »brauchen sich um die Welt keine Gedanken zu machen. Sie brauchen keine Theorien der Welt zu entwickeln und dann Instrumente bauen, um diese Theorien zu testen.

Im Gegenteil, sie entwickeln Instrumente, um in ihrer eigenen Welt zufrieden zu sein. Fragen Sie einen beliebigen Studenten der Computerwissenschaft, welchen Leitsatz er eventuell hat, und als beste Antwort werden Sie hören, daß es sich lohnen wird, das Gerät, an dem er arbeitet, zu besitzen.«

Während in der Biologie, Chemie und Physik Instrumente für Demonstrationszwecke ausreichen, müssen Computerhardware und -software wiederholt funktionieren, vor allem auch zusammen mit anderen Systemen, wenn sie irgendeinen Wert haben sollen. Wie Jim Mitchell es ausdrückte, hat CSL jedes neue Instrument »bis zur Weißglut« getestet, bevor man entschied, ob es überhaupt sinnvoll sei. Fortschritte in diesem Labor waren in gewisser Weise mit neuen Produkten zu vergleichen. Die besten Arbeitsinstrumente spielten in der täglichen Arbeit vieler wissenschaftlicher Mitarbeiter eine Rolle; die weniger gut funktionierenden oder weniger interessanten vergaß man.

»Wir haben tagtäglich das benutzt, was wir selbst entwickelt haben«, behauptet Taylor. »Das ist ganz anders als ein Beweis in den Naturwissenschaften. Wenn Sie nämlich nur demonstrieren, daß etwas funktioniert, dann werden sich da eine Menge Schwachstellen finden. Wer weiß denn, ob man das, was man heute beweist, im nächsten Jahr noch verwenden kann? Von einigen Computerentwicklungen hat man gesagt, daß da Leute ›Spielzeug‹ bauen, das man vorführen kann. Aber sie bauen es nicht in der Art beziehungsweise legen Entwurf und Schnittstelle nicht so fest, daß ein anderer Kollege sechs Monate später noch hingehen und etwas Neues auf der Basis dieses vorher entwickelten ›Spielzeugs‹ realisieren kann. Statt dessen muß er wieder ganz von vorn anfangen. Wenn Sie etwas entwickeln und es nur demonstrieren und dann zur nächsten Sache übergehen, dann gibt es immer sehr viel, was man dabei zu lernen vergißt.«

Als im Herbst 1972 das Timesharing-System von CSL fertig war, lenkte Taylor die Aufmerksamkeit auf die als nächstes zur Entwicklung anstehenden Datenverarbeitungsinstrumente. Er schlug noch einmal vor, vom Timesharing-Konzept auf ein Netzwerk individueller Geräte überzugehen. Eineinhalb Jahre zuvor hatte das Labor diesen Vorschlag ignoriert. Doch dieses Mal fand Taylor in Butler Lampson einen starken Verbündeten, der inzwischen das Timesharing als einen geradezu faustischen Handel ansah, der den Programmierern nur durch die wirtschaftlichen Gegebenheiten der Digitaltechnik aufgezwungen worden war.

Der Motor eines Computers ist die Zentraleinheit, und im Kern einer jeden Zentraleinheit schlägt eine Uhr, die die elektronischen Impulse aussendet, welche die komplexen Schalter der Maschine funktionieren läßt. Den einzelnen Uhrschlag nennt man einen Zyklus, und mit jedem Zyklus führt die Zentraleinheit des Computers eine einzige, höchst detaillierte Aufgabe aus. Zur Verarbeitung von Computerprogrammen sind Millionen solcher Aufgaben erforderlich. Da sich Zykluszeiten nach Milliardstel von Sekunden berechnen, erfordern Millionen dieser Arbeitsschritte nur ein paar Augenblicke.

Die Idee zum Timesharing resultierte aus einer wichtigen Erkenntnis: Die Zyklen ließen sich mit nur wenig Nachteilen für den Anwender von mehreren benutzen, denn die Anwender nahmen ohnehin kleine Verzögerungen in den Antwortzeiten in Kauf, um die sich bei der Stapelverarbeitung ergebenden langen Wartezeiten zu vermeiden. Lassen Sie uns als Beispiel annehmen, daß die Zentraleinheit eines Computers pro Sekunde sechs Millionen Zyklen ausführt. Wenn das Programm eines Anwenders 1,8 Milliarden Zyklen in Anspruch nimmt, dann braucht der Computer dafür fünf Minuten. Indem man sich die Zentraleinheit mit vier anderen Programmen teilt, die ungefähr dieselbe Anzahl an Zyklen belegen, könnten alle fünf zusammen in 25 Minuten verarbeitet werden. Nun ist zwar eine Verarbeitungszeit von 25 Minuten länger als die von fünf Minuten, aber doch auf jeden Fall einer Wartezeit von Stunden oder gar Tagen vorzuziehen.

Diese Idee funktionierte fast zu gut. Wie Leute wie Licklider und Taylor vorhergesagt hatten, machten Qualität und Produktivität der Computerforschung mit dem Aufkommen der Interaktivität dramatische Fortschritte. Es wurden immer mehr und bessere Systeme eingesetzt, um noch mehr und noch bessere Systeme zu schaffen. Die Spirale des Fortschritts setzte sich über die ganzen sechziger Jahre bis Anfang der siebziger Jahre fort. Doch mit dem Fortschritt kamen auch Probleme. Die Nachteile ergaben sich aus genau derselben Quelle, die das Timesharing überhaupt erst möglich gemacht hatte – aus den pulsierenden Uhrzyklen nämlich. Mit der Entwicklung von neuen und komplexeren Anwendungen erhöhte sich auch die Nachfrage nach Zyklen. Es mußten daher in die Betriebssysteme des Computers Richtlinien zur Bestimmung der Anwendungen und Anwender und ihrer Priorität aufgenommen werden. Das heißt, es mußte der Zugriff auf die Zyklen der Zentraleinheit festgelegt werden, wenn die Gesamtnachfrage nach den EDV-Zyklen das Angebot überstieg. Außerdem variierten die Antwortzeiten extrem stark entsprechend Anzahl und Mischung der zu verarbeitenden Programme. EDV-Aufgaben, für die in Zeiten hoher

Nachfrage ein Verarbeitungsaufwand von Stunden erforderlich war, zum Beispiel am Nachmittag, wenn sich viele Programme den Computer teilen mußten, brauchten in der Nachtschicht nur Minuten. Schließlich installierte man ausgeklügelte Schutzroutinen, um Programmierer daran zu hindern, sich gegenseitig zu stören oder Zugriff auf vertrauliche Informationen zu bekommen.

»Das Timesharing brachte viele Schwierigkeiten, wie sie etwa auch bei einem Gemeinschaftstelefon bestehen«, sagt Lampson. »Der Anwender empfand das als unbequem.« Das größte Problem war das der Unberechenbarkeit. Da man nicht wußte, ob ein Job Minuten oder Stunden brauchen würde, war der Benutzer gezwungen, seinen Zeitplan nach dem Computer auszurichten statt umgekehrt.

Bei einigen kam es dabei zu Überreaktionen. Eine engagierte Minderheit von Programmierern – die allein schon bei der Aussicht, daß der Computer nicht beschäftigt sei oder sie ihren Anteil an wertvollen Zyklen verpassen könnten, zusammenschauderte – ließ sich häuslich in der Nähe der Computer nieder und zwang sich, über längere Zeiträume hinweg ohne Schlaf auszukommen. Diese ungesunde Fixierung und die durchsichtige Bleichgesichtigkeit dieser Computerfanatiker entsprachen genau dem Bild, das man sich damals von den Leuten machte, die am Computer Vergnügen finden konnten.

Für Lampson bestand der Nachteil beim Timesharing in dessen zugrundeliegender Prämisse. »Die vorherrschende Meinung«, so betonte er, »ging dahin, daß Maschinen schnell und Menschen langsam sind; daher die Vorteile des Timesharings, bei dem eine schnelle Maschine viele langsame Menschen bedienen kann. Und tatsächlich ist das Timesharing, bei dem sich die Antwortzeiten in Sekunden messen lassen, ein Fortschritt gegenüber einem System, das erst nach Stunden reagiert. Doch dieses Verhältnis stimmt nur dann, wenn der Mensch sich auf die Bedingungen der Maschine einstellt. Dabei muß er zusehen, wie die Informationen langsam und umständlich präsentiert werden, und dabei kann er nur sehr unbeholfen Form und Inhalt steuern. Soll jedoch der Computer nach menschlichen Spielregeln funktionieren und eine Seite Text, Grafiken oder Bilder im Sekundenbruchteil präsentieren, dann ist es umgekehrt: Der Mensch ist schnell, die Maschinen sind langsam.«[31]

»Nach menschlichen Spielregeln zu spielen« wurde jedoch von der 1-Person-1-Computer-Lösung gewährleistet, die Bob Taylor vorgeschlagen hatte. Das, sagt Lampson, »wurde damals jedoch als eine verrückte Idee bewertet«. 1972 waren kommerziell verfügbare Computer noch viel zu teuer, um von Einzelpersonen erworben und betrieben werden zu können. Moderne Minicomputer kosteten 100 000 Dollar, und größere Anlagen waren noch weitaus teurer. Trotzdem war Lampson letztlich der Ansicht, daß CSL in der Lage sein könnte, einen preiswerten Computer zu entwickeln.

Sein diesbezüglicher Optimismus rührte von der Geschwindigkeit und Richtung her, den die Entwicklung von Computerhardware nahm, insbesondere die Entwicklung von elektronischen Schaltungen, die Signale über ein Digitalsystem leiten. Genauso wie die Erde zu mehr als siebzig Prozent aus Wasser besteht, werden Computer von Schaltern beherrscht. Wie Lampson sehr wohl wußte, zeichnete sich die Technologie der Schaltungen durch sehr schnelle Veränderung aus; tatsächlich waren die ersten Schaltvorrichtungen, genannt Vakuumröhren, bereits technisch veraltet, bevor noch die mit ihnen arbeitenden Computer überhaupt zum Verkauf kamen.

Die Röhrenschaltung war eine modifizierte Birne und wurde, wenn sie eingeschaltet war, selbstverständlich heiß. Anfang der fünfziger Jahre wurden Tausende von Vakuumröhren in einen UNIVAC-Computer und andere kommerzielle Computer gepackt. Trotz teurer Klimaanlagen brannten die Röhren aus, und die Anlagen waren mit schöner Regelmäßigkeit funktionsunfähig. Transistoren, die 1947 erfunden wurden, jedoch erst Mitte der fünfziger Jahre Aufnahme in den Computer fanden, erwiesen sich als zuverlässiger. Hergestellt aus Halbleitern wie Silizium, konnten sie digitale Stromkreise an- und abschalten, ohne daß dabei störende Hitze entstand.

Die Transistoren brachten damit eine Verbesserung der Zuverlässigkeit von Computern, änderten jedoch nichts an den wirtschaftlichen Gegebenheiten der Digitaltechnik. Anlagen mit einigermaßen ausreichendem Speicherplatz und akzeptabler Geschwindigkeit erforderten Hunderttausende gesonderter Schalter und andere Teile zur Verdrahtung. Das mußte manuell geschehen. Die entsprechenden Arbeits- und Materialkosten waren extrem hoch. Hinzu kam, daß die theoretisch erreichbaren Leistungen niemals erreicht wurden. Es konnten nicht endlos viele Elektroverbindungen gelötet werden, ohne daß Fehler gemacht wurden.

Diese Leistungsbarrieren verschwanden jedoch unter dem Einfluß der nächsten größeren Innovation bei der Hardware. Mit einem Abstand von nur wenigen Monaten – Ende 1958 beziehungsweise Anfang 1959 – erfanden Jack Kilby von Texas Instruments und Robert Noyce von der Fairchild Semiconductor Company die integrierte Schaltung. Indem sie ein leitendes Medium (den »Draht«) auf Silizium aufbrachten, gelang es beiden Männern, komplette elektrische Schaltkreise – Schalter, andere Teile und Verbindungen – auf ein einziges Stückchen Material zu ätzen. Aufwand und Schwierigkeiten der manuellen Verdrahtung wurden überflüssig. »Economies of scale« in der Herstellung kamen dann zu einer zunehmenden Integration von Schaltkreisen und Komponenten hinzu, und die Kapazität der Chips stieg und stieg, die Kosten der Chips sanken und sanken. 1962 kostete eine integrierte Schaltung mit zwölf kompletten Schaltkreisen 32 Dollar, zehn Jahre später kostete ein Chip mit der hundertfachen Kapazität einen Dollar.[32]

Anfänglich verwendeten die Computerhersteller integrierte Schaltungen primär für Prozessoren. Im Gegensatz dazu verwendete man für die Speicher eine Technik namens »Kernspeicher«, bei der Eisenringe an den Knotenpunkten eines großen Drahtnetzes hingen und Magnetkräfte zur Speicherung von Daten und Instruktionen verwendet wurden. Obwohl sie viel Platz brauchten, waren Kernspeicher sowohl billig als auch verläßlich. Sie waren allerdings auch zum Aussterben verurteilt.

Mit immer weiter fortschreitender Effizienz der Chips war es nur eine Frage der Zeit, bis ein Hersteller von integrierten Schaltungen sich auf den Markt für Computerspeicher einschoß. Robert Noyce begann diesen Kampf im Jahr 1968, als er Fairchild verließ und zusammen mit Gordon Moore die Intel Corporation gründete. Die ersten Speicherchips von Intel enthielten 256 Informationsbits, zuwenig, um sich gegen die Konkurrenz zu halten. 1972 jedoch arbeiteten Ingenieure bei Intel an einem Chip mit der sechzehnfachen Kapazität, was die Kernspeicher kosten- und leistungsmäßig auf jeden Fall schlagen würde.

Die Fortschritte bei Intel inspirierten wiederum einen der dort angestellten Ingenieure, Ted Hoff, sich erneut mit der Technik der EDV-Prozessoren zu beschäftigen. Die integrierten Schaltungen hatten es ermöglicht, Prozessoren mit Hunderten von Chips statt mit Hunderttausenden von gesonderten Komponenten zu bauen. Hoff glaubte, er könnte etwas Besseres erreichen. Ende 1971 gelang es ihm, alle Schaltungen und Komponenten für einen sehr einfachen Prozessor auf einem einzigen Chip zu versammeln.

Hoffs Erfindung wurde unter dem Namen »Mikroprozessor« bekannt. Als Herz für einen Computer viel zu primitiv, hatte er jedoch sofort Auswirkungen auf Taschenrechner, ein Produkt, das sechs Monate zuvor von Texas Instruments eingeführt worden war. Die Rechner von Texas Instruments kosteten pro Stück 150 Dollar, ein Zehntel des Preises von Rechenmaschinen, wie sie damals in Büros üblich waren. Mit

Hilfe von Mikroprozessoren versprachen Preis und Größe von Taschenrechnern nochmals um ein Wesentliches niedriger beziehungsweise geringer zu werden.
Lampson war sicher, daß die fortschreitenden Verbesserungen in der Chiptechnik Computer genauso betreffen würden. In einem Aufsatz, der 1972 als Leitartikel in einer Fachzeitschrift veröffentlicht wurde, sagte er eine erhebliche Kostenreduzierung für Hardware in den nächsten fünf bis zehn Jahren voraus, »womit es möglich sein wird, ein in der Leistung dem IBM-Computer 360/65 vergleichbares System bei Herstellungskosten von vielleicht 500 Dollar zu produzieren«.[33]
Mit der Vorstellung von derart niedrigen Hardwarekosten wagte Lampson für die Datenverarbeitung eine geradezu »traumhafte« Vorhersage: »Millionen Menschen werden durchaus vernünftige Programme schreiben, und Hunderttausende werden versuchen, sie zu verkaufen. Selbstverständlich wird der Markt dann viel größer und diversifizierter als jetzt sein, genauso wie Papier viel verbreiteter ist und eine breitere Anwendung hat als Addiermaschinen. Fast jeder, der heute einen Stift gebraucht, wird einen Computer verwenden, und auch wenn die meisten Benutzer keine ernsthaften Programmieraufgaben ausführen werden, wird fast jeder ein potentieller Kunde für irgendein seriöses Programm sein. Außerdem wird ein solcher Massenmarkt eine Massendistribution erfordern. Analoge Einrichtungen zu Buchhandlungen, Kiosken und Zeitschriftenabonnements erscheinen dabei plausibel genauso wie die Versand- und Einkaufserleichterungen – unterstützt durch den Computer –, die wir jetzt haben.«[34]
Alan Kay liebte derartige Vorträge. Kay hatte sich an Taylors Rat gehalten und innerhalb von SSL eine Forschungsgruppe gebildet, um den Ideen, die Kay in seiner Doktorarbeit über FLEX geäußert hatte, weiter nachzugehen. Für diese Vision à la Babbage – die »reaktive Maschine« – brauchte er sowohl eine Programmiersprache wie einen Computer. Kay nannte seine Sprache »Smalltalk« und plante sie zur Verwendung durch »Nichtexperten«, insbesondere durch Kinder. Den geplanten Computer nannte er »Dynabook«.
Nach Kays Beschreibung sollte der Dynabook »ein dynamisches Medium für kreatives Denken« werden. Er hatte damit praktisch keine Ähnlichkeit mit dem, was 1972 die meisten für einen Computer hielten. »Stellen Sie sich vor, Sie haben Ihren eigenen Wissensmanipulator in tragbarer Form von der Größe und Form eines normalen Notizbuchs. Nehmen Sie an, er besäße genug Leistungskraft, um Hör- und Sehfähigkeit bei weitem zu übertreffen, genug Kapazität, um zum späteren Ab-

ruf Tausende von Seiten zu speichern, Gedichte, Briefe, Rezepte, Akten, Zeichnungen, Animationen, Partituren, dynamische Simulationen und alles mögliche andere, an das Sie sich erinnern und das Sie ändern wollen.«[35]
Laut Kay gelang es ihm im Frühjahr 1972 nicht, die Unterstützung des Managements für sein Dynabook-Projekt zu finden. Aus diesem Grund schlug Kay einige Monate später, als CSL über sein nächstes größeres Programm zu sprechen begann, vor, man solle ihm einen »vorläufigen Dynabook« bauen. Der Vorschlag entsprach Taylors Zukunftsansichten, Lampsons Einstellung zur Digitalrentabilität und Thackers Vorstellungen davon, wie man eine solche Maschine zusammenstellen müßte. Nachdem sich diese drei einig waren, schlossen sich die übrigen an. Taylor beschloß, das Projekt »Alto« zu taufen, und Lampson und Thacker begannen mit den Entwurfsarbeiten.
Im Dezember jenes Jahres schrieb Lampson für das Labor ein Memo mit der Überschrift »Why Alto« (Warum Alto). Darin beschrieb er den Computer, den sie zu entwickeln hofften. Er sollte fast genauso leistungsstark sein wie der führende auf dem Markt befindliche Minicomputer. Er sollte mit einem guten Monitor ausgestattet sein, innerhalb eines Netzwerks »verteilter Maschinen« arbeiten und, dies als wichtigstes, preiswert genug sein, daß sich jeder seinen eigenen Computer leisten könnte.
»Alto«, »FLEX«, »Dynabook«, »vorläufiger Dynabook« – diese Namen standen alle für hypothetische Computer, die völlig verschieden waren von denen, die die Welt bis dahin kennengelernt hatte. Zur Erklärung des primären Zwecks des Alto-Projekts verwendete Lampson auch eine neuartige und allgemeinere Formulierung: »personal computing« (persönliche Datenverarbeitung). »Wenn«, so schrieb er an seine Kollegen, »unsere Annahmen über die Nützlichkeit billiger, leistungsstarker Personalcomputer korrekt sind, dann sollten wir in der Lage sein, sie überzeugend mit dem Alto vorzustellen. Wenn sie falsch sind, dann werden wir herausfinden, warum.«

Kapitel 7

Bei der Entwicklung und Konstruktion des Alto standen Butler Lampson und Chuck Thacker vor zwei widersprüchlichen Zielsetzungen. Sie wollten ein System finden, das *billiger* und *besser* als der Minicomputer war. Wenn die Kosten für den Alto sich nicht wesentlich unter den Preis eines Minicomputers drücken lassen würden, wäre PARC von der Vorstellung, das Timesharing durch Experimente in »persönlicher Datenverarbeitung« zu ersetzen, nicht zu überzeugen gewesen. Lampson und Thacker stellten sich jedoch vor, daß das »persönlich« in ihrem Ansatz sowohl Bequemlichkeit wie Wirtschaftlichkeit bedeuten müßte. Für sie sollte ein Personalcomputer genauso leicht zu handhaben sein wie andere übliche Instrumente der Kommunikation und der Darstellung – wie etwa Schreibmaschinen, Tafelkreide, Stifte, Papier. Nur ein sehr modernes System würde einer solchen Art von Funktionalität nahekommen können, andererseits mußte der Computer einfach genug sein, damit ihn sich jeder leisten konnte. Nur eine sehr elegante Lösung würde beidem gerecht werden.

»Die Timesharing-Systeme«, so Thacker, »hatten Datenverarbeitungsgeräte verfügbarer und billiger gemacht, aber sie hatten wenig dazu beigetragen, die *Qualität* der Interaktion zwischen Mensch und Maschine zu verbessern.«[36] Die Programmierer fertigten Charts und Bilder mit sperrigen Zeichen wie Ls und Xs an statt mit feinen Linien und Punkten. Die meisten Anwender sahen die Computerausgabe auf Telexgeräten statt auf Anzeigeterminals, und diejenigen, die das Glück hatten, einen Monitor zu besitzen, schadeten ihren Augen aufgrund der schlechten Bildqualität. Dokumente sahen auf der Anzeige wesentlich anders aus als schließlich im Druck. Und die Ausdrucke selbst waren auf Riesenpapierformat und kaum leserlich.

Lampson und Thacker hatten bessere »Benutzerschnittstellen« gesehen, vor allem bei Douglas C. Engelbart, einem der Patriarchen der interaktiven Datenverarbeitung. In den fünfziger Jahren, als viele Menschen fürchteten, die Computer könnten eines Tages den Menschen kontrollieren oder, noch schlimmer, sogar ersetzen, vertrat Engelbart als erster die gegenteilige Meinung. Digitale Systeme, argumentierte er, sollten die menschliche Intelligenz erweitern, nicht automatisieren. Dafür führte er bis 1964 eine einsame Kampagne. Dann erhielt er von Bob Taylor, damals bei der NASA, die Mittel zur Gründung eines eigenen Forschungslaboratoriums. Vier Jahre später demonstrierte er – als zukunftsträchtig in der Geschichte der Datenverarbeitung – eine beispiellose Vielfalt interaktiver Techniken.[37] Bei einer landesweiten Konferenz von Computerwissenschaftlern und Ingenieuren stellte er unter anderem die »Maus« vor, Fernsehmonitore, die man in vielfache »Fenster« unterteilen konnte, und Software mit leistungsstarken Skizzierfeatures zur Erleichterung strukturierter Denk- und Präsentationsabläufe.

Engelbarts Maus war ein Analoggerät, in dem große Stahlräder und eine Reihe von Knöpfen untergebracht waren. Die Bewegung der Räder steuerte den Cursor, einen hellen Markierpunkt auf einem Bildschirm, der die für den Benutzer im Moment interessante Position anzeigt. Indem man die Maus über eine ebene Fläche bewegte, konnte man sehr schnell über den Bildschirm wandern, mit dem Cursor auf bestimmte Felder zeigen und auf die Knöpfe drücken, um Befehle einzugeben.

Für den Alto heuerten Lampson und Thacker einen Erfinder an, der die Maus in ein Digitalgerät verwandeln, sie kleiner gestalten, die Handhabung vereinfachen und die Verläßlichkeit erhöhen sollte. Außerdem setzten sie sich selbst die Aufgabe, Engelbarts Ansatz beim Fernsehdisplay zu verbessern, in der Hoffnung, den Bildschirm des Alto so zu gestalten, daß er Vertrautheit und Flexibilität von Tinte und Papier suggerieren (simulieren) würde.

Denken Sie doch nur einen Augenblick über die unendlichen Möglichkeiten dieser zwei einfachen Dinge nach. Mit Tinte lassen sich Zeichen jeder Größe, Form und Stil erzeugen; mit ihr lassen sich Linien und Kurven zeichnen; sie erzeugt Strukturen und Halbtöne. Tinte läßt sich überall auf Papier mit hohem Auflösungsgrad positionieren. Einzelne Seiten Papier können nebeneinandergelegt und gleichzeitig bearbeitet werden, sie können zusammengebunden und Seite für Seite geprüft werden. Variationen, Menge, Komplexität, Struktur, Beziehungen – die grundlegenden Aspekte von Information werden mit Papier und Tinte eingefangen und kommuniziert.

»Nur eine Technik«, so notierte Thacker einmal im Fachjargon, »kann bekanntermaßen all diesen Eigenschaften in einem vom Computer erzeugten Medium nahekommen: Eine Rasteranzeige, in der der Wert eines jeden Bildelements unabhängig als ein Element in zweidimensionaler Anordnung, genannt ›Bit-Map‹, gespeichert wird.«[38]

Dazu eine Erklärung.
Die Amerikaner verbringen im Schnitt mehr als sieben Stunden täglich vor Rasteranzeigen. Sie nennen es Fernsehen. Ein Fernsehbildschirm ist in Wirklichkeit ein Gitter aus Punkten oder »Bildelementen«, das durch horizontale und vertikale Unterteilung des Bildschirms entsteht. Jedes Bildelement ist ähnlich einer winzigen Lampe. Die Bilder entstehen, wenn ein Elektronenstrahl den Bildschirm systematisch abtastet und die Bildelemente mit einer Intensität zum Leuchten bringt, die entsprechend der verwendeten Fernsehkamera variiert. »Raster« bezieht sich auf das Muster, die Struktur der horizontalen Abtastung.
Das Fernsehen verwendet eine Analogtechnik. Trotzdem sind Elektronenstrahl und Bildelemente perfekte Hilfsmittel für digitale Anwendungen. Ein Computer kann den Strahl an- und abschalten; er kann jedes Bildelement speichern. Zum Beispiel kann der Buchstabe A ein Rechteck von vier bis sechs Bildelementen belegen. Wenn der Elektronenstrahl die richtigen Bildelemente aufleuchten läßt, erscheint ein A auf dem Hintergrund des Bildschirms. Durch die Verbindung eines jeden Bildelements mit einem spezifischen Bit im Computerspeicher und durch die Programmierung der entsprechenden Bits als »On«, während die anderen »Off« sind, erzeugt der Benutzer ein A auf dem Bildschirm und speichert es gleichzeitig für späteren Abruf wie folgt:

Computerspeicher	*Computerschirm*
0110	11
1001	1 1
1001	1 1
1111	1111
1001	1 1
1001	1 1

Lampson und Thacker nannten diese Technik »Bit-Mapping« aufgrund der 1:1-Übereinstimmung zwischen den Bits im Speicher und den Bildelementen auf dem Bildschirm. Wie gut sie dabei die erwünschten Eigenschaften von Tinte – Zeichen, Linien, Kurven, Gewebe, Halbtöne, Positionierung – simulieren könnten, hing von der Größe der Bildelemente ab. Je kleiner, desto besser. 200 Bildelemente pro Zoll würden beispielsweise sehr gute Resultate bringen.
Diese Qualität hatte jedoch einen enorm hohen Preis. Der Bildschirm des Alto war nach der Standardpapiergröße von 8½ mal 11 Zoll ausgelegt. Das Anzeigefeld war damit ungefähr 100 Quadratzoll groß. Bei

200 Bildelementen pro Zoll in jeder Richtung würde der Alto beinahe vier Millionen Bits Speicherplatz für sein Bit-Map brauchen. Im Jahr 1972 kostete ein installiertes Speicherbit pro Stück 1,5 Cent. Ein Vier-Millionen-Bit-Schirm wäre damit auf über 50000 Dollar gekommen, viel zu teuer für einen Personalcomputer.

Bei anderen Anzeigetechniken war weniger Speicherplatz erforderlich. Die am weitesten verbreitete Technik war die kalligraphische Anzeige. Auch bei ihr wurden ein Elektronenstrahl und ein beleuchteter Bildschirm eingesetzt, aber der Strahl funktionierte anders als beim Fernsehraster. Statt ein Gitter aus Bildelementen zum Leuchten zu bringen, malte der kalligraphische Elektronenstrahl in ständiger Bewegung Muster wie Pinselstriche. Der Computer speicherte dann die Stellen des ersten und letzten zu beleuchtenden Punktes; der Elektronenstrahl vervollständigte die Zeile. Für jeden einzelnen Strich war bei der kalligraphischen Anzeige somit nur eine Handvoll Bits erforderlich, um Anfang und Ende zu steuern.

Aber die kalligraphische Anzeige hatte einen großen Nachteil. Sie flakkerte. Bilder auf einem Schirm, die von einem Elektronenstrahl erzeugt werden, sind nicht permanent. Daher ist der Fernsehschirm leer, wenn Sie umschalten, und der Elektronenstrahl funktioniert nicht mehr. Tatsächlich müssen Fernsehbilder mindestens dreißigmal pro Sekunde illuminiert werden, um fix zu erscheinen; alles, was darunter liegt, erzeugt eine störende Instabilität. Wenn mit der kalligraphischen Technik ein komplexes Bild wie etwa diese Buchseite abgebildet wurde, verhinderte die für das Nachzeichnen der Zeichen erforderliche Zeit die erforderliche Anzahl von Updates des Bildschirms. Da über die Rastertechnik das Computerbild völlig per Schalter kontrolliert wurde (wobei der Strahl an- und abgeschaltet wurde), statt sich auf Pinselstriche zu verlassen (das heißt Zeichnen mit dem Strahl), ließ sich der Bildschirm viel schneller wieder erleuchten. Rasterbilder erschienen stabil, kalligraphische nicht.

Also konnte nur ein Rasterdisplay mit Bit-Mapping, und dies trotz dessen enormen Appetits auf Speicherplatz, die Qualität von Tinte und Papier unter gleichzeitigem Abstellen des Flackerns erreichen. »Glücklicherweise«, entdeckten Lampson und Thacker, »lassen sich gute Bilder mit wesentlich weniger Bits erzielen.«[39] Sie glaubten, daß ein Gitter aus 500 000 Bildelementen statt vier Millionen die »erkennbaren Eigenschaften von Papier und Tinte erhalten«[40] würden. Und trotzdem, letzten Endes verbrauchte der Alto, als er fertig war, fast die Hälfte des gesamten Speicherraums für das Bit-Mapping. Obwohl es Lampson,

Thacker und anderen gelang, Techniken zu entwickeln, mit denen der Speicherbedarf für die Anzeige zurückgeschraubt wurde, waren die Speicherkapazitäten, die man der Benutzerschnittstelle des Alto widmete, immer noch eindrucksvoll hoch.

Die verbesserte Maus und die verbesserte Anzeige deuteten die Mitarbeiter von PARC als gutes Omen – vorausgesetzt, der Alto würde in der Herstellung billig genug sein, um für jedermann erschwinglich zu sein. Thacker sagte akkurat voraus, daß der gesamte Speicher des Alto Anfang der achtziger Jahre nur noch 35 Dollar kosten würde. Aber 1972 kostete er eben noch 7000 Dollar. Er und Lampson mußten also andere Möglichkeiten finden, um Geld zu sparen.

In einer Hinsicht war die Entscheidung für die Rasteranzeige hilfreich, denn aufgrund der riesigen Massenfertigung von Fernsehgeräten waren Rastermonitoren im Einkauf billig. Lampson und Thacker erzielten außerdem Einsparungen, indem sie die arithmetischen Funktionen des Alto auf ein Minimum hinunterschraubten. Und das Aufgeben des Timesharings brachte auch noch einige Einsparungen, denn der Schutz von Benutzern vor anderen Benutzern wurde überflüssig. Schließlich wußten Lampson und Thacker auch, daß PARC seine Computer selbst montieren würde, womit die Kosten für Arbeit, Gemeinkosten und Gewinn entfielen, die sie zu zahlen hätten, wenn sie Produkte eines anderen Unternehmens übernommen hätten.

Doch all diese Maßnahmen zusammen reichten immer noch nicht aus, um das Kostenziel für den Alto zu erreichen. Die Leistung von Minicomputern erforderte mehr Hardware, als das Alto-Budget zuließ. Außerdem hätte angesichts der Entwicklung im Computer-Engineering die Existenz hochentwickelter Geräte wie die Bit-Map-Anzeige die Schaltkreise im System erweitern, nicht reduzieren müssen.

Computer bestehen aus vier wesentlichen Teilen: Eingabe, Zentraleinheit, Speicher, Ausgabe. Daten und Befehle werden von dem Eingabegerät wie etwa einer Tastatur an den Speicher übermittelt. Die Zentraleinheit holt sich die Daten und Befehle aus dem Speicher und führt die erforderlichen Berechnungen durch. Dann schickt die Zentraleinheit die Ergebnisse an ein Ausgabegerät wie Bildschirm oder Drucker.

Bei dem Ganzen gibt es einen zusätzlichen Trick. Die Zentraleinheit selbst besteht aus zwei Untereinheiten. Die »arithmetische und logische Einheit« leistet die eigentliche Datenverarbeitung; die »Steuereinheit« hält im ganzen System Ordnung, sehr ähnlich, wie ein Fluglotse Starts und Landungen dirigiert, um Zusammenstöße zu vermeiden.

Steuereinheiten bei der ersten Computergeneration mußten mehr

»Verkehr« steuern als heute üblich. Sie erledigten praktisch die gesamte elektronische Verarbeitung, die zum Betrieb der anderen Subsysteme des Computers erforderlich war: Arithmetik und Logik, Speicher, Eingabe und Ausgabe. Das machte die Verarbeitung langsamer. Erinnern Sie sich, daß die Zentraleinheit bei jedem einzelnen Uhrschlag beziehungsweise Zyklus einen gesonderten Schritt unternimmt. Mehr Arbeit bedeutet mehr Arbeitsschritte. Mehr Arbeitsschritte bedeuten mehr Zyklen. Mehr Zyklen bedeuten längere Zeit bis zur Fertigstellung. Indem also die Zentraleinheit mit den Aufgaben von Eingabe, Ausgabe, Arithmetik, Logik, Speicherung und der Verarbeitung belastet war, brauchten die Ergebnisse dieser Verarbeitung länger. Hinzu kam, daß, um den Bedarf an Zyklen so gering wie möglich zu halten, Ein- und Ausgabegeräte relativ primitiv bleiben mußten.
In den fünfziger und sechziger Jahren gingen Ingenieure dieses Problem an, indem sie Verarbeitungsschaltungen direkt in die Ein- und Ausgabegeräte einbauten. Nach und nach wurde so die Last durch mehr Hardware in der Peripherie von der Zentraleinheit genommen, bis schließlich die neuesten Systeme in ihren Ein- und Ausgabegeräten eigene Prozessoren und Speicher hatten. Damit blieben für die Zentraleinheit nur noch Aufgaben allgemeiner Koordination. Da nun diese Zentraleinheit mehr Zyklen für Speicherung, Arithmetik und Logik zur Verfügung hatte, wurden die EDV-Systeme schneller. Außerdem ebnete die bessere Ausstattung der Systeme einschließlich der Tastaturen, Diskettenstationen und Displays den Weg zu Fortschritten in der E/A-Technik.
Natürlich kostete die verbesserte Hardware auch eine Menge Geld. Chuck Thacker stellte dabei fest, daß eine Rückkehr zum Konzept des »Sharings« (Teilens) der Zyklen eines Prozessors mit Ein- und Ausgabe die Materialkosten für den Alto senken würde. Wie ließe sich nun an der Hardware sparen, ohne auf solche Features wie Bit-Map-Display verzichten zu müssen, die Zugriff auf leistungsfähige Elektronik als Vorbedingung hatten? Anders gesagt: Wie sollte man die Anzahl der Schaltungen verringern und gleichzeitig die Leistung steigern? Ein wirklich schwieriges Problem. Thacker sagt: »Mir fiel die Lösung einfach ein. Es war ein Aha-Erlebnis.«
Seine Innovation, die unter dem Begriff »Multitasking« (Erledigung von Mehrfachaufgaben) bekannt geworden ist, verwandelte einfach einen Prozessor in viele Prozessoren. Thacker schaltete die Steuereinheit des Zentralprozessors von Alto so, daß sie Befehle von bis zu sechzehn verschiedenen Stellen beziehungsweise »Tasks« (Aufgaben) statt

nur von einer entgegennehmen konnte. Zu diesen Tasks gehörten das Bit-Map-Display, die Maus, die Diskettenstation, das Übertragungssubsystem und das Benutzerprogramm. Den einzelnen Tasks wurden Prioritäten zugeordnet: Wenn zwei oder mehr sich anmeldeten, dann hatte die mit der höchsten Priorität Zugang zur Zentraleinheit. Wenn das für die Anzeige zutraf, dann gehörte der Prozessor der Anzeige. Hatte die Diskettenstation den Vortritt, dann gehörte der Prozessor der Diskettenstation et cetera.

Die Instruktionen selbst steuerten die Kommunikation der einzelnen Elemente. Jede Instruktion, jeder Befehl, enthielt Informationen über den folgenden Befehl. Nehmen wir beispielsweise an, das Benutzerprogramm war gerade mit dem Prozessor verbunden. Bei der Verarbeitung einer jeden Instruktion wurde die nächste automatisch aus dem Speicher geholt und signalisierte dann eine Aufforderung zur weiteren Benutzung des Prozessors. Wenn diese nächste Instruktion immer noch Toppriorität besaß, wurde auch sie verarbeitet, und dasselbe Muster wiederholte sich. Wenn jedoch ein Befehl für das Benutzerprogramm beispielsweise in Konkurrenz zu einem Bit-Map-Display mit höherer Priorität geriet, dann ging der Befehl aus dem Benutzerprogramm in ein elektronisches »Lager« und der Display-Befehl an den Prozessor. Der Benutzerbefehl blieb so lange im »Lager«, bis seine Anmeldung für den Prozessor wieder die höchste Prioritätsstufe erreicht hatte. In dem Moment ging es mit der Verarbeitung des Benutzerprogramms genau an der Stelle weiter, wo man aufgehört hatte.

Bei allen sechzehn Tasks unterlagen die Befehle denselben Regeln. Besaßen sie Priorität, wurden sie verarbeitet, wenn nicht, wanderten sie in den Speicher. Aus diesem Grund wurden die Instruktionen für die Anzeige, die Diskettenstationen, die Maus, das Benutzerprogramm und andere Tasks in der richtigen Reihenfolge unabhängig davon ausgeführt, wann und für wie viele aufeinanderfolgende Zyklen sie den Prozessor belegten.

Das Multitasking lieferte mehr Funktionalität bei weniger Kosten. Prioritätensteuerung des leistungsstarken Zentralprozessors des Alto bedeutete, daß die Ein- und Ausgabegeräte des Computers wirkliche Kunststücke ohne eigene Elektronik ausführen konnten. Der Gesamthardwarebedarf ging um zehn Prozent zurück. Die Materialkosten für den Alto beliefen sich damit auf etwas über 10 000 Dollar, ungefähr sechzehn Prozent weniger, als für einen Minicomputer anzusetzen waren.

Das Multitasking machte den Alto jedoch auch langsamer. Die Bit-

Map-Anzeige belegte den Prozessor zu zwei Dritteln der Zeit, womit für alle anderen Aufgaben nur jeder dritte Zyklus übrigblieb. Die Verarbeitung von Daten und Befehlen beanspruchte daher das Dreifache der Zeit. Die Verzögerungen bemaßen sich allerdings in Mikrosekunden. Außerdem war im Unterschied zum Timesharing die Geschwindigkeit des Alto absolut berechenbar. Wie es einer der PARC-Mitarbeiter unter dem allgemeinen Applaus seiner Kollegen später einmal formulierte: »Das großartige am Alto ist, daß er nachts nicht schneller läuft.«
Im November 1972, als der Entwurf für den Alto vorlag, begann Thakker mit der Arbeit an einem Prototyp. Zu ihm gesellten sich Ed McCreight und Larry Clark. Thacker meint: »Hardwareprobleme sind mit denen der Software nicht zu vergleichen. Bei der Software erhält man eine unmittelbare Rückmeldung. Bei der Hardware dagegen ist die Zeitspanne, während deren man nicht weiß, ob der ganze Kram wirklich funktionieren wird, ziemlich lang und unangenehm!«
Gemessen hieran war jedoch die Montage des ersten Alto relativ angenehm. »Er funktionierte genau so, wie er funktionieren sollte«, erinnert sich Thacker. »Es war das befriedigendste Hardwaresystem, das ich je entworfen hatte, und es funktionierte im wesentlichen gleich auf Anhieb. Es lag daran, daß der Entwurf so einfach war.«
Für den Bau der Anlage brauchte man noch nicht einmal vier Monate. Das erste Bild, das auf dem neuen Bit-Map-Bildschirm gezeigt wurde, war das Krümelmonster aus der Sesamstraße, das übrigens als Testmuster von einem Mitarbeiter aus Alan Kays Team programmiert wurde. McCreight meint dazu: »Ich hatte mir eigentlich nie richtig vorgestellt, wie die Bit-Map-Anzeige wohl aussehen würde, bis ich dann Alans Krümelmonster darauf sah. Er hatte zwei verschiedene Bilder digitalisiert, und durch das Hinundherschalten der Bilder sahen wir das Krümelmonster also einen Keks essen.«
Auch Thacker fand das Ganze ziemlich aufregend. »Ich erinnere mich, daß ich die Anzeige ausprobierte. Es war spät am Abend. Wir standen da nur zu dritt, und natürlich waren wir vor Freude fast aus dem Häuschen. Die Anzeige funktionierte. Wir konnten es beobachten: Vom Verstand her war uns allen klar, daß diese Sache Furore machen würde. Aber bevor es nicht wirklich funktionierte, hatten wir eigentlich nicht wirklich begriffen, was es bedeuten würde, Bilder auf den Schirm zu bringen und sie wie im Flug zu verändern. Erst dadurch wurde das Ganze richtig real. Später kamen dann andere vorbei, und wir zeigten nur stumm auf den Bildschirm wie stolze Eltern auf der Entbindungsstation eines Krankenhauses.«

Kapitel 8

Was die Phantasie der meisten Computerwissenschaftler im Forschungszentrum wirklich gefangennahm, war der Alto«, meinte ein Ingenieur von PARC. »Da gab es zwei Dinge, die völlig anders waren als vorher. Zum einen hatte man seinen eigenen Computer. Und das heißt, daß man bereit ist, ihn für viel mehr Aufgaben einzusetzen, denn man sitzt nicht da und fragt sich: ›Oje, soll ich das wirklich machen, oder verwende ich hier Zykluszeiten, die jemand anders viel besser nutzen könnte?‹ Zum anderen war da die ganze Technik mit der Maus und der Bit-Map-Anzeige. Das spornte einfach die Phantasie an. Wie kann ich das Beste aus dieser tollen Neuheit machen? Was für neue Dinge können wir damit entwickeln?«
Es gab viele, sehr viele neue Dinge zu entwickeln. Der Alto war zwar der erste Personalcomputer der Welt, aber die Hardware allein macht noch kein Computersystem aus. Ohne Software, die sich auf Betriebssysteme, Programmiersprachen und Anwendungspakete erstreckte, war der Alto, wie Chuck Thacker meinte, »nichts weiter als eine heiße Sache – interessant, aber nutzlos«.
Thackers Team stellte den ersten Alto im April 1973 fertig. Ende des Jahres verfügte PARC bereits über zehn Altos; im folgenden Sommer sogar über vierzig. Mit der zunehmenden Anzahl von Geräten und einer entsprechenden Grundausstattung mit Software wurden Dutzende von Projekten neu in Angriff genommen. Darunter waren drei besondere Innovationen – auf dem Gebiet der Kommunikation, des Drucks und in der Textverarbeitung –, die zeigen, wie das Computer Science Laboratory, häufig auch mit Hilfe der wissenschaftlichen Mitarbeiter im Systems Science Laboratory, den Alto einsetzte, um den Stand der Datenverarbeitung zu fördern.
»In einigen Jahren werden die Leute in der Lage sein, effektiver über eine Maschine miteinander zu kommunizieren, als wenn sie sich gegenübersitzen.«[41] Als Bob Taylor diese Voraussage im Jahr 1968 in einem Aufsatz machte, den er zusammen mit J. C. R. Licklider und Evan Herbert geschrieben hatte, gab es eine Kommunikation von einem zum an-

deren Computer so gut wie gar nicht. Die Programmierer, die sich im Rahmen eines Timesharing-Systems ein und denselben Computer teilten, konnten Informationen austauschen, aber die Benutzer von verschiedenen Computern konnten es nicht. Die Schwierigkeit bestand darin, wie Taylor, Licklider und Herbert enttäuscht anmerkten, daß das Telefonsystem in Amerika, ein Milliardengeschäft, die Datenübertragung per Computer nicht berücksichtigte.

Das Telefonnetz funktionierte nach einem als »Stromkreisschaltung« bezeichneten Muster. Wenn eine Nummer angewählt wurde, stellten Operateure und Geräte der Telefongesellschaft eine Reihe von Anschlüssen von einem Knotenpunkt des Netzes zum nächsten her, bis zwischen Anrufer und angewählter Nummer ein voller Stromkreis zustande kam. Das dauerte ein oder zwei Sekunden, aber das störte niemanden besonders. Man sprach ohnehin meist mehrere Minuten am Telefon; ein paar Sekunden Wartezeit machten da nichts aus. Für die Datenübertragung per Computer dauerte die Anlaufzeit allerdings eine Ewigkeit. Im Unterschied zum Telefongespräch dauerte jedoch ein Datenaustausch nur Mikrosekunden, nicht Minuten. Aber eine sinnvolle Nachricht per Computer erforderte häufig Dutzende oder sogar Hunderte von einzelnen Übertragungen. Eine Zwischenschaltung von einer oder zwei Sekunden zwischen der Übertragung eines digitalen Datenpaketes hätte zu qualvollen Verzögerungen geführt.

Außerdem wäre es ungeheuer teuer geworden. Um die hohen Kosten der Stromkreisschaltung wieder hereinzubekommen, berechnete die Telefongesellschaft die höchsten Gebühren für die erste Minute eines Gesprächs, selbst wenn die Verbindung nur kürzere Zeit dauerte. Stellen Sie sich die Telefonrechnung eines Programmierers in Boston vor, der für jeden der Tausende von Tastenanschlägen, die zur Eingabe von Daten und Instruktionen in einen Computer in Kalifornien erforderlich waren, die vollen Gebühren für die erste Minute hätte zahlen müssen. Die Rechnung wäre mehrere Seiten lang gewesen, und die Summe wäre höher gewesen als das Gehalt des Programmierers.

In den späten sechziger Jahren entwickelten ein paar Computerwissenschaftler eine Alternative zur Stromkreisschaltung: die Nachrichtenverteilung beziehungsweise Nachrichtenvermittlung, die zum ARPAnet führte, dem ersten landesweiten Computernetzwerk. Bei der Nachrichtenvermittlung wurden Informationen über das ARPAnet geleitet, ähnlich einem Stab in einem Stafettenlauf. Die von A nach E gehenden Daten durchliefen den vollen Übertragungsweg in Schritten von A nach B, B nach C, C nach D und schließlich von D nach E. Dieses Protokoll

nannte man »speichern und übermitteln«. Der ARPAnet-Computer im ersten Center wartete auf eine freie Leitung und übermittelte dann die Nachricht an das zweite Center. Inzwischen speicherte der Computer im ersten Center eine Kopie der Nachricht, bis der Computer im zweiten Center den Empfang bestätigte. Dann wartete der Rechner im zweiten Center auf eine freie Leitung und übermittelte dann die Daten an den dritten Computer. Und so weiter, bis die Nachricht ihr eigentliches Ziel erreicht hatte.
Da jede dieser Verbindungen zwischen zwei Computern sich in Tausendsteln einer Sekunde abspielten, konnten Hunderte von Digitalübertragungen vom Ursprungs- zum Zielort auf dem ARPAnet in der einen oder den zwei Sekunden laufen, die beim Telefon vor Beginn eines Gesprächs als Laufzeit erforderlich gewesen wären. Und da mehrfache Netzknotenschaltungen unnötig waren, vermied man den größten Teil der Verbindungsaufbaukosten, wie sie beim Telefon auftreten.
Das ARPAnet-System funktionierte im Fall von Datenübertragung über weite Strecken hinweg gut. Aber die Einbindung der Alto-Computer bei PARC in ein kostengünstiges lokales Netz stellte ein Dilemma dar. Die Tatsache, daß dazu ein besonders angepaßter Speicher und ein »Übermittlungscomputerpartner« für jeden Alto in einem PARC-Netz erforderlich gewesen wären, hätte die Wirtschaftlichkeit der Arbeit über einen Personalcomputer aufgehoben. Leider gab es ohne Speicher und Übermittlungsprotokolle keine Möglichkeit, Störungen auszuschließen. Genauso wie gleichzeitige Telefongespräche auf derselben Leitung nichts taugen, kollidieren zwei oder mehr digitale Nachrichten, die zur selben Zeit über denselben Draht gesandt werden, und die Signale werden unkenntlich. Deshalb gibt es beim Telefon das Besetztzeichen, was ein Grund dafür ist, daß das ARPAnet über Speicher- und Übermittlungscomputer verfügte.
Darin lag die Herausforderung und das Geniale an PARCs Kurzstrecken- beziehungsweise »lokalem Netz«. Mit Hilfe von Lampson und Thacker lösten Robert Metcalfe von CSL und David Boggs von SSL das Problem der Zuverlässigkeit mit einem gekonnten Dreh. Bei ihrer Erfindung, genannt »Ethernet«, wurden die Altos an ein Kabel angeschlossen, das durch das ganze Gebäude bei PARC lief. Jeder Alto sandte seine Nachrichten an das ganze Netz, erhielt selbst aber nur diejenigen, die die richtige Adresse enthielten. Damit erlaubte das Ethernet, im Gegensatz zu Speicher- und Übermittlungsanlagen, gleichzeitige Übertragungen und Interferenz.
Die ungeheure Geschwindigkeit des Computerprozessors inspirierte

Metcalfe und Boggs, Fehler zu tolerieren. Solange das Vorkommen von unvollständigen Übertragungen auf ein Minimum beschränkt blieb, so lange, so ihre Meinung, würde eine gelegentliche Blockierung einer Nachricht die Gesamtübertragung nicht wesentlich verlangsamen. Wenn in ihrem Ethernet-System ein gerade sendender Alto eine Störung entdeckte, stoppte er die Übertragung, wartete eine gewisse Anzahl von Mikrosekunden und versuchte es dann noch einmal.
»Die Grundidee«, sagt Butler Lampson, »ist sehr, sehr einfach. Stellen Sie sich vor, Sie wären auf einer Party und mehrere Leute stehen da herum und unterhalten sich. Der eine hört auf zu sprechen, ein anderer will etwas sagen. Nun, es gibt keine Garantie dafür, daß nur eine Person sprechen möchte; vielleicht wollen das mehrere. Es ist ja durchaus nicht ungewöhnlich, daß zwei gleichzeitig anfangen zu reden. Doch was passiert dann in der Regel? Meist hören beide wieder auf, ein Augenblick wird gezögert, und dann fängt einer wieder an. Das entspricht im wesentlichen auch der Funktionsweise des Ethernet.«
Das Ethernet verband die Altos mit anderen Altos und Geräten, die sich alle im Labor teilten. Das beliebteste, gemeinsam genutzte Gerät war eine weitere PARC-Erfindung, der erste xerographische Laserdrucker. Er verband das wissenschaftliche Erbe von Chester Carlson mit der Zauberkraft der talentierten Forschungsmitarbeiter von PARC. Die Xerographie ist ein Produkt von Licht und Schatten. Halten Sie Ihre Hand vor ein Licht, und der Schatten der Hand erscheint auf der gegenüberliegenden Wand; legen Sie Ihre Hand auf die Glasscheibe eines Xerox-Kopierers, und der Schatten der Hand erscheint auf einer elektrostatisch aufgeladenen Metalltrommel in der Maschine. Die Ladung der Trommel wird durch Licht neutralisiert und bei Dunkelheit aufrechterhalten. Deshalb bleibt die metallene Oberfläche nur in dem Bereich des Schattens Ihrer Hand aufgeladen. Schwarzer Puder mit der entgegengesetzten Ladung wird dann über die Trommel verteilt. Dieser haftet an den Schattenbereichen und gleitet von der übrigen Metalloberfläche wieder ab. Ein sauberes Blatt Papier haftet am Puder, Papier und Puder werden durch Hitze verschmolzen, und eine Kopie Ihrer Hand kommt fertig aus dem Kopierer.
In den sechziger Jahren glaubten einige Ingenieure der Xerox-Forschungseinrichtung in Webster, New York, man könnte die Xerographie vielleicht auch noch für andere Zwecke außerhalb des Kopierens einsetzen. Darunter war auch Gary Starkweather, der bewies, daß Laser – sehr leistungsstarke Lichtquellen – xerographische Faksimilebilder erzeugen können. 1969 schlug Starkweather vor, das von Carlson ent-

deckte Verfahren durch die Entwicklung eines Laserdruckers zu erweitern. Sein Boß sagte nein. Aber der Boß seines Bosses, George White, war überzeugt, daß Laser für Xerox ein großartiges Potential darstellten, und empfahl daher, Starkweather zu PARC zu versetzen.
Die Computerwissenschaftler empfingen Starkweather und seine Idee mit Begeisterung. »Sie sahen in alldem eine gemeinsame Architektur«, erinnert sich Starkweather, »denn sie hatten nach etwas gesucht, das in Bit-Map-Art drucken könnte.«
Wenn Bits eines Computerspeichers den Bildelementen auf einem Fernsehschirm entsprechen konnten, dann mußten sie sich auch an die Punkte anpassen lassen, die von einem Laser auf einer xerographischen Trommel erzeugt werden. Bei der Anwendung im Druck steuern die digitalen Einsen und Nullen den Weg des Lasers. Wenn der Laser einen Punkt auf der Metalltrommel aufleuchten läßt, neutralisiert dieses Licht die elektrostatische Ladung, der schwarze Puder gleitet von diesem winzig kleinen Bereich auf der Trommel ab, und das Papier in diesem Bereich bleibt weiß. Wenn der Laser andererseits daran gehindert wird, die Trommel zu erreichen, dann haftet der Puder, und das Papier wird schwarz.
Die »künstlerische« Methode ist hierbei eine High-Tech-Version des Pointillismus. Starkweather und die Computerwissenschaftler stellten sich diese Metalltrommel als ein Gitter aus 500 Punkten pro Zoll in jeder Richtung vor, womit mehr als 23 Millionen Punkte zur Gestaltung einer Standardseite (8½ × 11 Zoll) zur Verfügung standen.
Der Laser mußte zwischen dem Bestrahlen und Nichtbestrahlen der Metalltrommel mit phantastischer Geschwindigkeit wechseln. Um seinen Drucker zu bauen, modifizierte Starkweather einen Xerox-Kopierer 7000, der mit einer Geschwindigkeit von einer Seite pro Sekunde arbeitete. Wenn man die Zeit für den Papierdurchlauf abrechnete, blieben dem Laser ungefähr zwei Drittel einer Sekunde, um die 23 Millionen Punkte auf der Trommel abzutasten. Das hieß, der Laser mußte fast zwanzigmillionenmal in der Sekunde an- und abgestellt werden.
Starkweather erzeugte diesen benötigten Effekt fast, so sah es aus, durch Zauberei. Zu der Hell-und-dunkel-Technik der Xerographie fügte er Tonsignale und Spiegel hinzu. Als erstes entwarf er ein 24seitiges Polygon ungefähr von der Größe eines Pfannkuchens. Jede Seite enthielt einen Spiegel, der den Laserstrahl reflektierte. Indem er dann den »Pfannkuchen« auf eine Drehachse montierte, ermöglichte Starkweather die Abtastung der gesamten Trommel. Und mit Hilfe der Intensität des Tonsignals berechnete er, wie der Laser zielgerichtet so

schnell an- und abgeschaltet werden konnte, daß er die 23 Millionen Punkte in der zur Verfügung stehenden Zeit erreichte.

All das erforderte eine ganze Menge Kreativität in Konstruktion und Bau. Die genialste Lösung von Starkweather bezog sich allerdings noch auf ein schwierigeres Problem. Um deutliche und klare Bilder drucken zu können, mußten die sich drehenden Spiegel die Laserstrahlen mit großer Akkuratesse auf die Trommel lenken. Denken Sie noch einmal an den im Bit-Map-Verfahren dargestellten Buchstaben A im vorangegangenen Kapitel. Nehmen wir nun an, daß jede Eins einen vom Laser erzeugten Punkt darstellt. Wenn der Laser die Trommel nicht haargenau so wie geplant abtastet, erscheinen die Einsen in nicht richtig ausgerichteter Reihenfolge, so daß auf dem endgültigen Abzug unordentliche Bilder entstehen, ähnlich dem folgenden:

Computerspeicher	Laserausdruck
0110	11
1001	1 1
1001	1 1
1111	111 1
1001	1 1
1001	1 1

Um solche unebenmäßigen Bilder zu vermeiden, errechnete Starkweather, daß die Position eines jeden Punktes im Höchstfall ein Tausendstel eines Zolls von seinem »theoretischen Zentrum« beziehungsweise Ziel abweichen dürfte. Wenn die einzelnen Spiegel auf dem Polygon nicht völlig perfekt zugeschnitten wären oder wenn das Lager im Motor, der die Drehachse antreibt, nicht exakt nach Vorgabe funktionierte, dann würde der Reflexionswinkel des Lasers vom Spiegel die erlaubte Toleranz überschreiten und damit verzerrte Bilder erzeugen.

Die Herstellung solcher vollkommenen Spiegel und Lager war zwar möglich, aber gleichzeitig viel zu teuer. Starkweather erfand daher eine sehr viel einfachere und billigere Methode. Er entschied sich, optische Hilfsmittel zur Korrektur des Laserstrahls einzusetzen statt mechanischer Hilfsmittel zur Vermeidung von Unregelmäßigkeiten. Indem er eine besondere Art von Linse zwischen den rotierenden Spiegeln und der xerographischen Trommel einfügte, erreichte er, daß der Laser genau auf der gewünschten Stelle auf der Trommel

konzentriert wurde. Das Licht, das von den rotierenden Spiegeln in falscher Richtung reflektiert wurde, wurde von der Linse eingefangen, korrigiert und auf das gewünschte Ziel auf der Trommel gelenkt.
Starkweather nannte seine Erfindung SLOT, was für »Scanned Laser Output Terminal« (wörtlich: Ausgabeendstation mit Hilfe von Laserabtastung) stand. Um einen Vergleich aus der Automobilbranche zu gebrauchen: SLOT war ein sehr schneller und phantastischer Satz von Rädern. Aber das Gerät brauchte als Antrieb eine Maschine, die ihm sagen mußte, *wann* der Laser auf die xerographische Trommel zu richten sei und wann nicht. Diese »Maschine« war ein digitaler Prozessor und Speicher, die »Research Character Generator« (Forschungszeichengenerator) genannt und von Ron Rider bei SSL unter der Leitung von Butler Lampson entwickelt wurde.
Der bekannteste »Zeichengenerator« der Geschichte wurde von Johannes Gutenberg entwickelt, der im 15. Jahrhundert die beweglichen Buchstaben für seine berühmte Bibel erfand. In den folgenden fünf Jahrhunderten ersannen die Drucker ein ganzes Spektrum an Schriftarten und -größen. Gotische und griechische Schrift, Helvetica, Antiqua, magere, halbfette, fette, kursive, Serif- und Groteskschrift – um nur einige Namen der Schriftarten zu nennen, die dem Drucker heute zur Verfügung stehen.
Gutenberg goß eine Verbindung aus Blei, Zink und Antimon in eine Form, um getrennte Schriftzeichen zu erstellen, die in jeder beliebigen Reihenfolge, wie es das Manuskript vorsah, aneinandergefügt werden konnten. Lampson und Rider formten zu exakt demselben Zweck Bit-Muster. Mit Mustern aus Einsen und Nullen konnten sie dem Laser signalisieren, jede Art von Buchstabe – angefangen bei kursiver Antiqua bis zu fetter Helvetica – zu drucken. Theoretisch hätte ihr Zeichengenerator das gesamte Erbe des Druckereigewerbes wiedergeben können. Doch in der Praxis ging die Anzahl an Speicherchips, die zur Speicherung einer solchen Vielfalt erforderlich gewesen wäre, über ihr Budget hinaus. Nichtsdestoweniger würde auch schon eine Auswahl an Schriftarten und Schriftgrößen den Forschungsmitarbeitern von PARC eine sehr vielfältige »Digitaldruckerei« zur Verfügung stellen.
Rider erinnert sich, zu Beginn seines Projektes vor einem ungewöhnlichen Problem gestanden zu haben. Die Xerox-Kopierer ließen das Papier horizontal statt vertikal durchlaufen. Vergleichen Sie das mit der Schreibmaschine. Die Seiten werden vertikal eingespannt, das Schreiben erfolgt horizontal, jeweils ein Buchstabe in der gleichen Richtung, in der er gelesen wird. Der Xerox-Kopierer 7000, den Gary Stark-

weather zum »Scanned Laser Output Terminal« ummodelte, war anders orientiert. Die Seiten liefen horizontal durch das Gerät. Der Laser produzierte daher seine hellen und dunklen Punkte vertikal.
»Das erzeugte Probleme bei der Entwicklung eines Bildgenerators«, erklärt Rider, »weil man gleichzeitig über alle Linien fährt.« Schauen Sie sich als Beispiel den folgenden Text an, den Bob Taylor an der Außentür seines Büros bei PARC hängen hatte (und der den biblischen Ursprung der binären Computerlogik beweist):

> Eure Rede aber sei:
> Ja, ja;
> nein, nein.
> Was darüber ist,
> das ist vom Übel.
> (Matth. 5, 37)

Um diesen Text zu drucken, tastete der SLOT-Laser ihn von oben nach unten, nicht von rechts nach links ab. Nach dem ersten Abtasten verblieb eine Reihe von dunklen und hellen Punkten, die eine vertikale Scheibe der Buchstaben E, J, n, W und d darstellten. Der Forschungszeichengenerator rief dann das korrekte Muster der Einsen und Nullen für jeden Buchstaben aus seinem Speicher ab, übermittelte die Bits in der richtigen Reihenfolge an den Laser und verfolgte die Ergebnisse, so daß die Maschine beim nächsten Durchgang des Lasers die richtigen Folgebits herausziehen und an den Laser schicken konnte. Dieser Zyklus wiederholte sich, bis die Seite komplett war. In dieser Art und Weise wurden Bilder wie Sandwiches mit vielen Schichten zusammengestellt, jeweils eine Scheibe von der Länge einer Seite.
Rider beschreibt diese Digitallogistik als eine »unglücklicherweise aufwendige Sortiererei«. Mit Lampsons Hilfe stellte er den Zeichengenerator fertig, indem er das Layout und eine Verdrahtung von annähernd 2500 integrierten Chips durchführte. Als er damit fertig war, war die ferngesteuerte Druckerei von PARC im Geschäft. Für die Technologie des Geräts, das doch eigentlich nur mit Visualisierung zu tun hat, dachten sich die Computerexperten bei PARC den anatomisch merkwürdigen Namen »EARS« (Ohren) aus – als Abkürzung für *E*thernet, den *A*lto, den *R*esearch Character Generator und das *S*canned Laser Output Terminal.
Jeder PARC-Mitarbeiter – die Wissenschaftler, das Verwaltungspersonal, die Sekretärinnen – verwandten EARS zum Druck sehr elegant

aussehender Unterlagen. Bevor man jedoch drucken konnte, mußte man erst einmal den Aufbau festlegen. Das dabei am häufigsten eingesetzte Textverarbeitungspaket war ein Programm mit dem Namen »Bravo«, das von Butler Lampson und einem weiteren Forschungsmitarbeiter bei CSL, Charles Simonyi, entwickelt wurde.
Bravo machte die Computerwissenschaftler mit einem neuen Konzept bekannt, das man »wysiwyg« nannte, was als Abkürzung für »what you see is what you get« stand (was man sieht, bekommt man ausgedruckt). Beim Bravo-Programm waren Aussehen und Layout einer Seite auf dem Alto-Schirm identisch mit dem von EARS erzeugten Ausdruck.
Im Gegensatz dazu zwang die Software vor Entwicklung des Bravo-Programms den Computerbenutzer, den Text mit speziellen Formatierungsbefehlen zu durchsetzen, die ein Teil der Software, genannt »document compiler« (Dokumentenumwandler), zur Umwandlung der Eingabe in ein normales Dokument befehligte. Aus diesem Grund sah man auf dem Bildschirm – auf dem die gewünschten Wörter und Zahlen von den erforderlichen Formatierungsbefehlen unterbrochen wurden – nicht das, was man zum Schluß als Ausdruck erhielt.
»Der Compiler«, so erklärt Lampson, »spielte dieselbe Rolle wie ein Setzer. Statt ein Manuskript an einen Setzer zu geben, gaben Sie Ihre Befehle dem Compiler. Setzer brauchen natürlich keine detaillierten Anweisungen zum Formatieren, weil sie die Regeln im Kopf haben. Einem Dokumenten-Compiler muß man jedoch alles sagen.«
Die Routine beim Dokumenten-Compiler, bei der man in den Text Befehle mit aufnehmen mußte, stellte sich für die Programmierer als störend und für die Nichteingeweihten als unverständlich heraus. Um dies auszumerzen, mußten Lampson und Simonyi Bravo so programmieren, daß dieses Programm jedesmal, wenn der Benutzer eine Textänderung eingab, als Dokumenten-Compiler funktionierte. Das war ziemlich schwierig.
Ein Dokumenten-Compiler kalkuliert alle Informationen zum Layout auf einmal, was eine sehr vernünftige Vorgehensweise ist, wenn der Benutzer das Schreiben beendet, bevor das Formatierungsprogramm einsetzt. Bei Bravo jedoch sollten die Formatierungsberechnungen während des Schreibens, nicht nach dem Schreiben verarbeitet werden. Daher mußte die Auswirkung jeder Einfügung oder Streichung im Text, jeder Korrektur des Rands, jeder Unterstreichung – kurz, jeder Änderung – sofort berechnet werden.
Nehmen wir einmal an, wir wollten im nächsten Satz dieses Absatzes ein Wort einfügen. Ein Dokumenten-Compiler würde das Layout des

ganzen Kapitels neu berechnen und bräuchte dafür vielleicht ungefähr eine ganze Minute. Wenn jede Korrektur oder Änderung beim Bravo-Programm eine so lange Verzögerung bewirkt hätte, dann wäre es Lampson und Simonyi nur gelungen, eine Form von Störung, das Einfügen von Befehlen, durch eine andere Art von Störung zu ersetzen – durch langsame Antwortzeiten.

»Der Trick dabei«, sagt Lampson, »war, den Grad an Änderungen so weit wie möglich zu begrenzen.« Das erreichten sie, indem sie digitale Wände einzogen. Bravo behandelte jede Textzeile so, als handele es sich um ein getrenntes Dokument. Wenn man etwas einfügte, strich oder eine sonstige Änderung vornahm, rief das Bravo-Programm in Wirklichkeit jede Zeile auf, um festzustellen, welche davon geändert werden mußte. Beim neuen Verarbeitungsvorgang wurden dann nur die Zeilen bearbeitet, die bearbeitet werden mußten. Als Folge davon erschienen die von Bravo verarbeiteten Änderungen im winzigen Bruchteil einer Sekunde auf dem Bildschirm. Für den Benutzer sah es so aus, als würde dies gleichzeitig mit seiner Änderungseingabe geschehen.

In das Bravo-Programm wurden viele Elemente der bei PARC entwickelten neuen Hardware und Software eingebaut. Texteingaben und -änderungen waren sofort auf dem Bit-Map-Schirm des Alto zu sehen, man konnte eine Maus benutzen, um auf ausgewählte Teile eines Dokumentes hinzuweisen, es waren Fenster verfügbar, um unterschiedliche Teile eines Textes miteinander vergleichen zu können, und die Ergebnisse konnten über das Ethernet sowohl an andere Altos als auch an EARS übertragen werden, um im letzteren Fall einen Ausdruck zu erhalten, der genau so aussah, wie er aussehen sollte. Die Dialogverarbeitung war in völlig neues Terrain vorgedrungen. Die PARC-Mitarbeiter, die einen Alto besaßen, fühlten sich wie auserwählt – nirgends auf der ganzen Welt gab es ein Computersystem, das dem ihren das Wasser hätte reichen können.

Kapitel 9

Der erste Xerox-Manager, der aus der revolutionären Technologie von PARC Nutzen ziehen wollte, war ein Mann mit dem bezeichnenden Namen Darwin Newton. Newton war der Chefredakteur von Ginn & Co., einem Textbuchverlag mit Sitz in Boston, der zur Xerox-Gruppe gehörte. In dieser Position galt seine Hauptsorge dem wirtschaftlichen Aspekt des Verlages. Anfang der siebziger Jahre fingen Zeitungs-, Zeitschriften- und Buchverlage an, mit Groß- und Minicomputern zu experimentieren, um den Prozeß für Veröffentlichungen zu beschleunigen; und Darwin Newton wollte, daß PARC ihm dabei helfen sollte, die Effizienz bei Ginn zu steigern.

1974 setzte sich Newton mit Bill Gunning von PARC in Verbindung. Gunning war nur kurze Zeit als Manager des Systems Science Laboratory tätig und hatte dann von George Pake ein Angebot angenommen, zwischen PARC und dem übrigen Xerox-Unternehmen als Liaisonstelle zu fungieren. Gunning brachte den Ginn-Redakteur mit Bill English, dem Leiter eines SSL-Projekts, zusammen, das man »POLOS« nannte, eine Abkürzung für »PARC On-Line Office System« (PARC-Bürosystem mit Dialogbetrieb). English wiederum bat einen seiner Forschungsmitarbeiter, Larry Tesler, sich des Problems von Ginn anzunehmen.

Das war eine ideale Gelegenheit für Tesler. Nach einem Diplom in Stanford im Jahr 1965 hatte er Software für computergestütztes Editing, Formatierung und Seitenlayout geschrieben. Außerdem hatte er ein ständiges Interesse dafür gezeigt, EDV-Instrumente auch für Nichtprogrammierer zugänglich zu machen. Das Ginn-Projekt entsprach damit sowohl seinen Interessen wie seinen Neigungen. Und wie Tesler später berichtete, besaß diese Aufgabe auch eine gewisse Attraktion für English und die übrigen Mitarbeiter im POLOS-Team. »Mir gefiel die POLOS-Architektur überhaupt nicht«, sagt Tesler, »und ich habe mich deswegen häufig beschwert. Ich wurde als störendes Element angesehen. Sie waren froh, als sie mich etwas an die Seite rücken konnten.« Es wurde jedoch bald klar, daß eine Anpassung von POLOS an die

Bedürfnisse bei Ginn, wenn überhaupt möglich, für Tesler allein zu schwierig sein würde. Um zu vermeiden, daß noch ein Mitarbeiter aus dem POLOS-Team abgezogen würde, schlug English vor, Ginn solle sich einen eigenen Computerfachmann zulegen, der Tesler unterstützen könnte. English und Tesler verfaßten zusammen eine Jobbeschreibung, gaben sie überall in der Xerox-Gruppe in Umlauf und sagten Newton, daß sie alle geeigneten Bewerber selbst interviewen würden.

Im September stellte ihnen Newton Tim Mott vor, einen 24jährigen Engländer, der drei Jahre zuvor mit einem Diplom in Computerwissenschaft von der Universität Manchester in die Vereinigten Staaten gekommen war. Zwischen 1972 und 1974 hatte Mott am Oberlin College in Ohio Mathematik und Datenverarbeitung unterrichtet und war dann nach Boston gezogen, um ein Jahr lang zu arbeiten, bevor er sich an einer Universität bewerben würde.

»Ich ging in die Bostoner Zweigstelle von Scientific Data Systems, weil ich einen Job im Verkauf von Computern suchte«, erzählt Mott. »Ich sah damals wie ein langhaariger Freak aus, und man begegnete mir mit Skepsis. Aber sie wußten von Darwins Projekt und schlugen vor, ich solle mich mit Ginn in Verbindung setzen. Ich sprach mit Darwin, und eine Woche später lud er mich ein, einige Leute von PARC zu treffen. Schon zwei Wochen danach war ich dann in Palo Alto.«

Motts Einführung bei PARC war demütigend. »Ich war technisch völlig am Schwimmen. Da gab es soviel Neues, was ich vorher noch niemals gesehen hatte. Und eine Dokumentation, die ich hätte lesen können, um mich selbst zu informieren, gab es nicht. Ich hatte das Gefühl, als wäre ich in ziemlich tiefes Wasser geworfen worden.«

Nach einem Monat intensiven Eigenunterrichts kam Mott zu einem Schluß, den weder er noch Darwin Newton erwartet hatten. POLOS war viel zu kompliziert und unvollständig, um die Textverarbeitung und die Druckanwendungen zu unterstützen, die Newton bei Ginn ausprobieren wollte.

Die Komplexität von POLOS ergab sich aus dessen einmaliger Geschichte, wobei ein Element auf das Jahr 1945 zurückging. In jenem Jahr hatte Vannevar Bush, der im Zweiten Weltkrieg alle von der Regierung finanzierten Forschungsvorhaben zu koordinieren hatte, einen Artikel mit dem Titel »As We May Think« (Wie wir denken können) in *The Atlantic Monthly* veröffentlicht. Darin warnte Bush, daß die Welt im Anschluß an den Krieg riskieren würde, die Kon-

trolle über das bisher gesammelte Wissen und über ihre Geschichte zu verlieren, wenn sie sich auf antiquierte Methoden bei der Speicherung, Erforschung und Übertragung von Informationen verließe.
»Die Summe menschlicher Erfahrung«, behauptete er, »steigert sich in ungeheurem Maß, und die Mittel, die wir einsetzen, um uns durch das so entstehende Labyrinth zu den momentan wichtigen Punkten hindurchzufinden, sind dieselben, die schon in den Tagen der mit Rahsegeln vertakelten Schiffe angewendet wurden.«[42]
Bush spekulierte mit einer Reihe hypothetischer Managementinformationstechnologien. Die faszinierendste davon nannte er »Memex«. »Ein Memex«, schrieb er, »ist ein Gerät, in dem ein einzelner seine Bücher, Akten und Korrespondenz speichert und das so stark mechanisiert ist, daß er die verschiedenen Informationen mit höchster Geschwindigkeit und Flexibilität abfragen kann. Es ist damit eine Erweiterung seines Gedächtnisses.«[43]
Die Memex-Benutzer würden mit Tastatur, Bildschirm, Mikrofilm und Fototechniken arbeiten und »Spuren« relevanter Informationen aus jeder Datenbank aufbauen, gleich, wie groß diese wäre oder wie schnell sie sich änderte. Das Ergebnis würde sein, so prophezeite Bush, daß »ganz neue Arten von Enzyklopädien entstehen, gebrauchsfertig mit einem ganzen Netz an verwandten ›Datenspuren‹ innerhalb einer solchen Enzyklopädie, gebrauchsfertig, um in den Memex aufgenommen und dort erweitert zu werden. Ein Anwalt wird so alle Entscheidungen und Kommentare zu seinem Wissensgebiet unmittelbar parat haben... Der Arzt, den die Reaktion eines Patienten auf eine Behandlung überrascht, ruft die ›Spuren‹ ab, die er bei einem ähnlichen früheren Fall aufgezeichnet hat, schaut sich kurz ähnliche Fallgeschichten an und geht Querverweisen zu klassischen anatomischen und histologischen Daten nach. Der Chemiker, der sich mit der Synthese einer organischen Verbindung abmüht, hat alle Fachliteratur griffbereit.«[44]
Als Douglas C. Engelbart, damals Radarexperte bei der Navy mit Standort auf den Philippinen, Bushs Aufsatz in *Atlantic Monthly* 1945 las, reagierte er darauf mit demselben Engagement, das Bob Taylor viele Jahre später auf J.C.R. Lickliders Artikel »Mensch-Computer-Symbiose« entwickelte. Nach dem Krieg machte Engelbart sein Diplom in Elektrotechnik und versuchte unmittelbar anschließend, Kollegen von der Universität und in Betrieben dafür zu interessieren, die Informationsgeräte zu entwickeln, die Bush vorschwebten.[45] Doch während der ganzen fünfziger Jahre hielten die meisten Engelbarts Vorschläge für reine Mystik. Eine Datenverarbeitung im Memex-Stil erforderte

den Dialogbetrieb; beim Dialogbetrieb mußte der direkte Zugriff auf einen Computer gewährleistet sein; und der direkte Zugriff erschien in den Tagen der Stapelverarbeitung sowohl aus technischen wie wirtschaftlichen Gründen ein Unding zu sein.

Erst das Aufkommen des Timesharings ließ Engelbarts Traum in die Nähe der Realität rücken. Er erreichte eine Tätigkeit am Stanford Research Institute und gewann während dieser Zeit zunächst die Unterstützung von Bob Taylor bei der NASA und später von Licklider und Taylor bei der ARPA. Sein Plan: ein Labor, das sich dem Aufbau von interaktiver Hardware und Software auf Timesharing-Basis widmen sollte. Er nannte dieses Projekt »Augmented Human Intellect Research Center« (Forschungszentrum für erweiterte menschliche Intelligenz), das allerdings mehr unter der Bezeichnung »Augmentation Research Center« (Forschungszentrum für Erweiterung) beziehungsweise ARC bekannt wurde.

Engelbart strebte eine Erweiterung der menschlichen Intelligenz durch den Abruf von Informationen an, auf die der Mensch sich verlassen muß. Seine Denkweise und seine Führungseigenschaften inspirierten ARC, Hardware und Software zu entwickeln, die von hierarchischen und strukturellen Regeln beherrscht waren. In einem Aufsatz, der gleichzeitig mit der berühmten Vorstellung der interaktiven Datenverarbeitung im Jahr 1968 erschien, erklärten die beiden Autoren Engelbart und Bill English, daß das ARC »vor einigen Jahren zu dem Schluß gekommen sei, alle Informationen in ausgesprochen hierarchischen Strukturen zu organisieren und dabei freie Querverweise zwischen den Elementen dieser Hierarchie vorzusehen.

3c2b1 Diese hierarchische Struktur manifestiert sich grundsätzlich durch eine Unterteilung des Textes in völlig beliebige Segmente, die wir als ›Statements‹ bezeichnen und bei denen jede einzelne eine Nummer trägt, die ihre Stelle im Text und ihre ›Ebene‹ in einer ›Skizze‹ des Textes trägt.«[46]

Dieser Aufsatz selbst wurde als ein Beispiel für Engelbarts Textstrukturierung vorgeführt. Jeder Absatz (einschließlich des eben zitierten) begann mit einem alphanumerischen Etikett vergleichbar etwa der Untergliederung, wie sie jeder an einer Universität lernen muß. Engelbart und English berichteten, daß ihr Entwurf, sobald er von einem Computerprozessor dynamisiert würde, eine Reihe verschiedener und wohlgeordneter Informationsperspektiven ermöglichte. Zum Beispiel konnte der Anwender Logik und Vollständigkeit eines Textes überprüfen, indem er auf dem Bildschirm »Statements« erscheinen ließ, die auf dem-

selben Bedeutungslevel lagen; er konnte spezielles unterstützendes Textmaterial sehr schnell auffinden, indem er den entsprechenden alphanumerischen Kopf auswählte; er konnte Themen erweitern oder miteinander verbinden, indem er einen Untertitel am geeignetsten Punkt in einem bestimmten Gedankengang schuf.
Die Auswirkungen auf Arbeit und Produktivität des »Augmentation Research Center« waren überall zu spüren:[47]

> 3c4 Die grundlegende Gültigkeit der Methode des strukturierten Textes ist durch anschließende praktische Erfahrungen bestätigt worden.
> 3c4a Wir haben festgestellt, daß sowohl bei Off-line- wie On-line-Computerunterstützung die Konzeption, Vereinbarung und Ausführung wichtiger Manipulationen durch die Strukturierungsregeln sehr vereinfacht werden.
> 3c4b Außerdem wird, wenn man on line an einem Bildschirm arbeitet, nicht nur die Handhabung der Daten durch die Struktur sehr viel einfacher und effektiver, sondern auch die Fähigkeit des Benutzers, sich sehr schnell innerhalb seiner Daten zu orientieren und sich spezielle »Ansichten« dieser Daten generieren zu lassen, durch die Struktur erheblich unterstützt.
> 3c4c Wir sind inzwischen dazu übergegangen, unser gesamtes Schriftgut, Notizen, Berichte und Angebote entsprechend diesen Konventionen zu schreiben... Wir haben festgestellt, daß mehr oder weniger jeder, nachdem er anfänglich auf das Lesen von explizit strukturiertem Material negativ reagiert, dahin kommt, es in normaler Form gedrucktem Material vorzuziehen.

Engelbart nannte seine Palette an Hard- und Software »NLS«, »ON-Line System«. Für die Computerwissenschaftler bei der ARPA stellte das NLS den eindrucksvollsten Fortschritt im Dialogbetrieb seit der Entwicklung des Timesharings dar und inspirierte viele anschließende Entwicklungen, darunter auch viele Arbeiten bei PARC.
Engelbart war jedoch offenbar ein quengeliger Chef. 1970 nahm Bill English eine ganze Gruppe von Forschungsmitarbeitern vom Augmentation Research Center in Menlo Park, Kalifornien, zum neuen Forschungszentrum PARC von Xerox in Palo Alto. Sie brachten zwei von Engelbarts Vorurteilen mit: den Glauben an die Strukturierung und die unkritische Akzeptanz des Timesharings. Beides trug dazu bei, daß das Bürosystemprojekt POLOS scheiterte.

Im Gegensatz zu der Entscheidung des Computer Science Laboratory, das Timesharing aufzugeben, versuchte die Gruppe um English bei SSL, dieses noch weiter zu verfeinern und sogar auszubauen. Sie konstruierten POLOS um ein Dutzend im Timesharing arbeitender Computer herum, wobei jeder Computer für eine bestimmte Bürofunktion vorgesehen war. Ein Computer beispielsweise hatte die Ablage zu machen, der andere das Editing, der nächste den Druck und so weiter. Die Benutzer sollten an Datenendstationen sitzen und gleichzeitig Zugriff auf alle Computer haben. Es war ein unglaublich komplexes System.
»Die Gruppe von English«, sagt Tesler, »wählte POLOS zum Teil aus konservativen Gründen. Sie dachten, daß Personalcomputer wirtschaftlich einfach nicht machbar wären. Deshalb entschlossen sie sich, etwas zu bauen, was sie als ›verteiltes System‹ bezeichneten. Schließlich stellte sich heraus, daß ihr Ansatz vom Wirtschaftlichen her konservativ, vom Technischen her jedoch zu aggressiv war.«
Die härteste Aufgabe bei einem Timesharing-System ist die Entwicklung des Betriebssystems, das heißt der Software, die es der Zentraleinheit ermöglicht, den systeminternen Verkehr zu regeln. Sowohl bei der Batch-Verarbeitung wie bei Personalcomputern ermöglicht das Betriebssystem der Steuereinheit des Zentralprozessors, Ordnung bei Eingabe, Ausgabe, Speicherung, Arithmetik und Logik zu halten. Dazu kommt beim Timesharing die Aufgabe hinzu, Kollisionen zwischen verschiedenen gleichzeitigen Benutzern zu vermeiden. Beispielsweise zu vermeiden, daß die Eingabe des Benutzers A das Programm des Benutzers B oder die Ausgabe des Benutzers C stört.
Bei POLOS wurde dieser Schwierigkeitsgrad noch einmal angehoben. Sein Betriebssystem sollte die Logistik *verschiedener EDV-Operationen* (Eingabe, Ausgabe, Speicherung, Arithmetik und Logik), *verschiedener Benutzer* (Sekretärin A, Manager B, Sachbearbeiter C) und *verschiedener Bürofunktionen* (Textaufbereitung, Ablage, Druck) managen.
POLOS verurteilte den Benutzer, dieselbe Unvorhersehbarkeit zu akzeptieren, wie sie bei allen Timesharing-Systemen zu deren Nachteil gegeben war. Die Arbeitsgruppe von English war überzeugt, daß Aktennotizen, Briefe, Angebote und andere Dokumente, die von einem POLOS-Büro produziert würden, eine bessere Logik und mehr Durchdachtheit aufgrund der Skizziermöglichkeiten des Systems aufweisen würden. Was in der Theorie alles ganz schön war und akzeptabel für Computerwissenschaftler, die sich in modernen Systemen auskannten. Aber für den Verlag Ginn war das sinnlos, weil, wie Tim Mott fest-

stellte, die meisten Menschen eben nicht problemlos in einer hierarchisch begrenzten Art und Weise ihre Texte »komponierten«.
»Ginn brauchte verhältnismäßig einfache Programme für Textverarbeitung und Seitenlayout«, sagt Mott. »Die POLOS-Anwendung war nach dem NLS modelliert, das selbst wiederum auf dem Aufsatz von Bush basierte. Es waren in Wirklichkeit Instrumente zur Organisation des Denkens, keine für die Aufgaben im Verlagswesen. Die Textverarbeitungsfunktionen waren zwar vorhanden, aber da waren auch noch eine Menge mehr Funktionen, die Ginn nicht hätte gebrauchen können und die auch zu umständlich waren. Ich konnte mir nicht vorstellen, daß die Redakteure bei Ginn sich die Zeit nehmen würden, das alles zu lernen. Meine Vorstellung ging eher in Richtung einer Lady Ende Fünfzig, die ihr ganzes Leben im Verlagswesen zugebracht hatte und immer noch eine alte Schreibmaschine von anno dazumal benutzte.
Außerdem war die Hardware für POLOS zu kompliziert, um außerhalb des Forschungslabors aufgebaut zu werden. Die Hardware war falsch, das Betriebssystem und der Ansatz waren falsch, und die Anwendungen waren auch falsch. Ich fühlte mich ziemlich mies, als ich feststellte, daß ich Darwin einen Brief, ja, fast eine Kündigung mit dem folgenden Inhalt schreiben mußte: Ich hätte schließlich gemerkt, was hier vorging, und er dürfe mir glauben, daß es zu nichts Gutem führe.«
Zu Motts Erleichterung schlug Tesler vor, das Alto-Ethernet-EARS-Bravo-System bei Ginn eventuell anzuwenden. Eine der ersten Versionen des Bravo-Programms war gerade von Lampson, Simonyi und einem Team von CSL fertiggestellt worden. Diese frühe Version enthielt noch keine Formatierungs- und Schrifttypfunktionen, wie sie für das Seitenlayout erforderlich sind, aber sie enthielt die grundlegenden Funktionen der Textverarbeitung, wie sie Darwin Newton sich für seine Redakteure vorstellte. Mit der Genehmigung von English ließen Tesler und Mott POLOS fallen und fragten Lampson und Simonyi, ob sie einer Reihe von Modifikationen zustimmen würden, um das Bravo-Programm einfacher in der Handhabung zu machen und das Erlernen zu erleichtern.
Tesler hielt das Bravo-Programm für wirklich ausgezeichnet – mit einer Ausnahme. Es kam darin die Gewohnheit der Computerwissenschaftler zum Ausdruck, vom Benutzer zu verlangen, daß er daran denkt, spezielle Instruktionen einzugeben (sogenannte »Modi«), um das Programm laufen zu lassen. Ein Modus ist so etwas wie die Umschalttaste an einer Schreibmaschine. Wird die Taste nicht angeschlagen, kann man keine Großbuchstaben und keine der hochgesetzten Zeichen auf der Tastatur tippen.

Beim Bravo-Programm erforderte die Ausführung von Änderungen einen »Befehlsmodus«. Der Operator wählte zunächst mit der Maus einen Buchstaben, ein Wort oder einen Textteil aus, der geändert werden sollte. Durch Anschlagen der Taste »D« (für engl. »delete«) wurde dann der angewählte Teil gestrichen. Ähnlich erlaubte beim Befehlsmodus das »I« (für engl. »insert«) Texteinfügungen, mit »R« (für engl. »replace«) konnte man Text austauschen, mit »U« (für engl. »undo«) konnte man einen früheren Befehl wiederaufheben, mit »G« (für engl. »get«) ein Dokument aus dem Speicher abrufen und mit »P« (für engl. »put«) wieder in den Speicher zurückgeben. Wenn D, I, R, U, G oder P außerhalb des Befehlsmodus eingegeben wurden, erschienen sie lediglich als Buchstaben im Text des Benutzers.

Computerwissenschaftler haben eine Vorliebe für »Modi«, weil damit die Flexibilität in den Programmen gestützt wird. Denn eine Reihe von Tastenkombinationen können eine Reihe elektronischer Befehle an den Prozessor übertragen. Für den Anfänger können verschiedene »Modi«, Betriebsarten, sehr verwirrend sein. Einer der bekanntesten Kommentatoren zum Thema »Angst vor dem Computer« schreibt: »Es wird da eine Story, die wahrscheinlich erfunden ist, über ein anderes Textaufbereitungsprogramm erzählt, das für Befehle einen anderen Modus hat als für die Eingabe. Dieser Geschichte zufolge wollte ein unglücklicher Benutzer das Wort ›edit‹ in seinen Text hineinschreiben. Leider war das Programm im Befehlsmodus, als er zu tippen anfing – mit dem ›e‹ wurde alle im vorhandenen Text gespeicherte Information aufgerufen, mit dem ›d‹ alles Aufgerufene gelöscht und mit dem ›t‹ der Buchstabe ›t‹ eingefügt. Das Ergebnis: Der ganze Text wurde durch den Buchstaben ›t‹ ersetzt. Tja...«[48]

Mott stimmte mit Tesler darin überein, daß die Ginn-Mitarbeiter, die alle wenig von der Datenverarbeitung verstanden und sich sehr davor fürchteten, wahrscheinlich eher ein Textverarbeitungsprogramm ohne verschiedene Betriebsarten wünschten. Zusammen mit Lampson und Simonyi machten sich die zwei Männer an die Arbeit. Zwei Monate lang arbeiteten sie jeden Tag im Schichtbetrieb vierzehn Stunden lang an ihrem Alto, um das Bravo-Programm umzuschreiben. Das neue (»moduslose«) Programm nannten sie »Gypsy« (Zigeuner) nach dem Kostüm, das Motts Stieftochter in jenem Jahr zu Halloween (ein Tag vor Allerheiligen, 31. Oktober) getragen hatte.

Als sie fertig waren, hatte PARC damit das erste Computertextverarbeitungsprogramm, das so einfach war, daß man es, auch wenn man vorher noch nie mit einem Computer zu tun gehabt hatte, in ein paar

Stunden lernen konnte. Wie Tesler erklärt: »Bei Gypsy gab es keinen Modus. ›I‹ bedeutete ›I‹ und sonst gar nichts. Wenn Sie Text einfügen wollten, dann brauchten Sie nur mit der Maus die richtige Stelle anzuwählen, auf den Knopf zu drücken und mit dem Tippen beginnen.«

Im Februar 1975 war Mott wieder in Massachusetts und installierte das System für die Anfangstests. »Als die Zeit kam, um den Leuten Gypsy vorzustellen«, erinnert sich Mott, »ging ich geradewegs auf die Lady mit der uralten Schreibmaschine los, weil ich mir vorstellte, daß, wenn ich ihr die Sache erklären könnte, die übrigen bestimmt keine Schwierigkeiten haben würden. Nach ein paar Stunden Einweisung hatte sie genug gelernt, um mit dem System selbst umzugehen. Ein paar Tage später sagte sie, ihre Arbeit wäre qualitativ besser geworden, weil sie es jetzt immer mit sauberen Kopien zu tun hätte und Änderungen leicht durchzuführen seien. Sie sagte auch von sich aus, daß sie sich gar nicht mehr vorstellen könne, jemals anders gearbeitet zu haben.«

Das Experiment mit Ginn war ein Riesenerfolg. Darwin Newton schätzte, daß das System Ginn zwischen fünfzehn und zwanzig Prozent der Redaktionskosten für die von Ginn verlegten Bücher einsparen würde. Einige Redakteure mieden zwar die neue Technik – »Ich wäre lieber mit einem guten Drink zu Hause als mit einer Maschine im Büro«, meinte einer –, aber die meisten schlossen sich der Beurteilung von Newton und der Frau, mit der zusammen Mott als erstes gearbeitet hatte, an. Tatsächlich schlugen begeisterte Mitarbeiter bei Ginn sogar vor, daß PARC dem Programm noch ein paar Funktionen hinzufügen sollte, darunter auch ein computergestütztes Lexikon. Larry Tesler erhielt von Xerox ein schriftliches Lob und eine große Gehaltserhöhung; Tim Mott, der den Rest des Jahres 1975 und einen Teil des Jahres 1976 damit zubrachte, die Einführung des Systems bei Ginn zu koordinieren, wurde fest bei PARC eingestellt. Beide waren zu Recht stolz auf ihre Arbeitsleistung.

»Gypsy«, so betont Tesler, »war die erste Entwicklung, die andere außerhalb des Computerbereichs im Konzern verstanden. Bei Ginn liebte man das System geradezu. Es war so leicht zu erlernen. Man stellte dort zeitweise Schreibkräfte ein, die um acht Uhr kamen, bis neun Uhr mit dem System vertraut gemacht wurden und ab zehn dann mit normaler Geschwindigkeit auf dem System tippen konnten. Das war für das Verlagswesen eine richtige Revolution. Nach ein paar Jahren benutzten sie die Textverarbeitung für mehr als die

Hälfte ihrer Buchveröffentlichungen. Und heute? Heute verwendet man die Textverarbeitung für alle Veröffentlichungen. Aber das damals war ja erst das Jahr 1975.«

Die Leute bei PARC waren genauso aufgeregt wie Tesler. Die kreative Arbeit am Alto, Ethernet, EARS, Bravo und Gypsy hatte außerdem auch zu Fortschritten bei den Programmiersprachen, den Betriebssystemen, Zeichen- und Malprogrammen und der Datenübertragung geführt. Selbstverständlich gab es auch Ideen, so wie POLOS, die nicht einschlugen. Doch wie die meisten Forschungsmitarbeiter von PARC befriedigt zur Kenntnis nahmen, bestätigte das POLOS-Projekt die Bereitschaft des Managements von Xerox, insbesondere die von Goldman und Pake, auch zu einigen Fehlern als unvermeidlichen Aufwendungen im Rahmen erfolgreicher Forschungsarbeit zu stehen.

Außerdem fiel das Ginn-Experiment zeitlich mit einer Reihe von Plänen in den Jahren 1975 und 1976 zusammen. Danach sollte die neu entwickelte PARC-Technologie das Laborstadium verlassen. Eine Xerox-Division in Südkalifornien bat um die Genehmigung, Laserdrucker herzustellen und zu vermarkten, es wurde ein Patent für das Ethernet angemeldet und genehmigt, und die Konzernzentrale genehmigte außerdem die Gründung der Systems Development Division (SDD – Bereich Systementwicklung), die die PARC-Erfindungen in Produkte umwandeln sollte. Bis Mitte 1975 hatte SDD einige der bekanntesten Stars von PARC abgeworben, darunter auch Ron Rider, der den Research Character Generator entwickelt hatte, Charles Simonyi (Bravo), Metcalfe (Ethernet) und Chuck Thacker (Alto).

Im Frühjahr jenes Jahres erhielt ein weiterer CSL-Ingenieur, John Ellenby, die Genehmigung, den Alto neu zu entwerfen und mit der serienmäßigen Herstellung des Computers in kleinen Auflagen zu beginnen. Ein Jahr später hatte sich Ellenbys Projekt so gut entwickelt, daß er sich ermutigt sah, einen Vorschlag zum Alto einer speziellen Arbeitsgruppe von Xerox vorzulegen, die damals über neue Produktstrategien für das Unternehmen zu befinden hatte. Im August 1976 kursierte bei PARC das Gerücht, daß diese Arbeitsgruppe den Alto für den Einstieg von Xerox in den Markt für Textverarbeitung erkoren hätte, ein Markt, der sich damals gerade erst in den Vereinigten Staaten herauszubilden begann.

Die Investitionen von Xerox, die Erfinderfreudigkeit und alle gezielten Forschungsarbeiten schienen sich jetzt mit einer »Informationsarchitektur« auszahlen zu wollen, die bis ins Detail hinein genauso leistungsstark und provokativ war wie diejenige, die Peter McColough in seiner

Ansprache zu Beginn der siebziger Jahre beschworen hatte. Im Rückblick auf die Leistungen von PARC während der ersten fünf Jahre seines Bestehens meint Chuck Thacker: »Vom Standpunkt meiner eigenen Erfahrungen aus war dies der längste ununterbrochene Zeitraum kreativer Produktion, den ich jemals erlebt habe. Es kam einem so vor, als wäre man direkt bei der Schöpfung dabei. Eine Menge Leute arbeiteten härter, als ich es sonst jemals gesehen habe. Und sie arbeiteten an etwas, das sie für wertvoll hielten und von dem sie glaubten, es würde die Welt verändern.«

Finanzen:
Die Ablehnung des Alto

Kapitel
10

In der *Business Week* vom 30. Juni 1975 wurden die Fortschritte, die man im Palo Alto Research Center von Xerox in der Computertechnologie erzielt hatte, kurz vorgestellt. Dazu wurde erklärt: »Die Büroautomatisierung hat sich als umfassendes Systemkonzept durchgesetzt und wird die Art, in der Büros arbeiten, völlig revolutionieren.«[49] Außerdem wurden drei Voraussagen gemacht: Der Markt für Bürosysteme würde riesige Ausmaße annehmen; nur Firmen mit Mut, Ausdauer und enormen Ressourcen würden Erfolg haben; die voraussichtlichen Marktführer würden IBM und Xerox sein.

Diese Prognosen waren nur logisch. In den siebziger Jahren waren Büros der noch am wenigsten automatisierte Teil der amerikanischen Wirtschaft. Während die Investitionen in Anlagegüter pro Fabrikarbeiter über 25 000 Dollar jährlich ausmachten, waren es für Büroangestellte lediglich 2000 Dollar, weniger als ein Zehntel. Führende Wirtschaftler und Analysten erwarteten, daß diese Lücke sich schließen würde, wenn die Effizienz und Produktivität der neuen Bürosysteme erst einmal unter Beweis gestellt worden seien. Außerdem besaß kein anderes Unternehmen der Welt die Technologie, die Stärke im Marketing und die nötige finanzielle Ausstattung, um mit IBM und Xerox konkurrieren zu können; wann auch immer der Markt der Büroautomatisierung anfangen würde zu florieren, die zwei amerikanischen Marktführer für Bürogerät würden den meisten Honig abschöpfen.

Nach dem von *Business Week* gezeichneten Bild standen damit nur Mut und Ausdauer zwischen absoluter Marktführung und IBM und Xerox. Diese zwei Eigenschaften sind allerdings sehr viel schwerer zu beurteilen als Nachfrage, Produktspezifikationen, Verkaufskapazitäten oder Bilanzen. 1975 hatte das Engagement von Xerox für das Büro der Zukunft trotz der rosigen Vorhersage von *Business Week* und trotz der außergewöhnlichen Erfolge der Computerwissenschaftler von PARC sehr nachgelassen. Statt wie ein innovatives Unternehmen kurz vor einer neuen gewaltigen Markteroberung auszusehen und zu handeln, ähnelte Xerox sehr viel mehr einem Unternehmenskoloß unter Belagerung – angegriffen von außen über gerichtliche Antitrustverfahren und eine Wirtschaftsrezession und von innen her geschwächt durch den absoluten Fehlschlag von Peter McColoughs Ankauf von Scientific Data Systems.

Die Antitrustprobleme des Unternehmens hatten 1972 begonnen, als die Federal Trade Commission, der amerikanische Ausschuß zur Bekämpfung des unlauteren Wettbewerbs, Xerox beschuldigte, mit illegalen Mitteln das Monopol auf dem Trockenkopierermarkt durchzusetzen. In der Anklage hieß es, Xerox habe mit Patentgesetzen herummanipuliert, sich diskriminierend bei der Preisgestaltung verhalten, Kunden gezwungen, nicht wettbewerbsfähige Produkte abzunehmen, für neue Modelle fiktive Lieferdaten genannt und mit Gewalt seine berühmte Politik des Leasings durchgesetzt – und all dies in einem zuvor abgestimmten Plan zur Ausgrenzung der Konkurrenz. Außerdem wurde unterstellt, daß Xerox ein weltweites Kartell zur Kontrolle und wirtschaftlichen Ausbeutung des Kopierergeschäfts über seine Firmen Rank-Xerox in England und Fuji-Xerox in Japan aufgebaut hätte.

Das, was die Federal Trade Commission sagen wollte, war klar – Xerox war *zu erfolgreich* gewesen. In den drei Jahren nach Erreichen der 1-Milliarde-Umsatz-Grenze hatte sich das Einkommen des Unternehmens auf 2,4 Milliarden Dollar gesteigert, also mehr als verdoppelt. Der Jahresgewinn war um fünfzig Prozent auf eine Viertelmilliarde Dollar gestiegen. Obwohl Xerox vom Umsatz her nur die 52. der größten Firmen in Amerika war, stand es in bezug auf den Gewinn an 17. Stelle. Dieses gestörte Verhältnis, so der Ausschuß, sei ein Beweis für schändliche Ausbeuterei aufgrund von Monopolstellung.

Die Regierung verlangte eine drastische Einschränkung der marktbeherrschenden Stellung von Xerox. Sie wünschte, daß der Kopiererhersteller seine Unternehmenspolitik des Leasings aufgäbe, den Kunden gestatten solle, sich wegen Wartung und Nachlieferungen an andere Anbieter zu wenden, allen Konkurrenten die Lizenzen für alle Patente kostenlos überlassen und die Tochterunternehmen Rank-Xerox und Fuji-Xerox verkaufen solle. In der offiziellen Verlautbarung vom Dezember 1972 wurden Xerox dreißig Tage eingeräumt, um diesen Wünschen zu entsprechen oder sich mit einer Antitrustklage abzufinden. Xerox weigerte sich. Der Ausschuß wandte sich ans Gericht.

Peter McColough reagierte entrüstet, indem er den Patriotismus der Federal Trade Commission in Zweifel zog. Ihre Position, meinte er laut, »ist nahezu unverständlich, wenn man nicht den Schluß zuläßt, daß ihre Strategie nicht dahin geht, ein Unternehmen anzugreifen, sondern in Wirklichkeit die grundlegenden Prinzipien zu attackieren, mit deren Hilfe alle Unternehmen dieses Landes gewachsen sind und Gewinne gemacht und damit auch noch in erheblichem Maß für Menschen in aller Welt etwas getan haben«.[50]

Mit dieser Einbindung des Unternehmens in die nationale Idee hielt McColough den Sturzbach der juristischen Schwierigkeiten für Xerox jedoch nicht auf. Das Vorgehen der Antitrustbehörde ermutigte geradezu eine Flut von Xerox-Konkurrenten, vor Gericht das zu versuchen, was ihnen im freien Markt nicht gelungen war. Ein Unternehmen nach dem anderen brachte eine Antitrustklage ein, und innerhalb weniger Jahre besetzten Xerox-Anwälte überall im Land die Gerichtssäle. Sie versuchten, ihren Klienten gegen Ansprüche in Höhe von Hunderten von Millionen Dollar zu schützen und gerichtlichen Verfügungen entgegenzuwirken, die darauf abzielten, eine Reihe von Konkurrenzvorteilen abzuschaffen.

Die zunehmende Zahl an Privatklagen zwang Xerox vom strategischen Gesichtspunkt her, den Streit mit der Antitrustbehörde zu beenden, ohne damit gleichzeitig einen Präzedenzfall zu schaffen, der für die Position des Unternehmens in anderen Rechtsstreitigkeiten nachteilig gewesen wäre. Das hieß, mit dieser Behörde einen außergerichtlichen Vergleich zu schließen, was wiederum erforderlich machte, daß man sich zur Änderung einiger Firmenpraktiken bei Xerox bereit erklärte. Unter dem Druck, einige der vielen Stärken des Unternehmens aufgeben zu müssen, entschloß sich das Topmanagement, auf den Patentschutz zu verzichten. Man war davon überzeugt, daß der damit möglich werdende Zugriff der Konkurrenz auf die Geheimnisse der Xerographie Xerox's starke Marktposition wohl kaum beeinträchtigen würde. Das Unternehmen verfügte über zu viele andere Wettbewerbsvorteile: Der Kontakt der Xerox-Verkäufer zu amerikanischen Geschäftsunternehmen war unvergleichlich gut; Xerox konnte auf mehr als zwanzig Jahre Erfahrung in der Herstellung und Wartung von Trockenkopierern zurückblicken; nur Xerox verfügte über eine ganze Produktpalette zur Abdeckung aller Marktsegmente; »Xerox« stand für »Kopierer«. »Patente«, erklärte McColough gegenüber der *New York Times,* »sind heute nicht mehr so wichtig für uns wie damals, als wir noch klein und schwach waren und mit unseren riskanten Investitionen leben mußten.«[51]

Doch während McColough durchaus bereit war, über Patente mit sich reden zu lassen, weigerte er sich strikt, das Verhältnis zu Rank-Xerox und Fuji-Xerox zu ändern, das wie so vieles in der Geschichte des Un-

ternehmens auf die Ambitionen von Joe Wilson zurückzuführen war. Laut John Dessauer hatte Wilson bereits 1956 angefangen, »sich mit dem internationalen Aspekt der Zukunftsplanung zu beschäftigen. Einige Zeit lang hatte er den Standpunkt vertreten, daß das Unternehmen, wollte man alle Vorteile der Xerographie nutzen, mit seinem Produkt in die ganze Welt gehen müsse. Das klang wie eine grandiose, ja sogar maßlose Zielsetzung. Jemand kommentierte das einmal mit einem ironischen Lächeln: ›Es gibt kein Gesetz, das das Träumen verbietet. Heute die Haloid-Straße, morgen die Welt.‹«[52]
Wie immer ließ sich Wilson von den Skeptikern bei Haloid nicht abschrecken. Er hofierte Dutzende europäischer Firmen und überredete schließlich eine englische Filmgesellschaft, die J. Arthur Rank Organisation, zusammen mit Haloid in ein Gemeinschaftsunternehmen unter dem Namen Rank-Xerox Ltd. zu investieren. Haloid gestand Rank-Xerox die exklusiven Rechte zum Verkauf der Xerox-Produkte in aller Welt mit Ausnahme von Nordamerika zu. Im Jahr 1962 erweiterte Rank-Xerox dann die internationale Xerox-Familie durch einen Zusammenschluß mit Fuji Photo Film of Japan. Es entstand ein weiteres Gemeinschaftsunternehmen, die Fuji-Xerox Ltd. Rank-Xerox ernannte Fuji-Xerox zum Alleinvertreter für Xerox-Kopierer und -Vervielfältiger im Fernen Osten.
Wilsons Voraussicht zahlte sich für das Unternehmen enorm aus. Rank-Xerox und Fuji-Xerox, die 1965 weniger als zehn Prozent des Gewinns der Xerox-Gruppe erwirtschafteten, machten Ende des Jahrzehnts bereits 25 Prozent des Gewinns. 1973, als die amerikanische Antitrustbehörde die Aufgabe der englischen und japanischen Unternehmen forderte, lieferten Rank-Xerox und Fuji-Xerox *45 Prozent* der Xerox-Erträge in Höhe von 300 Millionen Dollar.
Tatsächlich bestand also die amerikanische Regierung darauf, daß einer der bekanntesten Hersteller des Landes sich quasi selbst halbierte und den abgetrennten Unternehmensteilen Rank-Xerox und Fuji-Xerox gestattete – also zwei ausländischen Konzernen –, mit dem Ursprungsunternehmen hinsichtlich Umsatz, Gewinn und Arbeitsplätze in Amerika zu konkurrieren. Das machte im Hinblick auf die amerikanische Öffentlichkeit keinen Sinn, und Xerox hätte dabei außerdem tödlich getroffen werden können. McColough und Xerox zeigten sich denn auch in dieser Sache völlig unnachgiebig.
Als die Federal Trade Commission sich bereit erklärte, den Fall im November 1974 beizulegen, schienen die zwei Jahre des Manövrierens die rechtliche Position und Strategie des Unternehmens zu rechtfertigen.

Im Vergleich wurde von Xerox verlangt, daß es seine Patente freigebe, seinen Kunden gestatte, den Toner auch von anderen Lieferanten zu kaufen, und seine Preispolitik zu ändern. Aber die Besitzverhältnisse gegenüber Rank-Xerox und Fuji-Xerox sowie die Politik des reinen Leasings blieben unangetastet. Das Management und die Aktionäre atmeten erleichtert auf.

Der Kampf war jedoch noch nicht zu Ende. In den sechzig Tagen Bedenkzeit, die bis zur endgültigen Verabschiedung des Vergleichs durch die FTC vorgeschrieben waren, sah sich die Behörde einer riesigen Flut an Kritik ausgesetzt. 25 Xerox-Konkurrenten protestierten vehement gegen den vorgeschlagenen Vergleich und beschuldigten die FTC, den Rechtsstreit mit einer reinen, für die Öffentlichkeit bestimmten Geste abschließen zu wollen. Die Mitglieder der Kommission gerieten ins Schwanken; zum erstenmal in ihrer Geschichte revidierten sie ihren Entschluß, lehnten den Vergleich ab und zwangen Xerox für weitere sechs qualvolle Wochen zurück an den Verhandlungstisch. Erst im Juli 1975 beendeten die beiden Parteien das Verfahren. Das Dekret der FTC, das schließlich verabschiedet wurde und wonach Xerox die Kontrolle über seine internationalen Partnergesellschaften belassen wurde, ärgerte die Konkurrenzunternehmen sehr. Einige von ihnen – darunter SCM, IBM und Van Dyk Research Corporation – führten weitere Antitrustklagen gegen Xerox bis Ende der siebziger Jahre fort.

Das Umschwenken der FTC betonte die allgemein mißliche Lage, in der sich Xerox im Jahr 1975 befand. In jenem Jahr hatte die amerikanische Wirtschaft zu stöhnen: Eine falsche Politik monetärer Expansion seitens der Bundesbank, wirkungslose, während der Nixon-Ära begonnene Lohn- und Preiskontrollen, international schlechte Ernten und der erste Ölschock im Mittleren Osten führten zur höchsten Inflationsrate seit dem Ende des Zweiten Weltkriegs und zur schlimmsten Rezession seit der Weltwirtschaftskrise.

In einer Hinsicht bestätigte der allgemeine wirtschaftliche Niedergang die grundsätzliche Stärke von Xerox – es wurden in diesen schlechten Zeiten genauso viele Kopien angefertigt wie in den guten Zeiten. Doch obwohl die Kopierquantität und die Einnahmen von Xerox trotz Rezession auch weiterhin stiegen, die Gewinne schwächten sich ab. 1974 sank der Ertrag zum erstenmal seit dreizehn Jahren unter zehn Prozent des Umsatzes. Der Sündenbock hieß steigende Kosten und, nach Ansicht einiger Wirtschaftsexperten, Unfähigkeit des Managements, die Kosten unter Kontrolle zu halten.

Xerox schätzte die Wirtschaftsflaute jedoch falsch ein. Obwohl weiterhin viel kopiert wurde, kopierte man eben jetzt auf den vorhandenen Geräten. Die Firmen hörten auf, neue Kopierer zu leasen. Deswegen installierte Xerox 1975 nur ein Prozent mehr Geräte, als es im selben Jahr zurücknahm, eine Nettozuwachsrate, die früher für einen Monat typisch war. Diese Veränderung traf ein Management, das nicht darauf vorbereitet war. Die Entscheidungssysteme und Gewohnheiten, die sich in einem Jahrzehnt des Bedarfsüberhangs herausgebildet hatten, brachten eine Produktions- und Marketingplanung hervor, die den Rückgang bei den Aufträgen einfach ignorierte. Die Bestände schwollen an, und gleichzeitig stiegen die Kosten zu deren Finanzierung.

Xerox's jährliche Aufwendungen für Löhne, Gehälter und Material erreichten schwindelerregende Höhen. Zum Teil konnte die Unternehmensleitung das völlig legitim auf die allgemeine Inflationsrate schieben, die sich ihrer Kontrolle entzog. Den größten Druck auf den Xerox-Gewinn mußte man jedoch auf ein Versagen des Managements zurückführen, die Kosten im vernünftigen Rahmen zu halten. Kostensteigerungen bei Löhnen, Gehältern, Material und Zinsen entzogen dem Unternehmen einen außerordentlich hohen Anteil vom Gewinn. 1972, das letzte Jahr, in dem die Gewinne bei Xerox fast genauso schnell wuchsen wie der Umsatz, hatten die Kosten für Kapitalaufnahme, Löhne, Gehälter und Material weniger als sechzig Prozent der Einnahmen ausgemacht. 1975 schluckten dieselben Aufwendungen fast siebzig Prozent der Umsätze – ein Unterschied von zehn Prozent, der den Profit der Gesellschaft um mehr als *400 Millionen Dollar* reduzierte.

Die sich verschlechternde Finanzlage zwang Peter McColough, für 1975 einen Rückgang bei der Aktienrendite zu projizieren – der erste Rückgang, seit das Unternehmen 1960 seinen Namen in Xerox geändert hatte. Wallstreet wurde hellhörig. Die Xerox-Aktien, die seit 1972 auf einem Höchststand von 179 Dollar pro Aktie gestanden hatten, sanken Anfang 1975 rapide auf fünfzig Dollar. Und im Winter desselben Jahres, als McColough den Niedergang an der Börse, die Kehrtwendung der FTC und die Rechtsverfahren von Konkurrenten erleben mußte, hatte er auch den größten Fehler in der Geschichte des Unternehmens noch immer nicht ausgebügelt – die Katastrophe mit Scientific Data Systems.

Die Presse hatte SDS schon seit langem den Spitznamen »McColoughs dummer Streich« gegeben, wobei die Kritik anfänglich im wesentlichen Anstoß nahm an dem exorbitanten Preis, den McColough für den kalifornischen Computerkonzern gezahlt hatte.[53] Doch nachdem die Jahre ins Land gingen und SDS nur einen kolossalen Verlust nach dem ande-

ren einbrachte, legte das Problem der Computer-Division von Xerox sich mehr und mehr wie ein dunkler Schatten auf McColough und dessen unternehmerisches Urteilsvermögen. Anstelle des Kaufpreises konzentrierte sich das Problem im weiteren Verlauf auf die Frage, ob SDS für Xerox überhaupt von irgendeinem Wert sein könne.
Max Palevsky meinte, nicht. Der schillernde frühere Chairman von SDS, der sich bald nach dem Abschluß des Verkaufs des Unternehmens von Xerox getrennt hatte, soll dazu gesagt haben: »Wir haben ihnen ein totes Pferd gerade noch verkauft, bevor es zu Boden sank.«[54]
Andere waren da anderer Meinung und beschuldigten Xerox, ein früher profitables Unternehmen zum Tode verurteilt zu haben. »Xerox hat sich einfach nicht richtig verhalten«, war die Meinung von Arthur Rock, dem renommierten Kapitalgeber, der Palevsky das für die Gründung von SDS nötige Kapital zur Verfügung gestellt hatte. »Das einzige, was ich Ihnen sagen kann, ist, daß SDS zum Zeitpunkt des Verkaufs ein 100-Millionen-Dollar-Unternehmen war, das zehn Millionen Dollar Gewinn nach Abzug von Steuern abwarf. Digital Equipment machte damals fünfzig Millionen Dollar Umsatz bei vier Millionen Dollar Profit nach Steuerabzug. Und wir waren direkte Konkurrenten. Dasselbe Geschäft. Ich persönlich glaube, daß Xerox die Sache einfach nicht richtig angepackt hat. Mißmanagement, jawohl.«[55]
Vor der Akquisition durch Xerox war SDS über längere Zeit gewinnträchtig gewesen. Wie Digital Equipment Corporation und Control Data Corporation konnte SDS wachsen, indem es die direkte Konkurrenz zu IBM mied – im Gegensatz zur Strategie größerer Unternehmen, die ohne Erfolg versucht hatten, direkt gegen IBM im Bereich der kommerziellen Datenverarbeitung anzutreten. Nach Ansicht von William Norris, dem Chairman von Control Data, gingen die Manager, die IBM herausforderten, von einem falschen Verständnis für Computer und die Computermärkte aus. »In großen Mischkonzernen wie RCA, Sperry Rand, Honeywell oder GE«, meinte Norris, »ist das Topmanagement mit vielen Problemen konfrontiert und kennt sich nicht genug in den Fragen aus, die ein Computerbereich aufwirft. In solchen Konzernen versteht das Topmanagement den Computer nicht, und wenn der entsprechende Bereich dann Verluste macht, ist man einfach nicht mehr risikofreudig.«[56]
Xerox meinte, die Sache läge anders. Peter McColough war durchaus bereit, Risiken einzugehen – er hatte schließlich fast eine Milliarde Dollar für SDS gezahlt. Außerdem gestand er ein, daß er von Computern nichts verstünde, womit er gleichzeitig sagte, daß er sich andere suchen

würde, die mehr Erfahrung hätten und die Entscheidungen für den Computerbereich treffen könnten. »Ich halte nichts von der Vorstellung, ein Manager ist ein Manager ist ein Manager«, meinte McColough. »Ich kann ein Labor betreten und, ohne irgendwelche Daten zur Marktforschung zu kennen, geradezu riechen, ob ein neuer Kopierer gut oder schlecht ist. Aber bei Computern wäre ich dazu nicht in der Lage, weil ich einfach nicht in diesem Geschäft aufgewachsen bin.«[57]

Doch trotz des enormen Preises von SDS und der wenig glücklichen Managementrhetorik von McColough bestand die eigentlich tödliche Aktion von Xerox als Besitzer von SDS darin, die bewährte Strategie des kalifornischen Computerherstellers zugunsten der erfolglosen Bestrebungen von Firmen wie GE und RCA aufzugeben. Xerox nahm den direkten Kampf mit IBM auf.

»Wir haben die Risiken, mit IBM in derselben Arena zu stehen, sehr wohl ausgelotet«, erklärte McColough später. »Wir meinten, das sei unvermeidlich und der Markt sei so groß und auf Wachstum eingestellt, daß wir durchaus mithalten könnten. Insbesondere sahen wir den Trend in Richtung Kommunikation und verteilter Datenverarbeitung für uns als günstig an.«

IBM im Jahr 1969 im Bereich der kommerziellen Datenverarbeitung herauszufordern war das gleiche, als hätte man Xerox im Kopierergeschäft gefordert. IBM verfügte über den bekanntesten Namen im Computerbereich; IBMs Verkaufs- und Serviceorganisation war einmalig; IBMs Leasingpolitik und seine Bilanzen demonstrierten eine überwältigend große finanzielle Stärke. Außerdem verbrämte IBM laut einer Antitrustklage des Justizministeriums seine Konkurrenzvorteile noch durch viele der illegalen Praktiken, die die FTC später Xerox vorwarf: durch Preisdiskriminierung, Herabsetzung der Konkurrenz und falsche Produktaussagen.

Doch trotz all dieser Tatsachen ergab sich der weitreichendste Konkurrenzvorteil von IBM aus der Art und Weise der Datenverarbeitung selbst; nur derjenige IBM-Konkurrent, der das Phänomen der sogenannten »Softwareanbindung« verstand, konnte hoffen, eine profitable Strategie zu finden. Beim Computer-Engineering muß man sich entscheiden. Beispielsweise kann man sich in der Systementwicklung beim einen Hersteller dafür entscheiden, den Binärkode »10001110« als Befehl an die Zentraleinheit zu verwenden, zwei Zahlen zu addieren, während man beim anderen Hersteller vielleicht hingeht und dasselbe Signal zum Abruf von Daten aus dem Speicher verwendet.

Selbstverständlich machen dann Programmierer, die eine Reihe von Kodes bei der falschen Maschine anwenden, einen Haufen Fehler. Dieselben Wahl- und Differenzierungsmöglichkeiten gibt es bei Programmiersprachen, Anwendungsprogrammen und anderer Software. Deswegen sind Computeranwender gezwungen, eine Menge Zeit, Geld und Mühe aufzuwenden, um die Betriebsregeln des von ihnen erstandenen Systems zu erlernen – eine unangenehme Hürde, die natürlich nicht gerade dazu ermutigt, nach Lust und Laune von einem Hersteller zum anderen zu wechseln. Sie sind gebunden an die Software, die sie bereits haben, eine Tatsache, die sich in höchstem Maße zugunsten der allgegenwärtigen IBM auswirkte.

»Sobald ein IBM-Kunde einmal Tausende oder auch Millionen Dollar in ein komplexes und funktionierendes Anwendungsprogramm investiert hatte«, schrieb ein Volkswirt aus Regierungskreisen, der bei der Vorbereitung der Klage des Justizministeriums gegen IBM mitwirkte, »bestand nur noch wenig Chance, daß er es wieder aufgeben würde, nur um bei der monatlichen Miete vielleicht zehn oder fünfzehn Prozent bei einem anderen Hersteller zu sparen. Tatsächlich setzte, wie IBM feststellte, dieser Sperreffekt bereits ein, bevor ein Computer auch nur ausgeliefert war: Die Ausbildung der Mitarbeiter und die Planungen für die Entwicklung der Anwendungsprogramme stellten häufig bereits so viel an investiertem Geld dar, daß der Anwender einfach bei IBM bleiben mußte.«[58]

Anders gesagt, sobald die Computerfachleute für einen bestimmten Computer Spanisch gelernt hatten, waren sie nicht mehr bereit, ohne außergewöhnliche Entlohnung Portugiesisch zu lernen. Niedrige Preise allein zählten nicht. Nach Ansicht eines Fachmanns, der als Zeuge bei der Antitrustklage gegen IBM aussagte, hätte es zum Durchbrechen der Schranke, die die Softwareanbindung von IBM darstellte, eines »technologischen Wunders« bedurft.[59]

Die PARC-Architektur der verteilten persönlichen Datenverarbeitung hätte solch ein Wunder werden können. Aber der Alto-Computer, der Laserdrucker, das Ethernet-Kommunikationssystem, die Textverarbeitungsprogramme Bravo und Gypsy und andere PARC-Entwicklungen waren erst 1975 voll einsatzfähig. Im Gegensatz dazu fehlte es SDS im Jahr 1969, als McColough SDS in die kommerzielle Datenverarbeitung schickte, an allen technischen und geschäftlichen Vorteilen, mit denen es das Monopol von IBM hätte erschüttern können. Tatsächlich demonstrierte die einzige Technik, von der McColough meinte, SDS sei IBM in ihr überlegen – das Timesharing –, im wesentlichen nur die Naivität der Konzernzentrale von Xerox im Hinblick auf Computer. SDS hatte sich nur zögernd auf das Timesharing eingelassen und niemals die für einen Erfolg nötigen Änderungen in Konstruktion, Herstellung und Marketing vorgenommen und war daher auch niemals der dominante Marktteilnehmer, für den McColough das Unternehmen hielt.

Tatsächlich forderten McColough und Xerox SDS auf, die Nummer 2 in der Computerindustrie zu werden. Und SDS bemühte sich. Sie entwickelten neue Computer, periphere Geräte und Software; sie bauten ihre Marketing-, Verkaufs- und Serviceorganisation aus. Im Anfang redete und verhielt sich jeder Mitarbeiter so geduldig wie ein Wettkampfteilnehmer, der sich auf ein langes Rennen einstellt. Doch als in der Rezession von 1970/71 die traditionelle Stärke von SDS im wissenschaftlichen Bereich und im Bereich der öffentlichen Hand leerlief und der Computerbereich bei Xerox in zwei Jahren einen Verlust von 71 Millionen einstecken mußte, änderte das Xerox-Management den Kurs.

Ende 1971 lehnte die Konzernzentrale die langfristige Planung von SDS ab und ersetzte den President der Computer-Division durch einen ehemaligen IBM-Manager. Wenige Monate später schaffte der immer noch unzufriedene Kopiererhersteller diese Position völlig ab und integrierte Computer- und Kopiererbereiche in eine einzige, funktional strukturierte Organisation.

Der Boß der neuen Organisation berief unverzüglich eine aus den oberen Rängen gebildete Arbeitsgruppe, die die Strategie von SDS neu beurteilen sollte. Diese Arbeitsgruppe beschäftigte sich mit diesem Problem während fast des ganzen Jahres 1972. Dabei lieferte sie Xerox zum erstenmal eine objektive Analyse der Stärken und Schwächen von SDS. Wenn eine ähnliche Studie vor der übereilten Akquisition von SDS durch McColough vorgelegen hätte, hätte sich Xerox sehr wahrscheinlich nicht auf seine unüberlegte Attacke gegen IBM eingelassen. Diese Strategie kritisierte die Arbeitsgruppe denn auch in ihren zu Ende des Jahres ausgesprochenen Empfehlungen. Laut ihres Berichts bestand noch die größte Chance zur Rettung von SDS darin, die Ambitionen im Bereich der kommerziellen Datenverarbeitung zurückzuschrauben. Und selbst dann, so die Voraussage der Arbeitsgruppe, würde SDS nur einen Bruchteil der ursprünglich von McColough erhofften Umsätze erreichen – und die Verluste aus diesem Bereich würden, wenn auch mit sinkender Tendenz, noch mindestens fünf Jahre anhalten.

Somit verfolgte SDS 1973, vier Jahre nach seiner Eingliederung in die Xerox-Gruppe, wieder die »Meide-IBM-Strategie«, die zum Erfolg des Unternehmens in den sechziger Jahren geführt hatte. Bedauerlicher-

weise hatte SDS jetzt, da die Strategie wieder stimmte, die falsche Organisationsform. Anstelle der zwei getrennten Bereiche Kopierer und Computer hatte Xerox 1972 eine neue Organisationsform mit drei Funktionsbereichen.
Konstruktion und Herstellung – sowohl für Kopierer als auch für Computer – waren Aufgabe der sogenannten Information Technology Group (Gruppe Informationstechnologie). Marketing, Verkauf und Service – wiederum sowohl für Kopierer als auch Computer – waren Aufgaben der Information Systems Group (Gruppe Informationssysteme). Und die Planung – sowohl für Kopierer als auch Computer – wurde von einer Business Development Group (Gruppe Unternehmensentwicklung) durchgeführt.
McColough, der nachdrücklich betont hatte, er glaube nicht an den Spruch »Ein Manager ist ein Manager ist ein Manager«, unterstellte dann alle drei Funktionsgruppen Ray Hay, einem Mann, der nur Erfahrungen im Kopierergeschäft mitbrachte. Hay kannte sich mit Computern überhaupt nicht aus. Außerdem waren die Computeraktivitäten sehr viel weniger bedeutend als das Kopierergeschäft. Die Kopierer und Vervielfältiger von Xerox machten alle sechs Wochen mehr Gewinn, als die SDS-Computer in einem Jahr an Verlust einbrachten. Und schließlich hatte Hay sein Büro in Rochester, während SDS in Kalifornien saß. In der neu organisierten Xerox-Welt kamen damit Geschäftsprioritäten, Geographie und Hays persönliche Neigungen zusammen und beraubten SDS letztlich auch noch eines eigenen Geschäftsführers.
Da war niemand am Ruder – kein Entscheidungsträger, der allein zuständig und befugt gewesen wäre, die Richtung anzugeben, Aktivitäten zu koordinieren und Konkurrenzdenken zwischen den einzelnen Gruppen, die Computer bauten und verkauften, beizulegen. Xerox's neue, an Funktionen orientierte Organisation erzeugte ein Führungsvakuum, das, vielleicht zwangsläufig, von einem an Kopierern orientierten Denken und Handeln ausgefüllt wurde. Diese Tatsache sah die Zentrale des Unternehmens anfänglich sowohl für angemessen als auch hilfreich an.
»Wir gingen davon aus«, erklärte McColough, »daß SDS als sehr kleines Unternehmen in seiner Branche auf dem Markt besser repräsentiert sein würde und eventuell bessere Umsätze erzielen könnte, wenn es etwas enger an der übrigen Xerox-Organisation orientiert wäre, wenn die Verkaufsbüros zusammengelegt und die verschiedenen Mitarbeiter insgesamt an gleichen Stellen arbeiten würden. Wir hatten die Hoffnung, daß es zu einer Art Austausch oder zu einer Verbindung zwischen der sehr viel größeren Kopierer-Division und dem Computerbe-

reich kommen würde, wir hatten die Hoffnung, daß sie insbesondere zugunsten des Computerbereichs zusammenarbeiten würden. Damit einher, glaube ich, ging auch die Erwartung, daß durch den Wegfall getrennter Einrichtungen, insbesondere im Marketingbereich, Aufwand und Kosten zurückgehen und die Gewinne sich positiver entwikkeln würden.«[60]

Das war ein klassischer Fehler. Wie Alchemisten meinten McColough und seine Kollegen, daß sie Eisen in Gold verwandeln könnten, indem sie den unprofitablen Computerbereich mit seinem sehr viel erfolgreicheren Kopiererpartner mischten. Aber Computer und Kopierer sind von Grund auf verschieden. Trotz ihrer Komplexität im Hinblick auf Mechanik und Chemie sind Kopierer im wesentlichen Geräte, bei denen man einfach nur auf einen Knopf zu drücken braucht. Computer dagegen verwenden eine völlig anders geartete Technologie und verlangen von den Benutzern oftmals genausoviel Genialität wie von denen, die sie konstruieren. Beide Produkte haben ganz offensichtlich nichts gemeinsam.

»Die Einbindung von SDS in die Kopierergruppe machte einfach keinen Sinn«, sagte ein früherer Xerox-Manager. »Die meisten Verkäufer der Xerox-Kopierer hätten einen Computer noch nicht einmal erkannt, wenn sie über ihn gestolpert wären. Und dasselbe traf für die Business Development Group und die Information Technology Group zu.«

Statt dem Computerbereich zu helfen, sorgte die Reorganisation bei Xerox dafür, daß SDS in viele kleine, miteinander streitende Gruppen aufgeteilt und Wind und Wellen überlassen wurde. Wenn der Produktionsleiter von SDS ein Problem hatte, dann wandte er sich an die Information Technology Group; wenn der Verkaufsleiter Hilfe brauchte, ging er zur Information Systems Group. Das Ergebnis war schlimmer als ein Management, das sich auf Ausschüsse verläßt. Es war ein Management, das seine Pflichten nicht wahrnahm.

»Die Wirkung war einfach nur negativ«, kritisierte F. Rigdon Currie, SDS' Verkaufsleiter für den Außendienst bis zur Neustrukturierung im Jahr 1972. »Entscheidungen wurden damit erschwert. Die drei Bereichsdirektoren in Kalifornien harmonierten nicht und verfolgten keine gemeinsamen Ziele.«[61]

Nach Ansicht von Currie gab die Information Technology Group SDS für die Herstellung Aufträge, die mit Computern nichts zu tun hatten, das Werk selbst konnte wiederholt Liefertermine nicht einhalten, und die in sich uneinige SDS verlor die Kontrolle über die Kosten.

»Wir beobachteten in der Herstellung sogenannte ›Stückkosten‹ für

verschiedene Komponenten eines Computersystems und für ganze Systeme«, berichtete Currie später. »Diese Kosten werden im allgemeinen einmal pro Jahr erfaßt. Uns kam es so vor, als würden diese Kosten schneller steigen, als es auf der Grundlage einer normalen Inflationsrate zu erwarten war.
Dann gab es eine weitere Kostenart, die als ›Nebenkosten‹ bezeichnet wurde, die zwar die Stückkosten in der Herstellung nicht tangierten, wohl aber den Grenzertrag des Unternehmens. Es gab Zeiten, in denen diese Nebenkosten innerhalb kürzester Zeit dramatisch anstiegen, ohne daß dies vorher im mindesten abzusehen gewesen wäre.«[62]
Die Computervertreter, geschult in einer Welt des äußerst harten Wettbewerbs, verloren einige ihrer wichtigsten Verkaufswaffen wie etwa Preisnachlässe aufgrund der »bewährten« Verkaufsphilosophie der sich vornehm gebenden, monopolverwöhnten Kopierergruppe. Ohne eine Führungskraft, die für eine Koordination der Funktionen gesorgt und die Interessen von SDS innerhalb der Gesellschaft verteidigt hätte, verursachte der unrealistische Druck vom Kopiererbereich nur Desorientierung und letztlich Verzweiflung.
»Die Moral im Außendienst«, klagte Donald McKee, Vice President für Marketing bei SDS, im Jahr 1973, »ist entsetzlich.«[63]
Als Xerox seinen Fehler schließlich einsah und SDS Ende 1974 wieder einen Geschäftsführer zugestand, war es zu spät. Innerhalb von fünf Jahren hatte es fünf größere Änderungen in der Strategie und in der Organisationsform gegeben, rote Zahlen waren Trumpf. Nach den schlechten Ergebnissen der Jahre 1970 und 1971 machte SDS 1972 einen Verlust in Höhe von 47 Millionen Dollar, 1973 45 Millionen und 1974 42 Millionen Dollar. Seit seinem Eintritt in den Computermarkt hatte Xerox damit insgesamt 180 Millionen Dollar in den Sand gesetzt. Peter McColough reichte es. Im Frühjahr 1975, als PARC gerade Fortschritte im Bereich der verteilten Datenverarbeitung feierte, ernannte er eine weitere Arbeitsgruppe für Computer mit dem Kodenamen »Odyssee« und gab ihr den Auftrag, das Ende des Xerox-Abenteuers im Großcomputerbereich ins Auge zu fassen. Die Untersuchungsergebnisse waren ernüchternd. Xerox würde wahrscheinlich, so der Befund der Odyssee-Gruppe, keinen Käufer für SDS finden – egal, zu welchem Preis. Das Beste, was sich die Gesellschaft noch erhoffen konnte, war eine Aufgabe des SDS-Geschäfts zur Vermeidung weiterer Verluste und der Versuch, das, was noch an Werten da war, zu verkaufen.
In Reaktion auf diese Empfehlungen schrieb McColough den Aufsichtsratsmitgliedern einen langen Brief, in dem er in Einzelheiten die

Geschichte von SDS beschrieb und die gegenwärtig unerquickliche Lage, in der man nicht mehr recht wußte, was man mit diesem Bereich noch anfangen sollte. Zum Schluß nannte er einige Fakten, die für eine Aufgabe dieses Geschäftsbereichs sprachen. Seine Ausführungen lasen sich wie eine Grabrede auf ein über sechs Jahre lang verfehltes Management:

1. Die Einheitskosten für Herstellung und Service unserer Produktpalette sind nicht wettbewerbsorientiert.
2. Der Computerverkauf auf Leasingbasis ist nicht mehr realistisch und daher risikoreich.
3. Die Schaffung einer neuen Produktpalette würde Hunderte von Millionen Dollar an Aufwand erfordern, Kapital und Barvermögen.
4. Die strategische Bedeutung dieser Produktpalette ist geringer als die anderer Produktprogramme, für die ebenfalls Mittel bereitgestellt werden müssen.

In einem Treffen im Juli 1975 prüfte der Aufsichtsrat McColoughs Schreiben und die finanziellen Auswirkungen der Diversifikation von Xerox im Computerbereich. Unter anderem erfuhr der Aufsichtsrat, daß die Xerox-Aktionäre aufgrund des schlechten Ergebnisses des Computerbereichs und der zehn Millionen Aktien, die zum Aufkauf von SDS aufgelegt worden waren, 1974 nur 4,18 Dollar statt 5,15 Dollar verdient hätten, das war ein Rückgang um nahezu zwanzig Prozent. Noch verheerender war, daß die Gesamtrechnung für »McColoughs dummen Streich« einschließlich der Ankaufsumme, der Betriebsverluste und der angenommenen Abschreibung bei Aufgabe des Bereichs knapp 1,3 Milliarden Dollar betrug. Der Aufsichtsrat sprach sich einstimmig dafür aus, diesen Alptraum zu beenden.
»Im Rückblick«, meinte ein geläuterter Peter McColough anläßlich einer Pressekonferenz, bei der der Rückzug von Xerox mitgeteilt wurde, »war der Ankauf von Scientific Data ein Fehler«.[64]

Kapitel
11

Das SDS-Debakel lastete schwer auf den Schultern des neuen Managementteams bei Xerox. Joe Wilson war tot. Am 22. November 1971 starb er, 61 Jahre alt, an einem Herzanfall. Am selben Tag, nur acht Jahre vorher, war Präsident John F. Kennedy ermordet worden. Ähnlich wie sein Tod damals die Amerikaner betäubt hatte, so ließ auch der Tod von Wilson die Mitarbeiter von Xerox im Bewußtsein eines schmerzlichen Verlustes und in großen Zukunftsängsten zurück.
Seine Botschaft für die Xerox-Mitarbeiter war immer einfach gewesen. »Wir streben die führende Position der Welt in der grafischen Kommunikation an«, sagte Wilson in einem 10-Minuten-Film, der neuen Mitarbeitern des Unternehmens seit Anfang der sechziger Jahre vorgeführt wurde. »Es ist eminent wichtig, daß einer mit dem anderen kommuniziert. Das ist das Kernstück unseres Unternehmens.«
Diejenigen, die sich diesen Film ansahen, hörten dabei den offenen, optimistischen Manager seine noble Vision für Xerox mit einer Reihe grundlegender Geschäftsprinzipien untermauern – Vertrauen in Menschen, Kundenpflege und wirtschaftliche Stärke durch Innovation, Marketing, Patente und weltweite Präsenz. Wie die Männer und Frauen bei Xerox besser als jeder andere begriffen, war Wilsons einmalige Form des Managements – Kreativität, Risikobereitschaft und Vorsicht – das, was Xerox zu einem der erfolgreichsten Unternehmen in der amerikanischen Geschichte gemacht hatte. Mit seinem Tod begann für Xerox plötzlich und unwiderruflich eine neue Ära.
Die frei gewordene Stelle des Chairman nahm Peter McColough ein, und Archie McCardell, ein früherer Finanzdirektor bei der Ford Motor Company, rückte als President nach. Als Einzelpersonen gesehen besaßen McColough als Typ des Verkäufers und McCardell als Typ des Analysten viele von Wilsons besten Eigenschaften: Phantasie, Mut, Rigorosität und Durchblick. Als Team jedoch paßten sie nicht zusammen, da einer die Schwächen des anderen verstärkte. Sie steuerten das Unternehmen in Richtung Diversifizierung ohne die entsprechende Führung und in Richtung Veränderung ohne entsprechendes Engagement.

Niemand im ganzen Unternehmen empfand den Tod Wilsons schmerzlicher als Peter McColough. Wilson war McColoughs Mentor und Freund gewesen, er hatte dazu beigetragen, McColoughs grenzenlose Begeisterungsfähigkeit dazu einzusetzen, aus Xerox ein besseres Unternehmen und aus der Welt einen besseren Aufenthaltsort zu machen. Wilson hatte den Kanadier angeworben, hatte seinen aggressiven Plan für die Verkaufsmannschaft unterstützt, hatte ihn befördert, als seine Initiative im Marketing sich auszuzahlen begannn, und hatte ihn als seinen Nachfolger in der höchsten Position des Unternehmens gewählt. Und als McColough in den sechziger Jahren eine Midlife-Krise zu durchstehen hatte, war Wilson für ihn dagewesen und hatte ihm geholfen.

»Als ich 1966 President des Unternehmens wurde«, erzählte Peter McColough im Rückblick, »erlebte ich sechs Monate lang, daß man mir ständig nur gratulierte. Doch statt mich dadurch beschwingt zu fühlen, war ich in Wirklichkeit eher deprimiert. Bis dahin hatte ich immer das Gefühl gehabt, ich hätte die Wahl und könnte auch gut etwas anderes machen. Ich war an Politik interessiert. Ich besaß die Freiheit, wenn ich wollte, einen Job bei der Regierung zu übernehmen. Aber dann, nachdem ich mit Wilson zusammen meine Nachfolge für ihn im Unternehmen abgesprochen hatte, stellte ich fest, daß ich eine Verpflichtung übernommen hatte, die ich, ganz gleich, was ich wollte, nicht aufkündigen konnte.«[65]

Wilson riet McColough, seinen Horizont zu erweitern. Xerox unterstützte aktiv gemeinnützige Unternehmungen sowohl in Rochester wie auch an anderen Orten, wobei es sich die Kritik derjenigen zuzog, die meinten, soziales und politisches Engagement wären für eine Gesellschaft nicht die richtigen Ziele. Aber Wilson war anderer Meinung: Er spornte McColough an, sowohl als Einzelperson wie als Boß einer mächtigen Firma die Aufgabe zu übernehmen, in Angelegenheiten von öffentlichem Interesse aktiv mitzuarbeiten.

»Unter Wilsons Einfluß«, bestätigte McColough, »stellte ich fest, daß ich wirklich versuchen müßte, eine umfassendere Rolle als nur die des Geschäftsmannes zu spielen und mich sozial zu engagieren. Ich verpflichtete mich, für United Way, einen karitativen Dachverband, zu arbeiten, etwas, was ich niemals vorher getan hatte, vielleicht auch in den Aufsichtsrat eines gemeinnützigen Unternehmens zu gehen, was ich auch noch nicht gemacht hatte. Ich fand Interesse an politischen Fragen. Vieles davon ging auf Wilsons Einfluß zurück. Er war zutiefst davon überzeugt, daß man, wenn man im Leben privilegiert sei, eine

gute Ausbildung erhalten und etwas Geld gemacht habe, verpflichtet sei, etwas an andere abzugeben. Nicht einfach nur zu nehmen.«[66]
Ende der sechziger und Anfang der siebziger Jahre hatte McColough viel Gelegenheit, seine Sorge um andere unter Beweis zu stellen. Amerikas wichtigste Institutionen – Recht und Ordnung, die Rolle des Präsidenten, die Justiz, die Streitkräfte, die Demokraten, das Großunternehmen, die Universität, die Kirche, die Familie – kamen eine nach der anderen unter Beschuß oder in Verruf. Xerox's energischer Boß argumentierte, daß die Großunternehmen die Aufgabe übernehmen müßten, einige der Ungerechtigkeiten, die zu Unruhen in der Bevölkerung führten, wiedergutzumachen. Und er tat mehr als nur reden. Unter anderem änderte er die ethnische Zusammensetzung des Vorstands, gab ausdrückliche Zielsetzungen zur Einstellung von Mitgliedern von Minoritätengruppen, verdoppelte das finanzielle Engagement von Xerox auf dem Bildungs- und Kunstsektor und bezahlte Xerox-Mitarbeiter dafür, daß sie Erwachsenen grundlegende Kenntnisse beibrachten, Älteren mit Rat und Tat zur Seite standen, Empfehlungen für Mitglieder von Minoritätengruppen in eigenen Betrieben gaben und sich an Aktionen gegen den Drogenmißbrauch und anderen Programmen beteiligten.
Als eine verärgerte Dame anläßlich der Versammlung der Aktionäre im Jahr 1970 das Unternehmen beschuldigte, es würde mit seinen sozialen Aktionen Studentenunruhen anheizen, statt Geld für die Aktionäre zu machen, wies McColough darauf hin, daß dies zu kurzsichtig gedacht sei.»Dies ist in der Geschichte unseres Landes der schlechteste Zeitpunkt«, antwortete er ihr,»um zu zeigen, daß die großen Unternehmen nur an Profit interessiert sind und sich um die Probleme der Gesellschaft nicht kümmern. Ich denke, das wäre reiner Selbstmord.«[67]
McColough dehnte seine Aktivitäten jedoch weit über Politik und Aktionsprogramme des eigenen Unternehmens hinweg aus. Er setzte sich nebenbei für die United Way ein, gehörte dem Beirat der Universität von Rochester an, dem Council of Foreign Relations (Rat für Auslandsbeziehungen), dem amerikanisch-russischen Trade and Economic Council (Handels- und Wirtschaftskomitee), dem Overseas Development Council (Komitee für Entwicklungsländer) und anderen Institutionen. 1968 war er als Humphrey-Delegierter bei der Parteiversammlung der Demokraten dabei, 1972 war er zweiter Vorsitzender des Nationalfonds zur Unterstützung der Kandidaten der Demokraten für den Kongreß, 1973 wurde er zum Schatzmeister der Demokratischen

Partei ernannt, und 1975 hatte er den Vorsitz im Komitee, das die Anwartschaft von Senator Henry Jackson auf den Präsidentenstuhl untersuchte. Peter McColough engagierte sich.
»Zufällig mag ich die Politik wahrscheinlich ebensosehr wie meinen Beruf«, sagte er bei einem Interview für die *Harvard Business Review* im Jahr 1975. »Ich weiß nicht, ob meine politischen Aktivitäten für Xerox negativ sind. Ich glaube, nicht; doch offen gesagt, auch wenn sie sich zum Schaden des Unternehmens auswirkten und der Aufsichtsrat dagegen wäre, ich würde mich trotzdem weiter politisch engagieren; allerdings würde ich mich dann auch von Xerox trennen. Ich bin unbedingt der Meinung, daß politisches Engagement ein Muß ist; zu viele Amerikaner überlassen das politische Geschehen zu wenigen Leuten oder den falschen Leuten. Wenn Sie diese Szene so lange kennen würden wie ich, wäre Ihnen klar, wie wenige Menschen in diesem Land etwas in der Politik mitzureden haben. Wenn Sie keine politische Arbeit leisten, dann haben Sie auch kein Mitspracherecht und keinen Einfluß. Am politischen Prozeß sollten sich mehr Leute aus der Wirtschaft und überhaupt mehr Leute aus allen möglichen anderen Bereichen beteiligen. Es ist die wichtigste Tätigkeit überhaupt.«[68]
Die Kritiker murrten, daß McColough es sich erlauben könne, liberal zu sein, weil sein Unternehmen eine Monopolstellung innehabe. Dabei übersahen sie jedoch die potentiellen Kosten seiner progressiven Einstellung. In allen Unternehmen verfolgen die Mitarbeiter Worte und Aktionen ihrer Topmanager sehr sorgfältig; keine Gesellschaft kann, unabhängig von ihrer Größe und Ertragslage, problemlos auf die Präsenz und das Engagement des obersten Bosses verzichten. Als McColough 1968 President von Xerox wurde, sagte er, er wolle die Dynamik des Unternehmens beibehalten, indem er Xerox von einer Ein-Produkt-Firma in eine diversifizierte, kommunikationsorientierte Gesellschaft verwandeln werde, eine Zielsetzung, die er später dann noch näher spezifizierte und gleichzeitig mit Entwicklung und Vermarktung einer »Informationsarchitektur« definierte. Sein ehrgeiziges Ziel erforderte eine Änderung im Grundcharakter des Unternehmens, die genauso fundamental war wie die Umwandlung von Haloid in Xerox. Und er wußte so gut wie jeder andere, daß diese frühere Umwandlung nicht möglich gewesen wäre ohne das hundertprozentige Engagement und die Führungsqualitäten von Joe Wilson. Indem sich McColough also zusätzlich soziales Engagement und politische Tätigkeit aufbürdete, riskierte er, von den Xerox-Mitarbeitern mißverstanden zu werden. Sie könnten meinen, daß sein Bemühen um die Lösung nationaler Pro-

bleme stärker wäre als sein Engagement für eine Umwandlung und das Wachstum von Xerox.
Dieses Bild von McColough als eines durch andere Probleme abgelenkten Geschäftsführers verstärkte sich mit den juristischen Problemen von Xerox. Zu seiner prominenten Rolle in Angelegenheiten von öffentlichem Interesse und seiner Rolle als Botschafter des Xerox-Unternehmens in externen Körperschaften setzte McColough sich gleichzeitig die Aufgabe, Xerox durch die Kartellschwierigkeiten hindurchzusteuern. Das war eine schwere Belastung. Nach Aussagen von Firmenangehörigen beanspruchten die gerichtlichen Auseinandersetzungen Mitte der siebziger Jahre McColough sechs bis acht Wochen im Jahr.
Diese externen juristischen Verpflichtungen verliehen McColoughs Entscheidung, Archie McCardell zum President von Xerox zu machen, besondere Bedeutung. McColough hatte gegenüber der Frage der Arbeitsteilung an der Spitze eines Unternehmens eine traditionelle Haltung und setzte es sich daher primär zur Aufgabe, die politischen Richtlinien des Unternehmens zu bestimmen, und überließ es McCardell, sie durchzusetzen.
»Von den beiden war Peter der visionäre Typ«, sagt einer seiner obersten Managementkollegen. »Er war es auch, der in jeder Diskussion die vernünftigsten Argumente einbrachte. Er gestattete Archie, viele Entscheidungen zu treffen, obwohl ich sicher bin, daß letztlich doch einige davon auf ihn zurückgingen. Aber auf jeden Fall überließ er es Archie, die Entscheidungen mitzuteilen und zu realisieren. Das ist bei jedem Unternehmen so, bei dem der eine als Chairman und CEO und der andere als President und COO fungiert. Peter hatte den Eindruck, daß Archie das Unternehmen leiten sollte.«
Archie McCardells Karriere hatte 1949 begonnen, als er bei Ford im Rechnungswesen anfing. Während seiner siebzehn Jahre bei diesem Autohersteller lernte er, wie man als Manager Statistiken einsetzt, die bei Ford unter anderem von Robert McNamara eingeführt worden waren. Bei dieser Art des Managements wurden Erfahrung und unternehmerischer Mut sehr stark durch Trendanalysen und Finanzkontrollen ergänzt (oder, wie einige meinten, ersetzt). Entscheidungen im Autodesign, in der Anlage von Fabriken, bei Marketingprogrammen, Unternehmensplanung und Unternehmensleistung wurden anhand von Zahlen getroffen und beurteilt. Ein Management ohne ausreichende statistische Unterlagen aus früheren Jahren, so McCardell, wäre dasselbe, als würde man »einen völlig neuen Typ von Flug-

zeug besteigen, in dem jemand alle Instrumente beseitigt hat und einem sagt, man solle nun blind fliegen.«[69]

McCardell war kein engstirniger Typ. Geschäftskollegen beschreiben den im Mittleren Westen der USA geborenen Manager als warmherzig, freundlich, humorvoll, brillant – und rätselhaft. Seine informelle Art ließ ihn zugänglich erscheinen; seine Fähigkeit, zuzuhören und zu lachen, machte ihn sympathisch. Doch trotz solcher Bonhomie änderte er selten seine Meinung, wenn die Zahlen nicht stimmten.

»Archie hat eine Art an sich, eins und eins zusammenzuzählen, von der ich hoffte, ich hätte sie auch«, kommentierte hierzu ein anderer Manager, der sowohl bei Ford wie bei Xerox mit McCardell zusammengearbeitet hat. »Er mag in seiner Art sehr stur sein, doch wenn man mit einem Vorschlag zu ihm kommt, dann hört er zu und diskutiert die Sache aus. Wenn man dann geht und hat ihm seine Idee nicht verkauft, hat man das Gefühl: ›Verdammt, er war doch so zugänglich und bereit, dir zuzuhören. Dir ist wohl einfach nicht das richtige Argument eingefallen, das ihn überzeugt hätte.‹«[70]

Seine analytische Begabung prädestinierte McCardell dazu, in einem verrückt gewordenen Monopolunternehmen im finanziellen und administrativen Bereich wieder strengere Maßnahmen einzuführen. 1966, als Peter McColough McCardell als Vice President für Finanzen und Kontrolle der Gruppe einstellte, erlebte Xerox sein sechstes Jahr ununterbrochenen und schwindelerregenden Wachstums. In jenem Jahr stieg der Umsatz um das Dreifache des Werts des Haloid-Unternehmens in dessen besten Zeiten. Im nächsten Jahr wuchs Xerox um »viermal Haloid« und darauf noch einmal um das Doppelte. Doch gleichzeitig behielt man die Finanzmethoden aus Haloid-Zeiten bei genauso wie die administrativen Methoden. Das funktionierte jedoch einfach nicht. Die Verkäufer bekamen ihr Gehalt nicht, die Maschinen wurden nicht ausgeliefert, die Logistik allgemein war nicht in Ordnung.

Sobald McCardell bei Xerox war, begann er, die Zahlen zu definieren, zu kategorisieren und zu sammeln, von denen er meinte, daß man sie zur Leitung eines Unternehmens von der Größe von Xerox benötigte. Dabei untersuchte er auch die Frage der Wirtschaftlichkeit der Methode, Kopien statt Kopierer zu verkaufen. Die Kopierer waren quasi Geldmaschinen; mit jeder angefertigten Kopie zahlte der Kunde Geld auf das Bankkonto von Xerox ein. Die Ertragsfähigkeit einer Maschine war damit einfach zu kalkulieren. Das Modell 914 zum Beispiel produzierte pro Minute sieben Kopien. Optimale Bedingungen vorausgesetzt, würde das Gerät den ganzen Tag über ohne Unterbrechung lau-

fen und bei Kosten von zwei Cent pro Kopie ungefähr 200 Dollar Einnahmen pro Tag erbringen. In der Praxis wurden die Geräte natürlich nicht ständig genutzt, entweder weil eine Störung vorlag oder der Bedarf einfach nicht groß genug war. Aber diese Einkommensformel lieferte eine Zielvorstellung, an der sich Leistung orientieren ließ.
Unter diesem Gesichtspunkt entstand die Unternehmensstrategie, die Xerox ein Jahr nach McCardells Eintritt ins Unternehmen einführte. Nach der »Strategie Q«, wie man sie nannte, wurden die Xerox-Kunden nach der Menge der von ihnen benötigten Kopien eingestuft und anschließend Geräte entworfen, gebaut und verkauft, die den Mengenbedürfnissen der einzelnen Kundengruppen entsprachen. Wenn ein Kunde ein Gerät mit einer Kapazität von vierzig Kopien pro Minute auslasten konnte, dann wäre es eine Vergeudung unter wirtschaftlichen Gesichtspunkten gewesen, ihm einen langsameren Kopierer zu vermieten; wenn sein Bedarf an Kopien erheblich unter der Rate von vierzig Kopien pro Minute lag, dann konnte Xerox Geld sparen und einer Unzufriedenheit des Kunden vorbeugen, indem man ihm eine weniger kostspielige und langsamere Maschine lieferte.
McCardells Leistung prädestinierte ihn auch gegenüber Ray Hay für die Position des President, als McColough diese 1971 abgeben wollte. Hay hatte im wesentlichen Erfahrungen im Marketing und unterstrich damit nur McColoughs eigene Fähigkeit, statt sie zu ergänzen. Die finanzielle und analytische Begabung von McCardell versprach andererseits, daß ein breiter wirkendes Team an der Spitze des Unternehmens stünde.
Die Führung eines Unternehmens wie Xerox erforderte allerdings mehr als einen guten Überblick. Die Akquisitionen und Proklamationen von Peter McColough deuteten auf eine Umwandlung des Unternehmens hin, die von der Organisation als rätselhaft und bedrohlich angesehen wurde. Tausende von Xerox-Mitarbeitern – angefangen bei den Fabrikarbeitern über die Verkäufer bis zu den Managern – hatten im Höchstfall nur eine vage Vorstellung von dem Erfordernis oder auch dem Inhalt einer »Informationsarchitektur«. Und im schlimmsten Fall glaubten sie, daß McColoughs Zielvorstellung unnötig und unangemessen sei. Um die Zweifler zu überzeugen und den Machern Vorbild zu sein, würden ständige Erklärungen und die Weitergabe eigener Erfahrung erforderlich sein. Das Topmanagement mußte dafür sorgen, daß die gesamte Organisation sich in Richtung einer Veränderung *engagierte*. Doch indem er sich selbst vom Tagesgeschehen distanzierte und dann den zahlenfixierten Archie McCardell zum President bestimmte, schien McColough genau das Gegenteil anstreben zu wollen.

»Archie«, so erklärte einer seiner Kollegen bei Xerox, »ist ein höchst intelligenter Mensch. Aber er richtete sein Management an Zahlen aus. In Fragen der Kommunikation war er nicht besonders gut. Alle möglichen Leute hatten eine Besprechung nach der anderen mit ihm, aber bei keiner kam es zu einer Entscheidung *während des Meetings* selbst. Kurz danach traf er dann eine Entscheidung, gab jedoch keine Erklärung dazu ab und äußerte sich auch nicht zu den Folgen der von ihr betroffenen Mitarbeiter. Archie setzte sich nur mit Peter ins Benehmen. Sein Führungsstil war nicht von der Art, daß seine Truppen viel erfuhren. Niemand verstand besonders gut, warum die Firma das tat, was sie tat – niemand wußte, ob es gut, schlecht oder gleichgültig war. Und dieser Mangel an Information traf auf allen Ebenen zu.«
Hinzu kam, daß McCardells Zahlen manchmal eher zur Trübung als zur Klärung seiner Entscheidungen beitrugen. So führen verschiedene frühere leitende Xerox-Mitarbeiter die ungeheuer schädliche Entscheidung von 1972, die Bereiche Kopierer und Computer zusammenzulegen, auf McCardells ängstliche Besorgnis wegen der finanziellen Berichterstattung zurück. Durch die Konsolidierung dieser zwei Geschäftsbereiche vermied es Xerox, in den offiziellen Bilanzen über die schlechten Ergebnisse von SDS als einem gesonderten Geschäftszweig berichten zu müssen. Das ließ das Unternehmen nach außen hin besser dastehen, wie die oben erwähnten Kritiker betonten; doch indem man dabei SDS den Geschäftsführer nahm, beschleunigte man auch den weiteren Niedergang dieser Milliarden-Dollar-Investition von Xerox.
McCardells Zahlenfixierung und sein von Alleingängen bestimmter Führungsstil gerieten außerdem auch in Konflikt mit McColoughs unersättlichem Appetit auf neue und unterschiedliche Herausforderungen. Statt Xerox in kompromißloser und wohlüberlegter Verfolgung des Ziels zu führen, ein Unternehmen für Bürogeräte und Information zu werden, gab dieses Managementduo aus McColough und McCardell oft inkonsequente und widersprüchliche Signale an die Mitarbeiter. Dabei ist es doch die grundlegendste Aufgabe eines jeden Topmanagements, eine klare strategische Ausrichtung des Unternehmens vorzugeben.
Die Probleme mit SDS und der Federal Trade Commission beanspruchten McColough und McCardell am meisten während der ersten Jahre ihrer jeweiligen Führungsposition. Doch gegen Ende 1973 – dreieinhalb Jahre nach McColoughs Rede zur »Informationsarchitektur« und sechs Monate nachdem Chuck Thacker den ersten Alto-Personalcomputer fertiggestellt hatte – kamen McColough und McCardell überein, die Frage einer Xerox-Strategie neu zu stellen. Sie beschlossen, notierte

McCardell, »einige unserer phantasievollsten Mitarbeiter« zu bitten, »sich Xerox von einer etwas höheren Warte aus anzuschauen, als das im allgemeinen geschah«.
Sie wählten dazu vier Männer, von denen sie erwarteten, daß sie die Aufgabe, eine Richtung für das Unternehmen zu empfehlen, mit Intelligenz, genügend Erfahrung im Unternehmen selbst, mit technologischem Weitblick und der nötigen Entschiedenheit lösen könnten. Michael Hughes, der in dieser Gruppe den Vorsitz übernehmen sollte, war Engländer und erst kurze Zeit vorher in die Planungsabteilung aus einer ähnlichen Funktion bei Rank-Xerox heraus versetzt worden. George White, der verantwortlich für den Eintritt des Laserspezialisten Gary Starkweather bei PARC gewesen war, hatte sich als Leiter der technischen Entwicklung sowohl für Kopierer wie andere Produkte bewährt und war kurze Zeit vorher zum Stab von Jack Goldman gestoßen. George Pake nahm nach drei Jahren als Leiter von PARC jetzt Aufgaben in der Zentrale wahr. Und Jim Lyons, ein langjähriger Mitarbeiter im Bereich Kopierer, leitete ein Akquisitionsprogramm für McCardell.
McColough und McCardell gaben der Hughes-Gruppe einen höchst außergewöhnlichen Auftrag – sie sollte eine Strategie definieren, mit deren Hilfe Xerox seine einmalige Wachstumsrate beibehalten und gleichzeitig die hohen Investitionen für die weitere Entwicklung im Kopiererbereich und eine größere Diversifikation auffangen könnte. Sie forderten die Gruppe auf, völlig unabhängig vorzugehen, und baten betont darum, sie sollten sich Xerox »ohne die üblichen Scheuklappen« betrachten. Weder Regierungsauflagen noch die gegenwärtigen juristischen Probleme von Xerox, noch die gängigen Einwände gegen Großkonzerne sollten sie in ihrem Denken beeinflussen. Das Hughes-Team sollte die vorhandenen Geschäftsbereiche der Gesellschaft untersuchen und eine praktisch unbegrenzte Zahl von Diversifizierungsmöglichkeiten prüfen, darunter Bereiche wie Finanzwesen, Gesundheit, Energie, Ökologie, Landerschließung sowie Freizeit und Erholung. Nicht einmal die Idee der »Informationsarchitektur« wurde als eine nötige Zielsetzung der Xerox-Strategie vorgegeben.
Der Arbeitsgruppe wurden Mittel in unbegrenzter Höhe zur Verfügung gestellt, sie konnte so viele Berater einstellen, wie sie wollte, und sich an alle Mitarbeiter bei Xerox und in anderen Unternehmen wenden. Um die Bedeutung des Projekts noch weiter zu unterstreichen, versprachen sowohl McColough als auch McCardell, daß jeder von ihnen während der gesamten Dauer des Projekts monatlich einen Tag zur Besprechung der erzielten Fortschritte ansetzen würde.

»Nachdem McColough und McCardell den Raum verlassen hatten«, erinnert sich Hughes, »schauten wir uns gegenseitig mit offenem Mund an und meinten: ›O shit! Wie sollen wir das nur alles schaffen?!‹«
Die Gruppe begann mit einer Prüfung des Kopierergeschäfts bei Xerox und kam ziemlich schnell zu einigen beunruhigenden Schlußfolgerungen. Die Kosten für Personal, Material und Produktentwicklung stiegen, gemessen an den Einnahmen, über jedes vernünftige Maß hinaus und stellten damit die administrativen Systeme, die Archie McCardell von Ford auf Xerox Ende der sechziger Jahre übertragen hatte, bloß. 1974 berichtete ein ziemlich nervös gewordener Hughes McCardell, daß diese Systeme nur den Anschein einer Kontrolle lieferten.
»Verglichen mit dem vollkommenen Mangel an Kontrolle, wie er Ende der sechziger Jahre bei Xerox gang und gäbe war«, kritisierte Hughes später, »waren die von Archie eingeführten Kontrollen gut. Doch es war die Art von Kontrollen, die man in einem Unternehmen wie Ford einführt – ein Unternehmen mit sehr viel Modebewußtsein, wenig Technologie und enorm vielen Angestellten und wenig Arbeitern. Sie paßten nicht wirklich zu Xerox, das ein High-Tech-Unternehmen war, bei dem die Produktentwicklung entscheidend und Verkaufs- und Serviceorganisation dominierend waren. Verkäufer in aller Welt bringen derartige Systeme am ehesten zum Scheitern.«
Fälle von Ineffizienz nahmen überhand. Obwohl beispielsweise die Servicekosten damals mehr als ein Fünftel der Gesamtaufwendungen des Unternehmens ausmachten, behoben die Techniker Maschinenausfälle beim ersten Versuch nur in drei Viertel der Fälle, womit sich jedes Jahr Hunderttausende von Folgereklamationen ergaben, die unnötig waren. Dreißig Prozent der Neuinstallationen funktionierten nicht, weil die Koordination zwischen Verkauf und Service nicht geklappt hatte. Fast ein Drittel aller Kundenbesuche durch Servicemitarbeiter hätte vermieden werden können, wenn Xerox das Bedienungspersonal in der richtigen Wartung und Handhabung der Kopierer besser ausgebildet hätte. Vergleichbare Probleme gab es im Verkauf, in der Konstruktion, in der Entwicklung und bei den Finanzen – kurz, überall im Unternehmen. Die Kontrollen von McCardell wurden außer Kraft gesetzt durch eine Xerox-Kultur, die immun dagegen war, sich über Kosten Sorgen zu machen. Nach mehr als zehn Jahren einmaliger Gewinne und einer privilegierten Monopolstellung schienen Haushaltspläne bei Xerox im Grunde nur dafür dazusein, überschritten zu werden.
»Die Probleme bei Xerox«, schrieb die Arbeitsgruppe, »ergeben sich grundsätzlich aus der Art und Weise, wie wir mit unseren Kosten und

dem Marketing umgehen. Unsere größte Aufgabe in den nächsten drei bis fünf Jahren sind nicht Ressourcen und Technologie, sondern Managementstil, Organisation und Disziplin.«

Außerdem gab die Hughes-Gruppe die Prognose ab, daß das Monopol von Xerox im Kopiererbereich bald aufgehoben würde. Im Gegensatz zu den Behauptungen der Antikartellbehörde entwickelte sich in dieser Zeit die Konkurrenz sehr stark. IBM hatte es auf einen beachtlichen Marktanteil von zehn Prozent gebracht, die Japaner exportierten billige Geräte in die USA, und von Kodak erwartete man jeden Moment die Einführung eines Kopierers. Noch alarmierender war die Tatsache, daß Tausende von Kunden bereit wären, sich von Xerox wegen dessen hemmungsloser Preispolitik abzuwenden.

Man erinnere sich, daß Xerox laut Preisliste den Kunden eine bestimmte Anzahl an Kopien für eine Minimalgebühr pro Monat garantierte. So bezahlten etwa bei dem ursprünglichen Kopierer 914 die Kunden jeden Monat 95 Dollar für das Recht, 2000 Kopien anfertigen zu können, bevor sie für weitere Kopien zur Kasse gebeten wurden. Im Laufe der Jahre wurden die Xerox-Geräte immer größer, schneller und komplizierter, und aufgrund steigender Kosten und Komplexität in der Unternehmensentwicklung und im Betrieb erhöhte Xerox die monatlichen Minimalgebühren wiederholt, um den eigenen Profit aufrechtzuerhalten. Gelegentlich wurde dabei auch die Zahl der Garantiekopien erhöht. Aber solche Gesten bedeuteten nichts für die Kunden, die monatlich weniger als die Zahl der »freien« Kopien benötigten. Für sie stellten sich die Auswirkungen der Xerox-Politik sehr einfach dar – höhere Kopierpreise und wachsende Unzufriedenheit.

1974 erreichte ein Drittel der von Xerox installierten Kopierer nicht die Mindestanzahl garantierter Kopien pro Monat, und sechzig Prozent der Kunden, die ihren Vertrag mit Xerox kündigten, gaben als Grund die höheren Preise an. Für die Hughes-Gruppe waren dies Anzeichen für die zunehmende Bereitschaft, wenn nicht sogar den intensiven Wunsch der Xerox-Kunden, sich nach Kopieralternativen umzusehen. Sobald die Konkurrenz einmal stark genug würde, warnte die Arbeitsgruppe, würden die Preise von Xerox gesenkt werden müssen, und wenn bis dahin die Kosten nicht im Griff wären, würden sich die fallenden Preise unmittelbar in einem niedrigeren Gewinn niederschlagen.

Laut Aussage von Hughes hörte sich Archie McCardell die Kritik der Arbeitsgruppe sehr aufmerksam an. Sein Kommentar: »Wenn das stimmt, dann habe ich meine Aufgabe als Manager sträflich vernachlässigt.« Oberflächlich betrachtet war seine Bemerkung sozusagen freibleibend: »Wenn...«, sagte er. Getreu seiner Art gab McCardell nicht klar zu erkennen, ob er das Urteil der Gruppe akzeptierte. Wenn er es jedoch tat, dann auf rein intellektueller Ebene. Weder sein Stil als Manager noch seine Direktiven änderten sich deswegen.

»Archies Idee von Kostensenkungen«, sagt Hughes, »wurde von ihm in der Praxis nicht gerade mitgetragen. Er stellte ein Budget auf, lehnte sich dann zurück und erwartete von anderen, daß sie es realisieren würden. Außerdem gab es 837 Gründe, warum man das Budget nicht einhalten konnte. Man erzählte Archie einfach, daß man zu diesem Zweck das eine oder andere Vorhaben streichen müsse, und dann sagten entweder er oder McColough, der Streichungen haßte, weil er immer meinte, jede neue Entwicklung könne zu einem Produkt ähnlich dem Kopierer 914 führen: ›Okay, macht euch deswegen keine Sorgen.‹«

Die unkoordinierten Zielsetzungen von McColough und McCardell beherrschten auch die Akquisitionstätigkeiten der Arbeitsgruppe. McCardell wollte, daß Xerox auf dem Gebiet von Versicherungen, Finanzdienstleistungen oder irgendeiner anderen Branche expandierte, die die riesigen Mengen an Kapital, das für die Entwicklung von Kopierern erforderlich war, auffangen könnte. Entwurf und Bau des Kopierers 914 zum Beispiel hatten 75 Millionen Dollar gekostet. Der Kopierer 9200, der 1974 eingeführt wurde, belastete das Xerox-Budget mit über 300 Millionen Dollar. Als Mann der Finanzen ersehnte McCardell sich einen Ausgleich im Cash-flow des Unternehmens. McColough hatte da weniger ausgefeilte Wünsche.

»Sucht mir ein zweites Xerox«, sagte er der Hughes-Gruppe. »Das war großartig, und ich möchte dasselbe noch einmal erleben. Sucht uns etwas, womit wir wirklich groß rauskommen können!«

Die Strategiegruppe erfand ihre eigenen Kürzel – »Zischer« und »Stabilisatoren« – zur Bezeichnung der Möglichkeiten, die den Zielen und der Persönlichkeit von McColough und McCardell entsprachen. Die »Stabilisatoren« mußten die finanzielle Sicherheit und das geringe Risiko liefern, nach denen McCardell sich sehnte. Die »Zischer« mußten für McColough die »Knalleffekte« sein, die ein Berater dieser Strategiegruppe wie folgt beschrieb: »Das Wachstum in letzter Zeit muß gut bis sensationell sein; zukünftige Außentrends müssen das noch verstärken; die Produktdiversifikation muß in irgendeiner konstruktiven Weise den gegenwärtigen Märkten für Xerographie nahestehen; und der Investitionslevel muß ausreichend hoch sein, um neue Vorhaben wirklich sinnvoll erscheinen zu lassen.« Es war ein unmögliches Ziel.

»Wir entschlossen uns«, sagt Hughes, »nur solche Unternehmen zu be-

rücksichtigen, die in den letzten zehn Jahren jährlich um zehn Prozent gewachsen waren. Solche Unternehmen gab es nicht. Wir schraubten deswegen unsere Ambitionen auf zehn Prozent Wachstum über fünf Jahre hinweg herab. Von solchen Unternehmen gab es ein paar wenige, aber das waren Firmen wie etwa Exxon, bei denen der Versuch eines Aufkaufs einfach unrealistisch gewesen wäre. Wir mußten also unsere hochgesteckten Ziele noch weiter verdünnen.
Das Problem klärte sich. Wie sollte man ein Unternehmen finden, das Xerox wirklich interessierte, wenn Xerox selbst so groß war und über so lange Zeit hinweg jährlich um fünfzehn Prozent gewachsen war? Das ist unmöglich. Um auch in der Zeit von Akquisitionen das Wachstum weiter aufrechtzuerhalten, müßte man genauso ein Unternehmen wie Xerox finden und aufkaufen, und das alle fünf Jahre und ohne dabei einen Fehlgriff zu tun. Akquisitionen konnten das Problem des Wachstums einfach nicht erfüllen; sie konnten vielleicht dazu beitragen, aber sie waren nicht die ganze Antwort.«
Nachdem man zu dem Schluß gekommen war, daß kostenbewußte Aktivitäten im Kopiererbereich höhere zukünftige Gewinne liefern würden, als irgend jemand vermutet hatte, während der Aufkauf anderer Unternehmen wahrscheinlich weniger einbrächte, wandte die Strategiegruppe ihre Aufmerksamkeit den aus Forschung und Innovation sich ergebenden geschäftlichen Chancen zu. Man wertete zu diesem Zweck eine ganze Reihe von Technologien aus, angefangen bei Videodisketten über eine landesweite elektronische Post bis zu Computern. Die Schlußfolgerungen der Gruppe bestätigten McColoughs ursprünglichen Instinkt – der größte »Zischer« von allen würde mit größter Wahrscheinlichkeit das Büro der Zukunft sein. Angesichts der guten technologischen Situation bei PARC und der kürzlich erfolgten Beteiligung des Unternehmens am Markt für Textverarbeitung (Schreibmaschinen) hielt die Arbeitsgruppe Xerox für bestens gerüstet, sich auf diesem Markt einen größeren Anteil zu sichern.
Gegen Ende des Monats Oktober 1974 legte das Hughes-Komitee seinen Bericht Peter McColough und Archie McCardell vor. Zehn Monate lang war daran gearbeitet worden, und Hunderttausende von Dollars waren ausgegeben worden, um die umfassenden Probleme, vor denen Xerox stand, zu prüfen. Dieser Bericht enthielt vier verschiedene Unternehmensstrategien. In jeder einzelnen wurde betont, daß das Kopierergeschäft von den Kosten her mehr an der

Konkurrenz orientiert werden müßte. »Die gesunde Gewinnsituation unseres Kopierergeschäftes«, so betonte die Gruppe, »ist die wichtigste Determinante für unser zukünftiges Wachstum und unsere Diversifizierungspläne.«
Die vier Strategien unterschieden sich nur im Hinblick auf die Objekte und Zielsetzungen der Diversifikation. Entsprechend dem ersten Vorschlag könnte Xerox seinen Angriff auf die von IBM dominierten Datenverarbeitungsmärkte fortsetzen, indem man als »Stabilisator« eine Lebensversicherung aufkaufen und, da SDS nun einmal ein Fehlschlag war, ein anderes Computerunternehmen als »Zischer« akquirieren würde, um der Herausforderung den nötigen Nachdruck zu verleihen.
Die zweite Strategie sah Xerox ebenfalls als Gegenspieler von IBM vor, allerdings im Hinblick auf das Büro der Zukunft und nicht im Bereich der Datenverarbeitung. Das Unternehmen würde seinen Cash-flow stabilisieren können durch den Aufkauf eines Unternehmens der Informationsbranche wie Dun & Bradstreet. Inzwischen könne eine Kombination der Ressourcen von Xerox mit einem Unternehmen wie etwa Texas Instruments und die Bündelung von Kopierern, Textverarbeitungsschreibmaschinen und Computern mit den Fortschritten von PARC im Bereich der Mikroelektronik, Software und Datenübertragung nach Ansicht der Hughes-Gruppe sicherstellen, daß Xerox die meisten seiner Aktivitäten zu einer kommerziell erfolgreichen »Informationsarchitektur« integrieren könne. Der dritte Plan vermied eine Konfrontation mit IBM völlig, indem er sich auf die Freizeit- und Unterhaltungsbranche konzentrierte; der vierte Plan begrenzte Diversifikationsversuche auf Finanzdienstleistungen unter gleichzeitiger stärkerer Betonung der traditionellen Xerox-Bereiche Kopierer und Vervielfältiger.
Die Strategiegruppe erarbeitete anschließend Analysen dieser vier Strategien vor dem Hintergrund der Konkurrenzstärken und -schwächen von Xerox sowie im Rahmen der allgemeinen wirtschaftlichen Erwartungen. Dann legte sie ihre endgültige Empfehlung vor:

> Aufgrund aller objektiven und subjektiven Überlegungen kommt der Strategieausschuß einstimmig zu dem Schluß:
> – daß prinzipiell die Strategie einer direkten Konfrontation mit IBM (Büro der Zukunft) verfolgt werden sollte,
> – daß zu deren gezielter Realisierung die hier skizzierten Schritte unternommen werden sollten.
> Wir wären sehr stolz, wenn wir damit Teil eines Xerox-Unternehmens würden, das dieser Herausforderung gerecht wird.

Die Wahl dieser Strategie zeichnete einen vernünftigen Weg in eine einträgliche Zukunft für Xerox vor. Durch Senkung der Kosten für Herstellung und Wartung der Kopierer könnte sich Xerox auf den Machtkampf mit IBM vorbereiten und ihn überstehen. Durch die Entwicklung des Büros der Zukunft als eines Geschäftszweiges und nicht einfach einer Technologie würde sich das Unternehmen eine einmalige Gelegenheit im Hinblick auf Veränderung und Wachstum sichern. Die Strategien, um die McColough und McCardell gebeten hatten, lagen nun voll ausgebreitet vor ihnen.

»Als die Präsentation beendet war«, sagt ein noch immer bestürzter Hughes, »verließen McColough und McCardell ohne ein Wort den Raum. Einige Minuten später kamen sie zurück und sagten uns: ›Wir haben ein Problem. Wir werden morgen in Manhattan sein, um uns dort einen ziemlich großen Kredit zu sichern. Wenn wir Ihnen jetzt sagen, welche von Ihren Empfehlungen uns gefällt und welche nicht, dann, so meinen wir, wären wir auch verpflichtet, das unseren Bankern mitzuteilen.‹

Und damit hatte es sich. Ungefähr eine Woche später informierte man uns, daß man eine Reaktion auf unsere Empfehlungen verschieben müsse, bis die Antitrustklage entschieden sei. Außerdem wurden wir aufgefordert, die zwei einzigen Kopien der Dias und all unsere Arbeitsunterlagen abzuliefern.

Wir hatten selbstverständlich erwartet, eine größere Rolle bei der Realisierung jedweder Strategie zu spielen, die aufgrund unserer Arbeit gewählt würde. Aber da man uns ignorierte, gab es wirklich keinen Platz mehr für uns. Es war desillusionierend. Ich glaube, keiner von uns war hinterher noch derselbe, der er vorher gewesen war.«

Drei Jahre später lobte die Abteilung Unternehmensplanung von Xerox bei einer Überprüfung verschiedener Versuche, unter McColough und McCardell eine Strategie zu finden, die Hughes-Gruppe wegen ihrer genauen Prognose der wesentlichen Ereignisse auf dem Markt für Kopierer und Bürogeräte. Zusammenfassend kam man allerdings zu dem Schluß, daß »keine Entscheidungen oder Aktionen vorliegen, die direkt auf die Empfehlungen des Hughes-Ausschusses zurückgehen«. Unter anderem bedeutete das, daß innovative Bürosysteme auf der Grundlage der PARC-Entwicklungen reine Spekulation geblieben waren.

Kapitel
12

Archie McCardell ließ sich lediglich auf die Strategievorschläge der Hughes-Gruppe ein, indem er anmerkte, daß zu Xerox's größten Schwächen der mangelnde Erfolg zählte, »die verschiedenen technologischen Bedürfnisse der Zukunft zu managen« und »die Fähigkeit unter Beweis zu stellen, verschiedene Produkte für das Büro zu vermarkten«. Anders gesagt, Xerox hatte es noch vor sich, über das Kopierergeschäft hinauszuwachsen. Peter McColough brachte dagegen keine Einwände vor. Und bei der absolut negativen Leistung von Scientific Data Systems unter dem Xerox-Management hätte er das auch gar nicht gekonnt. Doch McCardells Urteil Ende des Jahres 1973 bezog sich auf sehr viel mehr als nur die Probleme mit SDS – mehr als vier Jahre nach seiner Diversifizierung in den Computerbereich und Ausgaben in Höhe von einer Milliarde Dollar war es Xerox nicht gelungen, die Digitaltechnik in die Hauptaktivitäten des Unternehmens zu integrieren. Und keines der neuen Vorhaben stand isolierter da als PARC.

»Sie sind Neulinge in der Xerox-Welt. Zu große Neulinge, um die Tradition zu kennen«, schrieb ein Redakteur über die Computerwissenschaftler von PARC in einer 1971er Ausgabe der *Xerox World*. »Zu große Neulinge, um die historische Bedeutung des Kopierers 914, das Forschungszentrum in der Hollenbeck Street in Rochester und die Leute, die Haloid in Xerox verwandelten, richtig einschätzen zu können. Viele dieser Neulinge sind weniger als ein Jahr bei Xerox, die meisten weniger als zwei Jahre. Doch wenn man sie untereinander reden hört, sie bei der Arbeit beobachtet, dann hat man das Gefühl, daß hier in Kalifornien etwas existiert, was der früheren Haloid-Energie sehr ähnlich ist.«

Energie, Begeisterung, Engagement – ja. Aber da endete auch der Vergleich zwischen den zwei wichtigsten wissenschaftlichen Vorhaben von Xerox. Im Unterschied zu den Technikern von Haloid in den fünfziger Jahren waren die Wissenschaftler bei PARC aufgefordert, Ideenforschung zu betreiben, nicht Produkte zu entwickeln. Die Haloid-Ingenieure hatten in derselben Stadt gearbeitet wie andere Mitarbeiter des

Unternehmens; PARC-Mitarbeiter saßen über einen ganzen Kontinent entfernt von Rochester und Stamford. Das wichtigste jedoch war: Diejenigen, die die Xerographie für Haloid entwickelten, taten dies als Partner des Verkaufs, der Herstellung und der Finanzen in Joe Wilsons kompromißlosem Kampf um ein einträgliches Geschäft mit dem Bürokopierer. Im Gegensatz dazu definierten die Digitalmagier in Palo Alto eine »Informationsarchitektur« ohne aktive Teilnahme oder ein umfassendes Engagement des geschäftlichen Bereichs von Xerox.

»PARC schwebte frei im Raum«, sagt George White. »PARC war wie ein Kopf. Aber ein Kopf auf welchem Körper? Wer sollte das, was bei PARC erreicht wurde, aufgreifen und den Rest der harten Arbeit erledigen, nämlich daraus ein wirkliches Geschäft zu machen?«

Die Antwort hätte nach Jack Goldmans ursprünglichem Plan aus dem Jahr 1969 SDS lauten sollen. Goldmans Plan ging jedoch von Annahmen aus, die er aufgrund eigener Erfahrungen aufstellte, nicht auf der Grundlage der Geschichte dieses Computerbereichs von Xerox. Er hatte Karriere bei Ford und Xerox gemacht, bei Industriesen, die es sich leisten konnten, bedeutende Mittel für Forschung und Entwicklung bereitzustellen. SDS war anders. 1969 hatte es ein Zehntel der Größe von Xerox und war noch nicht einmal zehn Jahre alt. Seine Prosperität beruhte auf der vorhandenen – nicht einer zukünftigen – Technologie. Und es machte seine Geschäfte in einer Branche, in der die Anbieter, die Zulieferer von Hardwarekomponenten, eine Garantie nicht etwa für sich selbst oder die Konkurrenz übernahmen, sondern eher für langfristige Fortschritte in der Forschung. SDS fehlte es jedoch an der Fähigkeit, Erfindungen, die sich im Labor bewährt hatten, in Produkte umzuwandeln. Tatsächlich wiesen die leitenden Mitarbeiter bei SDS, übersättigt von ihrem eindrucksvollen Anfangserfolg, die Idee der Forschung offen zurück – womit sie zum Beispiel Goldman überraschten, als sie versuchten, seinen Vorschlag für PARC zu unterminieren.

Wissenschaftler, die mit der Computerbranche auf vertrauterem Fuß standen, hatten solche Vorurteile bei SDS erwartet. Bob Taylor, Butler Lampson und andere aus der Forschungsgruppe von ARPA hatten sich bemüht, die zögernde Firma SDS davon zu überzeugen, daß sie sich im Timesharing engagieren müsse, als diese Technik die neueste Errungenschaft im Datenverarbeitungsbereich darstellte. Viele Forschungsmitarbeiter, die eine Tätigkeit bei PARC in Erwägung zogen, hatten die Geschichte von Taylors Konfrontation mit dem Chairman von SDS, Max Palevsky, gehört, die die beiden wegen der Zukunft des Timesharings hatten. Außerdem hielten sie die Timesharing-Systeme, die

SDS dann schließlich produzierte, für mittelmäßig, und sie bezweifelten, ob ein Computerhersteller dieses Genres für das Büro der Zukunft irgendeine Relevanz besitzen könnte.

Goldmans Traum, daß PARC und SDS sich zusammenschließen und gemeinsam fortschrittliche Datenverarbeitungskonzeptionen finden und wirtschaftlich ausbeuten würden, stand damit im Gegensatz zur Realität. SDS lehnte allein schon die Idee, die PARC zugrunde lag, ab, und es fehlte die Fähigkeit zur Umwandlung von Erfindungen in Produkte. Viele Computerwissenschaftler bei PARC benahmen sich andererseits gegenüber den bei SDS arbeitenden Kollegen hochmütig und dachten nur mit Abscheu an die Möglichkeit, eventuell im Auftrag dieses Computerbereichs arbeiten zu müssen. Statt sich, wie Goldman erwartet hatte, miteinander zu verbünden, standen sich PARC und SDS von Anfang an feindlich gegenüber.

Diese gegenseitige Feindseligkeit kam bereits im ersten Jahr nach Gründung von PARC vehement zum Ausdruck. Im Frühjahr 1971 beschloß das Computer Science Laboratory unter Bob Taylor, ein eigenes Timesharing-System zu bauen, statt sich für Forschungszwecke mit einem Sigma-Computer von SDS zufriedenzugeben. Dieser Schritt löste bei SDS reinste Wut aus. Wie würden wohl potentielle Kunden reagieren, fragten die SDS-Manager, wenn sie erführen, daß Xerox's eigene Computerwissenschaftler den Sigma abgelehnt hätten? Wie könnte sich Xerox eine solche negative Publizität erlauben, so wurde immer wieder gejammert, angesichts der sich verschlechternden finanziellen Position von SDS? Die SDS-Leute schrien laut, das sei unfaires Spiel; sie verlangten von PARCs Direktor George Pake eine Erklärung.

Schon seitdem Bob Taylor ihn gewarnt hatte, daß eine Unterstützung von SDS ein »Fehler« wäre, wußte Pake von den unguten Gefühlen zwischen vielen seiner Forschungsmitarbeiter und dem Management dieses Computerbereichs bei Xerox. Pake war von Natur her eher der versöhnliche Typ; er wollte mit SDS zusammenarbeiten. Trotzdem ließ er es an einer Überprüfung der Frage genügen, derzufolge das Computer Science Laboratory gute Gründe dafür besaß, den Sigma zugunsten der Entwicklung eines eigenen Timesharing-Systems abzulehnen.

Um in der Forschung weiter voranzukommen, mußte das Computer Science Laboratory Zugriff auf ARPA-Software haben, die zuvor auf einem Computer, dem »PDP-10« der Digital Equipment Corporation, entwickelt worden war. Der PDP-10 stellte jedoch eine direkte Konkurrenz für den Sigma von SDS dar. Hätte das Computer Science Laboratory also dieses System gekauft, hätte das SDS eindeutig geschadet. Umgekehrt hätte man, wäre dem Labor ein Sigma aufgezwungen worden, entweder jahrelange Bemühungen in Kauf nehmen müssen, um den Sigma kompatibel zum PDP-10 zu machen, so daß man die nötige ARPA-Software hätte einsetzen können, oder man hätte vielleicht sogar einen noch längeren Zeitraum gebraucht, um die Software selbst neu zu entwickeln. In beiden Fällen wäre zuviel Zeit und Energie verschwendet worden. Die Alternative, eine »selbstgebaute« Anlage, so Pakes Schluß, war ein wohldurchdachter Kompromiß, den SDS gar nicht zu schätzen wußte.

»Es ist eine Ironie«, schrieb er, »daß SDS noch Streit anfängt wegen der Art und Weise, in der PARC-Wissenschaftler einen Minicomputer verwenden wollen, der keine Konkurrenz darstellt – und dafür noch Monate harter Arbeit in Kauf nehmen –, nur um SDS ja nicht durch Verwendung eines PDP-10 in Verlegenheit zu bringen. Es ist für mich einfach undenkbar, daß Xerox mir einerseits die Aufgabe stellt, kreative, phantasiebegabte und prominente Forschungsmitarbeiter einzustellen, und dann andererseits erwartet, ich müsse darauf bestehen, daß sie sich selbst Handschellen anlegen mit völlig unangemessenen Geräten oder daß sie ihre Talente an Arbeitsbeschaffungsmaßnahmen vergeuden, weil SDS-Gerät sinnlos in den Forschungsapparat eingebunden wird.« Seiner Ansicht nach hatte das ganze Geschrei über die Entscheidung, selbst einen neuen Computer zu bauen, weniger mit der Frage zu tun, was für die Forschung am besten wäre, sondern mit der Bereitschaft und Fähigkeit von SDS, mit PARC zusammenzuarbeiten. Statt PARC bei seinem Engagement in Richtung zukünftiger Informationstechnologien zu unterstützen, übte SDS auf die Xerox-Zentrale Druck aus. Sie sollte die PARC-Ressourcen den kurzfristigeren Bedürfnissen des Computerbereichs (SDS) unterordnen. Für Pake war das ganze Gerangel einfach nur eine Neuauflage der nicht zu akzeptierenden Einwände, die SDS ständig seit der Annahme des Forschungsplans von Jack Goldman erhoben hatte. Er war der Ansicht, daß der Streit endlich beigelegt werden sollte, damit PARC weiter daran arbeiten könnte, die Technologie zu liefern, von der Peter McColough erwartete, daß sie Xerox in den achtziger Jahren weitgehend beherrschen würde.

Diese Technologie, so merkte Pake in einem Memo an das Management im Mai 1971 an, »soll in Informationssystemen bestehen, von denen wir noch nicht wissen, wie wir sie bauen können, und die mit Techniken arbeiten, die wir noch entdecken müssen. Dafür braucht Xerox kreative Mitarbeiter, die die Grenzen der Informationswissenschaft mit den für diese Aufgabe effektivsten zur Verfügung stehenden Instrumenten erforschen.«

In bezug auf diese Wissenschaftler und ihre Aufgabe erklärte Pake: »Ich werde sie wegen ihrer Kompetenz und ihrem Urteilsvermögen darüber, wie man diese Forschungen am besten durchführt, einstellen. Und bis man mir beweist, daß ich mich geirrt habe, werde ich mein Bestes tun, ihnen die Art erstklassiger technischer Unterstützung zu geben, die man sinnvollerweise in einer Forschungseinrichtung von Xerox erwarten kann. Wenn das der falsche Weg ist, ein qualifiziertes Forschungszentrum für Xerox aufzubauen, dann bin ich der falsche Mann für diesen Job.«

Als Pake damit sein ganzes Gewicht in die Waagschale legte, zog SDS sich zurück und attackierte niemals mehr das Budget oder die Zielsetzungen von PARC. Trotzdem hatte diese Episode noch lang anhaltende Rückwirkungen. Während der ganzen Kontroverse hatte nämlich Pake dahin gehend argumentiert, daß SDS bei sich unbedingt eine Entwicklungsstelle einrichten müsse, die in der Lage wäre, die Erfindungen von PARC in Produkte umzusetzen. Ansonsten würde SDS – und Xerox – in kritischer Weise von dem ausgeschlossen bleiben, was von PARC neu geschaffen würde. Leider wartete jedoch Xerox mehrere Jahre, bevor Schritte unternommen wurden, diesen gewichtigen Fehler in seiner Organisation zu beheben. Und als das Unternehmen 1975 schließlich eine solche Entwicklungsgruppe für PARC etablierte, hatte SDS als Teil des Unternehmens fast aufgehört zu fungieren, womit die neue Entwicklungsgruppe ohne natürliche Partner in Herstellung, Marketing und Verkauf beginnen mußte.

Die Kontroverse um die Eigenentwicklung eines Minicomputers lieferte auch weiteren Zündstoff für die herablassende Haltung vieler Forschungsmitarbeiter bei PARC. Als das Computer Science Laboratory sein Timesharing-System im Sommer 1972 fertigstellte, taufte einer der Labormitarbeiter, ein richtiger Spaßvogel, den Computer auf den Namen »MAXC«. Diese Abkürzung stand eigentlich für »Multi-Access Xerox Computer« (Xerox-Computer mit Mehrfachzugriff). Wie jeder bei PARC jedoch unter Lachen gern erklärte, blieb das C ja stumm. Recht sarkastisch nannte also PARC das System, dessen Entwicklung SDS nie wollte, nach dem Gründer von SDS, Max Palevsky. Ein wirklich witziges Wortspiel, aber bei SDS – das gerade im dritten Jahr wieder nur rote Zahlen schrieb – lachte niemand.

Die »MAXC«-Beleidigung war typisch für eine recht hochmütige, unreife Einstellung der Computerwissenschaftler bei PARC. Zum Teil kam darin ihre Jugend zum Ausdruck (das Durchschnittsalter lag unter dreißig), der berufliche Werdegang (für viele war PARC der erste Arbeitgeber nach Jahren an der Universität) und auch die berufliche Ausrichtung (sie waren Forscher, keine Manager). Andererseits enthüllte diese Arroganz auch die dunkleren Seiten eines außergewöhnlichen Gemeinschaftsgeistes, wie er von Bob Taylor gefördert wurde.

Das rigorose Einstellungsverfahren von Taylor überlebten nur die talentiertesten Forscher. Unter dem Einfluß seiner flachen Organisationsform und seinem Beharren auf ständiger Kommunikation entwickelte sich das schon durch den Auswahlprozeß entstandene elitäre Denken zu einer stark ausgeprägten, von allen gemeinsam vertretenen Sicht der Welt. In Gesprächen, in den »Dealertreffen« der Gruppe und vor allem in der Forschung selbst galt die Arbeit an der interaktiven Datenverarbeitung mehr als Titel, Position und Alter. Taylors Organisation produzierte spektakuläre wissenschaftliche Errungenschaften. Andererseits war dies nicht die richtige Umgebung, um sich die Feinheiten eines orthodoxen Verhaltens innerhalb eines Unternehmens anzugewöhnen.

»Die Leute in jenem Labor«, meint George Pake, »verkehrten nicht gerade, nun, ich möchte sagen: in ruhiger Art miteinander. Sie waren manchmal recht maßlos in der Kritik der Idee eines anderen. Doch bei alldem hatte jeder einzelne auch wieder viel Respekt vor den Fähigkeiten des anderen.«

In ihrem an Verdiensten orientierten Eifer verhielten sich die jungen Wissenschaftler zu häufig im Umgang mit Besuchern aus anderen Xerox-Bereichen zu abrupt und argumentativ, ein Verhalten, wie es von Taylor innerhalb des Forschungszentrums gefördert wurde. Gloria Warner, die bei PARC seit dessen Gründung dabei war, meint, die Computerforscher hätten Außenseiter routinemäßig so angesehen, als wären sie nur Ignoranten und Hohlköpfe. »Weißt du«, so mokierten sie sich gern, »dieser Knabe wußte noch nicht einmal, was ein Byte ist!«

Ed McCreight, der Chuck Thacker beim ersten Alto half, gibt zu, daß dieser Vorwurf, rüde zu sein, zu Recht bestand: »Manchmal, wenn wir das Gefühl hatten, es lohne sich nicht, mit jemandem zu reden«, so McCreight, »sagten wir das auch.«

Da SDS aufgrund eines schlechten Managements, unzureichender Ressourcen, zunehmender Verluste und offener Rivalität als Herstellungs- und Marketingpartner für die PARC-Erfindungen zerstört wurde, waren diese Engherzigkeit und Intoleranz ein gefährliches Verhalten für eine Forschungsgruppe, die darauf angewiesen war, daß ihre Erfindun-

gen auch den Markt erreichen – insbesondere in einem Konzern, der dem Kopierergeschäft verhaftet und mit Managern bestückt war, die wie die meisten Amerikaner in den siebziger Jahren erst noch lernen mußten, was Bytes sind, Bit-Mapping, Scanning, Nachrichtenverteilung, Prozessoren, objektorientierte Programmierung und all die anderen Konzepte, die in der geheimen Welt von PARC allen Mitarbeitern so geläufig waren. Die jungen Männer und Frauen bei PARC schienen zu vergessen, daß sie eine Ausnahme darstellten.
»PARC litt an einer ganzen Menge Arroganz«, bemerkt Bert Sutherland, einer von mehreren aufeinanderfolgenden Managern des Systems Science Laboratory. »Wenn man etwas nicht automatisch verstand, dann galt man als ›dumm‹. Es ist schwer, sich dabei Gehör zu verschaffen.«
Unterschiede im Lebensstil, wie sie Anfang der siebziger Jahre in der Gesellschaft üblich waren, trennten zusätzlich das Forschungszentrum von Xerox als Ganzem. Ein Jahrzehnt vorher hatten sich lange Haare, Bart, Perlenkette und Sandalen bei der jungen Generation als Ausdruck von Individualität wie auch von Rebellion breitgemacht. Aber nach Watts und My Lai, nach Chicago und Kent State, nach der Regierung Johnson und Nixon und nach Jahren, in denen Sex, Drogen und Rock 'n' Roll tonangebend waren, orientierte sich das Verhalten in den siebziger Jahren mehr an der politischen Gesinnung als an der Persönlichkeit.
Tatsächlich kleideten sich die meisten Computerwissenschaftler bei PARC ordentlich, wenn auch leger. Trotzdem trugen in diesem vornehmlich akademischen und jugendlichen Ambiente im Umkreis der San Francisco Bay viele die Insignien der Gegenkultur. »Es gab einige wenige Leute bei PARC«, sagt Bob Taylor verteidigend, »die langes Haar trugen, sich nicht badeten und keine Schuhe anhatten. Aber das waren wirklich nur sehr wenige.«
Im übrigen Xerox-Unternehmen gab es solche Leute nicht. Im Dezember 1972 geriet dieses abweichende Betragen von PARC in die Schlagzeilen. In jenem Monat, als Xerox zum erstenmal von der Kartellklage der Federal Trade Commission erfuhr und SDS mit einer erneuten umfassenden Anpassung seiner Geschäftsstrategie zu kämpfen hatte, tauchte PARC in einem Artikel in der Zeitschrift *Rolling Stone* auf, den Stewart Brand, Verleger des *Whole Earth Catalogue,* geschrieben hatte. Brand war, in den Worten seines sehr liberal eingestellten Freundes Alan Kay, ein »Computer-Junkie«. In seinem Artikel für diese Zeitschrift berichtete er über die Geschichte eines berühmten Computer-

spiels mit dem Namen »Spacewar« (Raumkrieg), das im Anfang des Dialogbetriebs bei Computern entstanden war. Laut Brand war »Spacewar« ein Beweis für die Entschlossenheit der besten Computerwissenschaftler der Nation, die Digitaltechnik in den Dienst des Volkes statt in den Dienst des Systems zu stellen. In seinem Artikel betonte er alternative Lebensstile und alternative zukünftige Möglichkeiten für den Computer. An prominenter Stelle waren inmitten einer ausgesprochen »haarigen« Menge Alan Kay, Bob Taylor und ein besonders struppiger PARC-Programmierer namens Peter Deutsch abgebildet. Der *Rolling-Stone*-Artikel trug die Überschrift: »Spacewar: Fanatic Life und Symbolic Death Among the Computer Bums« (Raumkrieg: Fanatisches Leben und symbolischer Tod unter den Computerfreaks).

»Der Artikel«, erinnert sich Bob Taylor, »hatte einen extravaganten Anstrich, der zur Zeitschrift *Rolling Stone* paßte, aber nicht, wie einige fanden, zu einem *Fortune-500*-Unternehmen mit sehr viel Klasse und Stil wie Xerox.«

Wie zu viele andere Vorkommnisse in den ersten Jahren von PARC verbrannten auch die »Computerfreaks« die Brücken zum restlichen Xerox-Unternehmen, statt sie aufzubauen. In der Annahme, daß die Unterstützung von seiten Peter McColoughs das Unternehmen automatisch verpflichte, ihre Erfindungen auszubeuten, stellten die PARC-Wissenschaftler eine Naivität unter Beweis, die ihrem schlechten Benehmen in nichts nachstand.

»Wenn man den Zusammenhang sehen will«, meinte Tim Mott, »so war PARC, wenn man an der Westküste lebte und zur Gemeinde der Computerwissenschaftler zählte, eine wirklich tolle Idee. Da gab es vielleicht 200 Leute mit einem Budget von mehreren Millionen Dollar, und es ist das beste Forschungszentrum der Welt, und überall geht es um die aufregendste Technologie der Welt. Es sieht alles wirklich nach einer riesengroßen Chance aus. Doch andererseits ist das nur ein sehr, sehr kleiner Teil eines Unternehmens, das im Jahr mehrere Milliarden Umsatz macht. Es ist absolut richtig, daß es in diesem Unternehmen eine Menge Leute gab, die bestenfalls skeptisch waren und schlimmstenfalls absolut kein Interesse an dem hatten, was bei PARC passierte.«

Selbstverständlich ignorierte nicht jeder bei PARC den Zusammenhang zwischen angepaßtem Verhalten innerhalb des Unternehmens und kommerzieller Chance. Bill Gunning, der die technischen Liaisonaufgaben von PARC zu anderen Teilen von Xerox wahrnahm, hatte schon seit Ende der vierziger Jahre im Computerbereich gearbeitet und hatte von der Geschäftsseite dieser Branche mehr Ahnung als die meisten anderen PARC-Mitarbeiter. Er bemühte sich sehr, Xerox für das zu interessieren, was PARC produzierte. Gunning war beispielsweise der erste Manager von PARC, den Darwin Newton ansprach, als dieser Unterstützung für seine Redakteure bei Ginn & Co. suchte. Gunning respektierte zwar die Kreativität von Taylors Gruppe, aber er nahm Anstoß an deren Benehmen.

»Taylor«, sagt Gunning, »war sehr dafür geeignet, in seiner Gruppe einen Gemeinschaftsgeist zu schaffen. Aber das war weitgehend ein ›Wir–die-anderen‹-Phänomen. Er sagte: ›Wir werden die Computerwissenschaft voranbringen.‹ Und zum Teil war die Arbeit dann beflügelt von der Idee, daß seine Gruppe besser sei als jede andere. Und sie waren besser. Aber sie besaßen keine Übung darin, mit ›den anderen‹ zu kommunizieren.«

Der von einer größeren Zahl von Mitarbeitern bei Xerox am meisten bewunderte PARC-Manager war George Pake. Er schaffte es, aufgrund seines gentlemanhaften Auftretens und der Lorbeeren, die er als Gelehrter geerntet hatte, die Mittelbewilligung für die langfristigen Forschungsvorhaben beim Seniormanagement durchzusetzen und gleichzeitig so ärgerliche Vorfälle wie den *Rolling-Stone*-Artikel wieder auszubügeln. Pake verstand jedoch von der wirtschaftlichen und organisatorischen Seite des Unternehmens wenig mehr als die meisten anderen PARC-Wissenschaftler. Hinzu kam, daß er Physiker war, nicht Computerwissenschaftler. Dementsprechend war seine Effektivität als Vermittler zwischen der fremden Welt der Xerox-Manager und den Computerforschern bei PARC begrenzt; da er selbst keine von beiden Seiten richtig verstand, konnte Pake auch nicht erreichen, daß sie sich gegenseitig verstanden.

Gegen Ende des Jahres 1973 übernahm Pake beispielsweise eine Aufgabe in der Zentrale, die zu seiner Beteiligung an der Strategiegruppe von Hughes führte. Das gab dem PARC-Direktor die ideale Möglichkeit, Anhänger für sein dem Unternehmen entfremdetes Forschungszentrum zu werben. Er suchte nicht ihre budgetmäßige Unterstützung, die war sowieso sichergestellt, sondern wollte ihr Engagement für die geschäftlichen Möglichkeiten der Technologie eines Büros der Zukunft, wie sie bei PARC entwickelt wurde, fördern. Doch gleich von Anfang an stellten andere Teilnehmer in der Hughes-Gruppe fest, daß Pake überhaupt keine kommerziellen Instinkte besaß.

»Ich glaube, niemand von uns«, sagt Michael Hughes, »hat George jemals als Geschäftsmann gesehen.«

Der frühere Universitätsdekan mußte noch viel über Marketing, Wirtschaftlichkeit, Organisation, Konkurrenz und Strategien lernen. Er sprach in merkwürdigen Formulierungen über das Geschäftswesen und bestand darauf, daß die Hughes-Gruppe ihre Schlußfolgerungen mit Hilfe der »wissenschaftlichen Methode« erreichen sollte, einer Methode, die eher in der Physik als im Bereich der Finanzen und des Marketing am Platz ist. Wenn das Gespräch auf die Technologien bei PARC kam, betonte Pake eher die wichtigen Aufgaben, die im Forschungszentrum noch zu lösen wären, als die kommerziellen Möglichkeiten, die vielleicht dort schon existierten.

»Es freute mich, daß man mich in die Hughes-Gruppe aufnahm«, erklärt Pake. »Die Arbeitsgruppe sollte über weitgreifende neue Geschäftsstrategien für Xerox nachdenken. Wir sprachen eine Menge über viele globale Themen. Die anderen in der Gruppe – Hughes, White und Lyons – waren alle irgendwie Bilderstürmer. Niemand fürchtete sich, geradeheraus zu sprechen.

In der Gruppe war George White wahrscheinlich der stärkste Verfechter der zukünftigen Möglichkeiten von PARC. Aber George neigt gelegentlich zu Übertreibungen. Ich mußte deshalb oft die Diskussion wieder auf die Erde herabholen.«

Pake unterschätzte PARCs Potential jedoch durchaus nicht; im Gegenteil, er bewunderte McColoughs Plan, durch PARC Xerox in die Zukunft zu katapultieren. »Es ist absolut keine Frage«, kommentierte Pake 1975, »daß in den nächsten zwanzig Jahren eine Revolution im Bürobereich stattfinden wird.«[71]

Dieser zeitliche Rahmen brachte allerdings Pakes Grundorientierung zum Kippen. Wie alle guten Wissenschaftler akademischer Prägung wußte er, daß Wahrheit sich nicht beschleunigt feststellen läßt und daß es Jahrzehnte brauchen würde, Rolle und Funktion der neuartigen Informationstechnologie zu erforschen. Daher war Pake, als er 1970 von Xerox eingestellt wurde, beeindruckt, daß Peter McColough »tatsächlich zu verstehen schien, daß man von der Forschung keine schnellen Gewinne erwarten kann«. 1974 war er immer noch dieser Meinung.

Aber inzwischen waren vier Jahre ins Land gegangen, und PARC hatte schon einen erheblichen Beitrag in Richtung des von McColough gesetzten Ziels geleistet. Die Forschung sollte zwar keine »schnellen« Gewinne abwerfen, aber sie sollten doch in Zeitabständen erfolgen, die vom geschäftlichen Standpunkt aus vorgegeben wurden, und nicht das Ziel haben, erst einmal zur ausgereiften Theorie zu werden. »Der richtige Zeitpunkt«, so ein Gebot der Wirtschaft, »ist alles.«

Der Schlüssel zu PARCs Personalcomputer Alto – die kritische Schnittstelle, an der die Erfindung des Forschungszentrums und Xerox's Marktchance verschmolzen – hatte mit Chuck Thackers Innovation im Entwurf zu tun: mit dem sogenannten »Multitasking«. Damit sparte Thacker teure Verarbeitungshardware, weil sich die verschiedenen Ein- und Ausgabegeräte wie der Bit-Map-Bildschirm, die Maus und der Laserdrucker ein und dieselbe Zentraleinheit des Alto teilten. Das »Multitasking« machte vor 1975 die »persönliche Datenverarbeitung« wirtschaftlich möglich durch eine Reduzierung der Anzahl von Chips, die für einen Computer erforderlich war.

Doch aufgrund der immer weiter fortschreitenden Verbesserungen bei den Mikroprozessoren und anderen Chiptechniken war Thackers geniale Innovation nur von vorübergehendem Wert. Sobald die Hochleistungschips billig genug wurden – etwas, was Thacker, Lampson und viele andere, die mit der Computerbranche vertraut waren, Ende der siebziger Jahre erwarteten –, würden die Hardwarekosten nicht länger den Weg zu kostengünstigen Computern versperren. Die Entwurfsingenieure würden in der Lage sein, beliebig viele Chips zu verwenden, ohne damit in Konflikt mit dem Preis eines Personalcomputers zu geraten.

Es war daher lediglich eine Frage der Zeit, wann die Konkurrenz über billige Hardware das erreichen könnte, was Thacker mit seinem kreativen Entwurf geschafft hatte. Das machte aus dem Konkurrenzvorteil des »Multitasking« sozusagen eine leichtverderbliche Ware. Xerox hätte damit jedoch einen Vorsprung von einem bis zu fünf Jahren herausholen können – wenn die Geschäftsleitung des Unternehmens schnell genug reagiert hätte.

Laut Hughes erklärte Pake diesen Punkt niemals den anderen Bereichen der Gruppe; er vermutet, daß Pake selbst ihn auch nicht verstanden hat. Hughes könnte recht haben. Thacker hatte den ersten Alto gerade ein halbes Jahr vor Bildung der Strategiegruppe fertiggestellt, was für den Physiker Pake wohl kaum Zeit genug bedeutete, um alle technischen und geschäftlichen Implikationen des Alto zu verstehen.

Möglich ist auch, daß Pake niemals die Gelegenheit hatte, die Auswirkungen von Thackers Leistung richtig zu beurteilen und zu propagieren. Nach ein paar Monaten in der Hughes-Gruppe, die ein ganzes Jahr lang arbeitete, erlitt er einen Schlaganfall, der einen mehrmonatigen Krankenhausaufenthalt nach sich zog. Als er 1975 wieder zu Xerox zurückkehrte, hatte er die Wahl zwischen zwei Aufgaben: Er konnte weiter die Möglichkeiten von PARC in der Zentrale vertreten oder in seine

Position als Manager des Forschungszentrums zurückkehren. Pake, der weder Lust hatte, im kommerziellen Bereich als Topmanager zu arbeiten, noch sich dafür eignete, entschied sich für die Arbeit in der Forschung. Es war das, was ihm am meisten lag.

Kapitel
13

Während George Pakes natürliche Höflichkeit und geschäftliche Unerfahrenheit unter Umständen dazu führten, daß er die geschäftlichen Chancen der PARC-Errungenschaften zuwenig vertrat, spornten Jack Goldman Kampflust und frühere Frustrationen dazu an, zu weit vorzupreschen. Goldman, sagt George White, erzählte über sich selbst gern eine Geschichte aus der Zeit, als er Henry Ford II. mit den Ergebnissen seiner Forschungsarbeit bei dem Autokonzern, auf die er stolz war, hatte beeindrucken wollen. Glaubt man dieser Anekdote, dann hatte der Automagnat Goldman in seinem Eigenlob mit folgender Bemerkung barsch unterbrochen: »Von Ihrem Zeug wird an unseren Wagen nicht viel verwendet, nicht wahr, Jack?« Diese bissige Kritik verfolgte Goldman wie ein Alptraum; er wollte unbedingt beweisen, daß Xerox, im Unterschied zu Ford, auf kühne Entdeckungen mehr als bittere Enttäuschung folgen lassen konnte.
Goldman lastete das Versagen des Automobilherstellers, Forschungsergebnisse in kommerzielle Chancen umzusetzen, dem an Finanzen orientierten Management an. Seiner Ansicht nach konnten bei Ford provokative Erfindungen nicht die von den Unternehmenssystemen zur Kontrolle von Kosten, Projektvolumen und Gewinn ausgeübte Tyrannei überstehen. Er war 1968 vor allem deswegen von Ford zu Xerox gegangen, weil die Vergangenheit des Kopiererherstellers und sein Potential anscheinend nicht durch quantitative Restriktionen bestimmt waren.
Seine ersten Jahre bei Xerox rechtfertigten denn auch seine Überzeugung – McColough ernannte ihn zum Aufsichtsratsmitglied, kaufte SDS, genehmigte PARC und kündigte an, daß man nach einer »Informationsarchitektur« suchen würde. Außerdem erwarb sich PARC als Forschungseinrichtung sehr viel schneller einen guten zukunftsorientierten Ruf, als man erwartet hatte. Aber Goldmans Hoffnungen auf Innovation und Veränderung begannen sich 1972 aufzulösen, als, wie eine Wiederholung seines Alptraums, die Zukunftschancen seiner Laboratorien wiederum von der Gnade bei Ford ausgebildeter Finanzleute abhängig gemacht wurden.

Zu Goldmans anhaltender Enttäuschung begannen seine Sorgen mit der Ernennung seines Freundes Archie McCardell zum President des Unternehmens. Anfänglich applaudierte Goldman leise bei der Beförderung von McCardell im Gefolge von Joe Wilsons Tod. Er respektierte McCardells Intelligenz und Phantasie und hatte wie dieser eine Vorliebe für weitschweifige Gespräche und das Pokerspiel mit niedrigen Einsätzen. Außerdem war McCardell ein überzeugter Anhänger der PARC-Idee.

»McCardell«, notierte Goldman, »erkannte sofort, wie wichtig es für ihn war, sich auf effektive technische Ressourcen einschließlich der Forschung verlassen zu können, und aufgrund dieser Tatsache war er einer derjenigen, die mein Ziel, die Forschung zu beleben, zu organisieren und innerhalb des Unternehmens wachsen zu lassen, am meisten unterstützten. Als wir unter Druck gerieten und die Gründung des Palo Alto Research Center beschleunigt vorantreiben sollten, war er einer von denen, die sich am meisten dafür einsetzten.«[72]

Aber McCardell lebte in Widersprüchen: Seine intellektuelle Neugier unterstützte das Kreative in der Forschung, sein entrückter, zahlenorientierter Managementstil tötete es wieder ab. Ende 1971 war PARC soweit, Xerox eine einmalige Anzahl technologischer Neuerungen zu liefern. Drei Monate später kündigte McCardell die Reorganisation von Xerox an. Ihr zufolge wurden der Kopierer- und der Computerbereich, sehr zum Nachteil beider, in drei große Funktionsgruppen zusammengelegt. Außerdem wurde Goldman die Zuständigkeit entzogen, neue Produkte aufgrund sich abzeichnender Erfindungen zu entwickeln.

Vor der Umgruppierung hatte Goldman erwartet, daß er PARC-Forschungsergebnisse bei SDS oder, falls dies nicht ginge, bei einer kleinen Firma im technologischen Bereich, der Electro-Optical Systems (EOS), die seit Mitte der sechziger Jahre zu Xerox gehörte, in Produkte umsetzen zu können. Bevor McCardell das Unternehmen neu strukturierte, unterstand diese kleine Firma Goldman direkt, womit er Kontrolle über Projektentscheidungen besaß. In der neuen Organisation wurde das geändert. SDS und die EOS wurden mit dem Kopiererbereich verschmolzen, und die Zuständigkeit für Entscheidungen über Neuprodukte – sowohl im Fall von Innovationen im Kopierer- wie im Nicht-Kopierer-Bereich – wurde ausschließlich der Information Technology Group (ITG – Gruppe Informationstechnologie) übertragen. Noch schlimmer, zumindest für Goldman, war, daß McCardell einen anderen der Ford-Schule entstammenden Finanzmanager, Jim O'Neill, zum Leiter von ITG ernannte.

O'Neill war von Zahlen noch mehr fasziniert als McCardell. »Archie«, sagt George White, »war aufmerksam und flexibel. Er hörte anderen wenigstens zu, auch wenn ihre Argumente mehr von qualitativen als von quantitativen Überlegungen bestimmt waren. Aber O'Neill ließ ausschließlich quantitative Argumente gelten.«
Das erste Opfer des Aufstiegs von O'Neill war Myron Tribus. Er war von Goldman angeworben worden und hatte vor O'Neill als erster technischer Leiter bei Xerox gearbeitet. Bevor er 1970 zu Xerox kam, war er zweiter Staatssekretär im Außenhandelsministerium unter Nixon gewesen und davor Dekan in Dartmouth. Er war Goldmans Angebot, zu Xerox zu kommen, gefolgt, weil er aus erster Hand erfahren wollte, warum die großen amerikanischen Konzerne stagnierten.
Was er bei Xerox entdeckte, war ein Schock für ihn. »Es war ein absolutes Desaster«, sagt Tribus selbst. »Ich hatte nicht geahnt, daß es so schlimm sein könnte.« Seiner Ansicht nach litt die gesamte Technik bei Xerox darunter, daß das Unternehmen, nach einem Jahrzehnt unvergleichlichen Wachstums, eine ganze Reihe von Ingenieuren eingestellt hatte, ohne dabei individuelle Qualifikationen oder professionelle Gesichtspunkte zu berücksichtigen. Die Ingenieure bei Xerox schienen Produkte zu entwerfen und zu bauen, deren zugrundeliegende Technik sie nicht richtig verstanden, eine Gewohnheit, die auf die Zeit zurückzuführen war, in der der Kopierer 914 entwickelt wurde.
»Als der Kopierer 914 auf den Markt kam«, erinnert sich Jack Crowley, ein langjähriger Berater und später Manager von Xerox, »war das für das Ingenieurwesen einer der größten Glanzpunkte aller Zeiten. Er war wahrscheinlich auch das am meisten ›überentwickelte‹ Produkt aller Zeiten, denn Joe Wilson war von der Vorstellung durchdrungen, ein Superprodukt auf den Markt bringen zu müssen. Die Patente liefen aus. Man nahm daher die Haltung ein: ›Zum Teufel mit den Kosten! Hauptsache, es funktioniert!‹ Das führte zu dem, was wir später die ›Cadillac-Mentalität‹ des Unternehmens nannten. Und diese Mentalität hielt sich, vor allem im technischen Bereich.«
Tribus hatte gehofft, technische Standards und Methoden einführen zu können, um das, was er als »zügellose Oberflächlichkeit« empfand, auszumerzen. Dieser Feldzug machte ihn nicht gerade populär. »Bei Xerox herrschte die reine Euphorie«, erinnert er sich. »Sie hatten ein völlig verrücktes Wachstum erlebt und verschwendeten überall Geld, aber trotzdem machten sie noch unglaubliche Gewinne.

Wenn man also zu Xerox kam und sagte: ›Das ist falsch und kann besser gemacht werden‹, dann hieß es: ›Na ja, irgend etwas müssen wir ja wohl auch richtig machen.‹«

Engstirnige Ingenieure murrten, daß Tribus zu akademisch sei, zu arrogant und letztlich zuwenig vertraut mit der Xerographie. Trotzdem hatte er jedoch auch Erfolge. Er bildete Technikergruppen, die die allen Kopiersystemen gemeinsamen Techniken dokumentierten, er änderte Struktur und Qualität technischer Prüfungen und wandte verschiedene Entlohnungssysteme an, um die allgemeine Moral in Richtung sorgfältigen Engineerings und Entwurfs zu stärken.

Jim O'Neill jedoch hatte keine Verwendung für Tribus. Er zog den Rat und die Unterstützung von Bob Sparacino vor, einem Ingenieur, der von General Motors gekommen war und sich O'Neills Ansichten als Manager zu eigen machte. Schließlich taten sich O'Neill und Sparacino zusammen, um Tribus loszuwerden.

»Myron Tribus«, sagt Goldman, »war ein absolut brillanter Ingenieur. Aber er war kein besonders guter Manager, und die Leute hatten es von vornherein auf ihn abgesehen, vor allem O'Neill und Sparacino. Statt einen Weg zu suchen, um mit ihm zusammenzuarbeiten und sich seine brillante Begabung zunutze zu machen, intrigierte Sparacino Tag und Nacht, um ihn loszuwerden.«

»Ich kannte mich in den politischen Machenschaften der Industrie nicht aus«, kommentiert ein bitterer Tribus. »Ich war die politischen Machenschaften in Washington gewöhnt, aber bei Xerox war es noch schlimmer. In Washington kannte man seine Gegner und erwartete, daß sie gegen einen arbeiten würden. Bei Xerox stellte man erst fest, wer gegen einen war, wenn man merkte, daß einem das Messer schon im Rücken steckte.«

Ob nun letzten Endes Tribus' Fähigkeiten als Manager weniger gut als die von O'Neill oder Sparacino waren oder nicht, sein Weggang jedenfalls führte zu einem erheblichen Abfall in der technischen Produktivität bei Xerox. Tribus hatte gegen ein System angekämpft, bei dem die Kopierer in größter Hast hergestellt und später in Ordnung gebracht wurden; er war davon überzeugt, daß zu viele Xerox-Ingenieure technisches Talent einfach nur vorgaben. O'Neill und Sparacino verstärkten, vielleicht auch völlig ohne Absicht, diese Schwäche, die Tribus, wenn auch nicht besonders geschickt, abzustellen versucht hatte.

Als Leiter der Gruppe Informationstechnologie hatte O'Neill bei Xerox die oberste Position im technischen und Fertigungsbereich inne, obwohl er niemals selbst einen Kopierer, einen Computer oder, während seiner

Zeit bei Ford, ein Auto entworfen und gebaut hatte. Er verstand sich auf die Finanzen. Er wußte, wie man Aufwand unter Kontrolle hält, Mengen prognostiziert und Gewinne mißt. Offensichtlich hielten O'Neill und sein Boß Archie McCardell einen solchen Background für ausreichend, um Technik und Herstellung von Kopierern, Vervielfältigern und Computern zu managen – als ob Kenntnisse im finanziellen Bereich der universelle Kode wären, mit jeder Kunst, jeder Wissenschaft fertig zu werden.

Finanzielle Auswirkungen und vereinbarte Lieferdaten bestimmten O'Neills Tagesordnung. Laut Horace Becker, einem sehr respektierten langjährigen Ingenieur bei Haloid und Xerox, behandelten die Finanzleute technische Probleme so, als wären sie einfach lästig oder, gemeinerweise, nur ein Zeichen dafür, daß man sich drücken wollte. Die Ingenieure empfanden sich als reine »Produktionsfaktoren«, ersetzbare Schachfiguren, die man auf einem Blatt mit Zahlen hin und her schieben konnte und denen man nie Vertrauen entgegenbrachte und keine Freiheit ließ. Konfrontiert mit einer derart arroganten Haltung, überließen sich viele Techniker der Malaise des »Nur so tun, als ob« und ordneten die Qualität in Technologie und Leistung der Kopierer der Einhaltung von Terminen und Zahlen unter. Der Theoretiker Tribus mag vielleicht die Rolle des reinen Experimentierens im Ingenieurwesen unterschätzt haben, aber er machte zumindest nicht den Fehler, eingehaltene Termine für eine Wissenschaft zu halten.

»O'Neills Managementtheorie«, merkte Jack Crowley an, »ging von Kontrollen aus. Sie basierte auf seinen Erfahrungen bei Ford. Er war wirklich überzeugt davon, daß, wenn man etwas nur hartnäckig und lange genug aussitzen würde, das Ergebnis auch kontrollierbar sei.«

Um den technischen Bereich bei Xerox zu managen, übernahm O'Neill von der Ford Motor Company das System der Phasenplanung. Er und Sparacino unterteilten Entwicklungsprojekte in Hunderte kleinster Aufgaben, sie bestanden auf Dutzenden von Prüfterminen und machten den gesamten Prozeß abhängig von Entscheidungen, die in Ausschüssen und nicht von einer Einzelperson getroffen wurden. Die Programme wurden allein schon von der Zahl der betroffenen Mitarbeiter her schwerfällig und brauchten lange Zeit bis zu ihrem Abschluß. Die Initiative einzelner ging zurück.

»Wir hatten beispielsweise«, behauptet Tribus, »eine ganze Menge Probleme mit dem Toner für das Drucksystem 9200. Der Toner ist der Puder, der die schwarzen Stellen auf dem Papier verursacht. Einer der Ingenieure hatte die Idee, daß, wenn man vor dem Einfüllen des Toners

in das Gerät die größten und kleinsten Körner wegließe – wir nannten sie die ›großen‹ und die ›feinen‹ –, der Toner länger halten würde. Sparacino lehnte die Idee ab.
Der Mann ging deswegen zu den Testanlagen und bat, man möge jedesmal, wenn man den Toner nachfüllte, ein wenig für ihn zurückbehalten. Nachdem er so genug Toner beiseite geschafft hatte, entfernte er die ›großen‹ und die ›feinen‹ Körner, füllte dann den Toner in einen Kopierer 9200, und dieser reichte dann zwei- bis dreimal so lange. Nachdem er das bekanntgegeben hatte, übernahm die Firma seine Lösung.
Sparacino rief ihn zu sich und sagte: ›Dieses Mal sind Sie noch damit durchgekommen. Aber Sie haben Glück gehabt. Also sehen Sie sich in Zukunft vor.‹
Statt den Mann zu loben, wurde er noch bestraft.«
Dieses spezifische Beispiel entspricht vielleicht nicht der Wahrheit, obwohl Horace Becker scherzte: »Die Möglichkeit, daß diese Story richtig ist, beträgt nur neunzig Prozent. Man durfte einfach nicht in der Art und Weise arbeiten. Es wurde nicht akzeptiert.«
O'Neills finanzieller Background, sein Glaube an ein an Zahlen orientiertes Management und seine Fixierung auf Kontrollen machten ihn praktisch intolerant gegenüber jedem Risiko – eine Haltung, die neuartiger Technologie grundsätzlich entgegensteht. Damit stand sie auch in Opposition zu Jack Goldman. Goldman hielt O'Neill für einen Buchhalter, der als Ingenieur in gefährlicher Weise falsch am Platze war; O'Neill andererseits, so die Aussage von George White, hielt Goldman für unseriös.
»Jack fühlte sich beleidigt, daß der Bereich Technik einem Manager unterstellt werden sollte, der selbst kein Techniker war«, sagt George Pake. »Das führte zu einem interessanten und vorhersehbaren Konflikt, denn O'Neill besaß einfach keinen technischen Instinkt. O'Neill ist ein buchhalterischer Typ und von Natur und Ausbildung her ganz und gar nicht risikofreudig. Aber man kann kein Engineering betreiben, ohne auch Risiken auf sich zu nehmen. Jack dagegen ist mutig, aggressiv und neigt von seiner Natur her sehr dazu, Risiken einzugehen. Das Ergebnis war, daß die Forschung bei Xerox risikoorientiert verlief, in der Entwicklung jedoch genau das Gegenteil eintrat. Jack war nicht gerade sehr zurückhaltend mit seinem Urteil über seine Kollegen im Topmanagement. Man muß also zugeben, daß er dazu beitrug, die Fehde zu schüren. Nachdem sie sich einmal entwickelt hatte, sah es schlecht aus. Und es wurde noch schlimmer.«
Das Eröffnungsscharmützel zwischen Goldman und O'Neill wegen der

Ergebnisse der PARC-Forschungsarbeit betraf die Technologie des Laserdruckers. Kurz nachdem O'Neill die Kontrolle über Neuproduktentscheidungen erhalten hatte, kündigte das Lawrence Livermore Laboratory, ein Atomforschungszentrum in Kalifornien, an, daß es am Kauf eines Laserdruckers interessiert sei, der von Gary Starkweather, Ron Rider und Butler Lampson bei PARC entwickelt worden war. Goldman war überglücklich. Starkweather hatte einen Xerox-Kopierer 7000 in ein Scanned Laser Output Terminal (Ausgabeterminal mit Laserabtastung) umgebaut, und Goldman wußte, daß, seit Xerox den Kopierer 7000 vor einigen Jahren eingeführt hatte, Hunderte von Maschinen bei Xerox schon voll abgeschrieben waren. Das ermöglichte es Xerox, wie Goldman O'Neill in großer Eile empfahl, die ersten Laserdrukker der Welt zu niedrigeren Kosten herzustellen und zu verkaufen, als man bei einer so bahnbrechenden technischen Neuheit erwarten konnte.

»Wenn ich mit einem 7000er anfange«, argumentiert Goldman immer noch, »heißt das, daß die Kosten für das Unternehmen buchmäßig gleich Null sind. Wenn ich nun diesen 7000er genommen und ihm einen Laserkopf und einen Prozessor verpaßt hätte, hätte ich einen Laserdrucker gehabt. Hätte ich jedoch hingehen und einen neuen 7000er kaufen müssen, hätte ich zu den Kosten des Geräts immerhin 5000 bis 10 000 Dollar hinzurechnen müssen.

Aber O'Neill schaute sich das an und sagte sofort: ›Auf keinen Fall!‹ Er sagte, er liefe damit das Risiko, wenn er unter diesen Bedingungen liefere, 150 000 Dollar allein für den Service zu verlieren, und er weigerte sich, das zu genehmigen. McCardell hatte dabei die letzte Entscheidung, und O'Neill krittelte immer nur wegen des Risikos. Tatsache ist, daß O'Neill das Risiko gar nicht begriff. Er war eben ein Buchhalter!«

Was O'Neill jedoch erkannte und Goldman übersah, war die Tatsache, daß das dürftige Geschäft mit Livermore nicht die Investitionen rechtfertigen würde, die der Start eines Geschäfts mit dem Laserdrucker erfordert hätte. Goldmans Idee war zwar clever, aber es blieben dabei zu viele wichtige Begleitumstände unberücksichtigt: Wie und wo sollte Xerox den Laserdrucker herstellen? Wer würde ihn kaufen wollen und warum? Laut einigen früheren Xerox-Mitarbeitern war diese Idee typisch für Goldman – genial, aber unseriös.

»Sobald irgend etwas im Labor funktionierte«, notierte George Pake, »wollte Jack es auch schon verkaufen. Die Idee, den auf dem Kopierer 7000 basierenden Drucker herauszubringen, war gut. Trotzdem hätte er erst einmal eine Extratruppe für die Herstellung zusammenbringen müssen. Und den übrigen Leuten war außerdem klar, daß man dann auch eine eigens dafür ausgebildete Verkaufs- und Servicemannschaft haben müßte.«

Myron Tribus stimmt dem zu: »Jack neigte dazu, eine Idee aufzugreifen, die noch nicht ganz ausgereift war, und sie vehement zu verfechten. Er stellte sich öffentlich hin und behauptete etwas, das vollkommen falsch war.«

Goldman war nicht jemand, der sich viel ums Detail kümmerte; seine überragende Stärke war die Begeisterung, die er für Menschen und Ideen entwickeln konnte. Einmal fand er ein Zitat, das seine eigene Philosophie so genau wiedergab, daß er es aus der Zeitung ausschnitt, umrandete und an die Wand klebte. Das Zitat lautete: »Es gibt zwei Arten, kreativ zu sein. Man kann selbst singen und tanzen. Oder man kann eine Umgebung schaffen, in der Sänger und Tänzer gedeihen.«

PARC war sozusagen die Bestätigung dieses Credos. Mit Hilfe von George Pake und Bob Taylor hatte Jack Goldman eines der kreativsten Forschungszentren in der ganzen Welt gegründet und die erforderlichen Mitarbeiter gefunden. Aber Goldman war nicht der Impresario in der Unternehmenszentrale von Xerox. In Stamford hatte er sich nach den Regeln des Hauses zu richten, und dieses Haus wurde in der ersten Hälfte der siebziger Jahre von McCardell, O'Neill und Sparacino beherrscht, die alle Goldmans Eifer als Promotor als trügerisch, ja sogar als lachhaft ansahen.

Bob Potter, ein O'Neill-Anhänger, glaubt, daß Goldman die grundlegende wirtschaftliche Ausrichtung von Xerox nicht verstanden hat. »Die Aufgabe für Xerox bestand nicht darin, neue Unternehmen von Grund auf aufzubauen. Sie bestand vielmehr darin, neue Technologien und Ideen aufzugreifen und sie in die Vervielfältigungsmaschinerie zu geben, ins Marketing und die Verkaufsmannschaften, die bereits vorhanden waren. Jack Goldman wollte immer sehr erfolgreiche Neugründungen. Er war der Ansicht, daß Xerox an Verstopfung litt und die einzige Möglichkeit, ein Produkt herauszubringen, darin bestand, es hinauszuzwängen. Einen Hammer zu nehmen und die Wände einzureißen. Er ging davon aus: ein neues Produkt, egal, was es kostet. Aber O'Neill sah auch, wie wichtig es war, das Unternehmen so, wie es bestand, einzusetzen. Für ihn war ein Produkt um jeden Preis nicht die Antwort. Ein Produkt, das einen Haufen Geld einbringen würde, das war für ihn die Antwort.«

Damit drehte sich die Goldman-O'Neill-Kontroverse im Kreis. Goldman führte mit Kreativität und Überzeugung; O'Neill konterte mit Berechenbarkeit und Logik. Doch keiner von beiden war Techniker. Keiner von ihnen verstand die Kombination aus Mut und sorgfältigem praktischem Vorgehen, die für die Entwicklung von erfolgreichen Produkten erforderlich ist, ganz gleich, ob es sich nun um die Xerographie oder die Digitaltechnologie handelt. Deswegen konnte keiner von ihnen den anderen von den Problemen in Rochester und den Chancen bei PARC überzeugen.

Das gesamte obere Management bei Xerox war mit Ignoranz im technischen Bereich geschlagen. Wie ein früherer Mitarbeiter aus dieser Führungsgruppe, Jack Crowley, sagt: »Xerox gab jedes Jahr Hunderte von Millionen Dollar für Forschung, Entwicklung und Engineering aus. Und trotzdem gab es im Topmanagement buchstäblich niemanden, der jemals ein Produktentwicklungsprogramm durchgeführt hatte, der also zu den Ingenieuren sagen konnte, das und das müßte weniger kosten und schneller durchzuführen sein, und der aufgrund eigener Erfahrung gewußt hätte, daß er im Recht war. Wenn man von einer alles überragenden Managementschwäche bei Xerox sprechen will, dann war es die, daß keiner der wichtigen Mitspieler unter Peter, und dazu gehörte ich auch, einen technischen Background oder die technische Unterstützung besaß, die es ihm gestattet hätte, Urteile im technischen Bereich mit harter Kritik anzugehen.«

Crowley berichtet, daß die übrigen Topmanager gehofft hatten, Goldman könne diese von ihnen eindeutig benötigte technische Unterstützung liefern, aber er ist der Meinung, daß der Forschungsleiter von Xerox einfach nicht über die richtige Mischung an Fähigkeiten verfügte, die dieser Job erforderlich machte. »Jack Goldman war Wissenschaftler, kein Ingenieur. Ich habe allen Grund anzunehmen, daß er ein brillanter Wissenschaftler ist. Doch wenn Sie Jack auf Kosten- und Leistungsprognosen für irgendein Projekt hin ansprachen, bekamen Sie eine unverbindliche Antwort beziehungsweise heute diese, morgen eine andere Antwort. Das ging so weit, daß die Unternehmensleitung sich wegen solcher Beurteilungen einfach nicht mehr an Goldman wandte. Das ist übrigens nicht so ungewöhnlich. Ich kenne kaum Forschungsleiter, die, wie begabt sie auch immer sein mögen, für ihren gesunden Geschäftssinn bekannt geworden wären.«

Aus Mangel an Selbstvertrauen, das sich aus persönlichen Erfahrungen im technischen Bereich hätte entwickeln können, und aufgrund von Mißtrauen Goldmans Geschäftsinstinkten gegenüber entschieden sich McColough und McCardell, die sehr ordentliche, aber lästige Phasenplanung einzuführen. Der Einfluß von O'Neill und Sparacino streckte

sich weit über den Bereich, den Goldman mit seinen großartigen Ideen erreichte, hinaus. Außerhalb der Forschung selbst besaß Goldman keine Macht, und die übrigen Topmanager wußten das.
Michael Hughes meint: »Man erkennt daran, wie sehr jemand respektiert wird, ob man ihn unterbricht, wenn er selbst eine Besprechung mit einer Frage unterbricht. Wenn McColough das tat, dann hörte sich jeder seinen Einwurf oder seine Frage und auch die Antwort an. Wenn McCardell unterbrach, dann hörte jeder außer McColough zu. Aber wenn Jack Goldman einen Einwurf machte, dann konnte er ihn manchmal noch nicht einmal ganz aussprechen. Man erlaubte sich einfach, ihn zu ignorieren. Er wurde nicht von der Gruppe anerkannt, deren Respekt man bei Xerox brauchte, um etwas durchzusetzen. Er hatte einfach niemals diesen Status. Er hätte ihn haben müssen, aber er hatte ihn nun einmal nicht.«
Mehr als zehn Jahre später spürte Goldman immer noch diesen Stachel, in der oberen Etage von Xerox zurückgewiesen worden zu sein. »Als ich zu Xerox kam«, sagt er, »konnte man sagen, daß ich an vierthöchster Stelle hinter Wilson, McColough und McCardell rangierte. Ich bekam die Position von Dessauer, und man betrachtete damals die Technologie als etwas sehr Wichtiges. Immer, wenn es auf der oberen Etage eine Besprechung gab, rief uns Peters Sekretärin alle zusammen. Am Anfang rief sie mich als dritten an. Dann entwickelte sich die Sache dahin, daß ich siebenter wurde. Und als sie dann O'Neill und andere hereinholten, war ich der letzte, der zum Gespräch gebeten wurde. Mit wachsender Größe der Topmanagementgruppe geriet ich an den Schluß der Liste, ich war einfach nicht mehr von Bedeutung.«
Innerhalb nur eines Jahres nach Joe Wilsons Tod fiel Goldman wie ein Sprungball die Managementleiter hinunter. Anfangs unterstand er direkt McColough, dann McCardell und schließlich Bill Souders, dem Leiter der Business Planning Group (Gruppe Unternehmensplanung). Seine Degradierung hielt ihn jedoch nicht davon ab, weiter für PARC zu kämpfen.
Im Januar 1973 ernannten McCardell und O'Neill Bob Potter, der als Manager Erfahrungen im technischen wie im betrieblichen Bereich mitbrachte, zum Leiter der Gruppe, die für die Entwicklung von Büroprodukten – außer von Kopierern – zuständig war. Dieser Bereich, der ursprünglich Mitte der sechziger Jahre in Rochester etabliert wurde, hatte ein erfolgreiches Faksimilegerät herausgebracht, war jedoch sonst ohne Erfolg geblieben. Das Management war der Ansicht, daß bei der überwältigenden Betonung des Kopiererbereichs in Rochester die

»Nicht-Kopierer-Aktivitäten« gelitten hätten, weil man nicht genug Mittel und nicht genug Personal zur Verfügung gestellt hatte. Deshalb – und das war für Goldman von entscheidender Bedeutung – baten O'Neill und McCardell Potter, seine Organisation weit weg vom Staat New York unterzubringen.
Die Frage war, wo. Ein externer Berater, der von Xerox beauftragt worden war, empfahl zwei Standorte: den Bereich der San Francisco Bay und Dallas. Goldman setzte sich aus vielen Gründen für Kalifornien ein. Erstens schrieb, da die neuen Büroprodukte die Digitaltechnik verwenden würden, der gesunde Menschenverstand vor, die Entwicklungsingenieure in der Nähe der Xerox-Mitarbeiter zu plazieren, die diese Computertechnik am besten kannten. Außerdem lag PARC genau in der Mitte von Silicon Valley, dem reichsten Pool an begabten Computeringenieuren und -technikern der Welt. Dallas hatte keinen dieser beiden Vorteile aufzuweisen.
Darüber hinaus stellte Goldman 1973 fest, daß SDS nicht der Katalysator für die PARC-Erfindungen sein könnte, den er ursprünglich erwartet hatte. Wie George Pake häufig betonte, besaß SDS einfach nicht die erforderlichen Engineering-Qualifikationen, um Erfindungen in Produkte umzuwandeln. Und die gegenseitige Abneigung zwischen PARC und SDS sowie die anhaltend schlechte Leistung von SDS machten eine Zusammenarbeit unwahrscheinlich. Kurz, die Isolierung von PARC innerhalb des Xerox-Konzerns war weitaus größer, als sich die meisten Führungskräfte vorstellten. Nach Ansicht von Goldman wie von Pake hätte ein Umzug der Potter-Abteilung nach Kalifornien die Lücke vielleicht schließen können.
Goldman hoffte außerdem, daß Xerox die Bereitschaft zeigen würde, mehr als nur Geld in PARC zu investieren. Er hatte nie Grund, sich über die Freigebigkeit bei Aufstellung des Budgets zu beschweren. Doch wie sich die mit Mitteln gut versorgte Forschung von PARC auf zukünftige Produkte auswirken würde – in einer Organisation, die so gegliedert und wenig risikofreudig war wie Xerox unter McCardell und O'Neill –, blieb unsicher und vage. Das Topmanagement von Xerox hätte seinen Ingenieuren befehlen können, PARCs Entwicklungen in Produkte umzusetzen. Oder man hätte ein vergleichbares Ergebnis erreichen können, indem man den Ingenieuren die Chance gegeben hätte, täglich mit den Wissenschaftlern bei PARC zu kommunizieren und sich im Arbeitsbereich des anderen mit zu engagieren. Bei beiden Ansätzen wäre eine Etablierung von Potters Gruppe in Kalifornien konsequent gewesen.

Nichtsdestoweniger gab O'Neill Dallas den Vorzug. Laut Potter bewies ein bis ins Detail ausgearbeitetes Modell einer Fabrik in Texas gegenüber einer in Kalifornien eindeutig, daß man auf der Basis von Arbeitskräften, Transport, Steuern und anderen Kosten in Dallas billiger davonkäme.
Die Kosten beeinflussen jedes geschäftliche Vorhaben jedoch nur zur Hälfte. Der andere Teil – der dem Kunden gelieferte Wert – wurde in O'Neills Berechnungen nicht berücksichtigt, was auf eine starre Ansicht zur Digitaltechnik schließen ließ, die durch Veränderungen und Möglichkeiten geradezu geschüttelt war. Sprunghafte Veränderungen bei den integrierten Schaltungen im Zweijahresrhythmus, die sich seit 1973 eingependelt hatten, versprachen sich fortzusetzen. Tatsächlich hatten effiziente Chips die Computerwissenschaft bereits über eine wichtige Schwelle hinausgetragen: Zum erstenmal in der Geschichte hingen Fortschritte in der Digitaltechnik weniger von Innovationen bei der Hardware als von neuen Entwicklungen bei der Software ab. Die Realisierung von modernen Datenverarbeitungsprodukten für einen größeren Markt als nur für die Wissenschaft würde daher die gemeinsamen Bemühungen von Ingenieuren und Unternehmen erfordern.
Doch die Berücksichtigung der Bedürfnisse und Wertvorstellungen von Kunden fehlte offensichtlich in O'Neills Finanzmodell. »Die Zahlentüftler«, meinte George White, »haben keine Zahlen für eine neue Technologie.«
Als Goldman von den Ergebnissen der von O'Neill aufgestellten Kostengegenüberstellung erfuhr, versuchte er, die Entscheidung zugunsten von Dallas abzuwehren, indem er sich der Unterstützung seines neuen Bosses Bill Souders versicherte. »In jenem Frühjahr«, erzählt Goldman, »sprachen Souders und ich über Dallas. Ich sagte ihm: ›Bill, Sie müssen sich hier einfach engagieren und die Dallas-Geschichte bekämpfen. Sie sind nicht einfach nur ‚so ein Techniker'. Man wird auf Sie hören.‹ Souders ergriff tatsächlich Partei und setzte sich für die gute Sache ein. Aber eines Tages kam er in mein Büro und sagte: ›Jack, wir haben verloren. Die Office Systems Division (Bereich Bürosysteme) wird nach Dallas verlegt.‹
Wenn man ganz eindeutig auf einen absoluten Mist hinweisen müßte«, erklärte Goldman, »dann war das der gesamte Einfluß, den die Entscheidung für Dallas auf die spätere Entwicklung der Digitaltechnik bei Xerox hatte. In Dallas entwickelte sich eine Kultur, die in völlig andere Richtung ging und völlig unabhängig war von der Welt der Digitaltechnik im allgemeinen und von PARC im besonderen.«

Kapitel
14

Seit der Zeit, als ich noch ein Teenager war«, erklärt Bob Potter, »habe ich Geld in technisch weit entwickelten Unternehmen gemacht.« Diese Selbstsicherheit kam Potter zustatten, als er 1973 mit der Chance nach Dallas ging, den Büroproduktzweig von Xerox (neben dem Kopiererbereich) zu beleben. Von McCardell und O'Neill besaß er die Zusage, in Dallas soviel investieren zu können, wie für den Erfolg nötig war. Und er konnte aus einem reichen Pool kreativer PARC-Konzeptionen und -Technologien schöpfen und auf dieser Basis innovative Produkte, die einen Vorsprung vor der Konkurrenz haben würden, entwickeln. Aber leider hielt Potter die PARC-Ideen und Erfindungen für zu futuristisch. Statt die größten Fortschritte in der Digitalforschung mit Freuden zu nutzen, zog er es vor, Dallas mit McCardells und O'Neills Segen auf einen sicheren, vorhersehbaren Weg zu führen – einen Weg, der traurigerweise in Mittelmäßigkeit endete.

Potter war unter den Mitarbeitern von Xerox eine Rarität: Er war ein Manager, der sich sowohl im technischen wie im geschäftlichen Bereich ein Urteil erlauben konnte. Nach seiner Promotion (Optik) an der Universität von Rochester im Jahr 1960 hatte er fünf Jahre in der Forschung bei IBM gearbeitet, bevor er zu Xerox kam. Hier zeigte er ein starkes Interesse dafür, die Forschung geschäftlich zu nutzen, ein Interesse, das er in verschiedenen Positionen, darunter als Geschäftsführer der Xerox-Tochter Electro-Optical Systems, unter Beweis stellte. 1973 hatte sich der 38jährige Potter zu einem der jüngsten leitenden Manager bei Xerox gemausert.

»Ich war ein sehr guter technischer Leiter mit Erfahrungen in der Geschäftsführung«, gab Potter als Erklärung dafür an, daß McCardell und O'Neill ihn zum Chef der Gruppe Bürosysteme bestimmten. »Ich hatte die Art von Gespür, die sicherstellte, daß diesem Bereich eine ganze Menge Aufmerksamkeit entgegengebracht würde.«

Unter anderem forderten McCardell und O'Neill Potter auf, Xerox-Produkte für den sich schnell ausweitenden Markt der Textverarbeitung zu entwickeln, ein Markt, der 1964 bescheiden mit der Einführung von

IBMs Magnetic Tape Selectric Typewriter (MTST, der IBM-Schreibmaschine Selectric) angefangen hatte. Die MTST funktionierte wie ein elektrisches Klavier; die Tastenanschläge folgten automatisch einem Muster, das auf Magnetband kodiert war, es sei denn, der/die Schreiber(in) unterbrach sein/ihr Tun. Mit dem MTST ließen sich die Plackerei, Fehler und Kosten bei der Herstellung von Formschreiben reduzieren, aber zur Enttäuschung der Sekretärinnen waren die Geräte nicht sehr hilfreich, wenn es darum ging, in größerem Umfang Änderungen in der Schreibweise, Interpunktion, Zusammenstellung und Struktur von Texten vorzunehmen. Diese begrenzte Leistung frustrierte, denn nach dem, was die MTST bei Serienbriefen erreichen konnte, hätte man annehmen können, daß das Gerät eigentlich noch mehr und Besseres leisten müßte.

Die Hersteller beeilten sich, dieser Nachfrage gerecht zu werden. Anfang der siebziger Jahre behaupteten nicht nur IBM, sondern mehr als ein Dutzend Unternehmen, Textbearbeitungsgeräte mit einer idealen Kombination an Funktionen anzubieten. Zu diesen neuen Funktionen gehörten verschiedene Schrifttypen, Fernsehmonitore und Datenübertragung, daneben Misch-, Such- und andere Editierroutinen. Bei der schnellen Entwicklung auf diesem Gebiet meinten Marktbeobachter, daß kein Unternehmen, nicht einmal der Marktführer IBM, zu jenem Zeitpunkt behaupten konnte, er würde langfristig der Branchenführer werden.

»Der Markt für automatischen Satz und Textaufbereitung«, kommentierte 1973 das Fachblatt *Word Processing Management,* »ändert sich nach wie vor schnell. Unternehmen, die sich hier um eine Marktposition bemühen, weil sie sich noch gute Chancen ausrechnen, kündigen fast jede Woche neue Entwicklungen oder Änderungen bei den Geräten an. Weder bei den Herstellern noch bei den Anwendern hat sich bisher eine bestimmte Richtung im Marketing und in der Technologie der Textverarbeitung als die ›offizielle‹ herausgebildet. Aus diesem Grund verfolgt jedes Unternehmen seine eigene Richtung beim Angebot von Produkten für den wachsenden Markt der Textverarbeitung.«[73]
Der Markt lief richtig heiß: Ständig änderten sich Techniken, die Nachfrage war stark und die Konkurrenz intensiv. IBMs ursprüngliche Prognose, daß sich von MTST-ähnlichen Maschinen im Höchstfall 6000 verkaufen ließen, war längst hinfällig. Bis 1973 waren in den Vereinigten Staaten über 100 000 Schreibmaschinen mit Textverarbeitung zu Preisen zwischen 4000 und 13 000 Dollar verkauft worden. Und damit verfügten erst ganze vier Prozent amerikanischer »Schreibstationen«

über die neue Technik; zu ersetzen blieben noch Millionen manuelle und elektrische Schreibmaschinen. Der Markt, der mit 200 Millionen Dollar Umsatz pro Jahr schon recht interessant war, sollte Projektionen zufolge noch riesig werden – mit Umsätzen von mindestens einer Milliarde Dollar bis 1980.

Die Chancen für Xerox lagen auf der Hand: Die Textverarbeitung paßte zu den Ambitionen des Unternehmens hinsichtlich des »Büros der Zukunft«. Größe und Wachstum des Marktes versprachen viel Raum für Umsatz und Gewinn. Bedeutende Neuentwicklungen im Computerbereich gab es bei PARC, SDS, EOS und anderen Tochterunternehmen. Und die Verkaufsmannschaft für Kopierer konnte Xerox-Kunden Textverarbeitungsgeräte überall in der Welt anbieten.

Gleichermaßen auf der Hand lag, zumindest für Potter und seine Ingenieure, die Technologie, mit deren Hilfe man das erste Textverarbeitungssystem bei Xerox entwickeln konnte. Fast alle bis dahin existierenden Textverarbeitungsmaschinen waren nicht programmierbare elektromechanische Geräte, die wie die Taschenrechner in ihrer Funktion ausschließlich von der Hardware abhängig waren. Im Unterschied zu Computern konnten diese elektromechanischen Geräte nicht durch Software modifiziert werden; wenn neue Funktionen hinzukamen, dann nur aufgrund einer neuen Hardware, nicht durch Neuprogrammierung. Trotz dieser mangelnden Flexibilität besaßen diese elektromechanischen Maschinen jedoch solide Vorteile gegenüber Computern, und zwar aufgrund ihres Preises, der nachgewiesenen Leistungsfähigkeit und der Tatsache, daß sie den Kunden vertraut waren. Beispielsweise kostete selbst das teuerste Textverarbeitungssystem bei einem Preis von etwas über 13 000 Dollar den Kunden immer noch nur einen Bruchteil dessen, was er für einen Computer zu zahlen hatte. Potters Team sah es daher als selbstverständlich an, sich an die elektromechanische Ausführung zu halten, statt Innovationen bei Software und Computern zu riskieren.

Die Leute bei PARC waren nicht einverstanden. »Wenn es ein System sein soll und es ist dann nicht programmierbar«, behauptete Bob Taylor recht anmaßend im Namen der Computerwissenschaftler, »lohnt es sich nicht, es zu entwickeln.«

Die Forschungsmitarbeiter in Palo Alto hielten elektromechanische Textverarbeitungsmaschinen für primitiv. Komplexe Editier-, Formatier- und Kommunikationsfunktionen gingen weit über die Möglichkeiten solcher Geräte hinaus, wohingegen ein programmierbarer Computer praktisch für unbegrenzt viele Funktionen der Textverarbeitung eingesetzt werden könnte; eine Tatsache, an der sich nach Ansicht von Taylors Forschungszentrum Hersteller zunehmend orientieren würden – in dem Versuch, Displays, Übertragungseinrichtungen, Laserdrucker, erweiterte Speicher und Digitalsatz vorteilhafter einzusetzen. Hinzu kam, daß die Wissenschaftler bei PARC die Kosten für Computer bereits gesenkt hatten, als Potter seine Entwicklungsgruppe in Dallas aufbaute. Im April 1973, im selben Monat, als O'Neill die Entscheidung traf, Potter nach Dallas zu schicken, stellte Chuck Thackers Team den ersten Alto-Personalcomputer fertig. Hätte die Gruppe in Dallas versucht, mit programmierbaren Textverarbeitungscomputern anstelle elektromechanischer Geräte der Konkurrenz zuvorzukommen, hätte sie dafür bei PARC ein ideales Sprungbrett gefunden. Aber den Leuten in Palo Alto kam Potter im Hinblick auf das Thema »Computer« genauso inflexibel vor wie die »fest verdrahtete« Textverarbeitungstechnik, an die zu halten er sich entschieden hatte. In dem ihr eigenen barschen Ton sagte ihm die PARC-Gruppe auch genau das, was sie dachte.

»Potter kam hierher und sprach mit uns, bevor er Dallas aufbaute«, erinnert sich Bob Taylor verächtlich. »Er hielt uns einen eineinhalbstündigen Vortrag über das technische Programm, das er in Dallas in Angriff nehmen würde, und dabei fiel nicht ein einziges Mal das Wort ›Software‹! Xerox hat sich den Falschen als Leiter der Division Büroprodukte ausgesucht, hat ihn an einen Ort gesetzt, wo es nicht gerade viele systemorientierte Leute gab, und hat außerdem auch auf keiner gemeinsamen Planung bestanden. Potter war auch einfach nur so ein Apparatetyp.«

Jim Mitchell beschreibt dieselbe Reaktion auf Potters Antrittsbesuch bei PARC. »Er gab uns diese Präsentation«, sagt Mitchell, »und wir saßen völlig bestürzt da. Wir sagten ihm: ›Sie können es sich vielleicht nicht vorstellen, aber das wird auf keinen Fall funktionieren. Das ist sinnlos!‹ Und im Grunde sagte er dann bloß: ›Zum Teufel mit euch. Ihr versteht überhaupt nichts. Ich werde mich dahinterklemmen und es so, genau so machen.‹ Das war das Stärkste, was ich je an Ignoranz erlebt habe. Er wußte nichts von Computern, und er wollte sich auch nicht informieren.«

Willkommen bei PARC, Bob Potter. Ohne Vorwarnung war der neu ernannte Chef von Dallas Verhandlungsgegenstand in einem von Bob Taylors »Dealertreffen«, das von Wissenschaftlern, die solch geschäftliche Probleme wie Machbarkeit, Preis, Kosten, Konkurrenzsituation und Kundenakzeptanz völlig kalt ließen, angesetzt worden war. McCardell und O'Neill erwarteten von Potter, innerhalb eines Jahres Pro-

dukte vorzuweisen, nicht nach fünf oder zehn Jahren. Weder der Alto noch irgendein anderes Konzept oder eine andere Technologie im Rahmen des Datenverarbeitungskonzepts von PARC, so provokativ sie auch waren, konnten 1973 diesem Termin gerecht werden. Die beste Chance für PARC, Potters Produktpläne zu beeinflussen, bestand daher wahrscheinlich eher beim zweiten oder einem noch späteren Projekt in Dallas, nicht beim ersten.
Nichtsdestoweniger schien die Frage, ob man auf Dallas irgendeinen Einfluß gewinnen könnte, PARC genausowenig zu interessieren wie damals bei SDS. Taylors Leute sahen die Produktstrategie in Dallas als konfus und rückständig an, ohne dabei zu berücksichtigen, daß im Jahr 1973 nur wenige alle Auswirkungen des Datenverarbeitungskonzepts der »persönlichen« Computer begreifen konnten, das von PARC ja auch eben erst noch entwickelt wurde. Die Wissenschaftler hätten mit viel Geduld um Anhänger im Unternehmen werben müssen. Sie hätten sich an Bob Taylors kluges Prinzip halten sollen, Auseinandersetzungen der Klasse 1 in solche der Klasse 2 zu verwandeln. Beide Parteien hätten dann ihren Standpunkt zur Zufriedenheit der anderen Partei darlegen können. Statt dessen zeigten sie sich einfach nur angewidert und machten es damit Potter und Dallas nur allzuleicht, ihre enormen Forschungsergebnisse zu ignorieren.
»Ich ging zu ihnen und setzte mich mit ihnen bei diesem Dealertreffen zusammen«, sagt Potter. »Aber ich konnte einfach nichts aus ihnen herausbringen. Ich sagte ihnen sogar, daß ich innerhalb des Unternehmens wohl einer ihrer Kunden sei, der am wenigsten begriffsstutzig ist. Aber sie waren einfach nur an ihren eigenen Dingen interessiert. Sie dachten, sie wären allen anderen überlegen. Was die PARC-Leute nie verstanden, ist, daß man von ihnen erwartete, dem weniger begnadeten, weniger intelligenten Rest der Welt zu helfen.«
So wie Potter es sah, hatten die Forschungsmitarbeiter in Kalifornien genauso wie viel zu viele Wissenschaftler bei Xerox ihren Kopf in den Wolken. Sie waren Computerfreaks, die davon sprachen, Sekretärinnen zu »befreien«, und die »das Büro auf Knopfdruck« an die Wand malten. »Was PARC für naiv hielt«, bestätigt Potter sogar, »*war* naiv – im Hinblick auf die Produkte *von morgen*. Sie hatten so viele Konzepte, daß einige davon einfach richtig sein mußten. Aber so kann man nicht vorgehen, wenn man ein Unternehmen zu führen hat.
Wir versuchten damals, die Kosten zu drücken und ein Produkt herauszubringen, das wenigstens minimalen Erwartungen gerecht würde. Unser Geschäft hieß Textverarbeitung, nicht Personalcomputer. Wir

konnten deshalb nicht gut Mittel für etwas bereitstellen, das nicht mit unseren Unternehmenszielen zu vereinbaren war und im Zusammenhang mit dem natürlichen Gewinnstreben als vernünftig angesehen werden konnte. Ich mußte mit O'Neill und seiner finanziellen Orientierung als Manager klarkommen und ihm beweisen, daß sich meine Investitionen, meine Marketing- und Geschäftspläne auszahlten. Draufgängertum allein brachte es nicht. Ich stand unter dem Druck, Geld machen zu müssen.«

Trotzdem steht selbstverständlich nirgends geschrieben, daß eine gesunde Bilanz etwa immun gegen gute Ideen ist. Potters scheinheiliger Rückzug nach Dallas machte gleichzeitig kurzen Prozeß mit seiner eigentlichen Verpflichtung, das brillante und kreative Entwicklungsteam in Palo Alto trotz dessen schlechten Betragens als Quelle anzuzapfen. Schließlich war er der Chef in Dallas; er hatte das Vertrauen und die Unterstützung von McCardell und O'Neill. Er hätte seine Stellung entweder als Waffe oder Anreiz dafür einsetzen sollen, die Unterstützung von PARC für bessere Xerox-Produkte, ob nun im elektromechanischen Bereich oder im Computerbereich, zu gewinnen. Unter Potters Leitung zog Dallas es jedoch vor, mit PARC zu konkurrieren, statt mit ihm zusammenzuarbeiten. Seine Gruppe zahlte es PARC heim und versuchte zu beweisen, daß die eigenen Lösungen die »richtigen« waren. Es kam zu einem Wettkampf um die technische Vorherrschaft, der reine Verschwendung und einfach dumm war. Eines Tages erfuhren die Leute in Palo Alto beispielsweise, daß ihre Kollegen in Dallas eine modische Variante der von Douglas Engelbart erfundenen und bei PARC weiterentwickelten Maus herausgebracht hätten. Dallas nannte dieses Eingabegerät sinnigerweise »Katze«.

Ende 1974 führte Potter bei Xerox die Textverarbeitungsschreibmaschine »800« ein. Die 800er arbeitete zweimal so schnell wie die Maschinen des Erzrivalen IBM und verfügte über einen innovativen Druckmechanismus, der von Diablo Systems, einer Firma, die Xerox 1972 aufgekauft hatte, hergestellt wurde. Diese Drucktechnik, die unter dem Namen »Typenrad« bekannt wurde, stellte einen Fortschritt gegenüber dem in IBM-Schreibmaschinen verwendeten Kugelkopf dar. Darauf war man in Dallas durchaus stolz.

»Das Typenrad«, prahlt Potter, »war die wichtigste technische Neueinführung bei Xerox in den letzten zehn Jahren, die sich umfassend auf die Büroumgebung ausgewirkt hat. Und sie hatte nichts mit PARC zu tun!«

Die Fachpresse war von dem neuen Textverarbeitungsgerät von Xerox beeindruckt, aber nicht gerade überwältigt.

»Mit ihrem schnellen Druckmechanismus und einem attraktiven Preis«, schrieb ein Redakteur im *Administrative Management*, »wird die Xerox-Serie 800 bestimmt 1975 ein heißer Renner im Textverarbeitungsmarkt sein. Obwohl sie nur über eine Grundausstattung verfügt (derzeit keine Möglichkeit der Datenübertragung, kein Bildschirm, kein Anschluß für Fotosatz) und etwas ›grün‹ ist (ein brandneues Produkt ohne praktische Erfahrung im Einsatz), läßt die 800er noch alle Möglichkeiten für eine spätere Weiterentwicklung offen. Beim jetzigen Stand der Dinge sind die Xerox-Maschinen autonome Geräte, gerade richtig, um mit ihnen Aufgaben in einfacher Textverarbeitung und wiederholtes Schreiben zu bewältigen.«[74]

Zu Potters und Xerox's Unglück bestimmten die fehlenden Möglichkeiten der 800er mehr als ihre Geschwindigkeit und die fortschrittliche Drucktechnik das Marktverhalten. Hätte die Dallas-Gruppe die 800er 1972 oder 1973 eingeführt, in den Jahren, in denen sie eigentlich entwickelt worden war, dann hätte sie wahrscheinlich wirklich einen »heißen Renner« gehabt. Doch 1975, nachdem die Konkurrenz Textverarbeitungsgeräte mit Display, Übertragungs- und anderen Möglichkeiten anbot, lag die 800er mit ihrer Grundausstattung nicht mehr gut im Rennen.

»Innerhalb von achtzehn Monaten«, sagt ein früherer Xerox-Verkäufer, »hatten wir eines der ältesten Produkte auf dem Markt. Es ist hart, wenn Sie einem Kunden gegenüberstehen und ihm sagen müssen: ›Ja, stimmt. Es gibt wirklich keinen Grund, warum Sie diese Maschine kaufen sollten.‹ Für die sieben Jahre, die ich bei Xerox war, fällt mir kein Produkt ein, das weniger beim Kunden ankam als die 800er.«

Daß Potter, wie er selbst es nannte, ein Produkt herausgebracht hatte, »das Minimalerwartungen entsprach«, überraschte seine Kollegen im Management von Forschung und Engineering nicht. Jack Goldman, George Pake und George White hielten Potter zwar für einen hart arbeitenden, aggressiven Mann, aber für phantasielos. Ihrer Ansicht nach hatte seine Wahl zum Manager in Dallas weniger etwas mit seiner Begabung als Ingenieur zu tun als vielmehr mit seinem Talent, McCardell und O'Neill in ihrem unersättlichen Appetit auf Zahlen zu bedienen. »Potter«, sagt George Pake, »konnte mit Geschäftsleuten auf eine Art und Weise reden, daß die dachten, er verstünde ihre Sicht der Dinge. Er war zungenfertig und redete schnell, aber technisch war er nicht sehr stark.«

Zu der gegenseitigen Abneigung zwischen Dallas und PARC kam hinzu, daß Dallas PARC ignorierte, weil Potter sich nicht vorstellen

konnte, daß für fortschrittliche Textverarbeitungsgeräte auf der Basis von Computern ein großer Markt existierte. Er konnte den Markt nur so sehen, wie er war, nicht, wie er vielleicht sein könnte. »Der Übergang zum Büro der Zukunft«, kommentierte er einmal, »kann keine gesellschaftliche Revolution sein. Die Entwicklung muß sich langsam vollziehen.«[76]
Für George White beruhte diese Sichtweise auf einer einfachen und zu engstirnigen Zahlenfaszination. »Wenn man prosaische Geräte entwickelt und dann nachzählt, wie viele prosaische Verkaufsmöglichkeiten es im ganzen Land gibt, dann kann man immer eine genügend große Zahl definieren, um sein Geld wieder hereinzubekommen, womit ich hier allgemein Schreibsysteme im Büro meine. Und man braucht sogar nur einen bescheidenen Anteil an allen Schreibsystemen in den USA als Umsatzziel anzusetzen, um trotzdem zu einer enormen Verkaufsprognose zu kommen. Das ist die Sicht eines Bob Potter und Archie McCardell im Hinblick auf Unternehmensentwicklung.«

Die 800er war kostenmäßig den IBM-Textverarbeitungsgeräten in zwei Punkten unterlegen. Erstens war Xerox's Typenrad in der Herstellung teurer als IBMs Kugelkopf, und zweitens sorgte die viel höhere Produktionsmenge bei IBM für größere Wirtschaftlichkeit. Die Gewinnspanne bei der 800er wurde damit ziemlich eng; Dallas mußte sein hoch angesetztes Verkaufsziel erreichen, um nicht in die Verlustzone zu geraten. Doch nach dem Budget sollte ein höherer Marktanteil erreicht werden, als die nicht besonders beachtenswerte 800er schaffen beziehungsweise halten konnte. Der Druck, der dabei entsprechend den Formeln des Finanzmanagements ausgeübt wurde, traf voll den Außendienst. Xerox's monatliche Verkaufsvorgabe pro Verkäufer war beispielsweise doppelt so hoch wie der Branchendurchschnitt.

»Die Pfennigfuchser wollen eine bestimmte Rendite, und die arbeiten sie in einen Plan ein, der vertikal funktionieren soll«, sagte der Verkaufsleiter eines Distrikts. »Sie sagten uns, was wir erreichen müßten, statt festzustellen, was wir tatsächlich umsetzen konnten.«[77]

Dallas verkaufte Tausende der 800er, aber Tausende waren nicht genug. 1976 hatte Potters Gruppe den Break-even-Punkt noch nicht erreicht. Um die Ergebnisse zu verbessern, entwarf Dallas einen Prototyp des nächsten Textverarbeitungsgeräts für Xerox, die 850er. Ausgestattet mit einem Bildschirm plus verbesserter Tastatur und Drukker, sah die 850er auf dem Papier wie ein sehr gelungenes Produkt aus. Aber das war bei der 800er auch der Fall gewesen. Dieses Mal waren Manager aus anderen Teilen von Xerox nicht sicher, ob das Unternehmen Potters Produktstrategie ohne Prüfung übernehmen sollte. Außerdem war 1976 Dallas nicht mehr allein zuständig für den Entwurf und Bau von Büroprodukten. Xerox hatte inzwischen bestimmte Teile der Fertigung und andere Bereiche aus dem abgeschriebenen SDS-Unternehmen in eine Printing Division (Bereich Druck) umgewandelt, die in El Segundo in Kalifornien beheimatet war. Unter der Leitung eines erfahrenen Managers, Jack Lewis, hatte die Gruppe in El Segundo Xerox dazu bewegen können, die von PARC entwickelte Technologie des Laserdrucks in ein Produkt umzusetzen. Und unter dem Druck von Jack Goldman und anderen hatte Xerox in Palo Alto ein kleines Team, genannt die Systems Development Division (Bereich Systementwicklung), aufgebaut, die PARCs Erfindungen in mögliche Produkte kleiden sollte.

Statt also die 850er ohne weiteres zu akzeptieren, bat die Planungsabteilung von Xerox Vertreter aus Dallas, der Printing Division, PARC und SDD (Systems Development Division), eine Strategie vorzulegen, in der die besten innerhalb des Unternehmens bereits verfügbaren Ideen zum Tragen kommen sollten. Die Display Word Processing Task Force (Arbeitsgruppe Display-Textverarbeitung), wie die Gruppe sich nannte, führte ihr Projekt in der zweiten Hälfte des Jahres 1976 durch. Unter anderem entschied diese Gruppe, daß die Datenübertragungstechnik Ethernet als gemeinsame Verbindung zwischen den Produkten eingesetzt werden sollte, die an den verschiedenen Betriebsstätten von Xerox entwickelt wurden. Nicht so leicht fiel es dann diesem Team, sich für das nächste Textverarbeitungsgerät bei Xerox zu entscheiden. Laut Jerry Elkind, dem Manager des Computer Science Laboratory von PARC und Mitglied der Arbeitsgruppe, war das Textverarbeitungssystem 850 aus Dallas, auch wenn es über ein qualifiziertes Display verfügte, eben einfach nicht zu programmieren. Im Vergleich dazu schien einigen Mitgliedern der Arbeitsgruppe der Alto wegen der vielen Möglichkeiten der Bit-Map-Anzeige und der flexiblen Unterstützung des Computers geeigneter für Aufgaben der Datenübertragung, der Textverarbeitung und des Drucks. Trotzdem ging die Arbeitsgruppe davon aus, daß der Alto in der Herstellung sehr viel teurer wäre als die 850er. Um das genauer festzustellen, bat Elkind einen Forschungsmitarbeiter bei PARC, John Ellenby, einen realistischen Kostenvoranschlag für den Alto auszuarbeiten.

»Damals«, erinnert sich Elkind, »kostete der Alto ungefähr 15 000 Dollar in der Herstellung. Die entsprechenden Kosten der 850er lagen in der Prognose bei ungefähr 5000 bis 8000 Dollar. Das Problem bestand jedoch darin, daß der Alto in kleinen Auflagen von Hand gebaut wurde, während die Kosten der 850er sich auf die Massenfertigung bezogen. Ich bat John deshalb, die Kosten der Basiskomponenten festzustellen und mit denen der 850er zu vergleichen sowie anschließend Pläne für die Herstellung auszuarbeiten.«

John Ellenby hatte vorher in vorderster Front daran mitgearbeitet, den Forschungsprototyp des Alto in eine zuverlässigere, weniger teure Version umzubauen, die als Alto II bezeichnet wurde. Die von ihm dabei erreichten Erfolge hatten ihn überzeugt, daß es noch große Chancen gab, Zuverlässigkeit und Kosten des Alto weiter in den Griff zu bekommen. In seinem Bericht für die Arbeitsgruppe gab er das Versprechen ab, daß nach einer Neukonstruktion der Alto III bis zum zweiten Quartal 1978 so weit wäre, daß man ihn zu niedrigeren Kosten als die 850er herstellen könnte. Ellenby forderte eine unabhängige Gruppe von Ingenieuren aus Rochester auf, diese Berechnungen zu prüfen. Die Gruppe bestätigte den Plan für den Alto III.

In jenem Sommer gab die Arbeitsgruppe Textverarbeitung die vorläufige Empfehlung ab, daß Xerox's nächstes Textverarbeitungssystem auf dem Alto basieren sollte. Als das Gerücht über diese Entscheidung bei PARC bekannt wurde, freuten sich alle – Jerry Elkind, John Ellenby, Bob Taylor, Butler Lampson, Chuck Thacker und Alan Kay. Anschließend überprüfte noch einmal eine Gruppe, die mit Dallas sympathisierte, Ellenbys Ausarbeitung und behauptete, daß die Entwicklung des Alto III länger dauern und mehr kosten würde, als Ellenby vorhergesagt hatte. Die Verfechter der 850er kamen zu dem Schluß, daß die 850er, nicht der Alto III in Angriff genommen werden sollte, und sie hatten genug Hausmacht, um zu verhindern, daß die Empfehlung für den Alto III aufrechterhalten und in den abschließenden Jahresbericht der Arbeitsgruppe Textverarbeitung aufgenommen wurde.

Jack Goldman erfuhr von der Ablehnung des Alto im August, als er nach einem viermonatigen Aufenthalt in Israel als technischer Berater der dortigen Regierung in die Vereinigten Staaten zurückkehrte. Er flog unverzüglich zur Westküste weiter, um festzustellen, was passiert war. Seit dem so erfolgreichen Experiment mit dem Alto und der Gypsy-Textverarbeitungssoftware bei Ginn & Co. hatte er in der Unternehmenszentrale immer dafür gekämpft, ein Alto-gestütztes Produkt auf den Markt zu bringen. Nachdem er sich Elkinds Erklärungen der letzten Vorgänge in der Arbeitsgruppe angehört hatte, entschied sich

Goldman zu einem weiteren Versuch. Er wandte sich an seinen Boß Bill Souders – nicht um die 850er zugunsten eines Alto II als Textverarbeitungssystem abzuschießen, sondern um die Genehmigung für eine kleine unternehmerische Gruppe zu bekommen, die den Alto als universellen Computerarbeitsplatz hätte einführen können. Goldman bekniete Souders, ihm dabei behilflich zu sein, Xerox's revolutionäre Technologie aus dem Laborstadium herauszubekommen, bevor sie nicht länger »revolutionär« wäre.

»Ich sagte: ›Lassen Sie uns für den Markt ein Standardgerät für einen Computerarbeitsplatz mit Bit-Map-Grafik entwickeln.‹ Und dasselbe wollte ich auch mit dem Laserdrucker machen. Ich wollte den Markt schon einmal neugierig auf das machen, womit wir etwas später dann herauskommen würden.«

Aber Souders lehnte den Vorschlag ab und zog es vor, auf die O'Neill-Sparacino-Partei zu hören, die darauf hinwies, daß Xerox bereits die Systems Development Division (Bereich Systementwicklung) genehmigt habe, die die fortschrittliche Umsetzung der PARC-Erfindungen in Produkte zur Aufgabe hätte. Die Produktion des Alto III noch mit einer anderen Xerox-Gruppe zu unterstützen, so ihr Argument, würde nur für Verwirrung auf dem Markt sorgen. Außerdem, so behaupteten sie, würde ein Geschäft mit dem Alto als EDV-Arbeitsplatz kein Geld bringen.

Ein früherer Xerox-Manager, der gegen Goldman opponierte, plädierte gegen den Alto wie folgt: »Es bestand da ein Unterschied zwischen einem System, das auf etwas funktionierte, was PARC machte, und der Tatsache, daß man in eine völlig andere Umgebung hinausgehen mußte: zu einem Kunden – einem Mr. X –, der dafür echtes Geld hinlegen sollte und nicht sehr glücklich gewesen wäre, wenn es dann nicht funktionierte und wir nur hätten sagen können: ›Oh, tut uns leid. Wir kommen zu Ihnen und werden schauen, daß wir es für Sie in Ordnung bringen.‹«

Sein Argument ging außerdem dahin, daß der Alto zu kostspielig sein würde. Er nahm an, daß die Herstellungskosten zwischen 12 000 und 15 000 Dollar betragen würden, womit Xerox gezwungen wäre, den Preis des Alto sehr viel höher anzusetzen als den des teuersten Textverarbeitungsgeräts, das damals auf dem Markt war. Außerdem, so merkte er korrekt an, würde der Alto ohne einen Drucker nutzlos sein, insbesondere für Textverarbeitungsanwendungen, und der Kauf des nötigen Laserdruckers von Xerox würde das ganze System dann noch einmal um 30 000 Dollar teurer machen.

»Bei dem Preis, den man damals zu zahlen gehabt hätte«, so die Schlußfolgerung, »würde der Alto die Erwartungen der Kunden nicht erfüllen können. Es gab ein paar Leute, die einfach alles gekauft hätten, aber damit hätten wir noch längst kein erfolgreiches Geschäft aufbauen können.«
Einige frühere PARC-Wissenschaftler schütteln bei diesen Argumenten den Kopf. Sie merken an, daß zwischen dem Jahr 1973, dem Jahr, als der Alto erfunden wurde, und 1976, als die Vorschläge sowohl von Ellenby wie von Goldman abgelehnt wurden, die integrierten Schaltkreise im Hinblick auf Leistung und Kosten zwei volle Generationen weiterentwickelt worden waren. Zusammen mit den sich aus der Massenfertigung ergebenden Vorteilen hätten die billigeren und besseren Chips die Herstellungskosten des Alto für Xerox weiter unter die für 1973, 1974 und 1975 anzusetzenden Kosten gedrückt. Wenn Xerox damals Butler Lampson, Chuck Thacker und ihre Kollegen gebeten hätte, ein kostengünstigeres, marktfähiges Computersystem zu entwerfen, dann wären die Männer, die die Technologie ja sowieso als erste entwickelt hatten, dazu durchaus bereit und in der Lage gewesen.
»Wenn der Alto III genehmigt worden wäre«, bestätigt Lampson, »hätten wir uns überlegt, wie wir etwas hätten bauen können, das im wesentlichen die Eigenschaften des Alto beibehalten und so weit wie möglich dem technischen Stand von 1976 und 1977 entsprochen hätte, der schon weit besser war als im Jahr 1972. Am wichtigsten wäre gewesen, daß dieser Computer kleiner und billiger geworden wäre.«
Lampson glaubt, daß man den Preis für den Alto auf 10 000 bis 12 000 Dollar hätte festsetzen können, wesentlich niedriger, als die O'Neill-Sparacino-Potter-Gruppe annahm, und durchaus im Rahmen der damals teuersten Textverarbeitungsgeräte. Die Kunden hätten sich dann zwar immer noch einen Drucker dazukaufen müssen, doch diese Hürde hätte Xerox in verschiedener Art und Weise nehmen können. Erstens hätte das Ethernet es ermöglicht, an einen Drucker mehrere Altos anzuschließen; hätte also Xerox mehrere Alto-Arbeitsplätze an einen Kunden verkauft, wäre der effektive Preis des Druckers wesentlich niedriger gewesen. Zweitens hätte das Unternehmen seine Laserdrucktechnologie auf einen langsameren, weniger teuren Kopierer »aufpfropfen« können. Der Kopierer 7000, den Gary Starkweather für seinen Drucker verwendet hatte, war im Vergleich einer der schnellsten und teuersten aller Xerox-Kopierer. Drittens hätte Xerox das Alto-System mit einem anderen, nicht einem Laserdrucker, anbieten können – eine weniger elegante, dafür aber auch weniger teure Möglichkeit, den Be-

dürfnissen der Kunden zu entsprechen. Viertens, und dies als letzter Punkt, hätte die Firma die Preise niedriger ansetzen und bei den ersten Laserdruckern als eine Form von Investition auf Gewinne verzichten können, die man zu einem späteren Zeitpunkt über den Büromarkt wieder hereinbekommen hätte, wenn, wie jeder erwartete, der etwas von der Digitaltechnik und von Wirtschaft verstand, die Kosten dieser neuen Technologie sinken würden.

Eine solche Taktik erscheint häufig den Unternehmern einleuchtend, die bereit sind, auf eine neue Technologie zu setzen. Beispielsweise führte, einige Monate bevor Bill Souders den Vorschlag für den Alto von Goldman abschmetterte, Wang Laboratories, eine Computerfirma in Massachusetts, hochentwickelte Computer auf dem Markt für Textverarbeitung ein. Wang war zuerst auf diesem Markt zwei Jahre früher mit einem Produkt in Erscheinung getreten, das genauso wie die 800er den Erwartungen nicht gerecht geworden war. Diese Enttäuschung hatte bei Wang die Entscheidung ausgelöst, die elektromechanische Lösung zugunsten des Computers aufzugeben. Bis 1976 hatte die Firma dann einen Prototyp entwickelt, der sehr viel höhere Leistungsstandards aufwies. Gleichzeitig war jedoch der Anschaffungspreis über das Doppelte so hoch wie die teuersten Konkurrenzprodukte. Trotzdem entschloß sich An Wang, der Gründer des Unternehmens, das Produkt im Juni 1976 anläßlich einer Textverarbeitungsmesse in New York anzukündigen.

»Wir mußten uns beeilen, bis zur Messe einen Prototyp fertigzustellen«, schreibt Wang in seiner Autobiographie,»und wir hatten insgesamt nur drei Leute, die in der Lage waren, das System vorzuführen. Doch dann passierte etwas, das uns bewies, daß wir da über ein geradezu revolutionäres Gerät verfügten.

Wir hatten einen kleinen Stand im Erdgeschoß der Messehalle und eine Gästesuite im Hilton, wo die Show stattfand. Die Nachrichten über unsere Maschine verbreiteten sich quasi wie ein Steppenbrand, und innerhalb von wenigen Augenblicken standen bei der ersten Vorführung die Leute in einer dichten Traube um unseren Stand. Die Gästesuite war so überlaufen, daß wir Einladungen herausgeben mußten, um der Menge Herr zu werden. Trotz der Tatsache, daß es sich nur um einen Prototyp handelte, der noch nicht einmal voll funktionierte (der Drucker war noch nicht in Betrieb), sahen die Leute, wie die Textverarbeitung auf dem Bildschirm vonstatten ging, und sie glaubten fast an Zauberei.

Die Grundausstattung war allem anderen, was damals zur Verfügung stand, dermaßen überlegen, daß selbst bei einem Listenpreis von 30 000

Dollar (für die Version mit der Festplatte) ein Kunde, ohne mit der Wimper zu zucken, Geräte im Wert von einer Million Dollar unter der Bedingung orderte, daß er sich das System zuvor anschauen könnte.«[78] Wangs System wurde, wie das Unternehmen insgesamt, später zum Synonym für Textverarbeitung.

Aber Xerox entschloß sich 1976, den Alto weder als Textverarbeitungssystem noch als einen universelleren EDV-Arbeitsplatz herauszubringen. Diese Entscheidung basierte mehr auf Gewohnheit als auf vernünftigen Argumenten: Xerox war es nicht gewohnt, unternehmerische Schnellstarter zu finanzieren beziehungsweise verschiedene Entwicklungsgruppen zu unterstützen, die auf der Suche nach sich potentiell überschneidenden Märkten waren. Wie Bill Souders anschließend erklärte, ging der Kopiererriese das Marketing in überlegter, wenn auch teurerer Art und Weise an:

»In erster Linie besteht die Unternehmenspolitik darin, die sofortige Anwendung bis zur vollen Nutzung derjenigen Technologien zu verlangen, die bereits profitabel sind. In zweiter Linie besteht sie darin, *keine* sofortige Rentabilität dort zu verlangen, wo wir noch in der Entwicklungs- oder Expansionsphase von Technologien stecken, von denen wir glauben, daß sie entscheidend für unsere langfristige Zukunft sind oder sein werden. Wir werden weiter Zeit und Geld in diese Technologien investieren müssen, um zu lernen, sie effizienter und wirtschaftlicher einzusetzen und mit ihrer Hilfe die von uns angestrebte Marktposition aufzubauen. Das ist ein kostspieliges Vorgehen. Aber es gibt keine Möglichkeit, es anders zu machen. Wenn man sehr viel Geld verdienen will, muß man auch sehr viel Geld investieren.«

Xerox gab schon routinemäßig über mehrere Jahre Hunderte von Millionen Dollar für die Entwicklung von Kopierern aus, bevor man sie auf den Markt brachte. Bei dieser Art des Vorgehens wurde im Fall des Alto jedoch ein wesentlicher Gesichtspunkt übersehen: Wie würden die Leute auf Computer reagieren, die sie selbst programmieren und benutzen konnten? Um dies im Jahr 1976 feststellen zu können, entweder über Goldmans Vorschlag für einen EDV-Arbeitsplatz oder Ellenbys Vorschlag, den Alto III als Textverarbeitungssystem anzubieten, hätte das Unternehmen vielleicht 10 Millionen oder auch vielleicht 25 Millionen Dollar ausgeben müssen. Souders Argumente bei der Ablehnung des Alto legten entweder nahe, daß solche Summen für Xerox einfach nicht groß genug waren oder daß das Unternehmen von seinen Kunden nichts lernen konnte. Die Xerox-Manager verstanden einfach nicht, wie sie sich einer Technologie gegenüber verhalten sollten, die von einem Kopierer so entfernt war wie der Digitalcomputer. Durch seine Absage an Goldman und die implizite Bevorzugung der 850er traf Souders eine sehr wichtige Entscheidung, eine, die niemals den Schreibtisch von Peter McColough erreichte. McColoughs Versagen – insofern, als er hier nicht intervenierte – störte Bob Potter nicht. Er glaubte, daß die Probleme, die sich aus den unterschiedlichen technischen Ansätzen in Dallas und bei PARC ergaben, die Aufmerksamkeit des obersten Bosses von Xerox einfach nicht verdienten. Es ist andererseits unvorstellbar, daß Joe Wilson anderen die Entscheidung darüber überlassen hätte, wann man mit einer grundlegend neuen Technologie auf den Markt gehen sollte. Wilson hatte das weder im Fall des Kopierers Modell A getan, der ein Fehlschlag wurde, noch beim Kopierer 914, der einschlug. Doch McColough, der für PARC die Mittel für die Entwicklung des Alto bereitgestellt hatte, blieb unbeteiligt, während die Managementmaschinerie von Xerox sich verbündete, um diese großartige Errungenschaft des Unternehmens für alle Welt ein Geheimnis bleiben zu lassen.

Wilson hatte für Xerox einmal proklamiert: »Wir streben weltweit die Führungsposition in grafischer Kommunikation an.« Im Jahr 1970 hatte McColough diesen Traum noch weiter gefaßt. »Als unsere grundlegende Zielvorstellung, als unser gemeinsamer Nenner, hat sich die Etablierung einer Führungsposition in dem Bereich herausgebildet, den wir die ›Informationsarchitektur‹ nennen.« Beide Proklamationen waren einfach, waren nobel. Doch von keiner fand man etwas in den Entscheidungen über die 850er und den Alto im Jahr 1976. Diese Entscheidungen ließen auf eine andere Unternehmensvision schließen, eine Vision von Finanzen und Kontrollen, die nur das in Angriff nahm, was man bereits sehen konnte, mit einer Technologie, die durch vorhandene Entwicklungs-, Herstellungs- und Marketingsysteme bereits etabliert war. Bei einer solchen Sicht der Dinge konnte man aus einer Führungsposition nur Nutzen ziehen, wenn ebendiese Führungsposition schon bestand; man konnte Werte nur aus dem saugen, was bereits profitabel war. In den siebziger Jahren konnte dies bei Xerox, wenn man unbedingt wollte, noch für Kopierer gelten, aber sicherlich nicht für Textverarbeitungssysteme und Computer. Unter dem Einfluß eines rein an Zahlen orientierten Managements führte Xerox Geräte wie die 800er und 850er ein, die keine führenden, sondern nur Folgeprodukte waren, während man gleichzeitig Produkte wie den Alto ablehnte, der in jeder Hinsicht das Versprechen einer Führungsposition in sich trug. Was noch gefährlicher war: Indem Xerox mit dem Alto nicht an die Öffentlichkeit trat, verhinderte es das Unternehmen dazuzulernen. Ein Alto-Computer im Jahr 1976 wäre vielleicht kein finanzieller Erfolg geworden. Na und? Der Kopierer Modell A war das Anfang der fünfziger Jahre auch nicht gewesen. Aber Joe Wilson hatte das Modell A abgesegnet, weil er an die Xerographie glaubte. Als das Modell A dann ein Fehlschlag wurde, war das für ihn und Haloid eine schlimme Niederlage. Aber deswegen verzweifelte er nicht. Er bestand darauf, daß er und seine Kollegen aus diesem Fehler lernen und herausfinden sollten, wie man das nächstemal einen besseren Bürokopierer entwickelt. Indem Xerox es versäumte, den Alto auf den Markt zu bringen, büßte das Unternehmen weit mehr ein als Geld und wirtschaftliche Chance. Es büßte seinen Glauben ein – den Glauben an sich selbst, an die Vergangenheit und an die Zukunft.

Marketing:
Die Wiedereinsetzung des Kopierers

Kapitel
15

Wenn wir jemals dahin kommen, Angst vor dem Risiko zu haben, werden wir einfach nur eines von vielen anderen Großunternehmen sein«, hatte Peter McColough 1972 anläßlich der zunehmenden Kritik an dem Aufkauf und Management von Scientific Data Systems durch Xerox laut zum besten gegeben.[79] Es war eine trotzige Aussage, die kurz und bündig die unternehmerische Philosophie und das Denken von Joe Wilson widerspiegelte. Zum damaligen Zeitpunkt hatte Xerox im Zenit seines zwölf Jahre währenden Aufstiegs aus der Obskurität gestanden, und trotz des Fehlschlags mit SDS – beziehungsweise gerade wegen dieses Fehlschlags – hatte McColough betont, daß sein Unternehmen entschlossen sei, aus Fehlern genauso wie aus Erfolgen Profit zu schlagen. Fünf Jahre später hatte sich jedoch alles geändert; als McColough sich 1977 einen Überblick über Xerox verschaffte, sah er das, wovor er sich am meisten gefürchtet hatte – einfach nur ein weiteres Großunternehmen, das weder zu Experimenten einlud noch Fehler duldete.

»Ich sehe ein Unternehmen, das vom Ehrgeiz des Überlebens im Anfang gekennzeichnet war und bei dem dieser Ehrgeiz heute weitgehend durch den Erfolg verkrustet ist«, äußerte sich McColough in einer seiner Reden, die nur für die Ohren von Xerox-Mitarbeitern bestimmt waren. »Wir sind nicht nur gewachsen, wir sind gleichzeitig eine umständliche Bürokratie geworden – mit der sprichwörtlichen Tendenz einer Bürokratie, sich aufzublähen.

Bei unserer zunehmenden Komplexität ist es im Lauf der Zeit immer schwieriger geworden, Aufgaben zu delegieren und zu akzeptieren. Und indem es immer schwieriger wird, zu entscheiden, wer für etwas zu loben oder zu tadeln ist, wird es auch immer schwieriger, die Kosten für die Produkte, die Kosten für den Betrieb, die Kosten für einfach alles zu bestimmen. Und es kommt hinzu, daß wir uns im Wettbewerb um Marktanteile immer größere Lasten aufladen. Das jedoch führt zu Verwirrung und Unzufriedenheit.«

Bei Xerox hatte eine mißgeleitete Besessenheit von Kontrollfunktionen eine vernünftige unternehmerische Vorsicht in Zensur verkehrt. Die Objektivität, ohnehin eine schwierige Sache in großen Unternehmen, verkümmerte. Statt sich selbst an den Bedürfnissen des Kunden und der Leistung der Konkurrenz auszurichten, konkurrierten die besten Leute bei Xerox untereinander in einem Rennen, bei dem es nur um persönliche Genugtuung ging.

»Im Vordergrund steht das politische Manöver«, notierte ein Berater von Xerox. »Die meisten Entscheidungen werden im Hinblick auf persönliche Ambitionen, Beförderung und dergleichen getroffen.«[80] Es war daher nicht verwunderlich, daß eine so unbewährte Technologie wie die der von PARC entwickelten dezentralen Datenverarbeitung die Topmanager abschreckte, deren Karriere von einem an Sicherheit orientierten Management abhängig war und die nach dem schrecklichen Fehlschlag mit SDS Angst hatten, ihre Zukunft bei Xerox aufgrund einer Ausrichtung am Computer aufs Spiel zu setzen. Die meisten Manager des Unternehmens bemühten sich noch nicht einmal, die fortschrittlichen Systeme von PARC kennenzulernen, und lebten in einer Art ständiger Furcht vor dem Computer, vergleichbar der Furcht vieler Schüler vor dem Mathematikunterricht. Die Vorurteile gegenüber dem Alto hätten McColough aufstören müssen. Doch offensichtlich mußte es erst noch zu etwas sehr viel Schlimmerem kommen, ehe seine Aufmerksamkeit angesprochen war – zum Aufkommen einer starken Konkurrenz in der Kopiererbranche.

Die Konkurrenzbeobachtung hatte bei Xerox in den sechziger Jahren begonnen. Über Patentanmeldungen und andere Informationsquellen beobachtete man abwartend, was bei IBM und Kodak geschah. Am meisten fürchtete man sich vor IBM, und das aus gutem Grund. Nur dieser Computerhersteller war nämlich Xerox an Größe und Reichweite seines Außendienstes überlegen. Doch IBM kam ins Stolpern. Viele ihrer Kopierer waren nicht zuverlässig genug und wiesen auch noch andere Probleme auf, und von den wichtigsten zwischen 1970 und 1977 eingeführten Produkten hatte nur eines, der Kopierer II, den Erfolg, den Xerox erwartet hatte. Bis 1977 hatte IBM in der ganzen Welt zwischen 80 000 und 90 000 Stück des Kopierers II installiert, was ungefähr zehn Prozent des Marktes entsprach. Ein beträchtlicher Schaden für Xerox, aber einer, der noch zu ertragen war.

Kodak brauchte für seinen Eintritt in den Kopierermarkt wesentlich länger als IBM. Xerox's in derselben Stadt ansässiger Rivale investierte erst einmal zehn Jahre lang in Verbesserungen bei der Kopierertechnik, bevor er gegen Ende des Jahres 1975 sein erstes Produkt ankündigte, auf das ein halbes Jahr später bereits ein zweites Gerät folgte. Insgesamt eroberten die Kodak-Kopierer sich einen sehr viel kleineren Marktanteil als IBM mit seinem Kopierer II. Trotzdem richtete Kodak für Xerox sehr viel Schaden an.

Die Kodak-Geräte machten bessere Kopien als die von Xerox und führten in den Wortschatz der Kopiererbranche ein ganz neues Schlagwort – das der »Kodak-Qualität« – ein. »Kodak-Kunden«, so das Ergebnis eines internen Xerox-Berichts, »sind mit ihren Geräten im allgemeinen sehr zufrieden und betonen vor allem die gute Qualität der Kopien.« Hinter dieser lakonischen Aussage verbarg sich eine bestürzende Tatsache, eine, von der es dem Autor schwerfällt, sie hier einzugestehen: Xerox produzierte einfach nicht mehr den besten Kopierer. Nach Ansicht vieler Fachleute verhinderte nur die Tatsache, daß der Außendienst von Kodak relativ klein war, den Weggang vieler Firmen von Xerox. »Wenn IBM das Gerät von Kodak gehabt hätte«, so stichelte man, »dann hätte sie Xerox seinen Kopf auf einem Tablett serviert.«

Die Ingenieure bei Kodak waren auch nicht talentierter als ihre Kollegen bei Xerox, sie waren nur nicht so anmaßend. Die Xerox-Ingenieure waren durchaus sehr besorgt um die Qualität der Kopien und bemühten sich um ständige Verbesserungen. Aber wie bei so vielen anderen Aktivitäten im Unternehmen maß man den Fortschritt jeweils nur an der eigenen Vergangenheit, Gegenwart und Zukunft. Xerox sah hinsichtlich der Qualitätsstandards über den eigenen Tellerrand nicht hinaus, weil die Xerox-Kopien *per definitionem* – und anerkanntermaßen – die besten waren. Bis Kodak auftauchte.

Der technische Bereich bei Kodak hatte außerdem ein besseres Management. Die in viele Phasen unterteilte Programmplanung, wie sie bei Xerox von Jim O'Neill und Bob Sparacino realisiert wurde, verlangte nach Perfektion, verhinderte jedoch gleichzeitig risikofreudige Entscheidungen. Man erwartete von den Technikern, daß sie ihre Entwürfe unter Zielsetzungen des Marketings und der Finanzen erarbeiteten, die ständig im Fluß waren und gelegentlich völlig außerhalb jeder technischen Realität standen. Wenn die daraus resultierende Komplexität dann die Realisierung eines Programms zu bedrohen schien, stellte Xerox einfach noch mehr Techniker ein. Doch eine noch größere Anzahl von Mitarbeitern hatte nur den Erfolg, daß das Unternehmen weniger effektiv wurde, weil die Zusammenarbeit sich immer schwieriger gestaltete und sich die gefürchtete Krankheit der »Betriebsblindheit« immer weiter ausbreitete.

»Wir wurden vom Gewicht der Organisation fast erdrückt«, sagte Gary

Starkweather, der anfangs einige Jahre in Rochester gewesen war, bevor er zu PARC ging. »Wir hatten zu viele Mitarbeiter, die an Projekten beteiligt waren, und das führte zu Überprüfungen und nochmals Überprüfungen, zu Papier, Papier und noch mehr Papier. Und das wiederum hieß, daß wir noch mehr Leute einstellen mußten. Die Probleme der organisatorischen Schichtungen begannen Ende der sechziger Jahre wirklich akut zu werden. Damals fing es an, wichtiger zu werden, daß man für etwas eine Genehmigung bekam, als daß man tatsächlich etwas leistete.«

Die oberste Befugnis lag selbstverständlich bei Jim O'Neill, einem Mann, der weder die Technik der Xerographie noch die Disziplin des Engineerings verstand. Seine Prioritäten wurden, wie die Techniker sehr schnell herausfanden, von anderen Kriterien bestimmt.

»Sie müssen wissen, daß die Produktprüfungen für die Techniker eine wirklich harte Sache waren«, sagt Horace Becker. »Wenn man zum Beispiel sagte, da ist das und das Problem, und deshalb können wir das Produkt erst ein halbes Jahr später einführen, dann meinten die Finanzleute: ›Okay, da die Lebensdauer des Produkts feststeht, habt ihr letzten Endes ein halbes Jahr verloren, in dem man Umsätze machen kann.‹ Dann ging man hin und hakte die letzten sechs Monate – die besten sechs Monate – ab, und schon war die Rendite hin. O'Neill reagierte in einer Situation so, daß er den Ingenieuren buchstäblich Feuer unterm Arsch machte. Er zwang sie, bestimmte Termine einzuhalten. Aber wenn Sie einen Ingenieur so unter Druck setzen, dann erzielen Sie damit meistens keine guten Ergebnisse.

Die Techniker setzten sich selbst daher immer weniger ambitionierte Ziele und hielten den Mund, wenn Manager aus dem Finanz- und Marketingbereich genau das Gegenteil taten. So entstanden Konflikte, die nicht gelöst wurden, die Zeiten in der Produktentwicklung wurden immer länger, die Produktkosten stiegen, Produktverbesserungen litten. Xerox, das die erste und zweite Generation der Kopierer geschaffen hatte, las beschämt Besprechungen,[81] in denen Kodak dafür in den Himmel gehoben wurde, daß es den ersten Kopierer der ›dritten Generation‹ herausgebracht hatte.«

Kodak war für Xerox eine Überraschung aufgrund der Qualität, IBM aufgrund ihrer Fehler. Doch zumindest beachtete Xerox diese Rivalen. Was keineswegs der Fall war hinsichtlich der dritten größeren Konkurrenz, die Xerox in den siebziger Jahren herausforderte. Diese Gruppe, die aus japanischen Herstellern bestand und anfänglich von amerikanischen und europäischen Vertriebsfirmen vertreten wurde, eroberte sich weltweit einen großen Anteil am Kopierermarkt, bevor Xerox überhaupt nur anfing zu meinen, daß sie vielleicht eine Bedeutung besäße. Die Japaner waren keine Neulinge in der Technik des Kopierens. Über viele Jahre hatten sie kleine, langsame Geräte hergestellt, die mit einem chemischen Reproduktionsverfahren arbeiteten – ähnlich dem, das bei Xerox durch die Xerographie ersetzt wurde. Aber im Juli 1975, im selben Monat, in dem Peter McColough den Aufsichtsrat von Xerox ersuchte, Scientific Data Systems aufzugeben und dem Dekret zuzustimmen, mit dem der Streit zwischen Xerox und der amerikanischen Antitrustbehörde beigelegt wurde, wurde ein völlig anderer Kopierer japanischen Ursprungs anläßlich einer Fachmesse in Minneapolis vorgestellt. Dieses Gerät, der Savin 750, änderte die Kopiererbranche mehr als jede andere Maschine seit dem 914er.

Der Savin 750 war das Ergebnis eines mehrjährigen internationalen Forschungsprojekts unter Leitung eines Amerikaners namens Paul Charlap. Charlap war der Auffassung, daß das Monopol von Xerox durchaus nicht unerschütterlich sei, und wenn auch aus keinem anderen Grund als der ganz offensichtlichen Abneigung von Xerox gegenüber langsamen Kopierern, die pro Minute nur zwischen acht und zwanzig Kopien anfertigten. Xerox bot zwar derartige Geräte auch an, aber nur in sperriger, teurer und wenig zuverlässiger Form. Mit Hilfe eines Teams aus Amerikanern, Australiern, Deutschen und Japanern schuf Charlap ein Produkt, das Xerox im Hinblick auf alle drei Punkte schlagen sollte.

Der Schlüssel zu Charlaps Erfolg war ein flüssiger Toner. Erinnern Sie sich, daß in der Xerographie elektrostatische Aufladungen genutzt werden, um Tinte an den Teilen eines Bildes haften zu lassen, die kopiert werden sollen. In den Xerox-Geräten der siebziger Jahre bestand diese »Tinte« aus trockenem Puder: Um ihn auf das Papier zu bringen, mußte der Puder in einem Xerox-Gerät erst einmal geschmolzen und dann wieder abgekühlt werden. Die Technik des flüssigen Toners war auf diese schnell wechselnden Extreme von Hitze und Kälte nicht angewiesen, womit erhebliche Kosten und Funktionsprobleme vermieden wurden.

Savin und sein japanischer Herstellungspartner Ricoh machten aus den Vorteilen des 750er eine Goldgrube. Jeder Schritt, den sie unternahmen, stellte die Strategie von Xerox auf den Kopf. Statt den Direktverkauf zu wählen, vertrieben Savin/Ricoh ihre Geräte über den Fachhandel. Statt sich auf eine Servicemannschaft zu verlassen, bauten Savin/Ricoh Geräte, die nur ein Drittel der Wartungsprobleme der Xerox-

Kopierer aufwiesen, und warben mit der Verläßlichkeit ihrer Erzeugnisse. Statt speziell auf den Kunden zugeschnittene Komponenten in ihre Kopierer einzubauen, verwendeten Savin/Ricoh so weit wie möglich standardisierte Teile. Und statt ihre Geräte zu vermieten, verkauften sie sie.

Außerdem lagen die Preise von Savin/Ricoh wesentlich niedriger als die von Xerox. Die Technik des flüssigen Toners, die Standardisierung der Teile und andere japanische Herstellungsverfahren verschafften Ricoh gegenüber Xerox einen Konkurrenzvorteil in Höhe von dreißig bis vierzig Prozent der Kosten. Savins Einführungspreis für den Kopierer 750 betrug 5000 Dollar. Im Vergleich dazu mußten Kunden, die ein entsprechendes Gerät bei Xerox kaufen wollten, den 3100er, 12 000 Dollar zahlen – bis Xerox sich auf den Preis von Savin in dem verzweifelten Versuch einstellte, den 3100er am Leben zu erhalten. Der Savin 750 wurde von heute auf morgen ein Erfolg.

Savin/Ricoh und andere japanische Mitbewerber übernahmen allerdings eine Taktik von Xerox: viel Werbung. Sie gaben genausoviel aus wie Xerox, und ihre Werbung war knallhart. In einer Kampagne von Savin[82] wurde beispielsweise der Knopf »Bediener rufen«, der bei Xerox-Geräten einen Ausfall angibt, als das gezeigt, »was am besten funktioniert«. Solche Marketingkampagnen schlugen wie die Kopierer, für die sie warben, wunderbar ein. 1976 kauften Kunden rund um die Welt über 100 000 Kopierer von Ricoh und anderen japanischen Firmen, was Savin zu der kühnen Behauptung anregte: »Wir sind da, wo Xerox zu sein pflegte: Wir sind die Nummer 1.«[83]

Bei diesem Anspruch machte man sich rasch die grundlegende strategische Differenz zwischen den Japanern und Xerox zunutze. Die Japaner verkauften Kopierer; Xerox verkaufte Kopien. Durch das Vermieten seiner Geräte verdiente Xerox noch lange an seinen Kunden, nachdem die Kosten des Geräts bereits wieder hereingekommen waren. Langsame Kopierer waren für Xerox weniger attraktiv, weil man damit, da weniger Kopien angefertigt wurden, auch weniger Geld verdiente. Als die Japaner Xerox zwangen, die Preise zu senken und sich bei den billigsten Geräten vom Leasing auf den Verkauf umzustellen, schrumpfte die Gewinnmarge bei diesen Kopierern noch mehr zusammen. Vom finanziellen Standpunkt aus betrachtet, der fast die ganzen siebziger Jahre hindurch bei Xerox tonangebend war, hatten die Japaner Xerox damit also nur in einem relativ unwichtigen Bereich angegriffen. Sicher, Savin/Ricoh konnten mit Recht behaupten, 1977 Tausende Kopierer mehr als Xerox verkauft zu haben. Aber das Topmanagement bei Xerox wußte, sie hatten demgegenüber sehr viel mehr Kopien verkauft – Milliarden mehr. Xerox's Gleichgültigkeit im Hinblick auf die einfacheren und billigeren Geräte war so ausgeprägt, daß die Berichte über den Marktanteil des Unternehmens noch nicht einmal konsequent die Zahlen für die Japaner enthielten, und zwar lange nachdem der Savin 750 bereits eingeführt war. Dringende Empfehlungen, kleinere Kopierer zu bauen, ob sie nun von Xerox's japanischem Partner Fuji-Xerox oder außenstehenden Beratern kamen, wurden abgelehnt. Ein Vorfall scheint in diesem Zusammenhang typisch zu sein. Gegen Ende eines Tages, als man ausschließlich eine mögliche Bedrohung durch die Japaner diskutiert hatte, soll Archie McCardell gelacht, einfach gelacht haben.[84]

Unter finanziellen Gesichtspunkten mag McCardells Reaktion kurzfristig korrekt gewesen sein. Umsätze und Gewinne für Kopierer der unteren Preisklasse verblaßten im Vergleich zu dem Geschäft, das Xerox in den mittleren und hohen Preisklassen des Marktes machte. Doch unter Marketinggesichtspunkten und längerfristigen finanziellen Überlegungen wählte Xerox für die niedrigen Preisklassen eine falsche Strategie. Als die Kunden erst einmal Vertrauen zu den in Japan hergestellten Geräten gewonnen hatten, bekamen die japanischen Hersteller fast bei jedem Xerox-Kunden einen Fuß in die Tür. Bei dieser Lage schien ein japanischer Angriff auf das, was Xerox als sein »Herzstück« bezeichnete, auf den wertvollen Markt der mittleren bis hohen Preisklassen, unvermeidlich. Dies veranlaßte Marktbeobachter dazu, den Markt der Billigprodukte, zumindest soweit er Xerox betraf, als die »weiche, verwundbare Stelle« des Branchenführers zu beschreiben.

Trotzdem blieb das McCardell-Team, da Xerox Kopien anstelle von Kopierern verkaufte, sehr viel mehr an Großmaschinen interessiert. Brot und Butter bei Xerox – der Hauptanteil seiner Umsätze und Gewinne – waren immer mit Kopierern gemacht worden, die pro Minute dreißig bis siebzig Kopien herstellen konnten. Solche Geräte standen in Büros rund um die Welt. Allerdings hatten sie nur zu einem winzigen Teil die Unternehmensabteilungen erreicht, wo am meisten kopiert wurde – die zentralen Reproduktionsabteilungen (Hausdruckereien). Für jeden Manager, der vielleicht zehn Kopien von einem fünfzehn Seiten langen Bericht anforderte, gab es auf der anderen Seite Aufträge bei den zentralen Hausdruckereien, wo es um die Anfertigung von hundert Kopien eines 200 Seiten umfassenden Berichts ging. Solche Unterschiede machen sich bemerkbar. Wenn, wie Xerox für das Jahr 1974 schätzte, mit Kopierern der mittleren Preisklasse in den Vereinigten

Staaten jährlich dreißig Milliarden Kopien angefertigt wurden, dann machten diese zentralen Abteilungen zehnmal so viele Kopien. 300 Milliarden Kopien. Jedes Jahr.

Hypnotisiert von diesen gewaltigen potentiellen Gewinnen investierte Xerox über 300 Millionen Dollar in den Entwurf und Bau seines Kopierers 9200, ein technisches Wunderwerk, das pro Minute 120 Kopien fertigte. Als Xerox den 9200er 1974 einführte, verglich man die enormen Kosten dieses Projekts mit denen für die Boeing 747, dem Nylon von du Pont, der 360er Computerserie von IBM, Fords (amerikanischem) Wagentyp »Edsel« und Polaroids Kamera SX-70. Die Maschine kam zwei Jahre zu spät, aber die Strategen bei Xerox machten sich keine Sorgen; ihre Finanzprognosen zeigten, daß, wenn Xerox im Schnitt nur eine einzige 9200er in jeder der 100 000 Hausdruckereien amerikanischer Unternehmen installiert hätte, die Umsätze des Unternehmens um eine Milliarde Dollar jährlich steigen würden, und davon wären 200 Millionen Dollar reiner Gewinn.

Doch sosehr die Finanzleute von dem Drucksystem 9200 angetan waren, die Marketingleute waren um so besorgter. Die zentralen Reproduktionsabteilungen waren kleine, firmeninterne Druckereien mit qualifizierten Mitarbeitern, die den Unterschied zwischen sehr gutem Offsetdruck und den vergleichsweise schlechten Kopien, die man mit Xerox-Geräten anfertigen konnte, kannten. Die Vorstellung, nur noch auf Knöpfe drücken zu sollen, um Kopien herzustellen, verletzte den Berufsstolz dieser Mitarbeiter und, was noch schlimmer war, bedrohte die Sicherheit ihrer Arbeitsplätze.

Ein Berater von Xerox faßte die Pläne des Unternehmens, die 9200er an zentrale Reproduktionsabteilungen zu verkaufen, sarkastisch wie folgt zusammen: »Nachdem Xerox zehn Jahre lang die Leiter von zentralen Hausdruckereien gemieden hat – in dem Bemühen, Xerox-Kopierer direkt an dezentrale Stellen, an Sekretärinnen, Grafikabteilungen, Buchhaltungen, an alle Abteilungen außer der des Hausdruckers zu verkaufen –, hat sich Xerox damit eine gewisse Feindseligkeit dieses Mannes eingehandelt. Man hat ihn fälschlicherweise umgangen, um seiner Firma etwas zu verkaufen. Man hätte ihn *zumindest* konsultieren sollen; nach seinem fachlichen Urteil stellt die Xerographie ein dem Offsetdruck (wenn dieser richtig eingesetzt wird) stark unterlegenes Verfahren dar. Dies veranlaßt ihn in vielen Fällen, Xerox-Geräte gegenüber seiner Firma herabzusetzen. Aufgrund der natürlicherweise possessiven und sehr menschlichen Neigung ist er motiviert, diese Arbeiten der Vervielfältigung wieder unter seine Obhut zu bekommen.

Jetzt geht nun der Außendienst von Xerox in seinem unbegrenzten Verständnis der menschlichen Natur (wobei jeder einzelne Verkäufer ein ausgebildeter Soziologe und bei Xerox von jemandem geschult worden ist, der sich anstrengt, zumindest ein paar Zentimeter weit in die Zukunft zu schauen) hin und versucht nicht etwa, dieses potentielle Hindernis für den Verkauf für sich zu gewinnen, sondern unternimmt statt dessen bewußt den Versuch, diesen Mann hinter seinem Rücken lächerlich zu machen, indem man von ihm als ›Charlie Printpants‹ (›diesem Sack in der Druckerei‹) spricht, der ›Tinte unter den Fingernägeln‹ hat... und ›Xerox nicht versteht‹ und so weiter. Es war tatsächlich ein offizieller, programmierter Angriff von Xerox, wie ich von Leuten, die damals im Außendienst tätig waren, gehört habe. So unglaublich es erscheinen mag – nachdem Xerox bis jetzt diesen Mann nicht nur im Verkauf umgangen hat, sondern sogar *über* ihn hinweggetrampelt ist (wobei Xerox ein Unternehmen ist, das sich aus Berufssoziologen zusammensetzt und wirklich sehr viel Rücksicht auf die Gefühle anderer Menschen nimmt), entscheidet Xerox, daß die Strategie jetzt heißen muß: sich im Bereich des Offsetdrucks zu etablieren und dabei die inzwischen aufgebaute wundervolle Freundschaft mit ebendem Mann zu nutzen, an den sie diese Drucksysteme verkaufen wollen. Sein Name?... Können wir einmal die Adresse auf dem Umschlag sehen... ach ja, das ist ja der gute alte ›*Sack in der Druckerei*‹!!!«[85] Der 9200er würde sich schwer verkaufen lassen.

»Sie wollen eine Kurzfassung des Problems?« meinte ein Marketingmann von Xerox anläßlich eines Treffens vor Einführung des Drucksystems 9200. »Hier ist sie: Wir haben ein großartiges neues Gerät, das derjenige, dem wir es verkaufen sollen, nicht kaufen will, und es wird ihm von einem Verkäufer angeboten, der es eigentlich auch nicht wirklich verkaufen will.«[86]

Es stellte sich heraus, daß diese Sorgen ihren guten Grund hatten. Ende 1977 hatte Xerox erst 3000 9200er an zentrale Reproduktionsabteilungen verkauft, womit man völlig jenseits des Ziels von 50 000 Stück lag, das laut Finanzprognosen des Unternehmens erreichbar wäre.[87] Trotz dieses erbärmlichen Ergebnisses versprach der 9200er jedoch immer noch ein Erfolg zu werden – nicht als Ersatz für den Offsetdruck, aber als eine schnellere und leistungsfähigere Maschine, die für den Markt für mittlere bis hohe Preisklassen zugeschnitten wäre.

Ironischerweise retteten die von Zahlen bestimmten Xerox-Manager (die vernünftige Überlegungen im Marketingbereich aufgrund ihres vehement verfolgten Ziels, zentrale Hausdruckereien amerikanischer Unternehmen zu erreichen, ignoriert hatten) ihr Traumprodukt aufgrund noch weiterer Fehlurteile. Unter dem Regime der Phasenplanung gelang es der technischen Gruppe von Xerox während der ganzen siebziger Jahre nicht, ein neues Gerät mit einem Ausstoß von sechzig bis siebzig Kopien pro Minute zu entwickeln. Damit blieb dem Unternehmen nur übrig, mit dem 3600er und 7000er – mit Technologie der sechziger Jahre – gegen IBM und Kodak anzutreten. Der 9200er stellte für Xerox eine neue, wenn auch teure Möglichkeit dar. Als die zentralen Hausdruckereien sich weigerten, das Drucksystem 9200 einzusetzen, kürzte Xerox drastisch die Preise und bot den 9200er seinen traditionellen Kunden an.

Bis 1977 waren insgesamt 15000 9200er vermietet, und die revidierten Prognosen gingen von 35000 installierten Geräten bis zum Jahr 1980 aus. Obwohl nun diese Anzahl um einiges unter dem ursprünglichen Verkaufsziel lag, hatte Xerox wie so oft schon in früheren Jahren den Grad der Nutzung seiner Kopierer weit unterschätzt. Aufgrund der Möglichkeit, pro Sekunde zwei Kopien statt nur einer zu machen, kam es dahin, daß einfach mehr Kopien angefertigt wurden. Deshalb blieb der 9200er trotz seines Mißerfolgs bei firmeninternen Druckereien mit einem prognostizierten Umsatzziel von einer Milliarde Dollar für 1980 in den Unternehmensplänen stehen.

Wenn man jedoch die beim 9200er erneut aufgetretene Gabe der Firma, durch Zufall glückliche und unerwartete Chancen zu entdecken, einmal beiseite ließ, dann war Xerox's Marktposition 1977 insgesamt gefährdet. Das Unternehmen hatte praktisch den Markt der niedrigen Preisklassen an die Japaner verloren. Im Kampf um den Markt für mittlere und hohe Preisklassen stand es IBM und Kodak mit überholten (dem 3600er und 7000er) oder überqualifizierten (dem 9200er) Produkten gegenüber. Das Bild, das von der Planungsabteilung des Unternehmens selbst gezeichnet wurde, sah düster aus:

»Überblick über reprografische Aktivitäten von Xerox (1977):
- Rapider Verlust von Marktanteilen.
- Kopiervolumen und -umsätze steigend, aber Gewinnzuwachs verlangsamt sich beziehungsweise geht zurück.
- Echte, langfristige Gewinnerwartung reduziert durch kurzfristigen Ausverkauf vorhandener, bereits abgeschriebener Kopierer.
- Die Leasingbasis von Xerox wird erschüttert durch Konkurrenzprodukte mit höherer Leistung und niedrigeren Herstellungs- und Wartungskosten.

- Xerox befindet sich in Verteidigungsstellung, die Führung bei der Preisfestsetzung und im Wachstum der Marktanteile geht auf die Konkurrenz über (mit Ausnahme des 9200er).
- Xerox besitzt in keinem Bereich einen Leistungs- oder einen Kostenvorteil gegenüber den wichtigsten Mitbewerbern. Aber die meisten großen Konkurrenten von Xerox verfügen sowohl über Leistungs- wie auch Kostenvorteile im Vergleich zu den entsprechenden Xerox-Produkten.
- Die Xerox-Produkte sind heute im allgemeinen im Vergleich zu ihrem Nutzungswert zu teuer. Das Dilemma: Es sind Preisabstriche erforderlich, aber dies könnte die Konkurrenz veranlassen, mit ihren Preisen ebenfalls heruntergehen und damit das allgemeine Preisniveau zu senken.
- Xerox befindet sich strategisch in reaktiver Verfassung aufgrund von Schwächen in der Produkt- und Kostenstruktur und aufgrund des Wunsches, die Wachstumsraten kurzfristig aufrechtzuerhalten.
- Es muß für Xerox eine langfristige Strategie erarbeitet werden, um wieder umfassender am Marktwachstum teilhaben zu können.
- Die Langfristplanung von Xerox geht von einem *Wunschziel* aus, nicht von einem *wahrscheinlichen* Ziel, das auf einer objektiven Bewertung eines erreichbaren Plans basiert.
- Unser strategischer Ansatz ist zu stark an uns selbst ausgerichtet, unsere Produktplanung und das Produkt-Engineering sind zu vorsichtig.«

Für die Manager im Unternehmen, die Zahlen Worten vorzogen, hob sich eine Zahl besonders ab. Nachdem Xerox im Jahr 1972 95 Prozent der in aller Welt gefertigten Kopien kontrolliert hatte, brachte man es, nach eigenen Untersuchungen, im Jahr 1977 nur noch auf 73 Prozent. Externe Quellen sprachen sogar eher von nur 65 Prozent Marktanteil. Trotzdem blieb Xerox auch 1977 ein großes und blühendes Unternehmen. Die Umsätze würden die 5-Milliarden-Dollar-Grenze erreichen, die Gewinne eine Rekordhöhe von 400 Millionen Dollar. Es gab keinen Grund zur Panik. Aber die Verluste im Marktanteil signalisierten eine ernüchternde Tatsache: In den fünf Jahren unter der Führung von McColough und McCardell hatte Xerox zwischen einem Viertel und einem Drittel seines Marktes verloren. Die Wurzeln des mächtigen Xerox-Baums begannen zu verfaulen.

Peter McColough kann in dieser Zeit nicht sehr zufrieden gewesen sein, weder mit sich selbst noch mit Archie McCardell. Man hätte dafür plä-

dieren können, beide aus ihren Positionen zu entfernen. Aber der Aufsichtsrat blieb bei seinem Vertrauen zu McColough, und McColough dachte nicht daran, McCardell zu feuern. Das war nicht sein Stil. Doch dann intervenierte das Schicksal und gab ihm eine elegante Chance, einen neuen President für Xerox zu bestimmen.
Anfang 1977 teilte International Harvester McCardell mit, daß man ihn dort gern als CEO hätte. McCardell hatte Bedenken. Ihm gefiel der Job, den er hatte, und er erwartete, selbst zur obersten Position von Xerox aufzurücken, sobald McColough sich zurückzöge.
Bei Harvester war man jedoch nicht so überzeugt von McCardells Zukunftsaussichten bei Xerox. Im November des Vorjahres war Jimmy Carter zum Präsidenten der Vereinigten Staaten gewählt worden. Aufgrund des hohen Ansehens von Peter McColough in Kreisen der Demokraten rechneten viele damit, daß Carter dem Chairman von Xerox einen Posten in seinem Kabinett anbieten würde. Tatsächlich verlautete auch, daß Carter McColough das Handelsministerium angeboten hätte, aber McColough lehnte ab.[88] Als daher die Liste der Kabinettsmitglieder bekanntgegeben wurde, ergriff Harvester die Gelegenheit, Archie McCardells Zufriedenheit mit seiner Position bei Xerox nochmals zu testen.
»Sie wissen, daß McColough jetzt noch eine ganze Weile bleiben wird«, stichelte man. »Es ist McColoughs Unternehmen! Es wird immer McColoughs Unternehmen bleiben. Man wird niemals von McCardells Unternehmen sprechen.«[89]
Man erinnerte McCardell daran, daß Harvester ja schließlich auch größer sei als Xerox. Wie viele Manager, so die Frage, würden wohl gebeten, eines der 25 größten Unternehmen in den Vereinigten Staaten zu führen? McCardell war endlich einverstanden, sich mit dem Chairman von Harvester, Brooks McCormick, zu treffen. McCormick war von McCardell beeindruckt und bot ihm eine Gesamtvergütung von über sechs Millionen Dollar an. Und doch wäre McCardell wahrscheinlich bei Xerox geblieben – hätte McColough die richtigen Signale gegeben.
»McCardell«, so notierte Jack Goldman von seiner günstigen Stellung als Aufsichtsratsmitglied bei Xerox aus, »war bereit, weiter bei Xerox zu bleiben, wenn Peter McColough, damals der CEO, ihm versprochen hätte, daß letztlich er die Position des obersten Bosses bei Xerox innehaben würde. Aber davor scheute McColough zurück.«[90]
Nach dem Ausscheiden von McCardell hoffte McColough, daß sich bei Xerox einiges ändern würde – trotz der Milliarden Dollar Umsatz und der Hunderte von Millionen an Gewinn. Diese Zahlen waren bemer-

kenswert, aber die Organisation brauchte jetzt mehr als nur Zahlen. Es mußte seine Leistungsorientierung wiederfinden. Xerox mußte lernen, wieder zu gewinnen. Bei seiner Suche nach einem Nachfolger für McCardell hielt sich McColough von solchen zahlenfixierten Leuten wie O'Neill fern. Er wollte den Typ des Verkäufers, jemanden, der ihm ähnlich wäre, jemanden, der die 100 000 Mitarbeiter von Xerox motivieren könnte, jemanden, der genügend Inspiration für einen großartigen Wiederaufstieg des Unternehmens mitbrächte.
Er wählte David Kearns.

Kapitel
16

Ende der sechziger Jahre, als Joe Wilson und Peter McColough entschieden hatten, daß ihre Haloid/Xerox-Kollegen der Aufgabe nicht gewachsen wären, ein Milliarden-Dollar-Unternehmen zu managen, hatten sie mehr als ein Dutzend Männer aus anderen *Fortune-500*-Unternehmen abgeworben. David Kearns zum Beispiel war siebzehn Jahre bei IBM gewesen, bevor er zu Xerox kam. Die Personalkampagne von Wilson und McColough hatte viele begabte Leute zu Xerox gebracht. Aber sie hatte auch einen Wettkampf ausgelöst: Xerox-Beobachter fragten sich, welche Gruppe aus welchem früheren Unternehmen die Kontrolle über das Unternehmen wohl gewinnen würde. Am meisten in den Vordergrund gerieten zwei »Truppenkontingente«: Ford und IBM. Die ehemaligen Ford-Manager, angeführt von Archie McCardell und Jim O'Neill, richteten sich nach den sorgfältig ausgearbeiteten Kontroll- und Finanztheorien, die in den fünfziger Jahren bei dem Automobilhersteller eingeführt worden waren. Die IBM-Abordnung andererseits neigte mehr dazu, sich an Umsätzen statt an Statistiken zu orientieren. Die meisten von ihnen, darunter auch Kearns, schafften ihren Aufstieg über das Marketing. Als daher Kearns 1977 den Ford-Schüler McCardell ablöste, erwartete man eine Verschiebung in der relativen Stärke der beiden Parteien und gleichzeitig im Marketing- und Finanzdenken, das sie repräsentierten. Weniger klar war, wie Kearns es schaffen sollte, das Topmanagement von Xerox dahin zu bringen, unabhängig von früheren Managementerfahrungen und früherer Managementausrichtung zusammen in einem Team zu arbeiten.

»Xerox importierte viele Manager auf ganz verschiedenen Ebenen«, sagt Jack Crowley, der selbst 1977 zu Xerox nach einer langen Karriere bei der Managementberatung McKinsey & Company kam. »Sie alle brachten in das Unternehmen ihre sehr unterschiedlichen Wertsysteme, Managementmethoden und Erfahrungen bei anderen Firmen mit. Da gab es Leute von Ford, von GM, von GE, von IBM. Und aus anderen Unternehmen. Sie alle auf identische Wertvorstellungen und Systeme festzulegen war unglaublich schwierig. Alle diese Leute waren jeder für sich sehr fähig und hatten ihre Qualifikationen schon vorher unter Beweis gestellt. Aber wie bekommt man solche Leute dazu, sich darauf zu einigen, eine einheitliche Linie zu verfolgen?«

Daß McCardells Weggang den unterschiedlichen Kanon an Stimmen nicht zum Schweigen gebracht hatte, wurde im November 1977 besonders deutlich, als das Unternehmen nach sechs Jahren wieder einmal eine weltweite Konferenz für Xerox-Manager einberief. Das frühere Treffen von 1971 war angesetzt worden, um ein in voller Blüte stehendes Monopol zu feiern. Der Sinn und Zweck dieses neuen Treffens war komplizierter – man wollte die allgemeine Moral heben, indem man die finanzielle Stärke und Großartigkeit von Xerox herausstellte, jedoch gleichzeitig sehr unverblümt über Konkurrenzschwächen und die Notwendigkeit einer Änderung des Unternehmens sprach.

Mit der Planung der Konferenz hatte man begonnen, bevor McCardell zu Harvester ging. Auf Peter McColoughs Anregung hin hatte man vier Tage für die Konferenz angesetzt, in denen die kritischen Themen der betrieblichen Änderung, Wettbewerb, Kosteneffektivität, Technologie, Mitarbeiter, Leistung und die Zukunft diskutiert werden sollten. McColough sollte mit einer sehr realistischen Rede den Anfang machen, in der er Xerox ausdrücklich aufforderte, sich selbst einer sehr kritischen Prüfung zu unterziehen. Am zweiten Tag sollte Kearns als oberster Marketingchef über die Konkurrenzsituation des Unternehmens im Kopiererbereich sprechen. Der Schwerpunkt am dritten Tag würde eine Rede von McCardell sein, in der er Verbindungen zwischen Konkurrenzstärke und Kosteneffektivität aufzeigen würde. Und am vierten Tag sollte dann eine PARC-Präsentation der »Welt von 1985« stattfinden mit einer abschließenden Ansprache von McColough, in der er sein Vertrauen zum Ausdruck bringen würde, daß die Mitarbeiter bei Xerox den vor ihnen liegenden Aufgaben gewachsen wären.

Durch die Ernennung von Kearns im August gestaltete sich dieser Zeitplan etwas schwieriger. Es erschien unangebracht, Kearns als neuen Präsidenten des Unternehmens allein über das Thema Marketing referieren zu lassen. Und die Leute, die die Konferenz planten, hielten auch die Rede über Kosteneffektivität, die man ursprünglich für McCardell angesetzt hatte, für ein nicht genügend erbauliches Thema, um damit Kearns als neuen Boß seinen 250 wichtigsten Managementkollegen vorzuführen. Sie wußten, daß, wenn man Kearns nicht im richtigen Rahmen vorstellte, das kräftige Signal für zukünftige Änderungen, das seine Beförderung symbolisierte, abgeschwächt würde. Außerdem wußten sie, daß sie mit den Parteiströmungen bei Xerox sorgfältig umgehen müßten – denn wer vom Management über welches Thema sprechen würde, würde dem Publikum genausoviel sagen wie der Inhalt der einzelnen Reden.

Die interne Korrespondenz läßt auf viel Engagement und viele Positionsverschiebungen schließen, bevor man versuchsweise zu der Entscheidung kam, Jim O'Neill über Kosteneffektivität sprechen zu lassen, während Kearns als Marketingredner beibehalten, seine Rolle jedoch erweitert wurde, indem man ihm außerdem die vorher McColough zugedachte Aufgabe der Ansprache der Mitarbeiter übertrug. Dieser Plan wurde jedoch sofort von Frank Marshall, Peter McColoughs langjährigem Ghostwriter und Berater, unter Beschuß genommen.

»Kearns«, schrieb Marshall in einem vertraulichen Memorandum an den Planungsleiter der Konferenz, »ist der Chief Operating Officer (COO) des Unternehmens, und es sollte nicht der Anschein erweckt werden, als würde er immer noch das Marketing für unsere Kopierer und Vervielfältiger leiten. Wenn außerdem O'Neill über Kosteneffektivität spräche, würde es so aussehen, als wäre das *seine* Zuständigkeit, nicht die von Kearns. Tatsache ist, daß Kearns dafür zuständig sein wird, unternehmenspolitische Richtlinien zu realisieren, und das sollte klargemacht werden.«

Weiter brachte Marshall das Argument vor, daß »O'Neills Idee der Kosteneffektivität möglicherweise anderen Standpunkten im Unternehmen zuwiderlaufe. Ihm daher diese Rede zu überlassen würde den Anschein erwecken, als hätten seine Ansichten sich durchgesetzt.«

Und abschließend meinte er: »Die zwei wichtigsten Ansprachen sind die von Peter McColough (die sehr realistische) am ersten Tag und die Rede von Kearns über die Mitarbeiter. Wenn Kearns sich mit dem Problem des Kopiererbereichs vor seiner ›Mitarbeiterrede‹ befassen müßte, würde damit meiner Ansicht nach die Bedeutung der letzteren herabgesetzt.«

Marshalls Argumente führten dazu, daß man die Konferenzplanung nochmals revidierte. Man ließ die Rede über Kosteneffektivität als Einzelrede fallen und entschied sich statt dessen dafür, dieses Thema in jede Rede hineinzubringen. Dann bat man O'Neill, die Einführungsrede für die Präsentation der Kopierer zu halten. Kearns war damit von allen Verpflichtungen frei, außer daß er eine inspirierende Ansprache für die Mitarbeiter halten sollte.

Die Weltkonferenz von Xerox im Jahr 1977 begann an einem Sonntag, dem 6. November, in Boca Raton in Florida. Am Montagmorgen nahmen die Xerox-Manager mit ihren Frauen an einer Multimediapräsentation der gesamten Produktlinien von Xerox teil. Die Ausstellung sollte dem zuständigen Manager zufolge »Vertrauen in die umfangreiche Palette der Xerox-Produkte und Begeisterung für die wichtigen neuen Produkte erwecken, die gerade eingeführt werden«. In anderen Worten: eine Schau der Stärke. Um dieser Botschaft noch mehr Gewicht zu verleihen, hatte McColough darauf bestanden, daß einige Xerox-Produkte ausgestellt würden, die noch nicht ganz marktreif waren. »Er glaubt, wir müssen einige Risiken eingehen und damit leben«, merkte ein Mitglied aus der Konferenzplanung an, als er ein Treffen mit McColough rekapitulierte. »Wenn wir auf Widerstände stoßen, muß schriftlich nachgewiesen werden, daß das (Entwicklungs-) Programm Schaden nehmen würde, wenn ein Produkt wie etwa der 9700er in Boca Raton gezeigt würde.«

Die Konferenzteilnehmer sahen mehr als drei Dutzend Kopierer, Vervielfältiger, Drucker, Textverarbeitungssysteme, Datenübertragungseinrichtungen und andere Geräte. Die jüngste Version des Drucksystems 9200, bekannt unter der Bezeichnung 9400, wurde genauso gezeigt wie verschiedene andere Maschinen, die noch unter Projektnamen, nicht unter einer Zahlenbezeichnung liefen. Am bemerkenswertesten von allen war sowohl unter geschäftlichen wie technischen Gesichtspunkten der xerographische Laserdrucker 9700 für den Anschluß an Computersysteme.

Der 9700er stellte den Höhepunkt der Xerox-Investitionen in PARC dar. Das Gerät war eine Verbindung aus digitaler und xerographischer Technik und wurde termingerecht, wenn auch auf holprigem Weg, auf den Markt gebracht. Gary Starkweather hatte zum erstenmal demonstriert, daß ein Laser xerographische Bilder erzeugen könne, als er 1971 bei PARC das »Scanned Laser Output Terminal« (Ausgabeterminal mit Laserabtastung) erfand. Ein Jahr später hatten Ron Rider und Butler Lampson den »Research Character Generator« (Zeichengenerator für die Forschung) entworfen und gebaut, einen Digitalprozessor zur Steuerung des Laserdruckers von Gary Starkweather. Nachdem beide Geräte kombiniert worden waren, stand PARC damit der fortschrittlichste elektronische Drucker der Welt zur Verfügung. Trotzdem waren die ersten Vorschläge zur Nutzung dieser Erfindung so wie der Livermore-Plan von Jack Goldman auf Widerstand gestoßen.

Viele stimmten gegen einen Laserdrucker. Einige behaupteten, daß Laser, die Anfang der siebziger Jahre gerade ein Jahrzehnt alt waren, gefährliche Todesstrahlen darstellten, die man aus den Xerox-Produkten heraushalten sollte. Andere setzten sich für alternative Druckverfahren ein, die von Ingenieuren des Unternehmens in New York entwickelt wurden. Und wiederum andere meinten, daß der Markt für einen solchen Drucker, wenn denn überhaupt vorhanden, zu klein sei, um die erforderlichen Investitionen zu rechtfertigen.

Jahrelang verbrachten Lampson, Rider und Starkweather viel Zeit in Arbeitsgruppen und Projektgruppen, in denen sie ihre Technik erklärten und für sie eintraten. Mit wesentlicher Unterstützung seitens anderer Landsleute demonstrierten sie die Sicherheit von Lasern und bewiesen wiederholt, wie überlegen der laserxerographische Druck anderen Konkurrenzverfahren war. Außerdem blieben sie während der ganzen Zeit bei ihrer Behauptung, daß es hierfür einen attraktiven Markt gebe, auch wenn die meisten kaufmännisch orientierten Mitarbeiter bei Xerox das nicht erkennen könnten.

»Es klingt arrogant«, sagt Starkweather, »aber wir haben wirklich gesehen, was der Laserdruck für den Markt bedeuten könnte. Der Grund, warum es vorher keinen Markt für diese Technik gab, bestand einfach darin, daß sie noch nicht existierte. Aber wir waren überzeugt, daß kein vernünftig denkender Mensch diese Technik ablehnen würde.«

Trotz dieser Überzeugung hätten sich jedoch die Ingenieure und Wissenschaftler, die für den xerographischen Laserdruck waren, nicht durchgesetzt, wäre da nicht Jack Lewis gewesen, der Leiter des Bereichs Druck bei Xerox. Lewis trat für die PARC-Erfindung ein und stellte die Mittel für ihre Weiterentwicklung bereit. Seine Position war nicht ohne Risiko. Wie George Pake berichtet, hatte Lewis zumindest zweimal die unmittelbare Order, das Drucksystem 9700 abzublasen. Nachdem IBM 1975 den ersten schnellen Laserdrucker eingeführt hatte, stimmte Xerox schließlich dem von PARC inspirierten Produkt zu. Lewis stellte eine spezielle Verkaufsmannschaft für den Laserdrukker zusammen und hatte im Herbst 1977 ein Produkt, das man in Boca Raton auf jeden Fall schon einmal ausstellen konnte. Aufgrund seiner Bemühungen erwarb sich Lewis viel Ansehen bei anderen Xerox-Mitarbeĩtern. Die Mitarbeiter in der Konferenzplanung beispielsweise nannten ihn »den Mann, der es schafft«. Wichtiger noch war, daß, sobald der 9700er den Verkäufern von Lewis zur Verfügung stand, dieser Drucker sich zu einem der stärksten Wachstumsprodukte des Unternehmens mauserte.

Der Laserdrucker war in Boca mit weitem Abstand das modernste Produkt, eine indirekte Erinnerung daran, daß der so über alles wichtige Kopiererbereich mit der Konkurrenz nicht Schritt gehalten hatte. Tatsächlich war auch das Gerät, das für das Wohlergehen von Xerox am wichtigsten war – ein Ersatz für den Kopierer 7000 mit einer Leistung von siebzig Kopien pro Minute als Konkurrenz zu Kodak und IBM – nicht ausgestellt. Statt dessen erfuhren die Konferenzteilnehmer in Boca, daß das unter dem Namen »Moses« laufende Entwicklungsprojekt, das den dringend benötigten Kopierer hätte realisieren sollen, am Vorabend der Konferenz gestorben sei.

Moses stellte den tiefsten Stand in der Produktentwicklung dar. Ursprünglich bereits im Jahr 1972 geplant, kam das Projekt wiederholt zum Stillstand, weil sich Leute im Marketing und in den Finanzen über dessen Funktionen und seine Wirtschaftlichkeit nicht einig waren. Niemand hörte auf schon früh geäußerte Warnungen von Jack Goldman und Horace Becker, daß man in der Forschung noch wichtige technische Probleme der geplanten Maschine lösen müsse. 1977 gab es diese und andere Probleme immer noch – trotz Bemühungen, sie unter Einsatz von tausend Mitarbeitern und bei Kosten in Höhe von mindestens neunzig Millionen Dollar in einem Zeitraum von fünf Jahren in den Griff zu bekommen. Inzwischen hatten sowohl IBM wie auch Kodak Kopierer mit besseren Funktionen und niedrigeren Herstellungskosten eingeführt, als sie Moses aufweisen sollte. Die Suche bei Xerox nach einer vollkommenen Ablösung des Kopierers 7000 hatte nur ein vollkommenes Chaos erzeugt.

»Wir kamen zu der Überzeugung«, kündigte Jim O'Neill auf der Konferenz an, »daß die hohen Entwicklungskosten, die für dieses Produkt noch erforderlich wären, nicht angemessen sind und besser dafür eingesetzt werden sollten, den Erfolg unserer vielen anderen gerade in der Entwicklung befindlichen Produkte sicherzustellen.«

Das Fehlen des Moses gab für Peter McColoughs »Realismusansprache« am Dienstagmorgen einen düsteren Rahmen ab. »Wir sind auf eine starke, intelligente und finanziell potente Konkurrenz gestoßen«, sagte McColough seinen Zuhörern. »Wir werden in wichtigen Teilbereichen des Marktes sowohl im Marketing wie im Engineering wie in Richtung Cleverneß überboten. Wir haben das als schockierend empfunden, denn darauf waren wir einfach nicht vorbereitet.

Ich glaube, wir sollten uns gleich zu Beginn dieser Diskussion darüber einig sein, daß die Dinge niemals wieder für Xerox so aussehen werden wie in der Zeit, als wir den Markt im wesentlichen für uns selbst hatten und fast hundertprozentig durch unsere Patente geschützt waren. Das war eine Zeit, in der unser üppiges Wachstum nahezu unser einziges Problem war, eine Zeit, in der wir uns alle Zeit der Welt nehmen konnten, um neue Produkte zu entwickeln und einzuführen, eine Zeit, in der

der Gewinn, den wir mit unseren Produkten machten, fast alle hohen Kosten, die wir im Unternehmen übernahmen, mühelos abdeckte.

Nun habe ich zwar nicht vor, innerhalb des Managements von Xerox eine Panikstimmung zu erzeugen. Aber es besteht kein Zweifel daran, daß wir – und ich schließe mich mit ein – schon zu lange damit gewartet haben, uns diesen Problemen öffentlich zu stellen. Ich weiß, daß viele von Ihnen, und ich ganz bestimmt, sich mit diesen Problemen für sich selbst bereits auseinandergesetzt haben. Viele von uns haben schon erste Versuche unternommen in der Hoffnung, die Bürokratie, die wir geschaffen haben und von der wir ein Teil sind, auf die Gefahren aufmerksam zu machen, in der Hoffnung schließlich, daß dieses Unternehmen sich ändern würde. Das hat nicht funktioniert.

Wir stehen heute vor der dringenden Aufgabe, innerhalb des Unternehmens eine Änderung herbeizuführen!«

Xerox's oberster Boß ging dann dazu über, die Stärken und Schwächen des Unternehmens im Kopierer-Vervielfältiger-Bereich als auch auf den neueren, weniger ausgebildeten Büroinformationsmärkten zu beschreiben. Aber es war die unverblümte Eröffnungssalve von McColough, unter deren Eindruck das Publikum noch stand, als er zum Schluß seiner Rede kam und die Bühne Jim O'Neill überließ, der über das wichtigste Thema der Konferenz sprach: über das, was Xerox zu tun gedachte, um seine angeschlagene Position in der Kopiererbranche wieder zu verbessern.

O'Neill stand dabei vor einem klaren Handikap – in den Augen vieler, wenn auch sicherlich nicht aller, war er zum Symbol der Schwierigkeiten von Xerox geworden. Xerox war nicht ins Schwimmen geraten, weil der Verkauf nicht funktioniert hätte. Vielmehr hatte das Unternehmen zu viele zweitklassige Kopierer entwickelt, die in der Herstellung zu teuer waren, eine Tatsache, die durch das Schicksal des Moses noch bitter betont wurde.

»Wir hatten nur Aufgewärmtes auf dem Markt«, soll der Leiter des Verkaufs in den Vereinigten Staaten gesagt haben. »Ich selbst war auch da draußen – mit einem rostigen Bajonett und einem leeren Gewehr.«[91] Wie jeder in Boca sehr gut wußte, waren die Ingenieure, die die Kopierer entwickelten, und die Hersteller, die sie bauten, viele Jahre lang O'Neill unterstellt gewesen. Was er sagte, wurde daher besonders kritisch beurteilt. Angesichts des Redners und seines Themas warteten O'Neills Gegner auf Widersprüche, und sie wurden nicht enttäuscht. Seine Beurteilung der Konkurrenzsituation war zunächst offen genug. Xerox versuchte im Augenblick, seinen Marktanteil mit veralteten Ko-

213

pierern im Kampf gegen überlegene Produkte zu halten. Xerox hatte es versäumt, die schnelle Entwicklung des Marktes für Produkte der unteren Preisklasse zu berücksichtigen beziehungsweise an ihr zu partizipieren. Xerox stand ungeschützt dem Vorpreschen der Japaner gegenüber. Xerox war weniger kosteneffektiv als jeder einzelne seiner größten Konkurrenten.

Doch als O'Neill zu seinen Rezepten in dieser mißlichen Lage kam, hörten seine Kritiker nur Wiederaufgewärmtes von dem, was sie als einen negativen Managementstil ansahen. Er schwafelte in seinen Empfehlungen weiter von der Phasenplanung, nachdem andere Redner, darunter auch McColough, dieses System bereits direkt kritisiert hatten. Er schien andeuten zu wollen, daß Xerox sich vielleicht mit dem zweiten Platz zufriedengeben solle, als er sagte: »Wir werden nicht immer die Führung in allen Marktsegmenten haben.« Er beschuldigte den Verkauf, den Service und den Vertrieb, exzessiv Geld auszugeben. Kurz, O'Neill schien auf jeden mit dem Finger zu weisen, außer auf sich selbst.

Außerdem bezweifelten, wie Frank Marshall schon vorher gewarnt hatte, viele Manager die Wirksamkeit von O'Neills Methoden zur Kosteneffektivität. O'Neill setzte eine Reduzierung der Ausgaben mit verbesserter Effizienz aufgrund von Personalkürzungen, stärkerem Einsatz der Mitarbeiter und Streichung überflüssigen Materials gleich. Einige dachten, daß dieses Vorgehen zu engstirnig sei. Beispielsweise vermieden die Japaner mit ihrer Herstellung standardisierter Teile die hohen Kosten, die Xerox entstanden, wenn es die Lieferanten aufforderte, spezielles Werkzeug für begrenzte Produktionen auf Kunden zugeschnittener Komponenten zu entwickeln. Die Lösung dieses Problems hatte nichts mit Effizienz zu tun: Dazu gehörten grundsätzliche Entscheidungen im Entwurf, die die eigentliche Domäne der Ingenieure waren, nicht die der Finanzleute.

Wenn O'Neill dies verstand, so ließ er das in seinem Managementsystem nicht erkennen. Die Programmplanung in vielen Einzelphasen und andere Techniken führten zu einer Zersplitterung der Aktivitäten, anschließend wurden Regeln und Grenzen für das Mitarbeiterverhalten gesetzt. Das ständige Ziel bestand darin, politische Richtlinien, Informationen und Systeme zu finden, die die von O'Neill für sein Management benötigten Zahlen erzeugen konnten. Mitarbeitern konnte man – als Kostenkategorie – nicht trauen. Sie mußten in ihrer Leistung gemessen und kontrolliert werden.

»Er wollte alle Ausgaben kontrollieren«, beschwerte sich Horace

Becker, »statt die Leute selbst prüfen zu lassen, wie sie ihr Geld ausgaben, und selbst darüber nachdenken zu lassen, wie sie es besser machen könnten – zum Beispiel durch eine Verbesserung der Schnittstellen zwischen Herstellung und Engineering. Oder indem man ein besseres Produkt entwickelte, das nicht so wartungsintensiv war.«
Im Gegensatz zu O'Neill setzte David Kearns mehr auf Menschen als auf Zahlen. Seine Rede in Boca am Mittwoch war eine Aufforderung zu Offenheit, zum Delegieren und zu Ehrlichkeit. Kearns attackierte weder O'Neill noch seinen Vorgänger McCardell. Das wäre charakterlos und ganz und gar nicht am Platze gewesen. Trotzdem schufen seine Bemerkungen ein düsteres Bild von der freudlosen Atmosphäre, die durch die Managementphilosophie dieser beiden Männer bewirkt worden war.

»Wir haben geglaubt«, sagte Kearns, »daß wir, weil wir ein ›offenes‹ Unternehmen sind, zu unseren Mitarbeitern eine gute Beziehung hätten. Heute bin ich überzeugt, daß das nicht stimmt.«

Managementumfragen als auch persönliche Beobachtungen schienen für Kearns darauf hinzudeuten, daß die Mitarbeiter bei Xerox nicht die Informationen erhielten, die sie brauchten und die sie haben wollten. Aufgrund des Mangels an Kommunikation von oben kamen die meisten dann zu dem Schluß, daß ihre Vorgesetzten niemandem trauten. Bemerkenswert sei, daß man offen in Zweifel zog, ob das Unternehmen die geeignete Führung hätte, um eine Richtung vorzugeben und diese dann auch einzuhalten.

»Es ist behauptet worden«, sagte Kearns, »daß unser Entscheidungsprozeß zu umständlich und zu langsam sei. Daß gelegentlich Entscheidungen schon überholt seien, bevor sie überhaupt getroffen werden. Daß sie zweideutig und mißverständlich seien und der Prozeß insgesamt zu unbestimmt.

Sei's drum. Ich will diesen Prozeß oder spezifische Entscheidungen hier nicht verteidigen. In vieler Hinsicht war diese Kritik bei zu vielen Gelegenheiten tatsächlich gerechtfertigt. Doch davon unabhängig ist eines ganz klar: Wir müssen uns ändern, und zwar schnell.«

Kontrollen, die eigentlich falsche Annahmen hätten verhindern sollen, hatten statt dessen dazu geführt, daß die Wahrheit verdeckt wurde.

»Wir brauchen in diesem Unternehmen absolute Ehrlichkeit im Umgang miteinander. Ehrlichkeit im wörtlichen Sinn von Wahrheit, Genauigkeit und der Unterrichtung anderer – und Ehrlichkeit im Sinn eines absoluten Realismus und der Bereitschaft, sich den Fakten so zu stellen und mit ihnen umzugehen, wie sie sind.«

»Niemand in diesem Unternehmen«, verkündete der neue Xerox-President, »hat eine Lizenz dafür, den Boten, der schlechte Nachrichten bringt, zu erschießen.«
Kearns offerierte keine schnelle Abhilfe. Damit das Unternehmen wieder gesund werde, so deutete er an, müßte erst einmal mit den schlechten Gewohnheiten der Mitarbeiter Schluß gemacht werden. Er ging an die Dinge anders heran als O'Neill, aber trotz der gerade kürzlich erfolgten Beförderung von Kearns hielten die Xerox-Manager die zwei Männer immer noch für Rivalen um die Herrschaft im Unternehmen. Jeder von den beiden hatte viele Anhänger und viele Kritiker. O'Neills Bewunderer rechneten ihm die fünffache Expansion von Xerox in den letzten sechs Jahren zugute; seine Gegner sahen ihn als einen »Sklaven von Zahlen«. Einige hofften, daß die humanistisch geprägte Haltung von Kearns sich durchsetzen würde; andere hielten ihn für zu weich, um die zukünftigen harten Entscheidungen, die notwendig wären, treffen zu können.
Immerhin, verglichen mit der Offenheit von Kearns, sahen O'Neills prominente Rolle und die von ihm angebotenen Lösungen – anläßlich einer Konferenz, die eine offene Diskussion von Änderungen werden sollte – zu sehr nach dem Üblichen aus. Dasselbe traf für die Demonstration der PARC-Technologie am vierten Tag in Boca zu – trotz der zauberischen Anmutung der Schau und einem grundsätzlich anderen Zweck.
Am Donnerstagmorgen versammelten sich die Xerox-Manager in der Großen Halle des Boca-Raton-Hotels zum »Zukunftstag«. Dort sahen sie – fast alle von ihnen zum erstenmal – die Früchte der siebenjährigen Investitionen von Xerox in das Palo Alto Research Center. Man zeigte ihnen, wie die Tastatur, die Maus, der Prozessor, der Bildschirm und der Drucker des Alto-Systems funktionierten, und sie konnten beobachten, wie die Operateure das Textverarbeitungssystem Bravo und andere Programme einsetzten, um Einladungen für ein Testmeeting in den Granada-Räumen des Hotels am selben Nachmittag zu drucken. Außerdem wurden einige Teile der fortschrittlichsten Software von PARC vorgeführt, darunter ein System zur Abwicklung von Kommunikation im Büro, ein Programm zur Herstellung von Grafiken und Organisationsplänen und eine innovative Lösung für das Problem des Tippens von Dokumenten in Japanisch, einer Sprache mit vier verschiedenen Schreibweisen. Die ganze Show, sagte George Pake, war »eine wirklich spektakuläre Kraftprobe«.
Anschließend bestieg McColough nochmals das Rednerpult, um seine

Eindrücke von der Konferenz in Boca Raton zusammenzufassen. Er wiederholte, daß absolutes Kostenbewußtsein, kürzere Produktentwicklungszyklen, eine effektivere Planung und weniger Bürokratie die Kriterien für Xerox's zukünftigen Erfolg seien. Dann erinnerte er seine Zuhörer, vor dem malerischen Hintergrund der PARC-Errungenschaften, an seinen 1970 erfolgten Ruf nach einer »Informationsarchitektur«. »Heute, sieben Jahre danach«, erklärte McColough, »gedenke ich nicht einen Fingerbreit von dieser Aussage abzuweichen. ›Die Informationsarchitektur‹ ist immer noch die Grundzielsetzung für Xerox, mit Ausnahme der Tatsache, daß sie jetzt keine reine Idee mehr ist.«

McColoughs erneute Betonung der »Informationsarchitektur« hatte in den Planungsbesprechungen vor der Konferenz in Boca zu Kontroversen geführt. »Das ist ein Slogan, der sich verbraucht hat«, opponierten die einen. Das »ist abgenutzt und passé«, meinten andere. Aber McColough war stur geblieben. Er hoffte, daß die revolutionäre Technologie von PARC den Xerox-Managern die Überzeugung vermitteln würde, daß ihr Unternehmen tatsächlich das Büro der Zukunft produzieren könne.

Eine Gegenüberstellung der ersten drei Tage in Boca und der letzten sieben Jahre Firmengeschichte ließ jedoch die rauschende Zurschaustellung der PARC-Leistungen nur als Symbol für das nicht vorhandene Gleichgewicht zwischen dem, was McColough sagte, und dem, was er tat, erscheinen. Seine Vision von 1970 hatte bedeutet, daß Xerox zwei Hürden würde nehmen müssen. Die eine Hürde – neue Technologien – hatte man genommen. Aber die andere, die Umwandlung der Firma von einem Kopiererhersteller in ein Unternehmen für Büroinformationssysteme, hatte noch nicht einmal begonnen.

»Es ist nicht nur die Technologie allein, die unsere Vitalität und Ausrichtung als Unternehmen wiederherstellt«, hatte es in einer Empfehlung, die der Zentrale etwas früher im Jahr vorgelegen hatte, geheißen, »sondern das Engagement der gesamten Organisation kann es möglich machen, daß wir uns durch und durch zu einer System- und Servicefirma entwickeln. Es sind dazu keine radikal neuen Technologien erforderlich; es ist alles da, was wir brauchen. Es ist vielmehr unsere Organisation selbst, die sich umstellen muß.«

Die Xerox-Manager hätten die siebziger Jahre nutzen sollen, um soviel wie möglich darüber zu lernen, wie man Bürosysteme entwickelt, herstellt, finanziert und an Kunden verkauft, die solche Systeme brauchen. Statt dessen hatte man ein Computerunternehmen gekauft und durch falsche Führung heruntergewirtschaftet. Dies stand in keiner Beziehung zum Büro der Zukunft; und trotz ständiger Investitionen in langfristige Forschung hatte man einen permanenten Mangel an Interesse für die Arbeiten von PARC zur Schau getragen – und damit Mangel an Interesse dafür, aus dem Unternehmen etwas anderes und mehr zu machen als einen Kopiererhersteller. Die tiefen Vorurteile gegenüber Computern fanden überall im Konzern Ausdruck. Die Produktentwicklungszyklen bei Xerox dauerten fünf bis acht Jahre. Neue Generationen in der Computertechnologie erschienen alle zwei Jahre. Die Zuständigkeit für computergestützte Büroprodukte lag zuerst beim Kopiererbereich, dann in Dallas bei einem Unternehmensbereich, der sowohl geographisch wie technisch sehr weit von PARC entfernt war. Der leistungsstarke Außendienst von Xerox, gewöhnt daran, Geräte zu verkaufen, bei denen man nur auf einen Knopf zu drücken brauchte, verfügte weder über die Erfahrung noch die Neigung, komplexe Systeme aus Hardware und Software zu verkaufen. Selbst die Verwendung des Begriffs »Computer« in PARC-eigener Weise hatte bisher nur wenige in der übrigen Xerox-Organisation überhaupt erreicht. Für die überwiegende Mehrzahl der Mitarbeiter in Rochester und Stamford waren Computer nicht die im Dialog arbeitenden Kommunikationsinstrumente, wie sie von Bob Taylors Forschungsmitarbeitern entwickelt worden waren, sondern arithmetische Datenverarbeitungsmaschinen, die in irgendwelchen Hinterzimmern von Bürotechnikern bedient wurden.

»Der Zukunftstag« initiierte einen lange überfälligen Erziehungsprozeß. Aber er kam reichlich spät. Die Veränderung des grundlegenden Charakters von Xerox in eine Organisation für Büroprodukte würde viele Jahre brauchen – eine entmutigende Tatsache im Jahr 1977, weil, wie McColough und die anderen Topmanager so nachdrücklich in Boca erklärt hatten, Xerox dringend eine zweite und vergleichbar schwierige Umwandlung erfahren mußte, allein, um die Stärke, die es in früheren Jahren gehabt hatte, im Bereich der Kopierer wieder zu erringen. Zu erwarten, daß das Unternehmen zu ein und derselben Zeit lernte, als Kopiereranbieter wieder an Ansehen zu gewinnen und gleichzeitig etwas anderes als ein Kopiereranbieter zu werden, war wenig realistisch. Trotzdem hatte McColough in Abwendung von der Realität die Ergebnisse der Weltkonferenz mit der Aussage abgeschlossen: »Wir stehen zum erstenmal vor der heiklen und schwierigen Aufgabe, unsere sehr großen Ressourcen für zwei wesentliche Zielsetzungen, und nicht nur für eine, einsetzen zu müssen.«

Als Auftakt für den »Zukunftstag« hatte die Konferenzleitung einen kurzen Film gezeigt, in dem die glänzende Vergangenheit von Xerox und das Versprechen einer glänzenden Zukunft laut gepriesen wurden. Auf die den ganzen Bildschirm ausfüllenden Bilder der zwei »Schutzheiligen« des Unternehmens, Chester Carlson und Joe Wilson, folgten die berühmten Zeilen von Robert Frost:

Zwei Wege trennten im Wald sich einmal,
auf den minder begangenen fiel meine Wahl.
Und das war der große Unterschied.

Wenn Peter McColough jemals einen einzigen Weg für Xerox hatte wählen müssen, dann im Jahr 1977. Statt dessen führte er David Kearns und Jim O'Neill als ein Team vor, das zusammen die Führung übernehmen könnte, und legte die »Informationsarchitektur« wie einen Überbau über die weit dringlichere Aufgabe, das Kopiergeschäft wieder fester in den Griff zu bekommen. Beide Kombinationen waren unrealistisch. Beide divergierten wie die Straßen in Frosts Wald.

Aus welchen Gründen auch immer – Verlust der sicheren Führung durch Joe Wilson, Ermüdung aufgrund der Rechtsstreitigkeiten, Engagement im politischen Bereich, die natürlichen Grenzen eines Verkäufers –, Peter McColough war zu einem Manager geworden, der es mit Gesten bewenden ließ. Ihm fehlte der Wille, kühne Initiativen mit aktiver Ausdauer zu unterstützen. In Boca war er wie ein Mann, der, als er beim Aufwachen feststellt, daß sein Haus brennt, nach seiner Familie schreit, um den Brand zu löschen, und gleichzeitig ans Schlafzimmerfenster rennt, um die aufgehende Sonne zu bewundern.

Kapitel 17

Der »Zukunftstag« im Jahr 1977 stellte den Höhepunkt in John Ellenbys Karriere bei Xerox dar. Drei Jahre zuvor war er nach seiner Doppeltätigkeit als Lektor für Computerwissenschaft an der Universität Edinburgh und Entwurfsberater eines europäischen Computerherstellers zu PARC gekommen. Sein Weg in die Welt der Computer war nicht vorausgeplant gewesen: Auf die Entscheidung, keine Karriere in der Wissenschaft machen zu wollen, folgte ein Abschluß im Rechnungswesen, eine weitere Ausbildung an der Londoner School of Economics, eine Doktorarbeit, die einen Alptraum im Hinblick auf Berechnungen darstellte – und dann die Offenbarung! Computer konnten innerhalb von ein paar Wochen das berechnen, wozu der Doktoranwärter Ellenby Jahre brauchte.

Sobald er jedoch in Palo Alto war, bestimmten seine berufliche Ausbildung und Erfahrung seine Tätigkeit genausosehr wie sein Interesse an der Forschung. Im Jahr 1974 hatte der Alto bereits die Möglichkeiten der fortgeschrittenen Datenverarbeitung im Dialog demonstriert. Allerdings waren erst wenige dieser Systeme gebaut worden. Bevor nicht jeder Forschungsmitarbeiter bei PARC sein eigenes Gerät hätte, würde die »persönliche Datenverarbeitung« eher eine Hypothese als die Realität darstellen. Aus diesem Grund ermutigte Jerry Elkind, der Ellenby eingestellt hatte, den Engländer, ein Fertigungsprogramm vorzuschlagen, mit dem man die interne Nachfrage decken könnte.

»Ich verschaffte mir einen Überblick über die Nachfrage für den Alto als Instrument der Entwicklung und Demonstration«, notierte Ellenby, »und stellte dabei fest, daß ziemlich viele Geräte benötigt würden, wenn man einmal von der Annahme ausging, daß einige Probleme der Herstellung, Zuverlässigkeit und Wartung gelöst werden könnten. Im Juni 1975 legte ich einen Vorschlag für einen Neuentwurf, den Alto II, vor. Außerdem schlug ich vor, eine Gruppe zu bilden, die über stark integrierte Entwurfs-, Engineering- und Herstellungsmöglichkeiten verfügen und eng mit der Forschung im Hinblick auf die Produktion fortgeschrittener Systeme zusammenarbeiten sollte.«

Er hatte einen guten Zeitpunkt gewählt. Das Xerox-Management, das im Juli 1975 beschlossen hatte, Scientific Data Systems aufzugeben, war sehr daran interessiert, möglichst viele gute Leute der 4000 Mitarbeiter starken Belegschaft von SDS zu behalten. Ellenbys Antrag wurde genehmigt. In jenem Herbst organisierte er ein Team aus SDS-Veteranen in einer »Special Programs Group« (Gruppe Sonderprogramme), die im darauffolgenden Sommer mit der Auslieferung des Alto II an Xerox-Mitarbeiter begann. Letztlich stellte die Special Programs Group Hunderte von Altos zusammen mit speziell entworfenen und hergestellten Laserdruckern namens »Dover« her und lieferte sie aus. Der erste Schritt, die PARC-Erfindungen aus dem Laborstadium herauszubekommen, war getan.

»Der Transfer von Technologie funktionierte endlich«, strahlt Ellenby. »Das war mein Job. Dafür hatte man mich eingestellt.«

Eine erste Enttäuschung erlebte er erst 1976, als sein Vorschlag, einen »Alto III« zu entwickeln und zu fertigen, auf Eis gelegt wurde, obwohl er von der bereichsübergreifenden »Display Word Processing Task Force« (Arbeitsgruppe Display-Textverarbeitung) gestützt wurde. Mit Entsetzen beobachtete er, wie der Bereich Bürosysteme in Dallas weiter an dem Textverarbeitungsgerät 850 arbeitete, einem Gerät, das Ellenby für minderwertig und, entgegen der vorherrschenden Meinung im Unternehmen, für kostspieliger hielt als den Alto III.

Seine Frustration nahm noch zu, als er von einem Einwand hörte, der auf Bob Sparacinos Konto gehen sollte. Demzufolge würde sich die Fertigung eines Alto III störend auf die Pläne der »Systems Development Division« (Bereich Systementwicklung) auswirken, einer Gruppe, die 1975 von Xerox gebildet worden war – zu dem Zweck, PARC-Technologie in Produkte umzusetzen. Diese Gruppe ließ keine Richtung, kein Ziel erkennen. Bob Potters Bereich in Dallas mußte erst einmal Interesse zeigen, die von SDD entwickelten Produkte herzustellen. Außerdem arbeiteten die SDD-Ingenieure innerhalb der in Einzelphasen unterteilten Programmplanung, eines Systems, das viel zu umständlich war, um Ellenby zufriedenzustellen. Alles deutete darauf hin, daß die Obersten bei Xerox die außergewöhnliche Chance, die der Alto für sie darstellte, nicht begreifen konnten.

Als daher Peter McColough Ellenby persönlich bat, den »Zukunftstag« anläßlich der Weltkonferenz im Jahr 1977 zu managen, war die Phantasie des 36jährigen Ingenieurs in höchstem Maße angesprochen. »McColough«, erinnert sich Ellenby, »sagte mir, er wolle allen Xerox-Managern zeigen, daß man eine neue Informationsarchitektur geschaffen habe und daß Xerox auf dieser Basis in Zukunft Produkte anbieten würde. Er sagte auch, daß er das Ganze sehr plastisch dargestellt haben wollte.«

Ellenby nahm McColough beim Wort. Er versprach Xerox's oberstem Boß eine ambitiöse Show, bei der auch einige noch nicht ganz reife Hardware- und Softwaresysteme gezeigt werden sollten, und stellte sich dann eine Gruppe aus 65 Xerox-Forschungsmitarbeitern, Ingenieuren, Technikern und Verwaltungsleuten zusammen, die ihm dabei helfen sollten. Diese Gruppe arbeitete mit Hochdruck den ganzen Sommer über bis zum Herbst. Für viele von ihnen ähnelten der zeitliche Druck und die allgemeine Atmosphäre den Endphasen einer Produkteinführung. Ende Oktober, als man eine Generalprobe für McColough in Hollywood veranstaltete, war die Arbeitsgruppe überzeugt, daß hier mehr auf dem Spiel stünde als eine einmalige Show für das Xerox-Management aus aller Welt.

»Wir hielten uns genau auf den Tag an den Zeitplan«, erklärt Tim Mott. »Wir machten uns selbst verrückt, um alles richtig hinzukriegen, damit dann auch eine absolut akkurate Botschaft vermittelt würde. Nämlich die, daß dies wirklich reale Dinge waren, wirkliche Möglichkeiten der Anwendung, daß es etwas war, das Xerox endlich *aus dem Labor herausbekommen* sollte!«

Die Begeisterung der Gruppe, die schon ziemliche Formen angenommen hatte, steigerte sich noch, nachdem McColough nach der für ihn veranstalteten Generalprobe bat, man möge die Show noch etwas erweitern. Nichts hätte diese Gruppe damals bremsen können. Und es bremste sie auch nichts und niemand. In Boca Raton selbst arbeitete man ohne Unterbrechung vom Nachmittag des dritten Konferenztages bis zum Abend des vierten Tages: Es wurde ausgepackt, installiert, getestet, geprobt und dann »live« eine Vormittagsshow veranstaltet sowie ein Treffen am Nachmittag, bei dem die Xerox-Manager die Systeme selbst ausprobieren konnten.

Den Konferenzteilnehmern erschien der »Zukunftstag« spektakulär und perfekt, aber nur deswegen, weil Ellenbys Gruppe sich bis zum äußersten bemühte, zu vermeiden, daß irgendwelche Pannen ihre Vorstellung ruinierten. Unter den vielen Hürden, die zu nehmen waren, war die Frage der Klimatisierung wohl die schlimmste.

»Eine Beratungsfirma aus New York City installierte für uns alle Kommunikationseinrichtungen, die Stromleitungen, die logistische Unterstützung«, sagt Chuck Geschke, ein Forschungsmitarbeiter, der vom Computer Science Laboratory von PARC in Ellenbys Projektgruppe

versetzt worden war. »Sie waren ein theatralisches Völkchen – nach dem Motto: ›Wenn etwas heißläuft, dann einfach etwas mehr Make-up auf die Schauspieler.‹ Aber bei Computern funktioniert das nicht, denn wenn sie heißlaufen, arbeiten sie einfach nicht mehr.
Der Rundgang am Nachmittag sollte eine Simulierung des Büros der Zukunft bieten. Florida ist heiß und feucht, und der Raum war einfach viel zu warm. Wir arbeiteten 24 Stunden am Tag, konnten das Problem aber nicht lösen. Schließlich setzten sich Ellenby, Richard Bock (ein weiterer Mitarbeiter für den ›Zukunftstag‹) und ich zusammen, um die Sache zu diskutieren. Die Frage lautete einfach: ›Was zum Teufel sollen wir nur tun?‹
Da meinte Ellenby plötzlich: ›Wißt ihr, als ich in Miami gelandet bin, ist die Luft im Flugzeug auch dann noch kühl geblieben, als wir schon auf dem Flughafen standen. Die haben da diese riesigen Tanklaster, die dem Vogel einen Luftschlauch in den Bauch stecken und ihn so auffrischen, daß er kühl bleibt.‹
Also fuhr Bock, ein typischer Obermaat der Navy, zu den Eastern Airlines und bat sie, ihm einen solchen Tanklaster zur Verfügung zu stellen. Die Leute bei der Fluggesellschaft erklärten sich gern bereit zu helfen, aber die Tanklaster hätten kein Nummernschild. Wie wollte er sie also nach Boca bringen? Also ging Bock zur Verkehrspolizei von Florida und überredete sie, ihm für die ganze Fahrt vom Flughafen bis zum Hotel eine Eskorte mitzugeben.
Im Hotel bestand nur die Möglichkeit, den Schlauch durch einen Schacht in der Nähe der Küche zu führen und von dort aus über einen Korridor in den Vorführraum zu legen. Aber vor dem Küchenschacht stand ein Baum.
Also fällte Bock den Baum!
Die Temperatur im Raum fiel danach sofort auf fünfzehn Grad.«
Ein völlig ohne Fehler verlaufender Tag war allerdings nicht das primäre Ziel von Ellenbys Mannschaft; sie wollten vor allem die PARC-Technologie den Besuchern wirklich nahebringen. Alles, was diese Gruppe tat – jedes vorgeführte System, jede Entscheidung, jedes geschriebene Wort –, verfolgte im wesentlichen dieses Ziel. Einmal stritten sich zum Beispiel Ellenby und sein Landsmann Michael Hughes, der in der Konzernzentrale die Verantwortung für den »Zukunftstag« übernommen hatte, mit ihren amerikanischen Kollegen darüber, wer von ihnen, Engländer oder Amerikaner, ursprünglich die Formulierung »Aufhebung des Unglaubens« geprägt hatte. Es wurden Wetten abgeschlossen, es wurde nachgeforscht, und ein paar Wochen vor dem »Zu-

223

kunftstag« wurde die Antwort den siegreichen Engländern pflichtschuldig per elektronischer Post übermittelt:
»Ich wollte meine Bemühungen«, schrieb Samuel Coleridge als Erklärung für seine dichterische Inspiration, »auf übernatürliche Personen und Charaktere richten, allerdings in einer Weise, daß aus unserer inneren Natur heraus ein menschliches Interesse und eine Nähe zur Wahrheit vermittelt würde, die ausreichen, diese Schatten der Phantasie durch jene bereitwillige momentane Aufhebung des Unglaubens zu stützen, die den Glauben an die Poesie ausmacht.«
Das Entscheidende für den »Zukunftstag«, das ähnlich, wenn auch weniger elegant als bei Coleridge formuliert war, hieß: Konnten die Xerox-Manager für sich selbst eine Beziehung zu dem herstellen, was sie hier sahen? Hatten sie etwas in ihrer Natur, sei es nun vom herstellerischen, finanziellen oder Marketinggesichtspunkt aus – oder, noch grundlegender, vom unternehmerischen Standpunkt aus –, was sie zu einem Glauben an die kommerziellen Möglichkeiten der von PARC geschaffenen Technologie bringen könnte, die man ihnen hier in so großartiger Weise vorstellte?
Ellenby meinte, ja. Nach der PARC-Demonstration hörte er Peter McColough die Show loben und gleichzeitig die übertriebene Vorsicht der Programmplanung bei Xerox total kritisieren. »Wir müssen«, erklärte der CEO, »die Neuproduktzyklen in Forschung und Entwicklung vereinfachen.«
»Ich dachte bei mir«, erinnert sich Ellenby, »genau das ist es! Und ich gab dies auch einigen Leuten hinter mir zu verstehen. An jenem Abend feierten wir wie wild im Blue Bayou in Boca Raton. Jeder war erschöpft und ausgebrannt. Aber wir glaubten, wir hätten endlich gesiegt.«
Es gab allerdings einige störende Anzeichen, die auf das Gegenteil hinzudeuten schienen. Chuck Geschke hatte den Nachmittag damit verbracht, den Xerox-Managern und ihren Frauen dabei zu helfen, die Computersysteme selbst zu bedienen. Seine Beobachtungen standen ganz im Gegensatz zu dem Versprechen, das McColoughs Rede enthielt.
»Die Reaktionen, die wir bei den Frauen beobachten konnten«, erklärt Geschke, »waren die, die wir uns eigentlich von den Männern erhofft hatten. Bemerkenswert war, daß bei jedem einzelnen Paar der Mann sich im Hintergrund hielt und sehr skeptisch und reserviert wirkte, während die Frauen, von denen viele früher als Sekretärin gearbeitet hatten, entzückt die Maus hin und her bewegten, die Grafiken auf dem Bildschirm betrachteten und den Farbdrucker benutzten. Die Männer

hatten wirklich nicht die geringste Erfahrung, um die Bedeutung des Ganzen beurteilen zu können. Wenn ich genau hinschaute, sah ich in den Augen der Frauen helle Begeisterung, und die Männer fragten nur sehr distanziert: ›Oh, das kann das Gerät also alles machen?‹« Trotzdem, am »Zukunftstag« selbst entschloß sich Geschke, genauso wie Ellenby, Peter McColough Glauben zu schenken. Wie auch andere naive PARC-Ingenieure und Forschungsmitarbeiter dachte er, wenn der Chairman und CEO des Unternehmens erklärte, mit dem falschen Produktentwicklungszyklus sei endgültig Schluß, dann würde der Alto tatsächlich auf den Markt kommen. Selbst Michael Hughes, seit fünfzehn Jahren bei Xerox und früher so frustriert als Leiter der Strategiegruppe, ließ sich von dem Rummel um die PARC-Show anstecken und vergaß seinen Zynismus. An jenem Donnerstag, als McColough um Empfehlungen bat, erwiderte Hughes sehr ernst: »Bringen Sie den Alto bis zur nächsten Aktionärsversammlung heraus!« McColough lächelte.

John Ellenbys Euphorie wurde bald durch eine Depression abgelöst. Kurz nach der Weltkonferenz fragte er vertraulich bei der Personalabteilung an, was er mit der Gruppe, die er gebildet hatte, machen solle. Er erwartete, daß man mit ihm über eine neue, größere Aufgabe sprechen würde. Statt dessen sagte man ihm: »Schicken Sie die Leute zu ihren alten Jobs zurück.« Die Energie, die mit dem »Zukunftstag« aufgebaut worden war – die Organisation, der ganze Begabungspool, die Erfahrung, der Wunsch, den Alto »real« werden zu lassen, ihn zu einem Produkt zu machen –, sollte, soweit es das Management betraf, bei Xerox nicht weiter am Leben erhalten werden. Die ansehnliche Extravergütung, die McColough anschließend Ellenby zukommen ließ, signalisierte eine bittersüße Nachricht: Die Wertschätzung des Unternehmens, so schien es, beschränkte sich auf seine *früheren* Leistungen.

Es vergingen zwei Monate, bevor der inzwischen skeptischere Ellenby von der einzigen konkreten Maßnahme erfuhr, die sich aus der Demonstration in Boca Raton ergeben hatte. Er war nicht besonders beeindruckt.

Jack Goldman hatte sich den »Zukunftstag« zunutze gemacht, um seinen Antrag, den Alto auf dem Markt zu erproben, zu erneuern. Wie üblich war die Reaktion des Linienmanagements von Xerox kühl geblieben. Man erinnerte Goldman daran, daß der Bereich Systementwicklung, der der Gruppe Informationstechnologie von O'Neill und Sparacino unterstellt war, dafür zuständig wäre, Produkte auf der Grundlage der PARC-Technologie zu schaffen. Goldman brachte Argumente vor, gab etwas nach, gab neue Argumente vor. Wenn Xerox die geschäftlichen Möglichkeiten des Alto schon nicht testen wollte, dann sollte das Unternehmen zumindest versuchen zu erfahren, ob und wie potentielle Xerox-Kunden die »persönliche verteilte Datenverarbeitung« einsetzen könnten. So ausgedrückt, besaß seine Empfehlung eine gewisse Attraktivität; wenn die Manager, die beim »Zukunftstag« dabeigewesen waren oder davon gehört hatten, fragten, was mit dem Büro der Zukunft geschehen sei, konnte das Topmanagement sagen, daß man sich bei der Produktentwicklung sehr vorsichtig verhielte und auch Markttests durchführte. Xerox würde damit Flagge zeigen.

Also richtete das Unternehmen im Januar 1978 die »Advanced Systems Division« (ASD – Bereich fortgeschrittene Systeme) unter der Leitung von Jerry Elkind ein. Die ASD hatte einen merkwürdigen Auftrag. Erstens erhielt Elkind – aufgrund einer unverständlichen Entscheidung, die in keiner Beziehung zum Alto, zu PARC oder den Produkten, die bei der Systems Development Division entwickelt wurden, stand – den Auftrag, eine Gruppe ehemaliger Ingenieure von Scientific Data Systems zu leiten, die weiterhin speziell auf Kunden zugeschnittene Dienstleistungen unter dem Namen Xerox anbot. Zweitens, und dies besaß mehr Relevanz, wurde Elkinds ASD damit beauftragt, »Märkte durch die Etablierung einer frühen Marktpräsenz mit Vorprodukten zu entwickeln«.

Elkind forderte Ellenby und andere frühere Mitarbeiter für den »Zukunftstag« auf, sich ASD anzuschließen. Ihnen blieb keine besondere Wahl: Die »Advanced Systems Division« konnte den Alto direkt dem Kunden zur Verfügung stellen, hatte jedoch nicht die Befugnis, Produkte herzustellen oder ein Geschäft zu betreiben. Die Systems Development Division, ihre einzige Alternative innerhalb des Unternehmens, hatte den Auftrag, Produkte für ein Xerox-Bürounternehmen zu entwickeln, doch, wie ein Verfechter des Alto es ausdrückte, »bitte nicht zu meinen Lebzeiten«.

Patrick Baudelaire, der Forschungsmitarbeiter im Computer Science Laboratory, der »Draw« entwickelt hatte, das beliebteste Grafiksoftwareprogramm von PARC, erklärte, warum er, Ellenby und andere sich zögernd dazu entschlossen, ASD eine Chance zu geben: »Bis zum damaligen Zeitpunkt hatten sich die Altos innerhalb der Firma in großer Zahl verbreitet, und das Draw-Paket war eines der Standardpakete, die von den Leuten auch wirklich eingesetzt wurden. Mir wurde klar, daß der nächste Schritt die Kommerzialisierung sein würde. Ich zog SDD in Erwägung. Aber SDD erschien mir wie eine riesige Maschine, vom organisatorischen Standpunkt aus sehr schwerfällig. Es arbeiteten

da zu viele Leute, und es war über zwei Standorte verteilt. Wir konnten sofort etwas machen, wobei wir mit einer bereits vorhandenen Technologie anfangen würden, während SDD größere Pläne hatte, was den Bau einer völlig neuen Maschine erforderte.«
Wie erwartet kontaktierte Elkinds ASD eine Reihe von Institutionen wegen der Frage der Systemtests. Die Reaktionen waren ermutigend; Banken, »Denkfabriken«, Regierungsstellen sowie Unternehmen der Mineralöl-, Raumfahrt- und Automobilindustrie gaben unter anderen Interesse an der Alto-Technologie zu erkennen. Tatsächlich mußte Elkind sich beklagen, daß Xerox nicht genug Altos und Dover-Drucker herstellen konnte, um die Nachfrage zu stillen. Deshalb konzentrierte ASD seine Arbeit im wesentlichen auf vier Testbereiche: das Weiße Haus, das Repräsentantenhaus, die Atlantic Richfield Company und das Xerox-Büro des Außendienstes für Kopierer in Santa Clara.

Das Experiment von Santa Clara war noch ein Überbleibsel aus PARC-Aktivitäten, die schon aus der Zeit vor der Bildung von ASD datierten. Im Frühjahr 1977, sechs Monate vor dem »Zukunftstag«, hatte der Verkaufsleiter für Kopierer in den Vereinigten Staaten, Shelby Carter, PARC einen Besuch abgestattet und, als er den Alto sah, ausgerufen: »Das kann ich verkaufen!« In anschließenden Besprechungen zwischen Forschungsmitarbeitern von PARC und Verkaufsleitern kam man zu dem Schluß, daß es trotz Carters Überzeugung eine gute Idee wäre, wenn die Verkäufer der Kopierer die »persönlichen verteilten EDV-Systeme« erst einmal benutzen lernten, bevor sie versuchten, sie zu verkaufen. Man wählte dann Santa Clara aus, um diese Idee zu testen, aber aufgrund der Weltkonferenz und anderer Ereignisse begann das Projekt erst im Frühjahr 1978. Dann wurde es auf ASD übertragen und von Tim Mott unter der Leitung von John Ellenby gemanagt.
Als der Sommer kam, freuten sich Mott, Baudelaire und Ellenby über Carters Begeisterung wegen der Tests in Santa Clara, waren jedoch gleichzeitig auch irritiert. Sie glaubten mehr als je zuvor an die guten kommerziellen Aussichten des Alto; mehr als je zuvor rieben sie sich jedoch an der Xerox-Kandare. Die in Einzelphasen untergliederte Programmplanung sowie weitere ablehnende Bescheide aus Dallas ließen die Fortschritte der Systems Development Division einfach steckenbleiben. Außerdem waren die Ingenieure bei ASD überzeugt, daß das von der Systems Development Division vorgeschlagene Computersystem, bekannt geworden unter dem Namen »Star«, viel zu ehrgeizig war. Schließlich, und das war am wichtigsten, signalisierte der Markt Mitte des Jahres 1978 eine Wende – relativ billige, wenn auch in ihren Funk-

tionen beschränkte »persönliche Computer« einer ganzen Reihe von Unternehmen, darunter vornehmlich die Apple Corporation, gewannen an Beliebtheit.

»Das Aufkommen der Personalcomputer«, meinte Ellenby, »sagte uns mit Sicherheit, daß der Bedarf in Richtung kostengünstigerer EDV-Arbeitsplätze gehen und es eine ziemlich große Anzahl von Benutzern geben würde, die nicht an einer so aufwendigen Textbearbeitung interessiert sein würde, wie sie insbesondere von der Systems Development Division angestrebt wurde.«

Trotzdem hatten ihre Versuche, Jerry Elkind und seine Vorgesetzten dazu zu bringen, ein Alto-Produkt zu genehmigen, keinen Erfolg. Die Spannungen zwischen Elkind und Ellenby nahmen zu; ASD, so erzählte man den unzufriedenen Mitarbeitern wiederholt, würde keine über seine Aufgabe des Testens von »Vorprodukten« hinausgehenden Aufgaben bekommen.

Ellenby saß auf dem trockenen und hatte nur noch eine Hoffnung: »Ich hatte in Shelby Carter einen mächtigen Freund gefunden.« Der nationale Verkaufsleiter hatte schon früher vorgeschlagen, das Experiment von Santa Clara auf alle Verkaufsstellen in den Vereinigten Staaten auszudehnen – quasi als Vorspiel für die Einführung der Xerox-Bürosysteme. Die Idee erschien Ellenby vernünftig; bevor die Verkäufer der Xerox-Kopierer die Computerhardware und -software nicht selbst verstünden, würden sie es schwer haben, diese Systeme zu verkaufen.

Vernünftig gedacht. Aber im Jahr 1978 waren Shelby Carters Verkäufer für Kopierer nicht befugt, Systemprodukte zu vermarkten. Dieser Job war Sache des Außendienstes der Office Systems Division (Bereich Bürosysteme). Und die Office Systems Division, der Jerry Elkinds ASD damals unterstellt war, hatte Ellenbys Produktambitionen wieder und wieder eine Abfuhr erteilt.

Ellenby entschloß sich, trotz allem etwas zu tun – sein »mächtiger Freund« Shelby Carter hatte das Ohr von Xerox's Präsidenten David Kearns. Mit Hilfe von Mott und Baudelaire erarbeitete er einen »Investitionsvorschlag«, der Herstellungs- und Marketingpläne für den Alto auf der Grundlage der Vorstellung von Carter enthielt. Als die Pläne fertig waren, ließ man das gerüchteweise zu Carter »durchsickern« – Ellenby sagt, das geschah zufällig. Andere setzten dieses »Zufällig« in Anführungszeichen.

»Zum damaligen Zeitpunkt«, erklärt Tim Mott, »hatte jeder von uns schon endlos lange mit anderen darüber diskutiert, wie man neue Produkte schneller durch das Unternehmen hindurchpeitschen könnte, und immer noch hatten wir überhaupt nichts erreicht. Warum also nicht bis ganz oben gehen? Die andere Möglichkeit, Kearns einfach nicht zu informieren, war nicht zu akzeptieren.«

Ob zufällig oder nicht, Kearns erfuhr von dem »ASD-Vorschlag« und rief Dave Culbertsen, den Leiter der Office Systems Division, an und bat um eine Kopie. Culbertsen, über den normalerweise alle ASD-Pläne zu leiten waren, hatte niemals davon gehört. Culbertsen setzte sich mit Jim Campbell in Verbindung, dem Jerry Elkind unterstellt war. Auch Campbell hatte nie von dem Plan gehört. Elkind befahl Ellenby zu sich.

»Culbertsen«, meinte Ellenby, ohne mit der Wimper zu zucken, »putzte Campbell herunter, der putzte Elkind herunter, und der wieder putzte mich herunter. Und das ging alles sehr schnell. Man kann sagen, die Scheiße rollte wie eine Lawine den Berg runter und wurde schneller und größer.«

Ellenby stellte sich um. Am 8. November 1978, zwei Tage vor dem ersten Jahrestag des »Zukunftstags«, legte er Kopien dieses »Investitionsvorschlags« Kearns, Culbertsen und Campbell vor. Er behauptete, Elkind keine weitere Kopie schicken zu müssen, weil er entgegen dem, woran Elkind sich erinnerte, bereits früher eine Kopie an den Leiter von ASD gegeben hätte. In seinem Begleitschreiben zu diesem Vorschlag setzte er sich nochmals nachdrücklich für den Alto ein.

»Der Terminkalender von SDD war durcheinander«, erinnert sich Ellenby. »Aufgrund der Bemühungen von ASD und anderen wurden inzwischen mehr als 1500 Altos sowohl von Xerox selbst wie auch von anderen benutzt. Die Systeme, die außerhalb des Xerox-Unternehmens installiert wurden, waren dadurch gesichert, daß man die Anwender verpflichtete, keine Informationen weiterzugeben. Doch die eigentlichen Vorteile des Alto ergaben sich gerade hier, beim tatsächlichen Einsatz des Gerätes. Jeder, der das Produkt *sah*, konnte daher erkennen, was man tun mußte, um es zu kopieren. Das war zwar nicht gerade einfach, aber begabte Computeringenieure konnten viele der mit der Benutzerschnittstelle zusammenhängenden Funktionen des Alto kopieren und taten das später auch. Mir schien es daher nur eine Frage der Zeit zu sein, bis die Kunden mehr Maschinen bestellen würden. Die Frage, die ich in dem Begleitbrief stellte, hieß, ob diese Nachfrage von Xerox gedeckt werden würde – oder von der Konkurrenz.«

Ein paar Wochen danach dankte Kearns Ellenby für seinen Vorschlag und übertrug dann die Überprüfung Robert Wenrik, einem Mitarbeiter aus seinem Stab. Obwohl Wenrik sich auch mit Ellenby, Mott und Bau-

delaire unterhielt, verbrachte er doch die meiste Zeit damit, die Annehmbarkeit des »Investitionsvorschlags« mit Mitarbeitern in der Systems Development Division und leitenden Mitarbeitern der Office Systems Division zu prüfen. Keine der beiden Gruppen hielt etwas von dem Plan und genausowenig von Ellenby selbst.
Letztlich hing jetzt, fast sechs Jahre nach der Entwicklung des Alto, das Schicksal dieses Gerätes von David Kearns' Entscheidung ab. Ellenby, der zwar aufgrund der Mißstimmung, die er verursacht hatte, ernüchtert war, blieb trotzdem frohen Mutes. Kearns hatte gesagt, daß er auf Menschen setzen würde; Kearns war sehr angetan gewesen von dem Plan, bevor er ihn an Wenrik weitergeleitet hatte; Kearns wußte, daß Ellenby wieder dasselbe Team bilden würde, um diesen Vorschlag zu realisieren, das er für den »Zukunftstag« eingesetzt hatte.
Ellenby erhielt seine Antwort Ende Januar 1979. »John«, schrieb Robert Wenrik, »ich möchte hier meine Ergebnisse der Prüfung des Investitionsvorschlags zusammenfassen. Ich habe Ihren Vorschlag in Einzelheiten mit mehreren Leuten zusammen geprüft, um zu einem objektiven Urteil zu kommen; es sind auch andere Lösungen zusammen mit den Punkten, die für eine jede dieser Lösungen sprechen, berücksichtigt worden.
Wir sind zu dem Schluß gekommen, daß Xerox den von Ihnen unterbreiteten Vorschlag nicht realisieren kann. Wir schätzen jedoch Ihre Überlegungen zu den vielen Punkten, die Sie in Ihrem Vorschlag behandelt haben. Einige dieser Punkte, die Sie sehr klar herausgearbeitet haben, werden derzeit bereits über normale Managementkanäle verfolgt und dürften innerhalb von wenigen Wochen berücksichtigt werden. Ihr Vorschlag hat es uns ermöglicht, das Problem beschleunigt zu lösen. Ich verlasse mich darauf, daß Sie die Fragestellungen, die wir bei Jerry Elkinds Testaktivitäten vorfinden, weiterhin mit bearbeiten.
Im Namen von Dave Kearns möchte ich unsere Wertschätzung für Ihre Überlegungen und die Mühe zum Ausdruck bringen, die Sie auf diesen Vorschlag verwandt haben.«

Kapitel
18

Der Ruf nach Veränderung anläßlich der Weltkonferenz in Boca Raton blieb ohne Konsequenzen; Xerox war in den Jahren 1978 und 1979 nur noch eine verwaschene Kopie dessen, was das Unternehmen in den Jahren 1977, 1976, 1975, 1974 und 1973 dargestellt hatte. Das Management kündigte weiter neue Diversifikationsvorhaben an – etwa den Plan zu einer Datenfernübertragung, den Aufbau von Western Union –, ohne gleichzeitig frühere Programme konsequent weiterzuverfolgen. Die Kartellklage von SCM, bei der Ansprüche in Höhe von 1,6 Milliarden Dollar angemeldet wurden, zog sich über vierzehn Monate hin, und obwohl Xerox, ohne Schaden zu nehmen, davonkam, ließ die Furcht vor ähnlichen Versuchen das bereits risikounfreudige Unternehmen geradezu paranoid werden. Kearns lehnte den Vorschlag von John Ellenby für die Vermarktung des Alto ab, während Xerox gleichzeitig der Systems Development Division Geld zur Verfügung stellte, jedoch keine Richtlinien für die Herstellung und das Marketing vorgab. Die »dritte Generation« der Kopierer litt unter Verzögerungen. Die Herstellungskosten waren weiterhin hoch. Es verbreitete sich ein gewisser Zynismus. Und es wurde immer mehr zur Regel, daß einer dem anderen den Schwarzen Peter zuschob.
Im Frühjahr 1978, weniger als sechs Monate nachdem der »Zukunftstag« die Möglichkeiten der Forschungsphilosophie von Jack Goldman demonstriert hatte, gerieten sowohl Goldman wie seine Organisation unter Beschuß. Jim O'Neill und Bob Sparacino verlangten eine stärkere Integration von Forschung, Entwicklung und Herstellung. Kearns sollte Goldmans Gruppe zerschlagen und die Scherben ihrer direkten Kontrolle unterstellen.
Sie sprachen damit ein vernünftiges Thema an. Seit der von Archie McCardell 1972 durchgeführten Reorganisation des Unternehmens hatte sich die Forschung ständig weiter von der Entwicklung entfernt. Die langfristigen wissenschaftlichen und technologischen Aktivitäten bei PARC, Webster und dem neuesten Forschungscenter in Toronto spiegelten die sehr liberalen Prinzipien (die Organisation des »Von un-

ten nach oben«) von Goldman und Pake wider, während die Produktentwicklung »von oben nach unten« organisiert war unter Leitung von O'Neill und Sparacino. Damit entstand eine Lücke, in der zu viele Möglichkeiten einfach untergingen. Angesichts der Investitionen in PARC hätte Xerox beispielsweise als Pionier in der digitalen Steuerung von Kopierern auftreten können, was aber nicht geschah. Kodak jedoch tat es, und sein Einsatz von Mikroprozessoren half dabei, für die Kodak-Geräte das Etikett der »dritten Generation« zu gewinnen.

O'Neill und Sparacino beschuldigten Goldman, sich nicht genug im Bereich der Kopierer einzusetzen; Goldman wiederum äußerte seine Zweifel an ihrem Engagement für das Büro der Zukunft. Beide Seiten hatten in gewisser Weise recht, und eine offene Diskussion darüber, wie die Forschung besser mit der Entwicklung koordiniert werden könnte, war längst überfällig. Aber O'Neill und Sparacino waren an Debatten nicht interessiert. Sie wollten eine Entscheidung. Und sie besaßen auch die Macht, eine herbeizuführen.

»Im Mai 1978«, erinnert sich Goldman, »hatten wir unser Jahrestreffen in San Francisco. Am Tag zuvor luden wir alle Direktoren zu einer Präsentation ein. Es war sehr eindrucksvoll. Die Leute machten ihre Sache ausgezeichnet. Meine Direktionskollegen sagten mir ausdrücklich, wie überrascht und beeindruckt sie von dem Leistungspotential seien, das man bei PARC erreicht hätte und das sich auch jetzt noch weiter abzeichne.

Nach dem Treffen flogen meine Frau und ich mit Dave Kearns und seiner Frau zurück in den Osten. Als wir uns verabschiedeten, sagte mir Kearns, da wäre etwas, was er mit mir am nächsten Morgen im Büro besprechen wolle. Ich ging also am Montag zu Dave ins Büro, und da sagte er mir dann, daß er den gesamten Forschungsbereich bei Xerox reorganisieren wolle.

›Jack, ich denke, wir sollten die Zuständigkeiten im Forschungsbereich ändern. Wir meinen, daß die Forschung nicht eng genug mit den Betriebsabteilungen zusammenarbeitet. Die Forschung wird daher in Zukunft kein unabhängiger Unternehmensbereich mehr sein.‹

Daraufhin ging ich an die Decke. Ich war entsetzlich wütend, daß dieser Mann, der erst viel kürzere Zeit Mitglied im Aufsichtsrat war und wenig von den Prinzipien und Funktionen einer guten Forschungsabteilung wußte, so völlig rücksichtslos eine Maßnahme beschlossen hatte, durch die alles, was wir in den letzten neun Jahren erreicht hatten, aufs Spiel gesetzt wurde.

›Erstens einmal, David Kearns‹, schrie ich ihn an, ›versuchen Sie, eine

Entscheidung über die technische Organisation dieses Unternehmens zu fällen, ohne mich, den leitenden Techniker dieser Firma, auch nur zu befragen. Zweitens ist Ihr Plan rein vom Intellektuellen her völlig unsinnig. Es ist unvorstellbar! Sie können die Forschung bei Xerox nicht einfach vom Tisch fegen! Ich werde das nicht zulassen!‹

Ich ging anschließend sofort zu McColough, haute mit der Faust auf Peters Schreibtisch und sagte ihm sehr direkt, daß ich mich für dergleichen nicht hergeben würde.

›Peter, ich habe gerade etwas erfahren, wovon ich vermute, daß Sie es bereits wissen, denn ich glaube, die Bekanntmachung über eine Reorganisation ist schon gedruckt. Aber ich werde Sie auf keinen Fall damit durchkommen lassen. Wenn Sie diesen Schritt wirklich tun wollen, dann kündige ich noch heute. Und ich werde für einen Konkurrenten arbeiten, der sich, wie Sie wissen, schon seit langer Zeit um mich bemüht.‹

McColough hörte mich an und beruhigte mich dann schließlich etwas. Nachdem wir die Sache besprochen hatten und mir zunehmend klar wurde, daß dieser Schritt zumindest teilweise direkt gegen mich gerichtet war, entschied ich, daß ich durchaus bereit wäre, mich zurückzuziehen, aber nicht auf Kosten einer unabhängigen Forschungsgruppe. Ich sagte Peter, daß ich mich zurückziehen würde, wenn er mich nicht mehr dabeihaben wollte und einen Sündenbock für den verdammten O'Neill bräuchte und dafür, daß Kearns vielleicht sein Gesicht etwas wahren könne. Aber ich würde nicht zulassen, daß er mit der Forschung Schluß machte!«

Darüber hinaus hörte Goldman eine Wiederauflage der Einwände gegen PARC, die Jahre zuvor schon von Scientific Data Systems gekommen waren. »Die Geschäftstypen«, sagt er, »hatten Kearns überredet, ihnen die Kontrolle über die von der Forschung eingesetzten Mittel zu geben – mit der Begründung, daß sie diese Mittel besser einsetzen würden.«

George Pake reagierte genauso. Am nächsten Morgen, nachdem Goldman ihm von der geplanten Reorganisation berichtet hatte, wurde er richtiggehend bleich. Wenn man das Forschungsbudget Sparacino überläßt, so seine Überlegung, könnte das nur heißen, daß es weniger Forschung und mehr Entwicklung geben würde. Und angesichts dessen, was Xerox bisher gemacht hatte, deutete das nicht gerade auf bessere, weniger kostspielige und termingerechtere Produkte hin.

Um die Umbildung zu verhindern, bat Goldman Pake, sich freiwillig für die oberste Position in der Forschung unter der Bedingung zur Verfügung zu stellen, daß die Zuständigkeiten in diesem Bereich wie bisher erhalten blieben. Die zwei Männer gingen zu McColough, es folgten mehrere Besprechungen, und ein paar Tage später wurde die Bekanntmachung über die Reorganisation revidiert. Goldman wurde »wissenschaftlicher Leiter« des Unternehmens, Pake wurde zum Vice President of Research ernannt, und die Forschung selbst blieb als unabhängiger Bereich erhalten. Sparacino blieb trotz seiner Niederlage offensichtlich felsenfest von seiner Sicht der Dinge überzeugt.

»Ich hatte eine stürmische Besprechung mit Sparacino«, erinnert sich George Pake. »Er sagte mir, ich sei verrückt, den Job zu übernehmen, das würde nicht lange gutgehen. Die kaum verhüllte Drohung hieß, daß er, wenn ich die Leitung der Forschung tatsächlich übernähme, mich absägen würde. Er schien außerdem das Engagement und die harte Arbeit, die die Leute im Forschungsbereich leisteten, in Zweifel zu ziehen. Als ich ihm sagte, daß sie sehr hart arbeiteten, Überstunden machten und das noch nicht einmal des Geldes wegen täten, sondern weil es ihnen Spaß machte, sagte Sparacino nur: ›Die Leute sollten nicht deswegen arbeiten, weil es ihnen Spaß macht. Sie sollten arbeiten, weil es weh tut.‹«

Ob es nun Ursache oder Wirkung war, der Entwicklungsgruppe für Kopierer, die Sparacino unterstellt war, ging es jedenfalls gegen Ende des Jahrzehnts ganz und gar nicht gut. Er befahl seinen Ingenieuren, den Zyklus der Neuproduktentwicklung bei Xerox zu verkürzen, ging aber nicht von dem in schlechten Ruf geratenen System der Phasenplanung ab. Statt dessen setzte er die Leute zeitlich unter Druck. Die Geräte kamen schneller auf den Markt, waren jedoch weder preisgünstiger noch zuverlässiger. 1979 zum Beispiel brachte Xerox den Kopierer 8200 heraus, der die überholte Serie 7000 ablösen sollte. Obwohl noch nicht der »dritten Generation« zugehörig (laut Xerox gehörte der 8200er der »zweieinhalbten« Generation der Kopierer an), stand mit dem Kopierer 8200 dem Außendienst ein Gerät mit einer Leistung von siebzig Kopien pro Minute zur Verfügung. Xerox konnte damit gegen IBM und Kodak antreten.

Trotzdem kompromittierte der Widerspruch zwischen schnellerer Entwicklung und besserer Entwicklung den Ruf von Xerox. Keiner der neuen Kopierer war außergewöhnlich. Einer, der Kopierer 3300, funktionierte nicht einmal. Ein halbes Jahr nach seiner Einführung hatte Xerox wegen des 3300er so viele Reklamationen bekommen, daß das Management die Produktion aussetzte und die stolzen Xerox-Verkäufer bitten mußte, ihren Kunden anzubieten, entweder ein anderes Modell unter günstigen Bedingungen als Ersatz zu akzeptieren oder sich eine volle Gutschrift geben zu lassen. Im Jahresbericht 1980 beschrieb Xerox den Kopierer 3300 beschönigend als einen »nicht charakteristischen Fehler«.[92] Andere waren da weniger milde und sprachen von einem »Tiefpunkt«, einem »Desaster«, »Pfusch« und »schwerem Makel«.[93]

Die Leistung verschlechterte sich so sehr, daß Peter McColough den Ingenieuren eines Tages sagte, sie würden die Zukunft des Unternehmens aufs Spiel setzen. Als Beweis dafür brauchte er nur auf den ununterbrochenen und rapiden Verlust an Marktanteilen hinzuweisen – er war von 65 Prozent im Jahr 1977 auf 54 Prozent im Jahr 1978 zurückgegangen, auf 49 Prozent im Jahr 1979 und 1980 auf 46 Prozent.

Obwohl in den gleichen Jahren die Gewinne sprunghaft gestiegen waren, wußten Marktbeobachter und auch die Firmenleitung, daß unter den rosigen Umsatzzahlen eine dornige Realität verborgen lag: Um die laufenden Einnahmen zu stützen, verkaufte Xerox seine Zukunft. Seit eh und je hatte Xerox hohe Gewinnmargen erwirtschaftet, weil es seine Kopierer vermietete und nicht verkaufte. Lange nachdem die Maschinen bezahlt waren, trafen immer noch die Mietgebühren ein. Das Unternehmen hatte jedoch bis dahin die Maschinen in seinen Büchern voll abgeschrieben. Jeder vermietete Kopierer stellte damit ein wertvolles Umsatzversprechen dar, er war wie ein verborgenes Guthaben.

Ende 1970 jedoch, als sowohl die Leasinggebühren für Kopierer als auch der Marktanteil regelrecht abstürzten, begann Xerox, mehr Kopierer zu verkaufen als jemals zuvor. Da der Verkaufspreis von Xerox höher lag als die Leasinggebühren für ein Jahr, blähten die Verkäufe von neuen Kopierern die kurzfristigen Umsatzergebnisse auf. Außerdem erzeugte der Verkauf von alten Kopierern hohe Gewinne im Rechnungsabschnitt aufgrund der bereits erfolgten Abschreibung dieser Geräte. Aber der Verkauf aller Maschinen, ob nun neu oder alt, maskierte nur den Verlust von langfristigen Einnahmen. Für die in Frage stehenden Kopierer würde im nächsten Jahr kein Geld mehr hereinkommen, auch nicht im darauffolgenden Jahr und nicht im nächsten Jahr. Sünden im Konkurrenzverhalten hatten die am meisten geschätzte Finanzstärke von Xerox eingeholt: Das Unternehmen, das als Innovation den Verkauf von Kopien statt von Kopierern einführte, revidierte seinen Kurs. Die Entscheidung, den bisherigen Vorteil zugunsten der Einlösung der kurzfristigen Gewinnerwartungen aufzugeben, war sinnvoll. Xerox brauchte Zeit, um mit sich selbst wieder ins reine zu kommen. Aber dieser Vorteil würde nicht lange vorhalten. Wenn der Kopiererhersteller keinen Weg fand, hochqualifizierte, billige und wettbewerbsfähige Kopierer zu entwickeln, die man vermieten statt verkaufen könnte, würde die Leistung bald kippen. Die Zeit wurde knapp, eine Tatsache, die das Xerox-Management offenbar verstand, ohne an sie glauben zu können.

Für Eddie Miller, einen Management Consultant, der Xerox damals beriet, sah die Situation so aus: »Da gab es also eine Gruppe von Managern, die niemals zuvor wirklich harte Zeiten kennengelernt hatten. Im wesentlichen waren sie von Xerox, Ford und IBM geprägt. Xerox war schon so lange ein Monopolunternehmen gewesen. Und weil es sich auf das Leasing stützte, strömte unaufhaltsam Bargeld ins Unternehmen. Und man konnte immer noch auf das Leasing zugunsten des Verkaufs im vierten Quartal verzichten, um das Soll zu erreichen.

Als daher die Xerox-Leute endlich anfingen, ihr Problem zu sehen, war das eine rein intellektuelle Einsicht. Es kam nicht aus dem Bauch. In Wirklichkeit *spürten* sie einfach nicht, daß da ein Problem bestand, denn sie *spürten* ja keinen Schmerz.

Schließlich gab es bei Xerox so viele tolle Leute, vor allem im Stab in der Zentrale. Immer war einer da, der eine Idee abschießen konnte, und zwar mit soliden, einsichtigen Argumenten. Im Unternehmen kursierte die Formulierung, daß die Stabsabteilung meinte, sie hätte das ›Recht zum endlosen Einspruch‹. Sie meinten einfach, sie hätten das Recht, wenn nicht sogar die Pflicht, alles, was jemand sagte und vorschlug, zu kritisieren.«

Auf den ersten Blick war daher David Kearns' Erklärung im August 1980 – »Wir sind entschlossen, die Art und Weise, in der wir Geschäfte gemacht haben, entscheidend zu ändern!« – nicht überzeugend. Seine Beteuerung kam *drei Jahre,* nachdem Peter McColough den Konferenzteilnehmern in Boca Raton gesagt hatte: »Wir stehen jetzt vor der dringenden Forderung nach einer Veränderung innerhalb des Unternehmens!« Genausosehr wie jeder andere Indikator – schwache Produkte, negative Unternehmenspolitik, Verlust von Marktanteilen, Übergang vom Leasing zum Verkauf – zeigten die sehr ähnlichen Formulierungen, wie hoffnungslos Xerox stagniert hatte, seitdem Kearns 1977 President geworden war.

Viele glaubten inzwischen, daß Kearns jetzt Teil des Problems, keine Lösung sei. Seine Gegner flüsterten, er sei zu nett, er sei nicht intelligent genug, er könnte keine harte Entscheidung treffen und dann dabei bleiben und der letzte, der ihm etwas ins Ohr geflüstert habe, wäre der Sieger. Sein Handeln schien diese Klagen zu bestätigen. Er war ein be-

liebter Manager gewesen, als McColough ihn als Nachfolger von Archie McCardell ernannte; viele Mitarbeiter hatten damals hohe Erwartungen an ihn gerichtet. Aber wie einer der leitenden Manager gesagt haben soll: »Es passierte nichts. Kearns wurde zu einem zweiten Peter McColough.«
Kearns unterschied sich von McColough jedoch in einer wichtigen Hinsicht – er war entschlossen, Xerox zu ändern. In seiner Anfangszeit als President hatte er, einem seiner engen Berater zufolge, einfach nicht gewußt, in welche Richtung er gehen sollte. Als Folge davon fehlte seinen Ansprachen und Aktionen eine gewisse Konsequenz. Dies wiederum zerstörte allmählich das Vertrauen, viele konnten ihn nur als Irrlicht sehen. Erst 1980 fand Kearns sowohl die Stärke wie die Richtung, um sich selbst zu profilieren.
»1979 war die Moral im Unternehmen ziemlich weit unten angelangt«, sagt Eddie Miller. »Es gab schon Mitarbeiter, die darauf wetteten, daß Kearns sich nicht mehr lange halten würde. Und es begann auch langsam wirtschaftlich weh zu tun, weil es immer schwieriger wurde, durch den Ausverkauf der Leasingbasis die Sollvorgaben zu erreichen.
Wir sprachen mit David in regelmäßigen Abständen immer wieder darüber, daß er das Unternehmen wirklich verändern müsse. Irgendwann Anfang 1980 rief er uns dann zu einer offenen Diskussion zusammen, Thema ›Veränderung‹, und bat uns, mit den verschiedenen Mitarbeitern zu sprechen und ihm dann zu melden, was wir festgestellt hätten.
Wir freuten uns über diese Aufgabe, denn zum erstenmal waren wir von Kearns aufgefordert worden, all das zu berichten, was wir ihm schon längst berichten wollten.
Es war jedoch sehr frustrierend, denn wir erfuhren nichts Neues. Tatsache war, daß das Topmanagement mit der Änderung der gesamten Atmosphäre innerhalb des Unternehmens Ernst machen mußte, indem es Leuten kündigte und auch Systeme und Verfahren änderte. Alles änderte.
Wir sagten ihm: ›David, wir sind über diese Aufgabe nicht gerade glücklich. Wir können Ihnen nichts Neues sagen. Sie wissen bereits alles. Und so geht es jedem hier in der Firma. Die Mitarbeiter wissen seit langer Zeit, was falsch läuft, und sind, offen gesagt, enttäuscht.‹
Ich glaube, das einzige, was wir ihm wirklich sagen konnten, war, daß es da draußen keine brillante neue Antwort zu finden gab. Es war keine Frage der Brillanz mehr, man mußte jetzt handeln.
Wir sagten ihm, daß er sich der geistigen und gefühlsmäßigen Unterstützung seiner besten Leute versichern sollte, ganz besonders derjeni-

gen, die etwas in Bewegung bringen könnten. Er sollte sie überzeugen, daß es ihm ernst sei. Er mußte seine Meinungsmacher finden und sie machen lassen.«

Um an Profil zu gewinnen, mußte Kearns nun auf drei Dinge besonders achten: Er mußte das Kostenbewußtsein schärfen, Wege finden, um Kosten einzusparen, und kontrollieren, daß die so geplanten Veränderungen auch durchgeführt werden.

Das Xerox-Management hatte seit Jahren darüber diskutiert, wie man die Kostenfrage der Kopierer am besten behandeln sollte. Einige plädierten für eine Reduzierung der sogenannten »Laufzeitkosten«, das heißt der Summe aus ursprünglichen Herstellungskosten plus der Kosten für die Wartung der Maschine während der gesamten Nutzungsdauer. Im wesentlichen herrschte jedoch die Philosophie vor, Herstellungs- und Wartungskosten getrennt zu behandeln. Wie so vieles andere kam auch dieser Ansatz von Ford, wo in den fünfziger und sechziger Jahren zahlenorientierte Manager ein gewinnträchtiges Verhältnis von Produktleistung und Produktkosten als das wichtigste Ziel des Automobilherstellers angestrebt hatten. In Detroit führte eine Reduzierung bei Quantität oder Qualität von Material beziehungsweise bei den Kosten und der Anzahl der Mitarbeiter – ganz gleich, wie gering sie war – zu riesigen Einsparungen angesichts der Millionen Wagen, die jährlich produziert wurden. Doch leider führte dieser Eifer, die Herstellungskosten zu senken, bei Ford dazu, daß die hergestellten Produkte reparaturanfälliger wurden, und Kritiker meinten, daß derselbe böse Geist auch Xerox beherrsche.

»Man war sehr darum bemüht, bescheidene Einsparungen zu erreichen, denn in der Automobilbranche addierten sich bescheidene Einsparungen zu riesigen Summen«, sagte Michael Hughes über McCardell, O'Neill und Sparacino. »Wenn man einen Pfennig sparte, war man ein Held. Doch wenn das Ergebnis dieses eingesparten Pfennigs darin besteht, daß man jedesmal, wenn man den Kopierer reparieren muß, einen Pfennig ausgibt, dann geht die Rechnung nicht auf.«

Manager wie Hughes sprachen sich dafür aus, Xerox solle die »Laufzeitkosten« reduzieren, indem es mehr für Bau und Entwicklung eines besseren Kopierers investierte, der später weniger wartungsintensiv wäre. Doch angesichts der riesigen Summen, die täglich für das Engineering und die Entwicklung bei Xerox ausgegeben wurden, war der Vorschlag, daß das Unternehmen seine Investitionen in diesem Bereich noch verstärken solle – selbst bei der Aussicht auf ein so attraktives Ergebnis wie das niedrigerer »Laufzeitkosten« –, suspekt. Außerdem, so argumentierte man, würde sich die Kostendifferenz zwischen Xerox und seiner Konkurrenz noch vergrößern. Im Jahr 1980 *verkauften* die Japaner in den Vereinigten Staaten Kopierer zu einem Preis, der unter dem lag, was es Xerox kostete, vergleichbare Modelle *herzustellen*.

Mehr Geld würde die Kosten eines Xerox-Kopierers nicht senken. Aber mehr Verantwortung, richtig verteilt, würde eine Kostensenkung bewirken – bestes Beispiel: Xerox's japanisches Schwesterunternehmen Fuji-Xerox. Mitte der siebziger Jahre, nachdem sich Rochester im Sumpf der Phasenplanung festgefahren und eine Reihe geplanter Kopierer auf später verschoben oder gestrichen hatte, hatte Fuji-Xerox beschlossen, gegen den ausdrücklichen Wunsch von Xerox eigene Geräte zu entwickeln. Außerdem hatte das Unternehmen angekündigt, den zeitlichen und kostenmäßigen Aufwand des amerikanischen Produktzyklus um fünfzig Prozent zu reduzieren. Obwohl die ersten Bemühungen dieses Ziel nicht erreichten, konnte es später sogar übertroffen werden. Bis 1980 hatten die Ingenieure von Fuji-Xerox einen neuen Leistungsstandard innerhalb der Xerox-Familie eingeführt.

Bei Fuji-Xerox beispielsweise beauftragte man weniger Ingenieure, die dann jedoch über eine größere technische Freiheit und Zuständigkeit verfügten. Um sicherzugehen, gingen auch finanzielle und Marketingüberlegungen in die Produktkonzeptionen ein. Doch sobald diese Konzeptionen einmal vorlagen, ließ man die Ingenieure, die sich sowohl im Entwurf wie in der Herstellung auskannten, in Ruhe, damit sie die besten Produktspezifikationen allein austüfteln konnten. Aufgrund dieser Tatsache verbrachten die Projektingenieure ihre Zeit damit, Probleme auf dem Hintergrund eines feststehenden Ziels zu lösen, statt ihre Pläne endlos den jüngsten Launen von Buchhaltern, Verkäufern oder Managern in der Firmenleitung anzupassen.

Die niedrigen Kosten und die hohe Qualität der Kopierer von Fuji-Xerox beeindruckten Kearns und andere, darunter auch Jim O'Neill. Während einer Produktvorführung in Japan war O'Neill zum Beispiel überrascht, als er die fünf Ingenieure im Raum fragte, wie viele andere mit an dem Projekt gearbeitet hätten.

›»Nur wir‹, sagten die fünf.

›Und wie lange haben Sie dazu gebraucht?‹ fragte O'Neill.

›Sechs Monate.‹

›Ich werde Ihnen meine dritte Frage erst gar nicht stellen‹, meinte da O'Neill. ›Die Kosten sind unbedeutend.‹«[95]

Fuji-Xerox war für Kearns eine Ermutigung. Er war überzeugt, daß auch Xerox bessere Kopierer schneller entwickeln könne, indem man diese Aufgabe den zuständigen Mitarbeitern – den Ingenieuren – überließ und sie dann für die vom Markt gesetzten Standards verantwortlich machte. Und er glaubte, dieselbe vernünftige Regel würde auch zu einer Verbesserung der Produktivität im gesamten Unternehmen führen. Xerox könnte seine Herstellungskosten senken, indem es diese Aufgabe den zuständigen Leuten – den Herstellern – überließ und sie dann für die vom Markt gesetzten Standards verantwortlich machte. Xerox könnte seine Kopierer besser und billiger verkaufen und warten, indem es diese Aufgaben den zuständigen Mitarbeitern – im Marketing, im Verkauf und in der Wartung – überließ und sie dann für die vom Markt gesetzten Standards verantwortlich machte.

Wie die meisten ansprechenden Ideen klang diese Formel sehr einfach. Doch Xerox hatte sich zwanzig Jahre lang eher an seinen eigenen Standards als an denen der Kunden und der Konkurrenz gemessen; es gab eine Menge zu lernen. Die tausend Mitarbeiter im Konzernstab – von denen keiner Kopierer entwarf, baute, verkaufte oder wartete – beschworen routinemäßig ihr »Recht auf endlosen Einspruch« und negierten damit Verantwortung, statt sie zu delegieren. Einige Systeme, wie die Phasenplanung, erforderten so viele Unterschriften von so vielen Mitarbeitern, daß niemand für irgend etwas verantwortlich gemacht werden konnte; andere, wie das Vergütungssystem, schufen Erwartungen auf automatische Gehaltserhöhungen ohne Rücksicht auf Verdienst und Leistung. Selbst der Organisationsplan von Xerox sprach gegen dezentrale Entscheidung und Realisierung – von den über 100 000 Mitarbeitern in der Kopierergruppe von Xerox hatte nur einer, David Kearns, allgemeine Geschäftsleitungsbefugnisse.

Solche grundsätzlichen Änderungen im Charakter einer Organisation gehen über die Leistungsfähigkeit eines einzelnen hinaus. Die Reden des Präsidenten über die Notwendigkeit von Veränderungen konnten allein nicht das Verhalten von Zehntausenden von Mitarbeitern beeinflussen. Außerdem hatten die drei Jahre, in denen kein Fortschritt zu verzeichnen war, Kearns' Energie erschöpft. Er brauchte Hilfe, und gegen Ende 1980 war er schließlich soweit, auch darum zu bitten.

»Später in diesem Jahr«, erinnert sich der Berater Miller, »rief Kearns uns zu einer Besprechung zusammen. Es war klar, daß er eine Art Rubikon überschritten hatte. Er sagte, er wolle das Unternehmen auf jeden Fall ändern und brauche unsere Hilfe. Wir fragten ihn, ob es ihm dieses Mal wirklich ernst sei, und er bejahte. Nachdem wir überlegt

hatten, wie man am besten vorgehen könne, kamen wir zu dem Schluß, daß unser früherer Rat immer noch gelte. Er müßte sich eine Gruppe von Mitarbeitern aussuchen, die etwas in Bewegung setzen könnten, sie davon überzeugen, daß er es ernst meine, und dann *diesen Mitarbeitern*, nicht uns, Veränderungsvorschläge entlocken.«
Die Unternehmensberater forderten Kearns auf, 25 Manager auszuwählen, die Xerox in den nächsten zehn Jahren in der Firmenleitung unterstützen sollten. Er sollte dieser Gruppe den Auftrag erteilen, einen Kurs zur Veränderung des Unternehmens zu erarbeiten und zu realisieren. Die Gruppe selbst repräsentierte einen wichtigen Übergang. Weder O'Neill noch Sparacino könnten in ihr vertreten sein, und ihr Ausschluß signalisierte den Untergang ihrer Macht im Unternehmen.
Das neue Managementteam trat 1981 des öfteren zusammen und arbeitete eine Reihe von Aktionen aus. Erstens begannen sie, unnötige Arbeitsplätze einzusparen. Zweitens schufen sie verschiedene Positionen mit Geschäftsleitungsbefugnissen, indem sie den Kopiererbereich in »strategische Unternehmenseinheiten« aufgliederten. Drittens ersetzten sie die Phasenplanung durch ein System, das in ähnlicher Weise Fuji-Xerox mit soviel Erfolg eingesetzt hatte. Viertens führten sie eine Reihe von Standards ein, sogenannte »Benchmarks«, anhand deren das Unternehmen seine Leistung im Vergleich zur Konkurrenz und den Bedürfnissen des Kunden messen konnte. Am wichtigsten jedoch war, daß sie einzeln und als Gruppe zusagten, diese Pläne auch durchzuführen, und Kearns räumte ihnen die entsprechenden Befugnisse ein.
Keine der Veränderungen fand über Nacht statt, bei keiner ging es ohne Probleme ab. Tausende von Mitarbeitern verloren ihren Arbeitsplatz, und diejenigen, die blieben, lebten in ständiger Angst vor einer Kündigung. Trotzdem bewies die neue Managementorganisation Ende 1982 – das heißt Kearns, sein Team, die strategischen Unternehmenseinheiten und die einzelnen Profit-Center –, daß auch Zerrissenheit einen guten Zweck und Effekt haben kann. Im September jenes Jahres gab Xerox in schneller Folge den Aufkauf von Crum und Forster, einer Versicherungsgesellschaft, bekannt sowie die Einführung der »dritten Generation« seiner Kopierer unter der Bezeichnung »10er Serie«. Noch vor einem Jahr hätte die Verzweigung in den Finanzdienstleistungsbereich vielleicht die bereits mutlose Xerox-Organisation deprimiert. Doch bei dem allgemeinen Beifall für die Kopierer der 10er Serie seitens des Topmanagements, der Fachpresse und auch der Kunden wuß-

ten die Mitarbeiter des Unternehmens, daß das Versicherungswesen in der Zentrale nicht an erster Stelle rangierte. Nach zehn Jahren der Richtungslosigkeit hatte sich Xerox ganz klar entschlossen, sein Erbe als bestes Kopiererunternehmen der Welt wieder anzutreten.

Forschung:
Die Ernte der Isolation

Kapitel 19

Als David Kearns sich im Jahre 1980 entschloß, Xerox zu verändern, fand er Trost in einem Teil des Konzerns, der nicht so weit entfernt lag wie Fuji-Xerox: in Dallas. Über Jahre hatte Dallas nicht den Erwartungen entsprochen. Bob Potter setzte im allgemeinen Ziele mit Sollzahlen, die Archie McCardell und Jim O'Neill gefielen, und baute dann teure Produkte, die den Finanzprognosen nicht gerecht wurden. Nach McCardells Weggang ging das Vertrauen in Potter zurück. 1978 legte das Unternehmen den Bereich in Dallas mit anderen »Nicht-Kopierer-Aktivitäten« zusammen; Potter verließ das Unternehmen und wurde McCardells Cheftechniker bei International Harvester. Aber diese Neuordnung der Bereiche wurde ein völliger Fehlschlag, und 1979 stellte Xerox die Unabhängigkeit der Office Products Division (Bereich Büroprodukte) in Dallas wieder her und ernannte den 36jährigen Don Massaro zum President. Innerhalb von ein paar Monaten boten Massaro und Dallas Kearns einen überzeugenden Eindruck dessen, was in ziemlich kurzer Zeit alles geschafft werden könnte.

Massaro machte aus Dallas nicht sofort einen profitablen Bereich. Aber er brachte in diese Gruppe eine Atmosphäre des Vertrauens und des Fortschritts hinein, von der Kearns im Hinblick auf alle anderen Unternehmensbereiche bei Xerox nur träumen konnte. Er begann damit, daß er das Eigenimage des Außendienstes aufpolierte, bei dem zu wenige Verkäufer *Fortune-500*-Unternehmen besuchten und zu viele meinten, daß Kundenaufträge über ein, zwei oder fünf Maschinen angemessen seien. Massaro lenkte sie in Richtung Großkunden und versprach ihnen, daß er sie für den Verkauf voll mit Büroprodukten und -systemen ausrüsten werde. Dann konfrontierte er das Engineering und die Herstellung mit Lieferterminen. Innerhalb eines Jahres nach seiner Ernennung führte Dallas sein Textverarbeitungsgerät 860 als Ablösung des enttäuschenden Modells 850 ein, perfektionierte zwei Faksimilegeräte, kündigte PARCs Ethernet als Produkt an, unterstützte ein Projekt für eine elektronische Schreibmaschine und half auch noch der Systems Development Division (Bereich Systementwicklung). In einem Unternehmen, das mit Produktentwicklungszyklen von sechs bis acht Jahren geschlagen war, war das Tempo erstaunlich; manchen erschien es sogar bedrohlich.

»Als ich nach Dallas kam«, erinnert sich Massaro, »brauchte man für eine Produktspezifikation 180 Unterschriften. Weil die Stabsabteilung in der Zentrale alles abzeichnen mußte, traf kein einziger Mitarbeiter für sich allein eine Entscheidung. Jeder konnte sich deswegen sicher fühlen. Doch das genau war auch das Problem – niemand war dafür zuständig, auch einmal ein Risiko zu übernehmen. Ich wußte deshalb, daß ich die Macht der Stabsabteilung brechen mußte.

In einem der ersten Gespräche mit Kearns im Anschluß an meine Übernahme der Leitung von Dallas fragte Kearns mich, wie die Dinge denn liefen, und ich meinte: ›David, ich komme mir vor wie dieser verdammte ‚Road Runner' [eine Cartoonfigur im Fernsehen]. Ihr Stab ist wie ein Pack Kojoten. Sie verbringen ihre ganze Zeit damit, mir Fallen zu stellen, um mich auszumanövrieren.‹«

Massaros Office Products Division legte sich den »Road Runner« als Maskottchen zu. Mit einem unbezwingbaren Korpsgeist bewiesen sie sich wiederholt als den Leuten in Stamford überlegen und versetzten den Stab in der Zentrale in Wut, während sie gleichzeitig eindrucksvolle Leistungen auf die Beine stellten – in weniger als drei Jahren brachte Dallas sieben neue Produkte heraus.

»Das haute David Kearns einfach vom Sockel«, sagt Massaro. »Er sah sich das alles an und meinte: ›Genau das erwarte ich auch von dem übrigen Unternehmen.‹«

Massaro war einmalig. Er war 1977 zu Xerox gekommen, als der Kopiererriese 41 Millionen Dollar für Shugart Associates gezahlt hatte, ein Unternehmen, das Plattenlaufwerke für Computer herstellte und das Massaro mitbegründet hatte. Der Erfolg von Shugart machte aus Massaro einen reichen Mann, bestätigte seinen Appetit auf Risiken und hob ihn entschieden von den Reihen der Manager ab, denen er sich bei Xerox anschließen wollte. »Er ist ein richtiger Meteor«, schrieb ein Beobachter, der die Ereignisse bei Xerox verfolgte. »Er ist der Typ des Unternehmers, und Unternehmer findet man eigentlich nicht in großen Konzernen.«[96]

Wenn daher einer der mächtigen Manager bei Xerox aus dem vom Alto inspirierten Computerbürosystem mit der Bezeichnung »Star«, das damals von der Systems Development Division entworfen wurde, ein Geschäft machen konnte, dann Don Massaro. Trotzdem war der Leiter der Systems Development Division, David Liddle, skeptisch, bevor er

Massaro zum erstenmal traf. Jahrelang hatte Liddle versucht, eine Genehmigung vom Management in Dallas zu bekommen. Jahrelang hatte man ihn in Dallas abgewiesen.»Xerox«, so der immer wiederkehrende Spruch von Bob Potter,»hat nichts im Systemgeschäft verloren.« Aber im November 1979 packte Liddle auf Bitten eines anderen Xerox-Managers, der von Massaros Aggressivität angetan war, einen Alto und etwas Star-Software ein und flog noch einmal nach Dallas.

Die Demonstration hatte gerade eine halbe Stunde gedauert, als Massaro ihm sagte:»Wenn Sie versuchen, mich von der Nützlichkeit und Attraktivität dieser Technologie zu überzeugen, dann schalten Sie das Gerät ab. Ich bin schon überzeugt.«

Den Rest des Vormittags verbrachte der President der Office Products Division damit, Liddle genauestens über Kosten, Gewicht, Komponenten und andere in der Herstellung wichtige Fragen auszuquetschen. Anschließend bat Massaro Xerox, die Kontrolle von SDD auf Dallas zu übertragen.

»Jeder hatte mich gewarnt, daß der Star ein Desaster wäre und ich am besten daran täte, ihn, sobald ich in Dallas sei, abzuschießen«, erinnert sich Massaro.»Ich dachte mir, na, zum Teufel, ich werde mir die Sache erst einmal selbst ansehen. Niemand sonst wollte etwas mit dem Produkt zu tun haben; man verstand einfach nicht, was wir da hatten. Niemand wollte wegen dieser Sache etwa seine Karriere gefährden. Und man hätte es über den Stab in der Zentrale auch nicht durchgekriegt, denn das waren konventionelle Typen.

Aber ich konnte es schaffen. Ich hatte eine Menge Geld am Verkauf von Shugart verdient. Ich hatte keine zwanzig Jahre damit verbracht, bei Xerox die Leiter Stufe für Stufe hochzuklettern und mich immer an die Regeln zu halten. Deshalb sagte ich mir: ›Zum Teufel! Das ist eine unglaublich gute Technologie, und wir werden dafür sorgen, daß sie auf den Markt kommt!‹«

Aber als Massaro dann fünfzehn Millionen Dollar für die Herstellung und den Verkauf des Star verlangte, sagte Xerox nein. Es wurde einige Monate lang verhandelt, aber die Antwort blieb Nein. Dadurch nicht abgeschreckt, strich Massaro sein eigenes Budget zusammen, um die nötige Summe abzuzweigen, und im Februar 1980 übernahm David Liddle eine Gruppe, die den Auftrag bekam, den Star bis zum Frühjahr 1981 einzuführen. Fünf Jahre nach seinem Start hatte Liddles Programm zum allerersten Male richtigen Auftrieb bekommen.

Liddle selbst kam 1972 zum Systems Science Laboratory von PARC und hatte zweieinhalb Jahre an dem unglücklich verlaufenden POLOS-

Projekt mitgearbeitet, bevor George Pake ihm vorschlug, von der Forschung in die Entwicklung überzuwechseln. Pake und Goldman wollten jemanden haben, der darüber nachdachte, wie Xerox aus den von PARC entwickelten Techniken Nutzen schlagen könnte. Liddle hatte Erfahrungen in der Industrie vorzuweisen, und alle Parteien waren sich einig, daß seine Versetzung sinnvoll sei. Diese bescheidene Geste war bereits eine Ermunterung für die Systems Development Division.

»SDD«, erklärt Liddle, »wurde zum Teil deswegen gestartet, weil Leute wie George White, George Pake und Jack Goldman in der Forschungsgruppe Xerox davon überzeugen wollten, daß es verschiedene Möglichkeiten gab, an weiter gestreute Systeme heranzugehen, und zwar Möglichkeiten, die anders und besser waren als der in Dallas gewählte Ansatz.«

Die Aussage, daß dies laut Liddle »zum Teil« so war, hat seinen Grund – alle Entwicklungsaufgaben erforderten die Genehmigung von Managern, die die Produktpläne von Jack Goldman gern mieden. Im Hinblick auf die Systems Development Division hatte jedoch der O'Neill-Sparacino-Flügel Grund, ja zu sagen – Mitte der siebziger Jahre zwangen Gerüchte, daß IBM die Einführung des ersten elektronischen Kopierers plane, Sparacino dazu, ähnliche Bemühungen bei Xerox zu unterstützen. Im Gegensatz zu der »Informationsarchitektur« und den jahrelangen Investitionen in PARC bestand SDD allein aufgrund der Forderung nach einem elektronischen Kopierer; ohne die Aussicht auf eine Verstärkung des reprografischen Geschäfts bei Xerox wäre eine Gruppe für die Computerentwicklung nicht finanziert worden. Trotzdem sah Liddles Gruppe – die bald durch einige frühere Forschungsmitarbeiter von PARC, darunter Chuck Thacker, verstärkt wurde – Möglichkeiten, die über das elektronische Kopieren hinausgingen in Richtung der Datenverarbeitungsinstrumente, wie sie bei PARC entwickelt worden waren.

»Ich war vollkommen davon überzeugt«, meinte Liddle, »daß der elektronische Kopierer die Basis für weitere Bürosysteme werden würde. Ich sagte ihnen, sie sollten ihr xerographisches Gerät ruhig bauen; ich würde für die Vernetzung, die Software, den Prozessor und das Computersystem sorgen und dafür, daß andere Funktionen hinzukämen.«

Nachdem daher Thacker mit dem Entwurf eines Prozessors begonnen hatte, der für einen elektronischen Kopierer leistungsfähig genug wäre, startete Liddle den ersten von vielen weiteren Versuchen, Bob Potters Interesse an einem EDV-Arbeitsplatz zu wecken. Potter ignorierte ihn wiederholt.

Die Zuständigkeit für den EDV-Arbeitsplatz blieb nebulös bis Ende 1976, als die Display Word Processing Task Force (Arbeitsgruppe Display-Textverarbeitung), dieselbe Gruppe, die versucht hatte, den Alto III gegenüber dem Textverarbeitungsgerät 850 aus Dallas durchzusetzen, Liddles Programm einen Aufschwung gab. Nachdem man ihren Vorschlag für den Alto III verschmäht hatte, betonte die Arbeitsgruppe in ihrem Abschlußbericht, daß Xerox sich von den Dallas-Geräten weg in Richtung ähnlicher Geräte wie die von Liddle bewegen müßte. Ihre Ergebnisse verliehen dem von SDD angestrebten EDV-Arbeitsplatz offiziellen Status und einen Kodenamen – das »Janus«-Projekt sollte »nach vorne auf Büroinformationssysteme schauen mit einem Blick zurück auf die Textverarbeitung«.

Noch einmal runzelte man wegen der Schlußfolgerungen der Arbeitsgruppe die Stirn. Diesmal brachten die leitenden Herren in der Zentrale ihre Besorgnis darüber zum Ausdruck, daß die Leute an der Westküste Xerox vielleicht auf eine Richtung in der Büroautomatisierung festlegen könnten, ohne daß dabei die sorgfältigen Erwägungen aus den Bereichen Marketing, Planung und Finanzen zum Tragen kämen. Das Händeringen auf höchster Ebene führte zur Bildung einer noch weiteren Arbeitsgruppe, der OIS, die sich mit Büroinformationssystemen beschäftigen sollte. Für Liddle war die Sache klar: Einflußreiche Leute in der Zentrale wollten mit einem im eigenen Haus entwickelten Computergeschäft nichts zu tun haben. Er behauptet, der von ihnen ernannte Vertreter in der OIS-Arbeitsgruppe habe den ausdrücklichen Auftrag gehabt, das Janus-Programm zu torpedieren, doch die meisten Mitglieder der Arbeitsgruppe wären dagegen gewesen.

»Da habe ich mir wirklich meine Sporen verdient«, grinst Liddle. »Diese OIS-Arbeitsgruppe traf sich jeden Tag, Woche pro Woche über mehrere Monate im Frühjahr 1977. Das war schon ein Schlagabtausch. Schließlich erklärte ich mich mit einigen Kompromissen einverstanden, die leider nicht optimal waren. Die Leute waren wie Zusatzklauseln bei einer Vorlage im Senat. Aber das Janus-Projekt behauptete sich. Die ›Torpedierung‹ hatte nicht geklappt.«

Aus Sicherheitsgründen änderte Xerox eine Reihe seiner Projektbezeichnungen nach der Konferenz in Boca Raton Ende 1977. Aus »Janus« wurde »Star«, und die Entwicklung ging weiter. Die Systems Development Division wuchs schließlich auf 140 Mitarbeiter an, die sich auf Palo Alto und Segundo verteilten. Die Gruppe in Nordkalifornien arbeitete am Betriebssystem und der Programmiersprache des Star, das Team im Süden Kaliforniens entwickelte Anwendungsprogramme. Inzwischen machte Chuck Thacker mit dem Computerprozessor weiter, obwohl damals die Hardware nicht mehr primär für einen elektronischen Kopierer, sondern für einen elektronischen Drucker bestimmt war.

Ende 1978 stellte Thacker Liddle jedoch vor ein größeres technisches Problem – der Star konnte auf dem von Thacker entwickelten Prozessor nicht effizient eingesetzt werden. Der »Delphin«, wie Thacker sein Gerät betitelt hatte, war gut für den elektronischen Druck, aber zu komplex und teuer, um in wirtschaftlicher Weise mit dem Star-System zu harmonieren. Liddle brauchte einen anderen Prozessor. Er versuchte erfolglos, Engineering-Unterstützung bei anderen Teilen des Unternehmens zu finden, bevor er sich schließlich an Butler Lampson um Hilfe wandte.

Für Lampson war das eine merkwürdige Herausforderung. Üblicherweise wird erst die Hardware und anschließend die Software entwickelt. Als jedoch Lampson auf Liddles Ersuchen einging, war das meiste der Software für den Star schon vorhanden. Und außerdem hatte man, weil die SDD-Ingenieure den Star so bauen wollten, daß er möglichst einfach zu bedienen war, die Software mit umständlichen technischen Beschränkungen belastet – was nun auch für die Hardware zutraf, die Lampson zu entwickeln hätte.

Das auffallendste Element beim Star war wie beim Alto die sogenannte »Schnittstelle zum Benutzer« – das, was jemand tatsächlich auf dem Bildschirm sah, und die Instrumente, die ihm zur Interaktion mit dem Bildschirminhalt zur Verfügung standen. SDD wollte, daß der Star ein typisches Büroumfeld imitierte, indem man unter anderem Bilder (»icons«), Listen mit möglichen Aktionen für den Benutzer (»menus«) und Bildschirmausschnitte (»windows«) verwendete, um damit Tischoberfläche, Aktenschrank, Telefon, Eingangs- und Ausgangskörbchen, Papierkorb und andere Elemente, die den Leuten im Büro vertraut sind, nachzubilden. Zusätzlich war man in der Software des Star bemüht, die Arbeitsprodukte des Benutzers – also Akten, Kalender et cetera – jederzeit verfügbar zu halten.

Lampson mußte die Software in den Entwurf seines Computerprozessors »Dandelion« (Löwenzahn) geradezu hineinzwängen. Das gelang ihm zwar, aber seiner Meinung nach reduzierten die nachträgliche Entstehung des Dandelion und die zu hoch gesteckten Ziele der Software des Star letztlich die Leistung des fertigen Produktes.

»Im wesentlichen ergaben sich die Schwierigkeiten des Star«, so notiert er, »aufgrund der Tatsache, daß man diese wirklich grandiose Software entworfen und realisiert hatte. Sie war sehr kompliziert und erforderte eine Menge Speicherplatz und eine Menge Zyklen aus der Hardware. Womit jede Chance vertan war, daß man eine vernünftige Geschwindigkeit erreichte. In gewisser Weise war die Hardware gezwungen zu bocken.«

Nachdem der Dandelion zur Verfügung stand, berichtete Liddle im Juni 1979 vor einem PARC-Forum, daß der Star weiter für eine Einführung im Jahr 1981 auf dem Terminkalender stand. Aber vier Jahre organisatorischer Auseinandersetzungen und technischer Schwierigkeiten hatten ihren Tribut verlangt. Thacker bereitete sich vor, wieder ins Computer Science Laboratory zurückzugehen. Andere hatten SDD verlassen und waren zu Jerry Elkinds Advanced Systems Division (Bereich fortgeschrittene Systeme) übergewechselt. Einige fragten sich ganz offen, ob der Star wohl wirklich jemals zu einem Kunden gelangen würde. Manche Forschungsmitarbeiter schoben die Schuld für die offensichtlichen Mängel des Star auf SDD und nannten dafür als Gründe die zwei Standorte der Entwicklungsgruppe, die zeitlich verkehrte Entstehung des Dandelion und den komplexen Softwareentwurf.

»In den meisten Entwicklungsprojekten«, klagte Tim Mott, »ist der Termin fast wichtiger als das Projekt selbst. Aber nicht bei SDD. Mir ist eigentlich nie richtig klargeworden, daß SDD ein Produkt entwickeln wollte. Sie wollten einfach ein vollkommenes System schaffen.«

Da sie sich weder auf das Interesse noch die Neugier eines Geschäftspartners einstellen mußten, der auf Markterfordernisse achtete, setzten sich die SDD-Ingenieure ihre eigenen Maßstäbe und Termine für Produktleistung und Fertigstellung. Lampson zufolge trug dies zu dem Syndrom des »perfekten Systems« mit bei. Der Star, sagt er, »verkörperte sehr viel mehr Innovation als nötig. Das ist etwas ganz Normales bei Ingenieuren, denen man keine Grenzen setzt. Und ihnen hatte man keine Grenzen gesetzt.«

Während die SDD-Ingenieure den Star vervollkommneten, war Liddle weiterhin verzweifelt wegen der mangelnden Unterstützung, die er vom geschäftlichen Teil von Xerox bekam. Seine Zweifel waren so stark, daß er sich fragte, ob die Begeisterung, die Don Massaro bei ihrem Treffen im November 1979 zum Ausdruck gebracht hatte, sich gegenüber der gegen SDD gerichteten Haltung bei denen durchsetzen würde, die noch aus der Potter-Ära in Dallas übriggeblieben waren. Aber nur wenige Monate später zerstreute Massaro Liddles Sorgen, indem er die Ressourcen für Herstellung und Marketing bereitstellte, um aus dem Star ein richtiges Produkt zu machen.

Erst zu diesem Zeitpunkt, Anfang 1980, konnte Liddle seinen im Grunde sehr unwahrscheinlichen Sieg genießen: Nach viereinhalb Jahren Gleichgültigkeit und Ablehnung aus Reihen des Unternehmens hatte er Xerox dahin gebracht, das von PARC erfundene System der »persönlichen verteilten Datenverarbeitung« zu fördern. Leider blieb das für ihn der einzige Sieg.

Im April 1981, sechs Jahre nach der Bildung von SDD und acht Jahre nach der Erfindung des Alto, führte Xerox schließlich das Bürosystem Star ein. Inmitten des Rummels, der diese Ankündigung begleitete, erklärte der von Natur aus aggressive Massaro: »Wir stehen entweder auf der Schwelle zu einem zweiten Riesenerfolg, oder wir liegen völlig falsch – dazwischen gibt es nichts.«[97]
Überwiegend lag Xerox falsch.

Im Unterschied zu der Zeit vor zwanzig Jahren, als das Unternehmen seinen Kopierer 914 in einer Branche einführte, die mehr oder weniger darniederlag, während Haloid Chester Carlsons »Elektrofotografie« in einen xerographischen Bürokopierer umsetzte, brachte Xerox den Star auf einen Markt, der von Alternativangeboten nur so strotzte. Bemerkenswert war vor allem, daß die Konkurrenzprodukte in ihrem geschäftlichen und technischen Charakter von der »Informationsarchitektur« abwichen, die Xerox so lange geheimgehalten hatte. Statt vom Konzept der »persönlichen, *verteilten* Datenverarbeitung« auszugehen, wie sie von PARC entwickelt und mit dem Star angeboten wurde, war die gesamte Branche von der weniger robusten, aber äußerst erfolgreichen Technologie der »persönlichen Datenverarbeitung« geprägt.
Die verteilte beziehungsweise dezentrale EDV des Star bestand aus einem Netzwerk aus Arbeitsplätzen, Laserdruckern und elektronischen Ablagen. Personalcomputer andererseits arbeiteten nur auf sich gestellt, allein, und waren im Normalfall höchstens an einen langsamen Drucker minderer Qualität angeschlossen – auf der Basis 1:1. Als sogenanntes »Stand-alone«-Produkt konnten die Personalcomputer nicht die Datenübertragungsmöglichkeiten bieten, die Bob Taylors Team bei PARC für so wesentlich hielt; der Dialog beim Personalcomputer beschränkte sich strikt auf den Dialog zwischen der Person des Benutzers und dem Gerät. Trotzdem war diese Interaktion bis 1981 inzwischen so vielfältig geworden, daß die Personalcomputer, sieben Jahre nachdem sie zum erstenmal angeboten wurden, Umsätze in Höhe von zwei Milliarden Dollar erzielten.
Angefangen hatte das Geschäft ziemlich unglücklich im Januar 1975 – zwei Jahre *nachdem* PARC den Alto von der Konzeption her fertigge-

stellt hatte –, als die Zeitschrift *Popular Electronics* den ersten Personalcomputer der Welt proklamierte. Unter der Bezeichnung »Altair 8800« konnte das primitive Gerät, das von einem Hobbyelektroniker aus Albuquerque, New Mexico, erfunden worden war, eine begrenzte Zahl von Operationen ausführen, die nur eine begrenzte Zahl von Benutzern ansprachen.

»Das einzige Wort, das einem hierzu einfällt, ist das Wort ›Magie‹«, kommentierte der Redakteur bei *Popular Electronics* in seiner Vorstellung des Altair. »Sie kaufen den Altair, dann müssen Sie ihn aufbauen, dann müssen Sie noch andere Dinge aufbauen, die an ihn angeschlossen werden. Sie sind ein seltsamer Mensch. Denn nur seltsame Menschen sitzen die ganze Nacht in ihrer Küche, im Keller oder anderswo und löten Dinge auf Platinen, damit ein Gerät dann vielleicht gelegentlich funktioniert.«[98]

Nicht seine Leistung, sondern das, was der Altair versprach, machte ihn berühmt: Er demonstrierte, daß Datenverarbeitung nicht viel kosten mußte. Mit zunehmender Verbesserung bei den integrierten Schaltkreisen und Mikroprozessoren konnten im Anschluß an den Altair herauskommende Geräte bereits mehr Speicherplatz, eine höhere Geschwindigkeit und größere Leistung bieten. Der erfolgreichste von ihnen war natürlich der Apple II, der im Juli 1977 angekündigt wurde, vier Monate bevor John Ellenbys Team für den »Zukunftstag« versuchte, den Alto in Boca Raton den Xerox-Managern als »real« zu vermitteln.

Allerdings hätte es die Hardware der Personalcomputer allein nicht geschafft, die Anwendung der Datenverarbeitung über den Kreis der Hobbyelektroniker hinaus auszuweiten. Um noch einmal Chuck Thackers Kommentar zum Prototyp des ersten Alto aufzunehmen: Computer ohne Software sind »nur eine heiße Sache – interessant, aber nutzlos«. Die Software ist der Grund, warum die Leute Computer kaufen und verwenden. Mit den Fortschritten, die man zwischen 1975 und 1978 erzielte, konnten die Käufer schließlich auch ihre Geräte so programmieren, daß sie mehr erreichten als nur ein gelegentliches Funktionieren der Technik. Zu den ersten Aufgaben eines jeden Herstellers von Personalcomputern gehörte die Entwicklung einer Programmiersprache, die auf dem Gerät laufen konnte. Das gestattete es denen, die programmieren konnten beziehungsweise bereit waren, es zu lernen, ihren Computer so einzusetzen, wie sie wollten. In dieser Hinsicht hieß es von den Anwendungen für Personalcomputer, daß sie »offen« seien für die Phantasie ihrer Besitzer; der Benutzer, nicht der Hardwarehersteller, bestimmte, welche Aufgaben mit Hilfe dieser Technologie zu lösen sein sollten.

Dieses Arrangement stellte sich als der entscheidende Punkt für das Wachstum dieser Industrie heraus. Mit zunehmender Beliebtheit der Personalcomputer kam es zu einem Austausch an Ideen und Ergebnissen beim Programmieren; als die Zahl der Anwendungen immer größer wurde, wuchs auch das Phänomen der »persönlichen Datenverarbeitung«. Schließlich stellten die, die programmieren konnten, fest, daß es in ihrer Macht stand, den Computer für die, die es nicht konnten, unterhaltsam und nützlich zu machen. Noch besser war, daß sie sogar Geld dafür bekamen und daß sie etwas taten, was ihnen Spaß machte. In »Heimarbeit« wurden so Spiele, Kurse, Programme für die Datenbankverwaltung, Textverarbeitung und eine Vielzahl anderer Anwendungen produziert. Der Kundenkreis wuchs ständig an.

Unter all der neuen Software gab es auch die elektronische Tabellenkalkulation, an der Xerox für sein »Büro der Zukunft« besonderes Interesse hatte. Die erste kam unter der Bezeichnung »Visicalc« 1978 auf den Markt und gestattete Managern ohne Programmierfertigkeiten, Zahlen »dynamisch« zu untersuchen. Bilanzen, Gewinn-und-Verlust-Rechnungen, Cash-flows, Break-even-Formeln, Budgets, Marketingprogramme – alle numerischen Managementinformationen konnten aufgezeichnet, modifiziert, analysiert und besser verstanden werden mit Hilfe der computergestützten Tabellenkalkulation. Zum erstenmal hatten die Manager einen Grund, sich selbst einen Computer zuzulegen. Und es war diese Zielgruppe – die Manager –, die Don Massaro mit dem Star erreichen wollte.

»Mit der gestrigen Einführung des Star als EDV-Arbeitsplatz«, berichtete das *Wall Street Journal* Ende April 1981, »bietet die Xerox Corp. eine neuartige Möglichkeit, auch diejenigen im Büro, die nicht eine Schreibmaschine benutzen, am ›Büro der Zukunft‹ zu beteiligen. Xerox bezeichnet den Star als ›Eckstein‹ einer schrittweisen Realisierung der Büroautomation und erklärt, daß man den Star für diejenigen im Büro geschaffen habe, ›deren Aufgabe es ist, Information zu schaffen, zu interpretieren, zu managen und die Ergebnisse anderen in bequemer Form mitzuteilen‹.«[99]

Um die Produktivität von Managern zu steigern, bot der Star eine ganze Reihe von Instrumenten, die Worte und Bilder zusammenstellen und übertragen konnten. Der Star war der erste Personalcomputer, der mit einem »Bit-Map-Schirm«, der Maus, einem qualifizierten Laserdrucker und Textverarbeitungsfunktionen ausgestattet war, bei denen »man sah, was man bekam« (auf dem Bildschirm das sehen konnte, was tatsächlich auch ausgedruckt wurde). Zusätzlich war er ausgestattet mit den fortschrittlichen »Smalltalk«-Konzepten von Alan Kay, dem Ethernet und Software, bei der sich Text und Grafik auf ein und demselben Blatt Papier kombinieren ließen. Und man konnte sich die Grundregeln des Star in weniger als einer Stunde aneignen. Es war ein eindrucksvolles Stück Technologie. Trotzdem hatte der Star, wie die meisten Pionierprodukte, auch seine Mängel.

Erstens arbeitete das Gerät aufgrund der ehrgeizigen Software und der nachgeschobenen Hardwareentwicklung langsamer als seine »Standalone-Konkurrenten«, was einen Fachmann dazu bewegte, den Star als »Hansdampf in allen Gassen, der nichts wirklich richtig kann«[100] zu bezeichnen. Zweitens fehlte in der Software des Star, obwohl seine Zielgruppe das Management und Topmanagement war, die Tabellenkalkulation. Drittens konnte keine der auf dem Markt verfügbaren Tabellenkalkulationen auf dem Star eingesetzt werden, weil dieser im Gegensatz zu den »offenen« Personalcomputern ein »geschlossenes« System darstellte.

Xerox hatte den Star weder kompatibel zu anderen Computern gebaut noch die verwendete Programmiersprache veröffentlicht. Nur Mitarbeiter von Xerox konnten Anwendungen für den Star schreiben, ein selbstauferlegtes Problem, das den Erfolg der außergewöhnlichen Möglichkeiten des Geräts davon abhängig machte, wie umfassend und wie gut die Ingenieure in der Systems Development Division den Softwarebedarf ihrer Zielkunden vorweg erraten konnten.

Jeder Marketing- oder Planungsexperte, der mit den Bedürfnissen der Benutzer von Personalcomputern vertraut war, hätte nachdrückliche Argumente gegen diese Produktstrategie vorbringen können. Aber als David Liddles Ingenieure und Techniker den Star entwickelt und gebaut hatten, hatten sie von internen Marketing- und Planungsexperten keinen Rat bekommen. Niemand bei Xerox war daran interessiert gewesen.

Dieselben Gewohnheiten und Vorurteile von Xerox, die dafür sorgten, daß die Ziele von Jack Goldman und John Ellenby als unangemessene Hirngespinste der Forschung abgelehnt wurden, verdammten David Liddle, einen Wissenschaftler und Ingenieur, dazu, ein Produkt und eine Geschäftsstrategie ohne jede Hilfe aus dem Marketing- und Finanzbereich festzulegen. Paradox muß erscheinen, daß in einem Unternehmen, dessen Kopierer im Hinblick auf Qualität und Timing schlechter wurden, weil die Marketing- und Finanzmanager die Ingenieure im Kopiererbereich daran hinderten, ein gewisses vernünftiges Maß an Freiheit im technischen Bereich zu genießen, der Star von Idee, Entwurf und Bau her allein ein Produkt der Ingenieure war.

»Während meiner ganzen Zeit als Leiter von SDD«, beschwert sich Liddle, »konnte ich keinen Geschäftsbereich dazu bewegen, das Produkt auf den Markt zu bringen und zu verkaufen. Wir mußten den Star auf der Grundlage dessen bauen, was wir bei seinem Einsatz innerhalb des Unternehmens sehen und lernen konnten. Während dieser ganzen Zeit haben wir keine fachliche Unterstützung aus dem Marketing beziehungsweise aus der Abteilung Unternehmensplanung bekommen. Wir richteten uns daher überwiegend nach dem, was wir in der Forschung gelernt hatten.«
Sich selbst überlassen, wählte Liddle eine Geschäftsstrategie, die dem Umfeld der Großcomputer angemessener gewesen wäre als der sich abzeichnenden Welt der Personalcomputer. Xerox wollte ein Milliarden-Dollar-Geschäft aufbauen, indem es ein teures System aus Eigenhardware und -software anbot und vielleicht in Abständen von einem Jahr Verbesserungen und Erweiterungen für Kunden herausbrachte, die, weil sie den Star selbst nicht programmieren und auch bei keiner dritten Partei Software kaufen konnten, völlig auf Xerox angewiesen wären. Jedes dieser Elemente – die geschlossene Konfiguration der Geräte, die großväterliche Haltung gegenüber den Benutzern, die Falle der Softwareanbindung – war ein reines Nachäffen der klassischen IBM-Strategie.
»Ich sah das Ganze vielleicht als etwas zu grandios«, gesteht Liddle. »Meiner Meinung nach sollten wir eine Systemarchitektur entwickeln; ähnlich wie eine Computerfirma, die über eine Gruppe kompatibler Prozessoren, eine Programmiersprache, ein Netzwerk und ein Betriebssystem verfügte. Und dann würden eine Menge Produkte darum herumgebaut.«
Ironischerweise hielt sich IBM, als sie selbst 1981 auf den Markt für Personalcomputer ging, nicht an ihre bereits bewährte Strategie. Im Unterschied zu Xerox behandelte IBM die Chance der Heim- und Bürocomputer als ein Geschäft, in das Überlegungen aus der Entwicklung, Herstellung, dem Marketing und den Finanzen gemeinsam einfließen müßten. Man hatte das Wachstum der PC-Branche sehr genau beobachtet. Mitte 1980, nachdem der Markt die Milliarden-Dollar-Grenze überschritten hatte und Softwareprogramme wie Visicalc eingeführt worden waren, beauftragte IBM ein Team von Mitarbeitern, etwas ihren Vorstellungen Entsprechendes auf dem Gebiet der Personalcomputer zu entwickeln.
Die IBM-Gruppe brach völlig mit früheren Regeln des Unternehmens. Sie entwarfen ein Gerät, das im wesentlichen aus Standardkomponen-

ten bestand, sie gaben technische Spezifikationen und die Programmiersprachen unabhängigen Softwarehäusern bekannt, um ein entsprechendes Angebot an Anwendungen sicherzustellen, und als sie ihren IBM-PC gerade dreizehn Monate nach der Aufnahme des Projekts herausbrachten, verkauften sie ihn über den Fachhandel und nicht über die eigene, arrogante Verkaufsmannschaft.

»Die Ergebnisse«, heißt es in einem Bericht, »waren erstaunlich. Innerhalb von zwei Jahren nach seiner Einführung hatte der IBM-PC Apple als den verkaufsstärksten Personalcomputer in Amerika überrundet.«[101]

Der IBM-PC war allerdings nicht der erste Personalcomputer, der von einem *Fortune-500*-Unternehmen vermarktet wurde. Diese Ehre gebührte... dem *Xerox-System 820*. Um ihm Gerechtigkeit widerfahren zu lassen – als Don Massaro den Star zum erstenmal sah, wußte er sofort, daß dieses System sehr viel raffinierter war als ein Personalcomputer. Er finanzierte also ein Intensivprogramm, um das Xerox-System 820 herzustellen und damit die Produktpalette bei Xerox aufzufüllen. Zu seinen Ungunsten muß gesagt sein, daß er bei diesem Vorhaben die Leute bei PARC überhaupt nicht konsultierte. Sein ungeduldiger Einsatz ging nicht auf. Die Entwicklungsingenieure des Xerox-Systems 820 verwendeten eine veraltete Technologie zum Bau eines Produkts, das um fünfzig Prozent teurer war als die Konkurrenz.

»Im Rückblick«, sagt Massaro, »hätte PARC uns ein anderes Produkt entwerfen sollen. Das ist das einzige, was mir aus meiner Zeit in Dallas peinlich ist.«

Einige Forschungsmitarbeiter von PARC gaben die Schuld für das Fiasko mit dem System 820 Massaro und seiner selbstgefälligen Art. Gleichzeitig ist aber auch klar, daß ohne die Eitelkeit des Unternehmers Massaro das System der »persönlichen, verteilten Datenverarbeitung«, das von diesen selben Forschungsmitarbeitern erfunden und im Star verkörpert worden war, noch nicht einmal 1981, wenn überhaupt, kommerziellen Ausdruck gefunden hätte. Die entscheidende Frage für Xerox war damals nicht, was mit dem System 820 passierte, sondern ob das hochtechnische Star-System trotz seiner Anfangsprobleme in Zukunft Erfolg haben könnte.

Viele glaubten nicht daran. »Es war ein technologisches Wunder«, meinte ein früherer Topmanager von Xerox, Jack Crowley. »Aber es war zu teuer, niemand verstand es, und niemand wollte es.«

»Zu einem Zeitpunkt, zu dem der Markt kaum die einfachen Personalcomputer verstand«, so das Argument des PARC-Mitarbeiters Jim Mit-

chell einige Jahre später,»ließen sich die Leistungsfähigkeit und Nützlichkeit eines Netzwerksystems nicht verkaufen.«
Damit waren damals Massaro und Liddle jedoch nicht einverstanden. Indem sie den Star auf den Markt brachten, zwangen sie die Mängel des Produkts ins offene Licht der Öffentlichkeit – genauso wie Joe Wilson das getan hatte, als er seinen Kopierer Modell A getestet hatte. Jeder einzelne Nachteil des Star – das »geschlossene« System, die fehlende Tabellenkalkulation, die herabgesetzte Leistung aufgrund einer zu aufwendigen Software und der verqueren Herkunft des Dandelion-Prozessors – konnte anschließend immer noch berichtigt werden. Tatsächlich lag nach Ansicht von Massaro und Liddle das primäre Handikap des Star nicht im technischen Bereich, sondern in der Vertriebsorganisation: Xerox hatte ein Produkt geschaffen, das sein Außendienst nicht verkaufen konnte.

»Unser einziger Nachteil«, erklärte Massaro,»bestand darin, daß wir keine systemorientierte Verkaufs- und Vertriebsorganisation für den Verkauf des Star besaßen. Aber das stellten wir erst fest, als wir uns schon festgelegt hatten.«

Der Verkauf von komplexen Computersystemen wie dem Star an Manager war selbstverständlich etwas anderes als das Verhökern von Kopierern oder nichtprogrammierbaren Textverarbeitungsgeräten an Leute in der Verwaltung. Da die Zielgruppe für den Star »nicht Schreibmaschine schreibende Fachleute« waren, mußten sich mehrere Manager eines potentiellen Kunden für den Kauf eines Star gleichzeitig festlegen. Doch überwiegend waren diese Leute nicht mit dem Computer vertraut und fürchteten sich bis zu einem bestimmten Grad sogar vor ihm. Und das Management besaß nur sehr vage Vorstellungen davon, wie man ein System ähnlich dem Star einsetzen mußte, um die fachliche Produktivität zu steigern.

Außerdem war das Xerox-Angebot für die Kunden eine teure Angelegenheit. Der Star als Arbeitsplatz kostete allein 16 595 Dollar, fünfmal soviel wie ein normaler Personalcomputer. Und angesichts der Technik der »verteilten Datenverarbeitung« im Star-System gehörten zur kompletten Anlage normalerweise viele Arbeitsplätze, besondere Ablagesysteme und zumindest ein Laserdrucker. Es war keine einfache Kaufentscheidung. Interessierte Manager konnten mit der alternativen Lösung des einfacheren Personalcomputers für sehr viel weniger Geld herumexperimentieren.

Um diese Hindernisse zu nehmen, mußte man schon sehr vertraut sein mit den Möglichkeiten des Star, die Routinearbeiten von Fachleuten im

Büro zu beschleunigen und zu verbessern. Aber wie Massaro und Liddle schnell feststellten, verstanden die Dallas-Verkäufer genausowenig wie ihre potentiellen Kunden etwas von den vielen Möglichkeiten, mit denen man via Computer die fachliche Produktivität steigern konnte. Außerdem besaßen die Dallas-Verkäufer, nachdem sie nur nichtprogrammierbare Textverarbeitungsgeräte verkauft hatten, fast ausschließlich Kontakte zu den Sekretärinnen ihrer Kunden.

Um das Unwissen und die mangelnde Erfahrung des Außendienstes auszugleichen, bildete die Office Products Division ihre besten Leute im September 1981 in einem Intensivkurs auf die schnelle aus – vier Monate nachdem das Produkt eingeführt worden war. Das Bild, das sich bei diesem Seminar abzeichnete, war nicht gerade ermutigend.

»In erster Linie«, meinte einer der Computeringenieure, der als Ausbilder mitwirkte, zusammenfassend, »haben diese Leute aus dem Verkauf und der Wartung Erfahrung im Verkauf von Hardware. Sie sind es gewöhnt, einzelne oder vielleicht zwei Geräte an Kunden zu verkaufen, die das System 860 oder eines der früheren Systeme 850 und 800 oder etwas Ähnliches haben wollen. Sie sind nicht daran gewöhnt, nicht dafür ausgebildet und wissen auch nicht, wie man ganze Systeme verkauft, die die Bürobedürfnisse eines ganzen Unternehmens abdecken. Sie wissen also nicht viel über das, was sie jetzt verkaufen sollen.

Außerdem sind sie an kurze Reaktionszeiten gewöhnt. Sie setzen vielleicht drei Monate an vom Zeitpunkt, zu dem sie den Kunden das erstemal ansprechen, bis zu dem Zeitpunkt, zu dem sie ihr Gerät dann tatsächlich installieren. Der Verkauf des Star in der heutigen Situation innerhalb eines so relativ kurzen Zeitraums wäre schon eine enorme Leistung. Sie sind auch weitgehend vertraut mit der Textverarbeitung und Anwendungen zur Verarbeitung von Dokumenten – mit dem, was wir als die Automatisierung von Sachbearbeitern bezeichnen, aber nicht mit der Unterstützung der Arbeit von Fachleuten.

Das höchste der Gefühle, was im Verkauf vorkommt, ist ein Konkurrenzvergleich zwischen Eigenschaften unserer Geräte und denen der Geräte von Mitbewerbern. Und auch wenn dies durchaus ein komplexes Thema ist, es ist doch sehr viel einfacher, zwei Schreibmaschinen miteinander zu vergleichen als zwei voll ausgewachsene Systeme.

Ganz allgemein mangelt es am Verständnis für die umfassenderen Fragen – etwa dafür, wie man alle Funktionen in einem Büro integriert oder wie man die Art der innerbetrieblichen Organisation erkennt, die in den Büros der Kunden vorherrschend ist, und wie man ihnen anschließend ein System verkauft, das diese Abläufe zu verbessern hilft.

Weder unsere Verkäufer noch viele unserer Mitarbeiter in der Entwicklung verstehen das.« Massaro war jedoch sehr zuversichtlich, ein Team schaffen zu können, das in der Lage wäre, den Star zu verkaufen. Aber diese Möglichkeit ließ Xerox ihm nicht. 1982, ein Jahr nachdem Dallas den Star eingeführt hatte, beschloß David Kearns, Massaros Verkaufsmannschaft in die größere Verkäuferorganisation der Kopierer zu integrieren. Die Erklärungen für diesen Schritt waren recht unterschiedlich – Eifersucht bei den Kopiererverkäufern, weil die Computerverkäufer von Dallas auf höherer Ebene mit dem Kunden verhandelten, der Wunsch, dem Kunden gegenüber ein einheitliches Gesicht zu wahren, die kürzliche Zusammenlegung des Außendienstes bei Kearns' früherem Arbeitgeber IBM, die Tatsache, daß Massaros Unternehmensbereich nach wie vor keinen Gewinn machte.

Ironischerweise wurde diese Entscheidung zum Teil durch den Erfolg eines anderen Plans von Massaro selbst gestützt. Ende 1981 hatte er Kearns dazu gebracht, den Außendienst für Kopierer zu bitten, die neue elektronische Schreibmaschine von Xerox, genannt »Memorywriter« (Speicherschreibmaschine), verstärkt anzubieten, und bis zum Frühjahr hatte sich das Produkt bereits zu einem Verkaufsschlager entwickelt. Der Verkauf des Memorywriter erforderte jedoch praktisch keine Anpassung im Training der Kopiererverkäufer. »Der Memorywriter ist ein einfaches Produkt«, sagte Jack Crowley. »Das konnte selbst ein Affe verkaufen. Er ist kein System.«

Massaro, der als Vorbild bei Kearns' Entscheidung gewirkt hatte, die Kopierergruppe neu in strategischen Geschäftsbereichen mit eigener Geschäftsleitung zu organisieren, mußte zusehen, wie die Office Products Division ihrer wertvollen Verkaufsfunktion beraubt wurde. Das war zuviel. Er sagte Kearns, daß er kündige. »Ich wollte meine Verkäufer nicht verlieren«, erklärte er später. »Das war im wesentlichen der Grund, warum ich Xerox verließ, die Tatsache, daß sie die Verkaufsorganisationen zusammenlegten.«[102]

Viele Leute in Stamford freuten sich. Sie hatten Massaro nie gemocht, und in der immer noch viel zu stark von Intrigen beherrschten Atmosphäre hatte das Lob von Kearns zur Folge, daß sie den Dallas-Manager noch mehr verachteten. Massaros Anhänger waren deprimiert. Bei seiner Abschiedsparty in Dallas schenkten sie ihm eine Bronzestatue des Road Runner. Massaro: »Das waren drei der besten Jahre meines Lebens. In den ersten zwei Jahren war ich ein Held, im dritten fiel ich in mein eigenes Schwert, und damit war ich ein Arschloch.«

Kapitel
20

David Liddle kündigte kurz nach Don Massaro. Beide gründeten zusammen eine eigene Firma, um Anwendungen für die verteilte Datenverarbeitung zu entwickeln. Sie waren jedoch weder die ersten noch die letzten Mitarbeiter, die Xerox aufgrund enttäuschter Erwartungen im Computerbereich verließen. Bis 1983 hatte ein Dutzend der wichtigsten Mitarbeiter ihre Kenntnisse und Erfahrungen anderenorts eingebracht. Einige frühere wissenschaftliche Mitarbeiter von PARC, beispielsweise Alan Kay, Tim Mott und Charles Simonyi, nahmen bei etablierten Firmen wieder Aufgaben in der Forschung oder Produktentwicklung wahr. Andere, darunter John Ellenby, Patrick Baudelaire, Chuck Geschke und Robert Metcalfe, fanden das nötige Kapital, um eigene Unternehmen zu gründen. Xerox verlor dabei mit jedem Weggang immer weiter die Kontrolle über die Ideen, die seine »Informationsarchitektur« zu etwas so Besonderem machten.

Gelegentlich ging Xerox mit seinen Computerentwicklungen in bizarrer Weise großzügig um. Ende 1979 setzte sich beispielsweise eine Investitionsabteilung des Unternehmens mit Steven Jobs bei der Apple Corporation in Verbindung, um möglicherweise zu einer Zusammenarbeit zu kommen. Jobs, der seit Jahren von den fast zur Legende gewordenen Errungenschaften der Xerox-Forschungseinrichtung PARC gehört hatte, bat darum, das Forschungszentrum besichtigen zu dürfen, was man ihm auch gestattete. Laut Larry Tesler, der den Alto für Jobs vorführte, verstand der junge Unternehmer sofort das, was den Xerox-Managern mehr als fünf Jahre lang entgangen war.

»Warum bringt Xerox dies nicht auf den Markt?« so lautete nach Tesler Jobs' Reaktion. »Sie könnten damit jeden anderen übertrumpfen!«

Darauf folgende Diskussionen zwischen Xerox und Apple verliefen im Sand. Aber nur wenige Monate nach Jobs' Besuch ging Tesler zu Apple, und Jobs gab einem Apple-Team den Auftrag, die »Lisa« zu entwerfen, einen Computer, der 1983 eingeführt wurde. In der »Lisa« wurden viele Funktionen, die man bei PARC erfunden hatte, nachgebildet, und aufgrund der starken Präsenz von Apple auf dem Markt der

Personalcomputer schien die Lisa dem Star von Xerox durchaus den Rang abzulaufen.

»Diejenigen, die den Markt für Bürogeräte kommentieren, haben begonnen, PARC-ähnliche Systeme als ›Lisa-ähnlich‹, nicht mehr ›Star-ähnlich‹ zu beschreiben«, merkte ein Reporter an. »Apples nächster Computer, der MacIntosh, dessen Fertigstellung für Ende des Jahres geplant ist, könnte Apple weiter mit PARCs Ideen gleichsetzen. Der Leiter des Engineering für den MacIntosh kam von PARC, wo sein letztes großes Projekt ein Personalcomputer war.«[103]

Der mit Jobs begangene Schnitzer verärgerte einige Leute bei PARC. Sie meinten, die Investitionsgruppe von Xerox hätte sich um die Entwicklung der PARC-Ideen kümmern müssen, nicht darum, sie anderen gegenüber zu enthüllen.

»Ich war über sie genauso wütend, weil sie die Dinge, die hier waren, nicht genutzt haben, wie ich wütend darüber war, daß Bob Potter sie ignoriert hatte«, sagt George Pake. »Jobs zu gestatten, die Leistungsfähigkeit des Systems zu begutachten und Kontakt zu hochbegabten Leuten zu bekommen, war ausgesprochen dumm. Und Tesler nahm er einfach mit. Er muß damals gleich gewußt haben, daß es machbar ist. Genauso wie das bei den Russen und der Atombombe war. Die entwickelten sie auch sehr schnell, nachdem sie erst einmal wußten, daß es ginge.«

Der Verlust sowohl von Mitarbeitern wie von Ideen brachte Xerox in eine sehr peinliche Lage. Pakes Freunde hänselten ihn, indem sie von PARC als einer »nationalen Ressource« sprachen. Im September 1983 brachte *Fortune* einen größeren Artikel unter der Überschrift: »The Lab That Ran Away From Xerox« (Die Forschung, die Xerox weggelaufen ist). Man stellte Ellenby, Simonyi und Tesler vor und kritisierte Xerox, weil diese Firma so viele begabte Forschungsmitarbeiter hatte gehen lassen und keinen Gewinn aus den computergestützten Bürosystemen gezogen hatte, die bei PARC entwickelt worden waren.

In einer Hinsicht lag *Fortune* allerdings falsch – die produktivsten der Computerwissenschaftler von Xerox blieben bei PARC. Bob Taylor, Butler Lampson, Chuck Thacker und andere, die die »persönliche verteilte Datenverarbeitung« geschaffen hatten, zogen die Forschung kommerziellen Chancen immer noch vor. Seit Mitte der siebziger Jahre hatten sie einen neuen Prozessor, genannt »Dorado«, entworfen, der mindestens die zehnfache Leistung des Alto brachte, und hatten ihn dann eingesetzt, um eine Vielzahl wirklich bahnbrechender Betriebssysteme zu entwickeln, Programmiersprachen und andere Software. All diese

Neuentwicklungen hatten dazu beigetragen, PARCs Ruf als eines der besten Zentren für Computerwissenschaft in der Welt zu bestätigen. Trotzdem war PARC nicht mehr die ruhige intellektuelle Nische, die Jack Goldman und George Pake dreizehn Jahre zuvor gegründet hatten. 1983 drohten interne Spannungen PARC zu zerbrechen. Und die Wurzel dieses Unglücks – wie so viele von PARCs Erfolgen – lag in Bob Taylors Besessenheit von der interaktiven Datenverarbeitung.
Schon von Anfang an war Taylors Position bei PARC von Widersprüchen belastet. George Pake hatte sich um Taylor bemüht, weil er über Kontakte zu den besten jungen Computerfachleuten in den Vereinigten Staaten verfügte, hatte jedoch nicht geahnt, daß diese Leute sich von Taylors Führung abhängig machen würden. Er hatte die Position des Managers des Computer Science Lab dem früheren ARPA-Manager vorenthalten, weil er Taylors Erfahrungen in der Forschung selbst für unzureichend hielt. Statt Pake jedoch zu überzeugen, daß sein Standpunkt nicht richtig war, hatte Taylor das künstliche Konzept eines »externen« und eines »internen« Managers erfunden, das zur Ernennung von Jerry Elkind als Leiter des Computer Science Lab geführt hatte. Taylor und Elkind hatten dann zwar einen Modus vivendi gefunden, aber die beiden Männer konnten die Spannungen in ihrem Arbeitsverhältnis den anderen bei PARC nicht verheimlichen.
»Als Jerry kam, dachte er, das wäre ein richtiger Job«, sagt ein Mitarbeiter aus der Verwaltung von PARC. »Er fing an, sich wie jemand zu verhalten, der CSL leiten wollte, und das brachte ihn sofort in Konflikt mit Bob.«
Trotz des offiziellen Titels von Elkind trugen die entscheidenden organisatorischen Eigenschaften des Computer Science Lab – die gemeinsame Einstellung von Mitarbeitern, die flache Struktur, die ständige Kommunikation und der regelmäßige Einsatz der selbstentwickelten Systeme – alle den Stempel Taylors. Die Wissenschaftler bekamen Budgets, Projektpläne und anderes von Elkind genehmigt, aber die meisten von ihnen diskutierten diese Fragen vorher ausführlich mit Taylor. Beide Männer waren aufgrund dieser Situation frustriert.
»Ich bemerkte schließlich«, sagte Ed McCreight, ein Forschungsmitarbeiter, »daß Elkind Taylor nicht viel Spielraum einräumte. Ich glaube nicht, daß das Bob viel Spaß machte, aber Taylor war jemand, der Dinge, die nur ihn selbst betrafen, immer für sich behielt.«
Offenbar untergrub auch Elkinds Charakter seine Autorität im Labor. Im Gegensatz zu Taylors kontemplativer und besorgter Haltung unter den Forschungsmitarbeitern neigte Elkind dazu, Leute und ihre Ideen

anzugreifen. Einigen Wissenschaftlern bekam seine Kampflust ganz gut, aber die meisten wurden dadurch entmutigt und noch weiter in Taylors Lager getrieben.
»Elkind hatte eine fürchterlich schroffe Art«, kommentiert McCreight. »Er sagte etwa: ›Erklären Sie, warum das, was Sie machen, wichtig ist‹ in einem Ton, der unterstellte, daß er nicht glaube, daß es wichtig ist. Ich komme aus einer kleinen Stadt in Pennsylvanien, in der ein solches Verhalten schon fast als Angriff ausgelegt wird. Ich dachte deshalb in solchen Fällen, daß meine Arbeit vielleicht wirklich Dreck sei. Später begriff ich rein intellektuell, es nicht so negativ zu sehen. Aber meine gefühlsmäßige Reaktion überwog immer. Ich wurde richtiggehend deprimiert.«
Dem stimmt auch Severo Ornstein zu, der sowohl bei Bolt, Beranek und Newman wie bei PARC unter Elkind gearbeitet hat. »Jerry wußte einfach nicht, wie man Menschen positiv stimmt.«
Mitte des Jahres 1976 ließ sich Elkind ein Jahr beurlauben und arbeitete in dieser Zeit im technischen Stab von Sparacino mit. Die unangenehme Situation, zwei Herren dienen zu müssen, löste sich auf. Tatsächlich schätzten viele Mitarbeiter die bessere Atmosphäre so sehr, daß einige von ihnen George Pake kurz vor der Rückkehr von Elkind Ende 1977 ersuchten, für Elkind eine andere Aufgabe zu finden.
»Ich ging mit George zum Mittagessen«, erinnert sich Ornstein, »und sagte ihm, daß das Labor unter Bob einfach besser arbeite als unter Jerry, daß man mit Bob eher auskommen könne. Der Blick von George wurde dabei richtig starr, er schien in die Ferne zu schauen, als ich das sagte, und dann meinte er: ›Taylor kann auch ganz schön hart sein.‹
Dann meinte George, daß er Jerry versprochen hätte, er würde seinen Job nach dem einen Jahr wiederbekommen, und er müßte zu seinem Wort stehen. Deshalb nahmen einige der älteren Mitarbeiter bei CSL allen Mut zusammen, gingen zu Jerry und sagten ihm, daß wir es lieber hätten, wenn er nicht zurückkäme, daß es uns unter Bobs Leitung besser gefiele.«
Nach Aussage eines Teilnehmers bei diesem Treffen war die Szene »surrealistisch« – Elkind, der ja in Wirklichkeit von den ihm unterstellten Mitarbeitern im Computer Science Lab eingestellt worden war, wurde jetzt von derselben Gruppe darüber informiert, daß sie ihm nicht länger unterstellt sein wollten. Alle waren sich darin einig, daß sich Elkind in dieser Situation sehr gut verhielt. Er kündigte zwar nicht, aber ein paar Monate später ging er und wurde Leiter der neuen Advanced Systems Division bei Xerox. So hatte Anfang 1978 Bob Taylor

endlich auch dem Namen nach das bekommen, was er tatsächlich seit sieben Jahren schon getan hatte: die Leitung des Computer Science Laboratory von PARC.
George Pake fand diesen Coup mit Elkind geschmacklos. Laut Jim Mitchell beschuldigte Pake Taylor zu Unrecht, diesen Coup in die Wege geleitet zu haben. Wenn sie auch nicht berechtigt waren – überraschen konnten Pakes Verdächtigungen niemanden bei PARC. Fast von Anfang an hatte er Taylor für einen Fanatiker gehalten, der sich an einer »Orthodoxie« im Computer Science Laboratory gütlich tat.
»CSL unter Taylor«, so Pakes Vorwurf, »lud nicht dazu ein, verschiedene Ansichten zu fördern. Man konnte ziemlich schnell abgeschossen werden, wenn man sich der vorherrschenden Meinung nicht anschloß.« Taylors enge Ausrichtung am Prinzip der Interaktivität war eine Bedrohung der grundlegenden Prämisse von Pake, dem Akademiker: Wahrheit hängt von einer Vielfalt an Meinungen ab. Diejenigen, die Taylor verteidigen, behaupten dagegen, daß Pakes Forschungsprinzipien, die sich bei ihm als Physiker im Universitätsbereich über Jahrzehnte hinweg herausgebildet hatten, dem Charakter der Computerwissenschaft nicht richtig entsprachen. Im Unterschied zu Physikern stellen Computerwissenschaftler keine Instrumente zusammen, um Hypothesen über die Welt zu verifizieren. Sie bauen Software und Hardware, weil sie glauben, wie Chuck Thacker es formulierte, daß solche Konstruktionen »eine gute Sache seien, wenn man sie habe«. Das Computer Science Laboratory war von bestimmten Zielen im Engineering beherrscht, nicht von der Suche nach Wahrheit. Wo Pake Orthodoxie befürchtete, sahen Taylors Anhänger nur ein effektives Management.
»Das grundlegende Ethos an einer Universität«, kommentiert Butler Lampson, »besagt, daß ein Professor ein unabhängig Handelnder ist. Eine Abteilung oder eine Schule bezieht ihre Stärke aus der Leistung des einzelnen, nicht aus der Tatsache, daß man zusammenarbeitet. Das Gute daran ist, daß jeder, der eine neue Idee hat, dieser Idee nachgehen kann, ohne darin von der Gruppe gestört zu werden.
SCL wurde nicht nach diesem Prinzip geführt. Wir förderten in größerem Maß das Gruppendenken. Das bedeutet auch, daß wir keine Leute einstellten, deren Denken zu stark von der Hauptlinie der Gruppe abwich.
Der Grund, warum wir CSL in dieser Weise leiteten, lag in unserer Überzeugung, daß man, wenn man Systemforschung betreiben wollte, dafür sorgen mußte, daß die Leute in ganz beträchtlichem Ausmaß zusammenarbeiteten, sonst würde man die Art Zusammenwirken, die er-

forderlich ist, nicht erreichen. Um das zu schaffen, mußte eine gute Planung vorhanden sein, denn wenn jeder nur seine eigenen Sachen machte, gäbe es keine Möglichkeit sicherzustellen, daß alles zusammen ein sinnvolles Ganzes ergäbe und zusammen funktionierte. Darum bestanden wir auf dieser Form der Zusammenarbeit. Natürlich bestand dabei andererseits auch eine gewisse Gefahr. Ein Risiko. Doch im Endeffekt sind wir nicht an allzu vielen guten Sachen oder guten Leuten vorbeigegangen.«
Ohne Frage erreichte CSL die Ziele, die man sich selbst gesetzt hatte. Die meisten Mitarbeiter im Computer Science Lab halten es einstimmig Taylor zugute, daß sie zusammen Erfolg hatten.»Ich habe niemals in meinem ganzen Leben für einen Besseren gearbeitet«, sagte einer.»Er ist in vieler Hinsicht der beste Manager, den ich je erlebt und für den ich je gearbeitet habe«, sagt ein zweiter. Trotzdem konnten Taylors Monomanie und das von Lampson beschriebene »Gruppendenken« einige CSL-Wissenschaftler schon sehr befremden und befremdete auch die, die – aus welchen Gründen auch immer – die Unabhängigkeit suchten.
»Bei CSL zu arbeiten und bei Taylor gut angeschrieben zu sein war wie im Himmel«, sagt Ed McCreight.»Man konnte einfach alles machen, man konnte wirklich die ganze Welt erobern. Bob kümmerte sich wirklich um einen als Person, und wenn man irgendein Problem mit Xerox hatte, dann kümmerte sich Bob darum auch. Man fühlte sich völlig gestützt.
Aber die Sache hatte zwei Seiten. Wenn man nicht gut bei ihm angeschrieben war, dann muß es die Hölle gewesen sein.«
Einige Verärgerung wurde durch die unvermeidliche Hierarchie verursacht, die trotz Taylors Orientierung an einer flachen Struktur in die CSL-Organisation Einzug hielt. Mit zunehmendem Alter, Betriebszugehörigkeit, fachlicher Qualifikation und Freundschaft einiger der Forschungsmitarbeiter entwickelten sich Leute wie Thacker, Lampson, Mitchell, McCreight und Ornstein zu Meinungsmachern, von denen Taylor Rat im technischen Bereich annahm. Die Gruppe hatte sogar einen Namen, es waren die»Graubärte«, deren Einfluß einige der jüngeren Mitarbeiter nervös machte, weil sie das Gefühl hatten, der Boß würde ihnen nicht genug Zeit und Aufmerksamkeit widmen.
Andere unzufriedene Mitarbeiter gingen mit ihren Ansichten bei allgemeinen Entscheidungen über die technische Richtung unter. Einige wenige mochten Taylor oder Lampson einfach nicht, die beide im technischen Bereich den Ton angaben. Ein unzufriedener Mitarbeiter soll es so ausgedrückt haben:»Ich möchte nicht von Bob Taylor in allen Ein-

zelheiten über mein Privatleben belehrt werden, und ich möchte von Butler Lampson nicht in allen Einzelheiten über mein Berufsleben belehrt werden.«

Alle Nichtangepaßten fanden ihren Weg in George Pakes Büro und bestätigten damit Pakes Befürchtungen gegenüber den Gefahren der Orthodoxie. Gleichermaßen beunruhigend für Pake war die Tatsache, daß Taylor offensichtlich darauf aus war, die CSL-Meinung zu den Zielsetzungen von PARC auf das Forschungszentrum als ganzes auszudehnen: Er setzte »Agenten« wie Alan Kay in das Systems Science Laboratory; er stellte Pakes Urteil und Verständnis der von PARC durchgeführten Computerforschung in Frage. Der Bob Taylor, den George Pake im PARC-weiten Zusammenhang sah, unterschied sich von dem ruhigen, verständnisvollen und hilfreichen Manager der kreativen Egoisten, die im Computer Science Lab versammelt waren. Statt des Images eines Mannes, der einem zuhörte und einem half, zogen Pake und andere PARC-Manager es vor, Taylor als fanatisches Großmaul zu bezeichnen, das Galle spucken konnte. Ihrer Ansicht nach machte Taylor vor nichts halt, wenn er etwas erreichen wollte.

»Etwas, das Taylor so überzeugend macht«, sagt Frank Squires, ein langjähriger Berater von Pake, »ist, daß er sich so stark auf enggesetzte Ziele konzentrieren kann und sich nicht ablenken läßt. Er muß sich nie Sorgen darum machen, ob er überhaupt recht hat, weil er niemals etwas in Erwägung ziehen muß, was jenseits seines engen Zieles liegt. Das führte unter anderem dazu, daß er dazu neigte, andere Aktivitäten außerhalb von CSL unter Beschuß zu nehmen. Er leitete CSL wie eine Wagenburg; jeder innerhalb dieser Burg war großartig, jeder außerhalb der Burg ein Versager. Das führte zu einer ganzen Reihe von Aktionen – einige offen, einige weniger offen –, die Konsequenzen für andere Gruppen hatten. Und das war der Anfang vom Ende seiner Beziehung zu Pake.«

Taylor spöttelt über solche Klagen. Er stellt fest, daß die PARC-Leistungen, die dem ursprünglichen Auftrag Peter McColoughs – der »Informationsarchitektur« – am nächsten kamen, von den Wissenschaftlern erreicht wurden, die, ob nun offiziell Mitarbeiter von CSL, SSL oder anderen Labors, innerhalb des Konzepts der »persönlichen verteilten Datenverarbeitung« zusammenarbeiteten. Während der siebziger Jahre und noch Anfang der achtziger Jahre, so klagt Taylor, machten diese Leute weniger als ein Viertel des Gesamtbudgets von PARC aus, eine Verteilung von Ressourcen, die nach seiner Behauptung Xerox daran gehindert hat, noch größere Leistungen hervorzubringen. Seiner

Ansicht nach verschleierte Pakes unparteiische Universitätsethik eine nicht zu akzeptierende Ignoranz – sowohl was die Art der Computerwissenschaft als auch die Interessen von Xerox anging.

»Ich kam zu Xerox«, versichert Taylor, »getrieben von einer Vision und einer Reihe von Zielvorstellungen und mit dem festen Entschluß, mein Leben einer Arbeit zu widmen, die etwas bewirken würde. Pake ist anders motiviert als ich. Ich bin ein zufriedener Mensch. Pake ist mehr ein Verfahrensmensch. Soweit ich es begriffen habe, war er einfach nicht an dem Inhalt dessen interessiert, was wir taten.

Wir erforschten einen neuen Raum: die Datenverarbeitung am Arbeitsplatz. Dieser Raum war riesig groß, im Hinblick auf die Zahl der Unbekannten, die mit ihm zusammenhingen, im Hinblick auf die Zahl an Problemen, an denen man hätte arbeiten müssen, wenn man diesen Raum wirklich ganz hätte erforschen wollen. Wir hatten niemals die Ressourcen, um so zu forschen, wie wir es hätten tun sollen. Und der Grund, warum wir sie nicht hatten, war, daß weder bei unserem Management noch weiter oben genügend Verständnis für die Art dieses Problemraums vorhanden war.

Wenn wir zum Beispiel mit Goldman oder Pake darüber sprachen, wie wichtig Programme wären, dann nickten sie mit dem Kopf. Doch sobald es um irgendeine Frage ging, bei der wir dann für solche Programme mehr Geld haben wollten, erhielten wir so oder so immer die Antwort: ›Nicht auf Kosten der Physik!‹«

Taylors Konzept für PARC war ausschließlich an der Idee der Dialogverarbeitung orientiert; er lehnte jede Aktivität, die nicht diesem Zweck diente, als irreführend ab. Entsprechend kritisierte er ständig Pakes Unterstützung für Forschungen, die in anderen PARC-Labors in verschiedenen Bereichen der Physik betrieben wurden. Alle größeren Durchbrüche in der interaktiven Datenverarbeitung nach der Erfindung der integrierten Schaltkreise, so Taylors Argument, waren abhängig und würden auch in Zukunft abhängig sein von der Lösung der Rätsel des Entwurfs und der Programmierung von Logik und nicht von den physikalischen Aspekten wie Licht, Elektrizität und Materie. »Die komplexen Probleme, die wir zu lösen hatten«, betont er, »lagen *nicht* in der Physik.«

Leider verpackte Taylor seine tiefgehenden Differenzen mit Pake in einer Reihe wilder Beschuldigungen und unrealistischer Forderungen. Jedesmal, wenn Pake sich weigerte, physikalische Forschungen zugunsten von Taylors Aktivitäten zu opfern, gab es Geschrei über zuwenig Mittel. Pake müssen Taylors rücksichtslose Klagen über die Ressourcen vorgekommen sein wie ein Wolf, der auf der falschen Seite einer Tür heult. Daß sich solche Betriebsgruppen wie Scientific Data Systems und die von O'Neill und Sparacino geleitete Gruppe Engineering um Forschungsgelder reißen würden, war vielleicht natürlich. Aber daß ein Forschungsleiter so dreist Anspruch auf das Budget seiner Vorgesetzten anmeldete, ärgerte Pake zutiefst.

Trotzdem wurde Taylors Gekreische, solange Pake die Leitung von PARC innehatte, noch unter Kontrolle gehalten. 1978 gab Pake jedoch völlig unerwartet die direkte Kontrolle des Forschungszentrums an der Westküste ab. Im Frühjahr dieses Jahres hatte sich Pake, um die Unabhängigkeit der Forschung gegen Angriffe von seiten Sparacinos und O'Neills zu verteidigen, einverstanden erklärt, Goldman als obersten Chef der Forschung bei Xerox abzulösen. Bob Spinrad, der über Erfahrungen im Computer-Engineering verfügte, nahm Pakes Position bei PARC ein. Dieser Wechsel gefiel Taylor und machte seine Gegner in gleichem Maße besorgt.

»Spinrad und Taylor kamen miteinander aus«, berichtet Bert Sutherland, der Leiter des Systems Science Lab, »weil Taylor in Spinrad einen Computerexperten fand, der seine Weltsicht teilte. Bei PARC hieß es bald: ›Wenn Spinrad nicht weiß, was er tun soll, fragt er Taylor.‹«

Ein Jahr nachdem Spinrad die Kontrolle von PARC übernommen hatte, forderte die Xerox-Zentrale jedes der Forschungszentren auf, eine langfristige Beurteilung der Forschungsrichtung und des entsprechenden Finanzbedarfs vorzulegen. Taylor behauptet, daß Spinrad die technischen Prioritäten der einzelnen Labors bei PARC sehr sorgfältig prüfte einschließlich der Stärken und Schwächen der einzelnen Wissenschaftler, bevor er seine Empfehlungen vorlegte.

»Das war etwas, was vorher niemals gemacht worden war«, behauptet Taylor. »Pake hat es auf jeden Fall nicht gemacht. Nach ungefähr eineinhalb Jahren intensiver Prüfung startete Spinrad eine Reihe von abschließenden Besprechungen, in denen ein Fünfjahresplan für PARC entwickelt werden sollte. Der Plan, der sich damals abzeichnete, hätte zu einer allmählichen Änderung des Investitionsprofils bei PARC geführt, wobei die Investitionen im Computerbereich zu Lasten der Investitionen in die Physik gewachsen wären.«

Die Physiker beschwerten sich sofort bei ihrem Kollegen Pake, der mit Spinrad bereits aus einem anderen Grund nicht zufrieden war. Kurz nachdem Pake Goldmans Position in der Zentrale übernommen hatte, hatte er Kearns dazu bewogen – gegen den erbitterten Widerstand von Sparacino –, PARC ein Labor für integrierte Schaltungen anzuschlie-

ßen. Trotz wiederholter Mahnungen von Pake hatte Spinrad jedoch bisher noch keinen Leiter für dieses neue Labor eingestellt. Der jetzige Fünfjahresplan, der zweifellos unter Taylors Einfluß zustande gekommen war, wertete Forschungsarbeiten ab, die Pake für wichtig hielt. Um daher sicherzustellen, daß etwas für das neue Labor für integrierte Schaltungen getan wurde, und um seine Vision für PARC zu schützen, intervenierte der oberste Forschungsleiter von Xerox.
»Ich war mit Spinrads Bericht nicht zufrieden«, erklärt Pake. »Und zwar nicht nur hinsichtlich des Inhalts, sondern auch in der Methodik. Es war nicht der richtige Weg, Kreativität zu inspirieren, wenn man Leuten sagte, daß sie keine Zukunft hätten. In einigen der Labors, denen nicht mehr so viele Mittel zugewiesen werden sollten, waren gute Leute und gute Projekte, bei denen auch Fortschritte erzielt wurden, und ich war überzeugt, daß Xerox sie alle weiterführen sollte.
Es gab auch noch ein zweites Problem. Wir hatten die Genehmigung für das Zentrum für integrierte Schaltungen, und wir mußten einen erstklassigen Leiter dafür finden. Bob Spinrad hatte ohne Erfolg einige Leute interviewt und, das muß man ihm lassen, gab das in seiner Leistungsbeurteilung des laufenden Jahres auch zu.
Deshalb entschloß ich mich zu der unnatürlichen Maßnahme, PARC in zwei Abteilungen zu unterteilen. Der eine Teil, genannt das ›Systemzentrum‹, unterstand Bob Spinrad, der andere, das ›Wissenschaftszentrum‹, Harold Hall.«
Pake faßte das neue Labor für integrierte Schaltungen, das bedrohte Physikzentrum und bestimmte Gruppen der Computerwissenschaft, die sich nicht der Gunst von Taylor erfreuten, in Harold Halls Wissenschaftszentrum zusammen und beschränkte die Kontrolle von Spinrad bewußt auf die Aktivitäten, die er in seinem langfristigen Plan als wichtig herausgestellt hatte. Pake gibt zu, daß diese Maßnahme eine offensichtliche Botschaft für Taylor enthielt.
»Mein Wahnsinn hatte Methode. Ich wollte mehrere Denkrichtungen, ich wollte nicht, daß alles, was man machte, innerhalb der, wie ich es nannte, Orthodoxie von CSL vonstatten ginge. Es ist keine Frage, daß es ein brillantes Labor war. Aber es durfte nicht so dominant sein.«
Aber gemeinsame Büros lassen sich nicht so einfach wie Organisationen unterteilen. Die Wissenschaftler in Halls Science Center und Spinrads Systems Center parkten weiter auf demselben Parkplatz, benutzten dieselben Gänge und aßen in derselben Cafeteria. Aber die gegenseitige Abneigung verdarb sehr schnell das allgemeine Klima. Bill Spencer zufolge, dem Mann, den Hall von Bell Labs abwarb und zum Leiter des

Labors für integrierte Schaltungen machte, litten die Forschungszentren von Xerox an der Westküste an einem sozialen Krankheitsphänomen – die Leute taten alles, um sich aus dem Weg zu gehen und ihre Gegner verbal anzugreifen. Taylors Anhänger beschuldigten Pake des Falschspiels. Pakes Verbündete etikettierten Taylor als einen übelwollenden »Reverend Moon« (in Anlehnung an den Gründer der Mun-Sekte – Anm. d. Übers.), der die Forschungsmitarbeiter innterhalb von CSL und darüber hinaus so verhext hätte, daß sie sein Wort als Evangelium hinnähmen. Außerdem behaupteten sie, daß Taylor sich dahin gehend engagiere, seine ganze Forschungsgruppe an andere Unternehmen zu »verkaufen«.

Spencer, der neue Manager des Labors für integrierte Schaltungen, lernte Taylor ziemlich gut kennen. Die zwei Männer spielten 1981 und 1982 fast jeden Samstag zusammen Tennis. »Nach dem Tennis«, sagt Spencer, »nahmen wir zusammen einen Drink – Taylor einen Dr. Pepper (eine aromatische Limonade – Anm. d. Übers.) und ich ein Bier. Er war ein Mann mit stark eingefahrenen Gewohnheiten und sehr starken Emotionen. Die meisten meiner Ansichten zu PARC wurden erheblich von Taylor beeinflußt. Taylor betonte immer wieder: ›Wir haben eine Gruppe herausragender Leute zusammengeholt, und wir haben bewiesen, daß wir etwas machen können. Die ganze Welt sagt, daß das, was wir täten, großartig sei, aber trotzdem hat Xerox daraus keinen geschäftlichen Erfolg gemacht. Wir brauchen jetzt mehr Mittel, und wenn wir einige andere Teile von PARC loswerden könnten, könnten wir noch andere großartige Entwicklungen schaffen.‹«

Nach zwanzigjähriger Berufserfahrung bei Bell Labs kam Spencer zu dem Schluß, daß Taylors Gruppe eine etwas aufgeblasene Meinung von sich selbst hätte. Trotzdem schien er Taylors Freundschaft zu gewinnen, ohne sich der Orthodoxie Taylors anzuschließen, eine Tatsache, die Pake dazu bewegte, Spencer im Frühjahr 1983 den Auftrag zu geben, PARC wieder zu einer Organisation zusammenzufassen.

»Es war da etwas Künstliches an den zwei Zentren«, erklärt Pake. »Und ich glaubte, daß Spencer stark genug wäre, die Zukunft von PARC in einer Art und Weise zu durchdenken, bei der nicht irgendein Teil von PARC willkürlich beschnitten würde. Taylor war immer ein großes Problem für das Management gewesen, und ich dachte, es sei wichtig, daß die beiden miteinander auskämen. Ich dachte, daß Spencer der ideale Mann wäre, um das Forschungszentrum insgesamt zu leiten, weil er und Bob zusammen Tennis spielten und wirklich sehr gut miteinander auskamen.«

Spencer vermied es, den Fehler von Bob Spinrad zu wiederholen. Statt völlig auf die Richtung von Taylor einzuschwenken, widmete PARCs neuer Direktor seine Aufmerksamkeit vor allem einer Frage, die er für die langfristige Aufrechterhaltung des Forschungszentrums für sehr viel wichtiger hielt. Er stellte klar, daß nach seiner Überzeugung Xerox und PARC beide dabei versagt hätten, wissenschaftliche Errungenschaften mit kommerzieller Innovation zu verbinden, und daß die Schuld daran mindestens zur Hälfte auf das Konto des Forschungszentrums ginge. Um Verbesserungen zu erreichen, forderte er die Laborleiter von PARC auf, ihre »Kunden« in anderen Teilen des Konzerns kennenzulernen. »Fünfzig Prozent ihrer Leistungsanalysen«, stellte Spencer fest, »basieren auf Aussagen darüber, wie erfolgreich sie bei ihren Entwicklungsarbeiten gewesen wären. Ich fragte mich, ob man PARC nicht enger an die Gesamtorganisation anbinden und gleichzeitig die bisherige Kreativität aufrechterhalten könnte, die bisher dagewesen war.«
Spencers Unabhängigkeit sorgte für eine rasche Abkühlung des Verhältnisses zu Taylor. Die zwei Männer hörten auf, Tennis zusammen zu spielen, und, was bedenklich war, sprachen auch nicht mehr miteinander. Mit einer gewissen Bitterkeit erinnert sich Spencer an das, was dann passierte: »Es war nicht mein Talent im Tennisspiel. Bob fühlt sich von Technikern bedroht, die ins Management wollen. Es ist interessant, wie er es geschafft hat, soweit zu kommen, wie er gekommen ist, ohne die akademischen Würden, über die Leute in solchen Positionen im allgemeinen verfügen. Es wäre schwer für ihn gewesen, wenn er als einzelner Forschungsergebnisse hätte vorweisen müssen.«
Aus Taylors Sicht schien George Pake ein Double von sich selbst geschaffen zu haben – bis hinab zu Spencers Haltung gegenüber akademischen Ehren und anderem. Taylor irrte sich. Bill Spencer fehlte die tiefgehende Überzeugung Pakes von einer Vielfalt der Meinungen. Jahrelang hatten diejenigen, die gegen Taylors Moralkodex und sein Verhalten opponierten, Pake geraten, den starken Mann von CSL zu feuern. Das zu tun hätte jedoch gegen wesentliche Prinzipien von Pake verstoßen. Wenn Pake Taylor vielleicht auch als unangenehm empfand, solange die »Orthodoxie« von CSL in Schach gehalten werden konnte, hatte Taylor wie andere das Recht, Forschung innerhalb von George Pakes Organisation zu betreiben.
Pake und Taylor hielten es länger als zehn Jahre miteinander aus; Spencer als neuer PARC-Direktor legte sich innerhalb von wenigen Monaten mit Taylor an. Ende August 1983 rief Spencer Taylor zu sich, beschrieb kurz ihre Differenzen und übergab Taylor anschließend den

Text einer gegenseitigen »Vereinbarung«. In dieser »Vereinbarung« warf Spencer Taylor vor, versucht zu haben, Mitarbeiter zum Weggang von der Firma zu bewegen. Er verbot ihm das und gab ihm drei Wochen Zeit, um CSL in verschiedenen Untergruppen neu zu organisieren. Außerdem befahl er Taylor, die Aufgabe des Managements bei CSL mit anderen zu teilen, er befahl weiter, daß CSL seine Kontakte zu anderen Bereichen von Xerox verbessern solle, er kündigte an, daß er selbst an Mitarbeiter- und Planungsbesprechungen von CSL teilnehmen würde, und er ordnete an, daß Taylor damit aufhören solle, über andere PARC-Programme und -Labors negative Dinge in Umlauf zu setzen.

Das Schreiben von Spencer endete mit einem Ultimatum: »Bob, ich wünsche, daß Sie aufgrund unserer Gespräche die nötigen Korrekturen in Ihrem Verhalten und Ihren Aktionen vornehmen, um ein wertvolles Mitglied meines Stabes zu werden. Es ist allerdings wichtig, daß Sie verstehen, daß jeder Verstoß gegen die von mir aufgestellten Regeln oder gegen die Vertraulichkeit dieses Schreibens zu disziplinarischen Maßnahmen führen werden, die unter Umständen auch Ihre Kündigung nach sich ziehen können.«

Spencer drohte Taylor mit sehr viel mehr als nur einer Kündigung. Das EDV-Umfeld von CSL wieder neu erstehen zu lassen, selbst wenn es dieselben Mitarbeiter wären, würde Jahre dauern. Auch wenn viele Forschungsmitarbeiter zu einem abgesägten Taylor in einem anderen Unternehmen gingen, würde ihre Technologie – die Pläne, die Programme und die Handbücher für die in den letzten zehn Jahren erzielten Fortschritte in Hardware und Software der »persönlichen verteilten Datenverarbeitung« – bei Xerox bleiben. Sie könnten ihre Ideen und Erfahrungen mitnehmen, aber um auf denselben fachlichen Stand in einem anderen Umfeld zu kommen, müßte ein von Taylor geleitetes Labor viel von dem bereits eroberten Boden wieder neu erobern. Niemand, der so kreativ ist wie Taylor und seine Kollegen, erfindet das Rad gern neu.

Trotzdem weigerte sich Taylor nachzugeben. Eine Woche nachdem ihm Spencer die Leviten gelesen hatte, legte der Leiter von CSL eine umfangreiche schriftliche Rechtfertigung für sein Verhalten bei PARC vor. Für die Akten teilte er mit, daß er seine ganze Zeit bei Xerox dafür eingesetzt hätte, begabte Leute für PARC anzuwerben, nicht sie zu vertreiben, daß seine Gruppe effektiv auch ohne Untergruppen arbeite und daß die wichtigen Mitarbeiter von CSL entweder die Forschung dem Management vorzögen beziehungsweise Chancen im Management ablehnten aufgrund »des unmittelbar über mir befindlichen Managementumfelds«. Taylor war über Spencers Anschuldigungen durchaus erschrocken, aber getreu seinem Charakter blieb er ungebrochen.

»Die Investitionsstrategie für die PARC-Forschung«, schrieb er in seinem Bericht an Spencer, »ist nicht von der Art gewesen, auf unseren Stärken zur Maximierung eines Zusammenwirkens aufzubauen, sondern ging eher dahin, viele Blumen zusammenhanglos blühen zu lassen. Diese Investitionsstrategie ist insbesondere für die Computerforschung höchst unklug.

Die alles überragende Frage, um die es hier geht und die sich durch Ihr gesamtes Schreiben an mich zieht, ist die erfolgreiche Übertragung von Technologie innerhalb des Unternehmens, nicht wahr? Das ist das, was wir alle anstreben! Tatsächlich sind ja deswegen die Leute bei CSL zu CSL gekommen. Wir haben unsere Mitarbeiter auf dem Hintergrund des Traums eingestellt, daß Xerox unter Einsatz der Technologie, von der wir meinten, daß wir sie finden würden, die Welt der Information für Millionen Xerox-Kunden erheblich verändern und erweitern würde. Es war von Anfang an unsere Intention, das technologische Fleisch für die bloßen Knochen von Peter McColoughs Schlagwort der ›Informationsarchitektur‹ zu schaffen. Das ist der Grund, warum wir hierhergekommen sind, und wir haben uns am Anfang sehr gut geschlagen. Zumindest besser als jede kleinere oder größere Gruppe der Welt innerhalb der letzten dreizehn Jahre. Das ist um so erstaunlicher, wenn man bedenkt, daß wir nur mit einem Fünftel der Ressourcen von PARC von Anfang an bis heute gearbeitet haben.

Wir haben für den Transfer einer enormen Menge an Technologie gesorgt. Doch die eigentliche Herausforderung bestand darin, einen völlig neuen und völlig anderen Rahmen des Denkens, des Entwurfs und des Einsatzes von Informationssystemen zu transferieren. *Das ist sehr, sehr viel schwieriger als die Übertragung reiner Technologie.* Gelegenheiten, pionierhaft völlig neue Denkweisen im Hinblick auf einen riesigen Pool an Ideen zu entwickeln, sind selten. Die meisten Menschen haben niemals in ihrem Leben eine solche Chance. Ich habe in den letzten zwanzig Jahren das Glück gehabt, leitend auf drei solcher Gebiete zu arbeiten: im Timesharing, in der großräumigen Vernetzung interaktiver Systeme und in der dezentralen Datenverarbeitung. Jeder dieser drei Bereiche erforderte große Umwälzungen in der Art und Weise, in der Menschen über Informationssysteme denken. Ich habe aus diesen Erfahrungen viel gelernt.«

Obwohl Taylor wußte, daß seine Tage bei PARC gezählt waren, bestand er darauf, sein Schreiben an Spencer nicht als Kündigungsschreiben zu sehen. Bevor er diesen endgültigen Schritt tat, wollte Taylor die Chance haben, seine Position mit seinen langjährigen Kollegen – den »Graubärten« – sowie mit David Kearns zu besprechen. Spencer stimmte einer Besprechung zwischen Taylor und Kearns zu, lehnte es jedoch nachdrücklich ab, sein Verbot, über die Situation mit irgend jemandem bei PARC zu sprechen, aufzuheben. Nachdem er jedoch bei Kearns keine Unterstützung fand, informierte Taylor die »Graubärte«, daß er zurücktreten würde.

Am 19. September, zwei Wochen nach der Veröffentlichung des Artikels »The Lab That Ran Away From Xerox«, hob sich der Vorhang zum letzten Teil des Dramas. Taylor rief die Mitarbeiter des Computer Science Lab zum letztenmal zusammen. In einer kurzen Ansprache vor seinem Publikum, darunter befand sich auch Spencer, berichtete er über die Geschehnisse der letzten Wochen, gab seinen Rücktritt bekannt und dankte, bevor er ging, den Forschungsmitarbeitern dafür, daß sie sowohl sein Leben wie die Welt mit ihren vielen Erfolgen bereichert hätten. Die Wissenschaftler waren wie gelähmt.

Laut Jim Mitchell »blieb Spencer noch, nachdem Taylor gegangen war, und versuchte, Optimismus zu verbreiten. Aber er hatte kaum angefangen zu reden, als Chuck Thacker auch schon aufstand und öffentlich seinen Rücktritt erklärte. Das ließ Spencer verstummen. Er erholte sich jedoch und sagte zu Thacker, er wüßte, daß dies eine sehr emotionale Angelegenheit sei, daß nichts irreversibel sei, und vielleicht solle man am folgenden Tag miteinander sprechen und so weiter. Aber am nächsten Tag war Thacker bereits gegangen.«

Die anderen langjährigen leitenden Mitarbeiter gingen direkt zu Pake und sagten ihm, sie wären der Meinung, daß man da einen entsetzlichen Fehler gemacht hätte. Sie warnten ihn, daß Xerox vielleicht die meisten Forschungsmitarbeiter verlieren würde, wenn Taylor nicht zurückgeholt würde. Pake erklärte, er hätte nicht den geringsten Wunsch in Richtung einer Auflösung von CSL, aber Spencers Ansicht zufolge sei Taylor nicht mehr zu lenken gewesen und hätte im Management des Forschungszentrums eine Krise ausgelöst. Den »Graubärten« klang es so, als wolle Pake jede Beteiligung an der Entscheidung, Taylor zu feuern, abstreiten. Das überzeugte sie jedoch nicht.

»Spencer war vielleicht der Mann, der den Schlag austeilte«, sagte einer von ihnen, »aber ich weiß, wer den Befehl dazu gegeben hatte.«

In den nächsten Monaten versuchte die Gruppe ohne jeden Erfolg, Pake, Spencer – ja selbst David Kearns – davon zu überzeugen, daß man Taylor zurückholen müsse. Inzwischen erhielt Taylor von der Digital Equipment Corporation das Angebot, in Palo Alto ein Computerforschungszentrum für sie aufzubauen. Die Nachricht von Taylors neuer Stellung verbreitete sich bei PARC mit derselben Wirkung, die die Nachricht von Taylors Wechsel von Utah zu PARC vor mehr als einem Jahrzehnt auf die Wissenschaftler bei der Berkeley Computer Corporation gehabt hatte. Lampson kündigte sofort, um sich Taylor und Thacker bei DEC anzuschließen, und mehr als ein Dutzend der besten Forschungsmitarbeiter folgte. Als sie kamen, trafen sie auf einen sehr erleichterten Bob Taylor.

»Es ist großartig«, rief er aus, »endlich für eine Computerfirma zu arbeiten!«

Für George Pake traf diese Krise gerade zu dem Zeitpunkt ein, als es so schien, daß PARC von nun an eine aktivere Rolle im Unternehmen spielen würde. 1983 stieg das von PARC ermöglichte Geschäft mit dem Laserdrucker immer noch rapide an, die Xerox-Zentrale genehmigte Pläne zur Unterstützung der Produktentwicklung in der pionierhaft von PARC entwickelten Technologie der Disketten mit hoher Schreibdichte und der Lasertechnologie auf Festkörperbasis, und, was vielleicht am bedeutungsvollsten war, PARCs Ethernet war modifiziert und in Xerox's erfolgreiche 10er Serie der Kopierer der dritten Generation eingebaut worden.

»Die Xerox-Forschungsmitarbeiter können sehr stolz sein«, schrieb Pake, »daß es kein wichtiges derzeitiges oder geplantes Xerox-Produkt gibt, das nicht in irgendeiner technologisch wichtigen Hinsicht auf den Ergebnissen der Forschungslaboratorien beruht.«[104]

Was den Alto und den Star betraf, weigerte sich der optimistische Pake, darüber zu trauern, daß Xerox im Bereich der Personalcomputer seine Chance verpaßt hatte. Er bewies, daß er immer noch eher Physiker als Geschäftsmann war, als er versicherte, daß, wenn hier überhaupt etwas anzumerken wäre, Xerox die »persönliche verteilte Datenverarbeitung« im Star einfach zu früh eingeführt hätte.

»Die Öffentlichkeit«, behauptete er, »war dafür noch nicht reif.«

Epilog

Patrick Baudelaire ist Chairman von Tangram, einem französischen Unternehmen der Computertechnologie.
David Boggs ist Mitarbeiter in der Forschung des Western Research Laboratory der Digital Equipment Corporation.
Jerry Elkind ist Vice President für Systeme, Integration und Technologie bei Xerox.
John Ellenby ist bei der GRiD Systems Corporation ausgeschieden, einer PC-Firma, die er mitbegründet hat, und soll heute in Kalifornien leben.
Chuck Geschke ist Mitbegründer und Executive Vice President der Adobe Systems, Incorporated.
Jack Goldman ist President und Chief Executive Officer (CEO) der Cauzin Systems, Incorporated.
Bill Gunning ist Senior Research Fellow bei PARC, Xerox.
Michael Hughes ist Chairman und Chief Executive Officer (CEO) der Business Exchange International, Inc.
Alan Kay ist ein Apple-Fellow bei Apple Computer, Inc.
David Kearns ist Chairman und Chief Executive Officer (CEO) von Xerox.
Butler Lampson ist beratender Ingenieur im Systems Research Center der Digital Equipment Corporation. Zusammen mit Taylor und Thacker erhielt er 1984 den Software System Award der Association for Computing Machinery für die Entwicklung der »persönlichen verteilten Datenverarbeitung«.
David Liddle ist Mitbegründer und Chairman der Metaphor Computer Systems.
Don Massaro ist Mitbegründer und President der Metaphor Computer Systems.
Archie McCardell ist im Ruhestand und lebt in Connecticut.
Peter McColough lebt in Connecticut. Nach seinem Ausscheiden aus dem Unternehmen im Jahr 1987 ehrte Xerox ihn in einem Schreiben an seine Aktionäre mit folgendem Überblick über seine Karriere: »1966 wurde McColough President von Xerox. 1968 löste er Joseph C. Wilson als Chief Executive Officer ab. Während seiner Amtszeit als CEO stiegen die Umsätze des Unternehmens um fast das Zehnfache von 896 Millionen Dollar auf über 8,5 Milliarden Dollar im Jahr 1981, dem letzten Jahr, in dem er noch voll für Xerox tätig war. Unter seiner Leitung übernahm das Unternehmen die Kontrolle über Rank-Xerox, wurden komplexe Rechtsstreitigkeiten beigelegt und begann die Ausrichtung auf die Digital- und Systemtechnologie bei gleichzeitigem profitablen Einsatz der zentralen Stärken des Unternehmens im Bereich der Kopierer und Vervielfältiger. Außerdem erwarb sich Xerox

in weiten Kreisen Respekt aufgrund seines sozialen Engagements und seiner Unterstützung von Qualität im Fernsehen.«[105]

Ed McCreight ist Senior Research Fellow bei PARC, Xerox.

Robert Metcalfe ist Mitbegründer und Senior Vice President für Technologie der 3-Com Corporation.

Jim Mitchell ist Direktor des Acorn Research Center der Acorn Computer Company.

Tim Mott ist Senior Vice President der United States Publishing for Electronic Arts.

Jim O'Neill lebt in Connecticut.

George Pake ist bei Xerox ausgeschieden und heute Direktor des von Xerox gesponserten Institute for Research on Learning. 1987 wurde ihm von Präsident Reagan im Zusammenhang mit den zahlreichen Leistungen von PARC die National Medal of Science verliehen.

Bob Potter ist President und Chief Executive Officer der Data Point Corporation.

Ron Rider ist Vice President für Systemforschung bei Xerox.

Charles Simonyi ist leitender Architekt der Applications Division der Microsoft Corporation.

Bob Sparacino ist President und Gründer der Sparacino Associates in Connecticut.

Bill Spencer ist Corporate Vice President für Forschung bei Xerox.

Gary Starkweather ist Projektleiter bei Apple Computer, Inc.

Bob Taylor ist Leiter des Systems Research Center der Digital Equipment Corporation. 1984 erhielt er zusammen mit Lampson und Thacker den Software System Award der Association for Computing Machinery für die Entwicklung der »persönlichen verteilten Datenverarbeitung«.

Larry Tesler ist Vice President für fortgeschrittene Technologien bei Apple Computer, Inc.

Chuck Thacker ist Senior Consultant Engineer im Systems Research Center der Digital Equipment Corporation. 1984 erhielt er zusammen mit Lampson und Taylor den Software System Award der Association for Computing Machinery für die Entwicklung der »persönlichen verteilten Datenverarbeitung«.

George White ist Vice President für Forschung an der Universität von Pittsburgh.

Anmerkungen

Marketing: Die Informationsarchitektur

Kapitel 1
1 *New York Times,* 26. Mai 1968.
2 Jacobson/Hillkirk, *XEROX American Samurai,* New York 1986, S. 214.
3 *New York Times,* 26. Mai 1968.
4 *New York Times,* 26. Mai 1968; und *Time,* 24. Mai 1968.
5 Dessauer, *My Years With Xerox,* New York 1971, S. 98.
6 Dessauer, op. cit., S. 98f.
7 Jacobson/Hillkirk, op. cit., S. 64.
8 Ibd., S. 62.
9 Brooks, »Xerox, Xerox, Xerox, Xerox«, in: *The New Yorker,* April 1967, S. 57f.
10 Jacobson/Hillkirk, op. cit., S. 206.
11 Ibd., S. 216; und *Forbes,* 15. August 1972.
12 Dessauer, op. cit., S. 213.

Kapitel 2
13 Goldman, »Innovation in Large Firms«, in: *Research on Technological Innovation, Management and Policy,* Bd. 2, S. 2.
14 Dessauer, op. cit., S. 42.
15 Owen, »Copies in Seconds«, in: *The Atlantic Monthly,* Februar 1986.
16 *Forbes,* 1. Juli 1969.

Kapitel 3
17 Dessauer, op. cit., S. 164.
18 Jacobson/Hillkirk, op. cit., S. 204.
19 In: *U.S. v. IBM,* Dokument Nr. 3157, S. 54.
20 »XEROX: Searching For An Architecture of Information«, Rede von C. Peter McColough, President, Xerox Corporation, vor der New York Society of Security Analysts, 3. März 1970.

Forschung: Die Entwicklung des Alto

Kapitel 4
21 Pake, »Research at Xerox PARC: A Founder's Assessment«, in *IEEE Spectrum,* Oktober 1985.
22 Ibd.
23 »Man-Computer Symbiosis«, in: *IRE Transactions on Human Factors in Electronics,* März 1960.
24 Rheingold, *Tools for Thought,* New York 1985, S. 207.

Kapitel 5
25 Rheingold, op. cit., S. 233.
26 Kay, *The Reactive Machine,* Dissertation, Universität von Utah, 1969, S. 75.
27 Lammers, *Programmers at Work,* Redmond 1986, S. 26.
28 Pake, op. cit.

Kapitel 6
29 Brand, *II Cybernetic Frontiers,* New York 1974, S. 65.
30 Thacker, »Personal Distributed Computing: The Alto and Ethernet Hardware«, in: *ACM Conference History of Personal Workstations,* Januar 1986.
31 Lampson, »Personal Distributed Computing: The Alto and Ethernet Hardware«, op. cit.
32 Reid, *The Chip,* New York 1985, S. 122.
33 Lampson, Leitartikel, *Software Practice and Experience,* Bd. 2, 1972.
34 Ibd.
35 Kay/Goldberg, »Personal Dynamic Media«, in: *Computer,* März 1977.

Kapitel 7
36 Thacker, »Personal Distributed Computing: The Alto and Ethernet Hardware«, op. cit.
37 Rheingold, op. cit., S. 188–193.
38 Thacker/McCreight/Lampson/Sproull/Boggs, »Alto: A Personal Computer«, in: Siewiorek, Bell und Newell, *Computer Structures: Principles and Examples,* New York 1982, S. 556.
39 Ibd.
40 Ibd.

Kapitel 8
41 Licklider/Taylor/Herbert, »The Computer as a Communication Device«, in: *Science and Technology,* April 1968.

Kapitel 9
42 Bush, »As We May Think«, in: *The Atlantic Monthly,* Juli 1945.
43 Ibd.
44 Ibd.
45 Rheingold, op. cit., Kapitel 9.

46 Engelbart/English, »A Research Center for Augmenting Human Intellect«, in: *Fall Joint Computer Conference*, 1968.
47 Ibd.
48 Shore, *The Sachertorte Algorithm*. New York 1985, S. 113.

Finanzen: Die Ablehnung des Alto

Kapitel 10
49 *Business Week*, 30. Juni 1975.
50 *New York Times*, 25. Mai 1973.
51 *New York Times*, 1. Dezember 1974.
52 Dessauer, op. cit., S. 101.
53 *Forbes*, 15. August 1972.
54 DeLamarter, *Big Blue,* New York 1986, S. 100.
55 Levering/Katz/Moskowitz, *The Computer Entrepreneurs,* New York 1984, S. 457.
56 Doerflinger/Rivkin, *Risk and Reward,* New York 1987, S. 200.
57 *Forbes,* 1. Juli 1971.
58 DeLamarter, op. cit., S. 44.
59 Ibd., S. 353.
60 *U.S. v. IBM,* Dokument Nr. 3157, S. 17f.
61 *U.S. v. IBM,* Dokument Nr. 3097, S. 58.
62 Ibd., S. 67.
63 Sobel, *IBM vs. Japan,* New York 1986, S. 75.
64 *New York Times,* 22. Juli 1975.

Kapitel 11
65 Jacobson/Hillkirk, op. cit., S. 193.
66 Ibd., S. 194f.
67 Dessauer, op. cit., S. 232.
68 McColough, »The Corporation and Its Obligations«, in: *Harvard Business Review,* Mai/Juni 1975.
69 Marsh, *A Corporate Tragedy,* New York 1985, S. 178.
70 Marsh, op. cit., S. 174.

Kapitel 12
71 *Business Week,* 30. Juni 1975.

Kapitel 13
72 Marsh, op. cit., S. 185.

Kapitel 14
73 *Word Processing Management,* Dezember 1973.
74 *Administrative Management,* November 1974.
75 *Fortune,* 13. März 1978.
76 *Business Week,* 30. Juni 1975.

77 *Fortune,* 13. März 1978.
78 Wang, *Lessons,* Reading 1986, S. 182f.

Marketing: Die Wiedereinsetzung des Kopierers

Kapitel 15
79 *Forbes,* 15. August 1972.
80 Jacobson/Hillkirk, op. cit., S. 180.
81 *Fortune,* 13. März 1978.
82 *Advertising Age,* 11. April 1977.
83 Jacobson/Hillkirk, op. cit., S. 135.
84 Ibd., S. 124.
85 Freberg, *The Eventual Arrival of Ardri,* unveröffentlichtes Manuskript, S. 2ff.
86 Ibd., S. 44.
87 *Fortune,* 13. März 1978.
88 Jacobson/Hillkirk, op. cit., S. 191.
89 Marsh, op. cit., S. 6.
90 Goldman, »Book Review«, in: *IEEE Spectrum,* Juli 1987.

Kapitel 16
91 Jacobson/Hillkirk, op. cit., S. 70.

Kapitel 18
92 Jahresbericht Xerox 1980, S. 9.
93 *Dun's Business Month,* Mai 1983.
94 Jacobson/Hillkirk, op. cit., S. 171.
95 Jacobson/Hillkirk, op. cit., S. 314.

Forschung: Die Ernte der Isolation

Kapitel 19
96 *New York Times,* 3. Mai 1981.
97 *Business Week,* 12. Oktober 1981.
98 Levy, *Hackers,* Garden City, N.Y., 1984, S. 185.
99 *Wall Street Journal,* 28. April 1981.
100 *Dun's Business Month,* Mai 1983.
101 *New York Times,* 7. Juli 1985.
102 *Wall Street Journal,* 9. Mai 1984.

Kapitel 20
103 *Fortune,* 5. September 1983.
104 Pake, »From Research to Innovation at Xerox: A Manager's Principles and Some Examples«, Veröffentlichung geplant in: R. S. Rosenbloom, *Research on Technological Innovation, Management and Policy,* Bd. 3.

Epilog

105 Xerox-Zwischenbilanz 3. Quartal, 30. September 1987, S. 4.

Personen- und Sachregister

Akquisition 29, 31
Aktien 129
Altair 8800 252
Alto, Entwicklung 93–101
Analogrechner 42 f.
Antikartellbehörde 148
Antimonopolklage 49
Antitrustbehörde 126 f., 198
Antitrustverfahren 125 f., 128, 131 f., 152
Anzeige, kalligraphische 96
Anzeigetechniken 96
Apple Corporation 11 ff., 17, 19, 228, 256, 260 f.
Apple I 15
Apple II 252
ARC 114 f.
ARPA 60, 63, 65, 69, 71 f., 76 ff., 80, 83, 114 f., 154 ff., 262
ARPAnet 65, 78, 102 f.
Arthur D. Little 27
ASD 226–229, 250, 263

Babbage, Charles 70 f., 91
Batch-Computer 72
Batch-Verarbeitung 116
Batelle Memorial Institute 36, 38 f.
Baudelaire, Patrick 81 f., 226–230, 260
BCC 72, 74, 78
Becker, Horace 169 f., 197, 212, 214 f.
Befehlsmodus 118
Bell 34
Bells-Laboratorien 57, 269 f.
Benchmarks 241
Benutzerprogramm 99
Benutzerschnittstellen 93, 97, 229, 249
Betriebssystem 87, 116, 120

Bit-Mapping 94–101, 105 f., 110, 159, 163, 185, 187, 253
Bock, Richard 223
Boeing 747 201
Boggs, David 103 f.
Bolt, Beranek und Newman 78, 263
Brand, Stewart 159 f.
Bravo 108 f., 117 ff., 120, 132, 217
Break-even-Punkt 184
Büro der Zukunft 179, 184, 217 f., 223, 226, 232, 253
Büroautomatisierung 124
Bürokopierer 17, 26, 40, 50, 192, 251
Bürotechnik 58
Burroughs 30
Bush, Vannevar 112 f., 117

C. Engelbart 75 f.
Cadillac-Mentalität 167
Campbell, Jim 229
Carlson, Chester 34 ff., 103, 219, 251
Carnegie-Mellon 75
Carter, Jimmy 205
Carter, Shelby 227 f.
Charlap, Paul 198
Chips 90, 163, 188
CIT 30
Clark, Larry 100
Coleridge, Samuel 224
Commercial Investment Trust s. CIT
Computergrafik 82
Computerkommunikationsgesetz 65
Control Data 30, 130
Crowley, Jack 167, 169, 173, 207, 256, 259
Crum und Forster 241
CSL 66 f., 76–83, 89, 92, 101, 103,

283

117f., 155, 157, 222, 226, 250, 262–266, 270–274
Culbertsen, Dave 229
Currie, F. Rigdon 135f.
Cursor 94

Dallas, Entwicklungsgruppe 180–186, 227, 244ff.
Dandelion 249f.
Datenbankverwaltung 16
Datenfernübertragung 231
Datenübertragung 102ff., 120
Datenverarbeitung 13
–, dezentrale 195
–, interaktive 114, 262
–, persönliche 92, 163, 220, 251, 253
–, verteilte 136, 257, 260
–, verteilte persönliche 132, 251, 256, 261, 266, 272, 275
Dealertreffen 84, 158, 180f.
DEC s. Digital Equipment Corporation
Delphin 249
Dessauer, John 36, 38f., 41f., 44f., 127, 174
Deutsch, Peter 160
Diablo Systems 182
Dialogverarbeitung 67, 110, 114f., 267
Digital Equipment Coporation 29, 49, 130, 155, 274f.
Digitallogistik 108
Digitalrentabilität 92
Digitaltechnik 24, 43f., 48, 51, 64, 67, 86, 89, 153, 160, 173, 175f., 189
Diskettenstation 15, 98f.
Display Word Processing Task Force 248
Diversifikation 29, 46f., 137, 146, 151, 231
Dokumenten-Compiler 109
Dokumentenumwandler s. Dokumenten-Compiler
Dorado 261
Draw 226
Druck, xerographischer 210f.
du Pont 201

Dun & Bradstreet 151
Durchschlagpapier 23
Dynabook 75, 91f.
Dynamik 22f.

E/A-Technik 98
EARS 108ff., 120
Eastern Airlines 223
Eastman Kodak Park 60
Echtzeit 61f.
Education Group 47
1-Person-1-Computer-Lösung 88
Ein-Produkt-Unternehmen 47, 141
Electro-Optical Systems s. EOS
Elektrofotografie 35f., 39, 251
Elkind, Jerry 78f., 185f., 220, 226–229, 250, 262ff.
Ellenby, John 120, 185f., 188, 190, 220–231, 252, 254, 260f.
Engelbart, Douglas C. 93f., 113ff., 182
English, Bill 111, 114–117
ENIAC 42f., 48
EOS 165, 177, 179
Erfindungen 34ff., 41
Ethernet 103f., 108, 110, 120, 185, 244, 254, 275
Exxon 150

Fairchild Semiconductor Company 89f.
Faksimilegeräte 244
Federal Trade Commission 125, 127f., 145, 159
Fenstertechnik 94, 110
Fernsehwerbung 11f., 16, 37
FLEX 70f., 75, 91f.
Ford Motor Company 29, 33f., 41, 43ff., 56f., 138, 142f., 147, 154, 165, 168f., 207, 236, 238
Ford Edsel 201
Ford, Henry II. 34, 39f., 165
Formatierungsprogramm 109
Forschungszeichengenerator 107f.
Fortune-500-Unternehmen 29, 160, 207, 244, 256
Frost, Robert 219

Fuji Photo Film of Japan 127
Fuji-Xerox 125–128, 200, 239, 244
Funkenkammerfotografie 71

Garantiekopien 148
GE s. General Electric
General Electric 36, 49f., 130f., 207
General Motors 29, 168, 207
Geschke, Chuck 222, 224f., 260
Ginn & Co. 111f., 116–120, 161, 186
Goldman, Jack 33ff., 41–46, 50, 56, 58f., 75, 79, 120, 146, 154ff., 165–168, 170–176, 183, 185–191, 205, 210, 212, 225, 231–234, 247, 254, 262, 267
Grafikbildschirm 18
Graubärte 274
GSL 66, 79
Gunning, Bill 65f., 75f., 79, 110, 160f.
Gutenberg, Johannes 107
Gypsy 118ff., 132, 186

Hall, Harold 269
Haloid Company 23–29, 36–41, 127, 141, 153f., 169, 192, 207, 251
Hartnett, John 24f.
Hausdruckereien 200–203
Hay, Ray 134, 144
Headhunter 24
Herbert, Evan 101f.
Hoff, Ted 90
Honeywell 130
Hughes, Michael 146–152, 161ff., 174, 223, 238
Hughes-Gruppe 146–153, 161ff.

IBM 11–19, 24, 27, 29ff., 36, 44, 48ff., 59, 124, 128, 130–133, 148, 151f., 177f., 182f., 195, 197, 203, 207, 211f., 234, 236, 247, 255, 259
–, Charlie-Chaplin-Reklame 11f., 14f.
–, Kopierer II 195f.
IBM-PC 256
Informationsarchitektur 52, 56, 58, 67, 73, 120, 141, 144, 146, 151, 154, 165, 191, 217, 219, 221, 247, 251, 260, 266, 273
Informationstechnologie 52
Innovation 34f., 37, 41
Intel Corporation 90
Interaktivität 61, 63, 75f., 87, 264
International Harvester 205, 208
Investitionsvorschlag 229f.
IPTO 63ff.

J. Arthur Rank Organisation 127
Jackson, Henry 141
Janus 248
Jobs, Steve 12, 16, 260f.
Johnson, Lyndon B. 65, 159

Kay, Alan 69ff., 75f., 81, 84, 91f., 100, 159f., 186, 254, 266
Kearns, David 206–209, 215f., 219, 228–233, 236–241, 244f., 259, 274
Kennedy, John F. 138
Kernspeicher 90
Keyboard s. Tastatur
Kilby, Jack 89
Klone 15
Kodak 46, 148, 195ff., 203, 212, 232, 234
Kodak-Qualität 196
Konkurrenzbeobachtung 195
Kopien 37f., 143f., 148, 196, 199ff., 235
Kopierer 22, 24, 135, 143, 169, 190, 199ff., 259
Kopierer 10er-Serie 241
Kopierer 3300 234f.
Kopierer 7000 188, 212, 234
Kopierer 8200 234
Kopierer 914 39f., 47, 143, 148f., 153, 167, 191
Kopierer 9200 149, 201–204
Kopierer Modell A 25, 38f., 191f., 257
Kopierer, elektronischer 247
Kosteneffektivität 214
Kugelkopf 182f.

Lampson, Butler 71–78, 81ff., 86, 88f., 91–97, 103f., 107–110, 117f., 154, 163, 186, 188, 210f., 249f., 261, 264f., 275
Laserdrucker 13, 18, 104f., 120, 132, 163, 185, 187ff., 221, 253, 258, 275
Laserdrucker 9700 210f.
Laufzeitkosten 238
Lawrence Livermore Laboratory 171
Leasing 125, 127, 199, 236f.
Lehigh Navigation Coal Sales Company 24
Lewis, Jack 185, 211
Licklider, J. C. R. 61–64, 75, 87, 101f., 113f.
Little, David 245–251, 254, 257f., 260
Lisa 260f.
Livermore-Plan 210
Lochkarten 70
Lochkartengeräte 48f.
Lochstreifen 61
Lyons, Jim 146, 162

MacIntosh 261
Managementinformation 113
Marshall, Frank 209, 214
Massaro, Don 244ff., 250f., 253, 256–260
Maus 18, 94, 97, 99, 101, 110, 118, 163, 253
MAXC 157
McCardell, Archie 138, 143–147, 153, 165f., 171–175, 177, 180, 183f., 200, 204–208, 215, 231, 237f., 244
McColough, Peter 22–30, 33f., 37, 41f., 46–53, 56–59, 73, 120, 125ff., 129–139, 145ff., 150ff., 153, 156, 160, 162, 165, 173f., 191, 194, 198, 204–210, 212ff., 216–219, 222, 224ff., 233ff., 273
–, politische Aktivitäten 140f.,
McCormick, Brooks 205
McCreight, Ed 100, 158, 262f., 265
McKee, Donald 136
McKinsey & Company 207

McNamara, Robert 142
Memex 113
Memorywriter 259
Message Switching 65
Metcalfe, Robert 103f., 260
Mikroprozessor 90f., 163, 232, 252
Miller, Eddie 236f., 240
Minicomputer 49, 89, 93, 97, 99, 157
Mitchell, Jim 78, 80f., 86, 180, 256f., 264f., 274
Modell 914 s. Kopierer 914
Modell A s. Kopierer Modell A
Moore, Gordon 90
Moses 212f.,
Mott, Tim 112, 116–119, 160, 222, 227ff., 250, 260
MTST 178
Multitasking 98ff., 163
My Lai 159

NASA 61, 63, 77f., 94, 114
Nebenkosten 136
Netzwerke 13
Newton, Darwin 111f., 117, 119, 161
Nicht-Kopierer-Geschäft 47
Nixon, Richard 159
NLS 115, 117
Norris, William 130
Noyce, Robert 89f.
Nylon 201

O'Neill, Jim 166–177, 180, 182f., 187f., 196f., 207, 209, 212–216, 219, 225, 231ff., 238f., 241, 244, 267
»Odyssee« 136
Office Products Division 244ff., 258f.
Office Systems Division 229
Offsetdruck 39, 201f.
OIS 248
Organisation, flache 82, 158
Ornstein, Severo 263, 265
Orwell, George 16

Pake, George 56–60, 65–69, 75, 77, 79, 111, 120, 146, 155–158, 161,

163f., 171f., 175, 183, 211, 216, 232, 234, 247, 261–264, 266–271, 274f.
Palevsky, Max 30, 66f., 72, 130, 154, 157
PARC 12ff., 17, 60, 65–69, 71–76, 93, 97, 101, 105, 108, 111f., 118–121, 136, 146, 150f., 153–166, 170–175, 179–183, 195, 210f., 218, 220ff., 231, 233, 246f., 251, 256, 260–264, 267–275
Patentschutz 126
PC 14ff., 19, 23, 93, 96, 101, 103, 116, 163, 228, 251ff., 255, 257, 260f.
PDP-10 155f.
Peripherie, IBM-kompatible 49
personal computing 92
personal distributed computing 13
Personalcomputer s. PC
Phasenplanung 169, 173, 203, 214, 234, 240
Pointillismus 105
Polaroid SX-70 201
POLOS 111f., 115ff., 120, 246f.
Potter, Bob 172, 174–177, 179–185, 188, 221, 244, 246f., 261
Produktentwicklungszyklus 218, 225, 239, 245
Produktionsfaktoren 169
Produktkosten 238
Produktleistung 238
Produktprüfungen 197
Programmiersprachen 120
Programmplanung 196, 214, 227
Project Genie 66, 72, 74
Projektleiterkonferenz 83

Rank-Xerox 125–128, 146
Rasterdisplay 94–97
RCA 36, 49f., 130f.
Real Time s. Echtzeit
Realismusansprache 212f.
Rechenschieber 42f.
Remington Rand 36, 48
Ricoh 199
Rider, Ron 107f., 120, 171, 210f.

Roberts, Larry 64f.
Rock, Arthur 130

Savin 198ff.
Savin 750 198ff.
Schaltkreise, integrierte 15, 188, 252, 267
Schaltung, integrierte 89f., 176, 269
Schriftarten 107
Schroeder, Mike 85
Schutzroutinen 88
Scientific Data Systems s. SDS
SCM 128, 231
SDD 120, 185, 221, 226f., 229ff., 244–251, 254
SDS 30, 47–51, 58f., 66ff., 72f., 112, 129–138, 145, 153–159, 166, 175, 179, 181, 194, 221, 226, 233, 267
SDS 940 67
SDS-Akquisition 44ff., 50, 125, 165
Selectric 178
Shugart Associates 245f.
Sigma 155
Simonyi, Charles 109f., 117f., 120, 260f.
SLOT 106f., 210
Smalltalk-Konzept 254
Softwareanbindung 131f.
Souders, Bill 174, 187, 189ff.
Spacewar 160
Sparacino, Bob 168ff., 172f., 187f., 196, 221, 225, 231–234, 238, 241, 247, 264, 267
Spencer, Bill 269–274
Sperry Rand 130
Spielprogramme 16
Spinrad, Bob 268ff.
Squires, Frank 266
SSL 66, 75f., 91, 101, 103, 107, 117, 159, 246, 266
Stabilisatoren 149ff.
Stand-alone-Produkt 251, 254
Stapelverarbeitung 61ff., 87, 114
Star 227, 245f., 248–251, 253–259, 275
Starkweather, Gary 104–107, 146, 171, 196f., 210f.

287

Steuereinheit 116
Strategie Q 144
Stromkreisschaltung 102
Stückkosten 135 f.
Sutherland, Bert 159, 268
Sutherland, Ivan 64
Systemzentrum 269

Tabellenkalkulation 16, 253 f., 258
Taschenrechner 91
Tasks 99
Tastatur 15, 98
Taylor, Bob 60 f., 63–69, 71–88, 91, 94, 101 f., 108, 154 f., 158–161, 172, 179 ff., 186, 217, 251, 261–275
Telefonnetz 102
Tennyson 70
Tesler, Larry 111 f., 116–120, 260 f.
Texas Instruments 89 f., 151
Textverarbeitung 16, 18, 109 f., 117 ff., 177–187, 190, 258
Textverarbeitungsgerät »850« 184–187, 191, 221, 244
Textverarbeitungsgerät 850 244
Textverarbeitungsmaschinen, elektromechanische 178 ff.
Textverarbeitungsmaschine »800« 181 ff.
Thacker, Chuck 74 ff., 78, 81 ff., 85, 92–101, 103, 120 f., 146, 158, 161, 180, 185, 188, 247, 249 f., 252, 261, 264 f., 274 f.
Timesharing 63 f., 66 f., 72 f., 76, 80, 86 ff., 93, 97, 100, 102, 114 f., 132 f., 154 f., 157
Toner, flüssiger 198 f.
Transistoren 89
Tribus, Myron 167 ff., 172
Trockenkopierer 26, 125
Trockenkopierverfahren 38
Typenrad 182 f.

Übertragungssubsystem 99
United Way 139 f.
UNIVAC 44, 48, 89
Unternehmenswerbung 11

Vakuumröhren 89
Van Dyk Research Corporation 128
Vergütungssystem 240
Visicalc 253, 255

Wang Laboratories 189 f.
Wang, An 189
Warner, Gloria 158
Watts 159
Webster 231
Weltkonferenz Boca Raton 1977 209–227
Wenrik 230
Werbespots 11 f., 17
Western Union 231
Westinghouse 56
White, George 105, 146, 154, 162, 165, 167, 170, 176, 183 f., 247
Wilson, Joe 22 f., 29, 36–40, 45, 50, 53, 127, 138 f., 141, 154, 165, 167, 174, 192, 207, 219, 257
Wissenschaftszentrum 269
Wozniak, Steve 12, 15 f.
Wright 34
wysiwyg 109, 253

Xerographie 22–29, 33, 36 ff., 40 ff., 47, 51, 104 f., 126 f., 150, 154, 168, 173, 191, 197 f.
Xerox-System 820 256

Zeichengenerator 107 f., 210
Zentraleinheit 87, 97 ff., 116, 131
Zischer 149 ff.
Zukunftstag 216–231, 252
Zyklus 87, 98, 100